桃山文化期漆工の研究

北野信彦

雄山閣

◎桃山文化期漆工の研究　目次◎

序　論

はじめに …………………………………………………………………………………… 3
　1、本書の目的 ………………………………………………………………………… 3
　2、本書の調査方法 …………………………………………………………………… 5
　3、本書の構成 ………………………………………………………………………… 7

第Ⅰ部　漆工文化の実態と材質・技法

第1章　日常生活什器としての出土漆器椀 ………………………………………… 15
第2章　各種什器に使用された蒔絵加飾の材質・技法 …………………………… 46
第3章　伏見城関連遺跡出土の金箔瓦 ……………………………………………… 71
第4章　御殿建造物における外観部材の漆箔塗装 ………………………………… 88
第5章　当世具足における一塗装技術 ……………………………………………… 111

第Ⅱ部　輸入漆塗料の調達と使用

第1章　東南アジア交易に伴う輸入漆塗料 ………………………………………… 133
第2章　桃山文化並行期における東南アジア地域の漆文化 ……………………… 151
第3章　京都市中出土の漆工用具 …………………………………………………… 173
第4章　出土漆器における輸入漆塗料の使用事例 ………………………………… 189
第5章　南蛮様式の初期輸出漆器（いわゆる南蛮漆器）の材質・技法 ………… 199

第Ⅲ部　御殿建造物の蒔絵塗装

第1章　都久夫須麻神社本殿内の蒔絵塗装 ………………………………………… 223
第2章　醍醐寺三宝院白書院の蒔絵床框 …………………………………………… 245
第3章　大覚寺客殿（正寝殿）の蒔絵帳台構 ……………………………………… 261
第4章　豊国神社所蔵の蒔絵唐櫃 …………………………………………………… 282
第5章　日光東照宮社殿内の梅・牡丹蒔絵扉 ……………………………………… 299

結　論

終　章　まとめと今後の課題……………………………………………………………………… 315

附　章　都久夫須麻神社本殿（国宝）蒔絵塗装：関連図版一覧……………………………… 325

おわりに ……………………………………………………………………………………………… 401

はじめに

1、本書の目的

　本書は、桃山文化期における漆の文化と技術の実態について、漆工という括りで幾つかの視点から多角的に取り上げる。桃山文化期とは、戦乱の覇者となりつつあった織田信長が権力の象徴として天正4年（1576）に築城した安土城の出現に端を発し、「一国一城令」に伴う徳川3代将軍家光による元和9年（1623）の伏見城廃却の決定、さらにはそれまでの国内騒乱が完全に終結する寛永14年（1637）の「島原の乱」および寛永16年（1639）のポルトガル船来日禁止令に至る一連の江戸幕府の対外交易制限政策確立までの時代、すなわち16世紀末〜17世紀前期頃の文化期である。この時代は、安土・桃山時代（織豊期）から江戸時代初期の文化期に相当する。政治史と文化史には年代幅にある程度のタイムラグがある。そのため本書では、政治史が江戸時代の始まりとする慶長8年（1603）の徳川家康の将軍宣下に伴う徳川政権成立後、30〜40年ほどの年代幅をもたせた。

　この時代の文化的特徴は、金箔や極彩色で加飾された豪壮で華麗、かつ大規模な城郭や寺院の御殿建造物の造営と、これらを荘厳する狩野派や長谷川派による数々の金碧障壁画の作製、千利休らにより創設された「わび・さび」の茶の湯文化の登場、「辻が花染」などの華やかな染織品の数々、さらには、キリスト教の布教や東南アジア交易を通じてヨーロッパ文化や東南アジア文化に刺激を受けたとされる「南蛮様式」の出現など、「桃山文化」と呼称される独自の日本文化が創設されたことである。とりわけ、織田信長の後を継いだ豊臣秀吉による聚楽第、大坂城、伏見城などの造営を爛熟期とし、徳川家光による二条城二の丸御殿や日光東照宮の造替などを集大成期とする漆塗料や金箔を多用した多数の城郭や御殿・霊廟建造物の造営、城下町の整備、大量の什器や武器・武具類の調達など、日本史上、最も漆塗料や金箔が必要とされた時代でもあった。

　このような時代背景のなか、漆工史の分野で「高台寺蒔絵」や「南蛮漆器」と称せられる漆工品の生産に伴う蒔絵加飾を多用した独自の漆工技術が登場する。蒔絵とは、日本・中国・朝鮮半島・東南アジアのみに産する漆塗料の特性を生かした工芸技術の一つである。漆塗料は強い接着力を持つとともに、固化した後の塗装膜は優れた堅牢性と独特の美しい艶光沢を有する。これらの特性を生かして固化した地の漆塗装膜の上に接着材料である漆塗料で置目の下絵意匠を描き、これが乾く前に金粉もしくは銀粉を蒔いて定着させるのが基本的な蒔絵の加飾技術である。この日本独自の蒔絵技法の歴史は、平安時代にまでさかのぼるが、当初はごく限定された上流階級の人々の什器であった。これを小型の什器のみならず、建造物部材の大画面にまで使用の幅が広がったのは、桃山文化期に「高台寺蒔絵」と呼称される蒔き放ちの平蒔絵の技法が登場したからである。「高台寺蒔絵」の加飾技術は、それまでの繊細かつ高度な技術を要する蒔絵技法とは異なり、比較的画一化した図様を簡便な技法で描くため、蒔絵師の工房集団による分業体制が可能となる特徴を有する。この点が、大面積の蒔絵加飾を比較的短時間で施すことが可能となった理由の一つとされている。

序　論

　一方、いわゆる「南蛮漆器」と呼称される「南蛮様式の初期輸出漆器」（以下、本書では通称である「南蛮漆器」ではなく、正式名称であるこの名称を用いる）は、イエズス会によるキリスト教布教活動の際に必要となる国内向けの祭儀具の作製から始まった。その後、これらは、17世紀代のイギリスをはじめとするヨーロッパでは「陶磁器＝チャイナ」の対比語として「漆器＝ジャパン」と呼ばれるように、漆器が日本を代表する伝統工芸品であると世界的に評価を受ける発端となった漆器群でもある。

　このような桃山文化期の漆工は、当時の世相やグローバルな世界の動きと密接に連動して生み出されたため、ある面で異質で斬新である。そのため、これまで漆工史の分野における先行研究も多数存在する。ところが漆工史研究の主眼は、限定された個々の伝世漆工品を題材とした図像学的な構図論や技法論が中心であり、理化学的な手法を併用した広範な桃山文化期における漆工の実態を解明する試みまでには及んでいなかった。

　本書ではこの点を考慮に入れて、日本の歴史（おもに文化史・技術史・建築史）のなかで、「漆工」を海外との活発な交流を背景にした豪壮で華麗な「桃山文化期」の気風を雄弁に物語る具体的な代弁者（ケーススタディ）と捉える。その上で、漆工史の分野が従来取り上げてきた美術工芸品である伝世の漆工品のみならず、今までほとんど取り上げられてこなかった考古学的な出土資料（日常生活什器である出土漆器資料や出土の金箔瓦・建造物部材）や建造物塗装および大型什器類、さらには当世具足の塗装に至るまで、多種多様な漆工の資料群を題材として取り上げた。そして、これらの文献調査とともに理化学的な手法を用いた材質・技法に関する観察や分析調査を実施した。

　さて、本書の特徴の一つは、南蛮様式の初期輸出漆器の生産技術と生産体制の解明を主軸のひとつに据えたことである。これは南蛮様式の初期輸出漆器の生産と販売の在り方は、当時の社会や経済の状況や日本国内のみならず、東南アジアやヨーロッパとの物流や文化の交流を理解する上で重要な一事例となると考えたためである。この論拠の背景は、筆者らがこれまでに日本国内における東南アジア産の漆塗料（輸入漆塗料）の使用に関する具体例な物的証拠を、理化学的な手法を含む文化財科学的な総合調査によって幾つか確認したことにある。さらには、活発な交易を通じて交流が深かった桃山文化並行期における東南アジア諸国の漆文化に関する基礎調査も行った。本書では、このような事例調査を通じて、「漆工」をキーワードとした輸入漆塗料の調達と使用の実態を明らかにすることで、桃山文化期における国際交流のグローバルスタンダードのモデルケースの一つとなるよう配慮した。

　次に、効率よく建造物部材などの大画面を荘厳する目的で採用された蒔絵技法の実態は、これらを多く採用した城郭御殿建造物のほとんどが灰燼に帰したため不明な点が多かった。そのなかで本書が御殿建造物の蒔絵塗装を取り上げる直接的なきっかけは、平成22年～23年（2010～2011）度にかけて、都久夫須麻神社・滋賀県教育委員会文化財保護課・文化庁の3者によって国宝都久夫須麻神社本殿の身舎内に組み込まれた部屋内陣・外陣の蒔絵塗装に関する修理作業が実施され、筆者らがその施工指導・助言に関わったことである。この時の基礎調査では、御殿建造物の蒔絵塗装における材質・技法の実態解明、および特に劣化が著しい蒔絵塗装の修理技術の開発と適切な保存環境の設定に向けた基礎資料の蓄積などを図ることができた。この調査結果は、所有者である都久夫須麻神社および修理施工管理を担当した滋賀県教教育委員会文化財保護

課、指導機関である文化庁への報告書として提出した。しかし、修理自体は屋根葺き替えを中心とした部分修理であったため、当時、正式な修理報告書は刊行されなかった。本書では、報告書を提出した3者の了解のもと、類例である醍醐寺三宝院白書院の蒔絵床框、大覚寺正寝殿（客殿）の蒔絵帳台構などの桃山文化期の建造物蒔絵塗装および参考資料である豊国神社所蔵の蒔絵唐櫃、さらにはこれらの系譜を受け継ぐ日光東照宮本殿の蒔絵扉なども含めた調査結果を総合的に纏める。

　いずれにしても、本書では、このような多岐にわたる桃山文化期の漆工を、日本の文化史・技術史・建築史上極めて特徴ある諸要素の一つとして捉え、これらの実態解明を目指した実践的な検証を行った。以上のような目的と方法で行った成果は、3部構成の計15章にわけた論考として一冊に纏めた。

2、本書の調査方法

　本書が調査対象とする桃山文化期に作製されたと考えられる漆工資料はいずれも極めて貴重な文化財資料である。そのため、関連する文献史料の調査とともに理化学的な調査も積極的に導入した。

　特に現地調査では、非破壊・非接触な理化学的な分析および観察手法を基本とした。ただし現地調査の際、調査対象資料周辺で発見した剥落小破片試料は、そのまま放置しておくと早晩紛失して資料価値を失う危険性が高かった。そのため現地において試料の剥落元を特定した上で、所有者もしくは先方担当者了承のもと、これを回収して、以後の詳細な分析調査に供した。また資料によっては、保存修理作業を行うにあたり、事前の材質・技法に関する調査が必要な場合もあった。このような資料については、先方担当者了承のもと、資料の塗装膜損傷個所から小破片試料を注意深く採取して、以後の詳細な分析調査に供した。以下、本書における調査方法を記す。

2.1　現地における調査方法
①斜光ライトなどを用いた漆塗装や蒔絵加飾の目視観察
②調査対象である漆工資料の現状記録（高精細写真撮影）
③携帯型デジタル顕微鏡による漆塗装の状態や蒔絵粉、梨子地粉、螺鈿加飾の拡大観察
④可搬型蛍光X線分析装置による蒔絵粉や梨子地粉材料、赤色系漆の使用顔料などの定性分析
⑤サンプル袋やカーボンテープを用いた微量（0.5～数mm角程度）な剥落小破片試料（分析サンプル）の回収

2.2　現地調査で回収もしくは採取した微量な剥落小破片試料の分析方法
①分析用の塗装試料（サンプル）の回収
②漆塗装や蒔絵加飾の拡大観察
③漆塗装膜の分類（断面構造の観察）
④蒔絵および梨子地粉、赤色系漆の使用顔料の定性分析

⑤漆塗料の確認のための有機分析

　⑥漆塗料や肌色・緑色塗装における主要脂質成分の同定

　⑦X線透過写真撮影

以下、本書で採用した項目別の分析方法の概要を記す。

①分析用の塗装試料（サンプル）の回収

　貴重な桃山文化期における漆工資料の漆塗装や蒔絵加飾などの材質・技法に関する理化学的な手法を用いた調査は、近年では主流となっている非接触・非破壊調査が基本方針の大原則である。そのため、本書においてもその方針に従った。ところが文化財建造物の漆塗装部材などの各資料は、長年の経年劣化により漆塗膜の剥落小破片などが資料周辺で発見される場合があった。このような剥落小破片試料は、所有者や先方担当者の了承のもと、注意深くこれを回収してサンプル袋に収納する、もしくは分析用粘着カーボンテープに固定して研究室に持ち帰り、以下の各種分析に供した。

②漆塗装や蒔絵加飾の拡大観察

　各資料の蒔絵加飾は、まず表面状態を目視観察し、現地における細部は㈱スカラ社製DG-3型の携帯型デジタル顕微鏡を使用して50倍の倍率で観察した。さらに蒔絵粉や梨子地粉の形態や集合状態、赤色系漆の使用顔料の色相などに関する詳細な拡大観察は、㈱キーエンス社製VHX-1000型マイクロスコープを用いて250〜2,000倍の倍率で行った。

　さらに詳細な高倍率観察は、㈱日立ハイテクノロジーズにおいて㈱日立製作所製S-3200N型の走査電子顕微鏡を用いて行った。

③漆塗装膜の分類（断面構造の観察）

　極めて僅かではあったが回収可能であった漆塗装の剥落小破片試料は、発見箇所と剥落元の特定などの検討を行った後、来歴が明確な試料について、1mm×3mm角程度の小破片試料を合成樹脂（エポキシ系樹脂／アラルダイトAER-2400、ハードナーHY-837）に包埋した後、断面を研磨して薄層プレパラートに仕上げた。その上で、漆塗装の断面薄層試料の厚さや色調、下地の状態、使用顔料や蒔絵加飾の技術などの内部状態を金属顕微鏡および生物顕微鏡を用いて、透過および落射観察した。

④蒔絵および梨子地粉、赤色系漆の使用顔料の定性分析

　各資料の蒔絵粉および梨子地粉の構成無機元素の定性分析は、非接触・非破壊の調査を基本方針とした。そのため、㈱リガクのNiton XL3t-700携帯型のエネルギー分散型蛍光X線分析装置、もしくは元興寺文化財研究所所有の機器である㈱アワーズテック100FA可搬型の蛍光X線分析装置を加飾箇所に注意深く近接させて大気中で分析した。後者の分析設定条件は、測定視野は直径8.0mmスポット、管球は対陰極Agtターゲット、管電圧は50kV、大気圧で分析設定時間は100秒である。設定条件は、管球はパラジウム（Pd）管球、管電圧は40kV、大気圧での分析設定時間は100秒である。

　次に、現地で回収した剥落小破片試料は、㈱堀場製作所製のMESA-500型蛍光X線分析装置を使用した。設定条件は以下のとおりである。分析設定時間は600秒、試料室内は真空状態、X

線管電圧は 15kV および 50kV、電流は 240μA および 20μA、検出強度は 20.0～80.0cps、管球はパラジウム（Pd）管球。

⑤ 漆塗料の確認のための有機分析

各試料の表面状態を目視観察した上で、これらが基本的に広義の漆（ウルシ科）の固化膜であるかどうかについての確認のための有機分析を実施した。この有機分析には、先の剥落小破片試料の一部をフーリエ変換型赤外分光光度計（FT-IR）（日本電子製 JIR-6000 型）を使用して顕微赤外反射法および KBr 錠剤法により測定した。測定は分解能 4cm^{-1}、波長領域 400～4000cm^{-1} である。

⑥ 漆塗料や肌色・緑色塗装における主要脂質成分の同定

第Ⅱ部の各章で調査対象とした漆塗料が日本産もしくは中国産漆塗料であるのか、ベトナムやタイ・カンボジアなどの東南アジア産漆塗料であるのか、第Ⅰ部の第5章で調査対象とした当世具足の肌色・緑色塗装が漆塗料であるのか乾性油系塗料であるのかを特定する方法として、各試料に含まれる主要脂質成分の同定を、明治大学 理工学部 名誉教授の宮腰哲雄氏と准教授の本多貴之氏の協力を得て実施した。試料小片は、分析結果のクロスチェックも兼ねて東京文化財研究所と明治大学にそれぞれ設置された熱分析装置に入れて 500℃で 12 秒間熱分解させた上でGC/MS に導入した。測定装置は、熱分析装置（フロンティア・ラボ製 PY-2010D）とガスクロマトグラフ（HP製 HP689）、質量分析装置（HP製 HPG5972A）で構成されており、この分離カラムにはUltra Alloy PY-1（100% methylsillicone, 30m×0.25mm i.d, film 0.25μm）を使用した。

⑦ X線透過写真撮影

第Ⅰ部の第4章で調査対象とした有楽町一丁目遺跡出土の漆箔装飾部材 2 資料の構造と劣化状態を調査するため、東京文化財研究所設置の㈱エクスロン社製 MCN165 型 X 線発生装置を用いてX線透過写真撮影を実施した。撮影条件は、管電圧＝30kV、管電流＝30 秒、照射距離＝150cmである。この撮影は、東京文化財研究所 保存修復科学センター（現 保存科学研究センター）分析科学研究室長の犬塚将英氏の協力を得た。

3、本書の構成

本書は、平成 29 年（2017）度の日本学術振興会科学研究費助成事業（科学研究費補助金）の研究成果公開促進費（代表者：北野信彦・課題番号：17HP5260）の交付を受けて刊行する学術図書である。

本書の内容は、平成 22 年～23 年（2010～2011）度の公益財団法人 出光文化福祉財団調査・研究事業助成「桃山文化期における漆文化の実態に関する文化財科学的調査」、平成 23 年（2011）度の公益財団法人 文化財保護・芸術財団研究助成事業「桃山文化期における建造物蒔絵塗装の保存修復科学的研究―南蛮様式の初期輸出漆器の生産体制と生産技術に関する基礎的調査―」、平成 25 年（2013）度の公益財団法人 高梨学術奨励基金助成金「出土漆器からみた桃山文化期における漆文化の解明に関する調査研究」などの交付を受けて実施した調査・研究の成果を骨子にしている。さらに平成 23 年～25 年（2011～2013）度の日本学術振興会科学研究費助成事業：基盤研究（C）「建築文化財における伝統的な塗装彩色材料の再評価と劣化防止に関する研究（研究代表者：北野信彦・課題番号：26289225）」および、平成 26～29 年（2014～2017）度の基盤研究（B）「文化財建造物の伝統的な塗装彩色材料の再評価と保存・修理・資料活用に関する研究（研

究代表者：北野信彦・課題番号：23501220）」の交付を受けて実施した基礎的な調査・研究の成果の一部も可能な限り併せて纏めた。以下、本書の構成を記す。

　本書の序論（「はじめに」）は、第1節：「本書の目的」および第2節：「本書の調査方法」で、基本的な問題の所在や学術的な背景、本書を纏めるに当たり設定した基本方針や目的・方法の概要を述べる。続く本節である第3節：「本書の構成」では以下の各章でとりあげたテーマの視点を明確にする。

　本書の本論は、3部構成である。まず第Ⅰ部は、漆工文化の実態と材質・技法に関する基礎調査の結果を第1章から第5章にわけて論考する。

　第1章では、年代観が明確な出土漆器椀資料を中心に概観する。本書が取り上げる16世紀末から17世紀前期頃の桃山文化期に年代観が比定される近世遺跡の内、一括で纏まった数量の漆器椀資料が出土した6遺跡（宮内堀脇遺跡、根来寺坊院跡、清洲城下町遺跡、伏見城下町遺跡、東京駅八重洲北口遺跡、松江城下町家老屋敷跡）と、同時代の伝世品資料（姫路城天守閣、彦根城天守閣）2群を調査対象とし、それぞれの出土および発見漆器資料、とりわけ椀・皿などの挽き物類の材質・技法に関する分析調査を行った。その上でこれらの分析結果を集計し、当時の日常生活什器の飲食器である漆器類の素材と生産技術に関する一般的な傾向、すなわち漆塗料の使用状況の一端を概観することを主目的とした。

　第2章は、これまで漆工史の分野が常に調査対象としてきた伝世品の蒔絵什器を改めて取り上げる。桃山文化期の漆工の特徴の一つは、それまで文箱や化粧箱、泔杯台などの小型什器に限られていた蒔絵加飾が、長持や駕籠、道中風呂桶などの大型の各種什器にまで広がったことである。これらに関する先行研究は多いが、来歴や使用者がある程度特定される什器の漆工資料自体は案外少ない。さらには、これらの蒔絵技術に関する理化学的な手法を用いた調査の機会も少なかった。ここでは、これまで調査する機会に恵まれた道中風呂桶や手桶、網代駕籠や唐船図腰屏風、長持など、桃山文化期の政治や経済、文化を牽引した豊臣秀吉や徳川家康との関連性が指摘されるいくつかの各種什器類、さらにはこの時代のもう一つの特徴である活発な異文化交流の物的証拠の一つとして、北海道の蝦夷地に将来されて今日まで伝世した耳盥などのアイヌ関連の蒔絵漆器（いわゆる「アイヌ漆器」）も比較資料として取り上げた。これらを通して、改めて桃山文化期における蒔絵技法の一様相を明確にする。

　第3章では、城郭や大規模寺院などの御殿や門などの建造物の外観部材を荘厳する漆工の一様相を取り上げる。ここでは、安土城・聚楽第・大坂城などとともに大量の金箔瓦が出土した伏見城下町遺跡における御殿建造物の屋根に葺かれたと考えられる出土金箔瓦を調査対象とした。そして、これらに使用された漆塗料と金箔の材質・技法に関する基礎的な調査結果を報告する。これは、当時の主要な城郭御殿建造物の屋根に葺かれた金箔瓦を桃山文化期における華麗で豪壮な独自な漆工の象徴の一つと認識したためである。

　第4章も、御殿建造物に用いられた漆工を取り上げる。ここでは、主に建造物自体を構成する各種部材における漆塗装の在り方を把握する目的で、慶長期に造営された文化財建造物である豊国神社唐門と醍醐寺三宝院惣門、さらには建造物部材における漆塗装の技術的な年代観指標基準ともなりうる東京都千代田区有楽町一丁目遺跡出土装飾部材2資料、さらには参考資料として瑞

巖寺本堂屋根破風の懸魚六曜部材や書写山円教寺大講堂四天柱の漆箔塗装に関する調査も併せて行ったので、その内容を報告する。この章を設けた理由は、日光東照宮や二条城二の丸御殿など、次の江戸期の霊廟建造物や城郭御殿建造物の漆塗装に多大な影響を与えたと考えられる桃山文化期における建造物外観部材の漆工の実態を知ることを主目的としたためである。

　第5章は、鉄砲伝来に端を発し、この状況に即応するために開発された機能性と防御性に優れるとともに、西洋甲冑の構造や意匠の影響を強く受けた当世具足の塗装技術を取り上げる。当世具足は、桃山文化期の世相を反映してか、変り兜や仁王胴具足など、周囲からの視覚を強く意識した奇抜で大胆な意匠や華麗な加飾・色彩に彩られたものが多いという特徴を有する。ここでは、通常の漆塗装では色相を獲得しづらい肌色塗装や深緑色塗装を有する一宮市博物館保管の仁王胴具足と鍋島報效会所蔵の青漆塗萌黄糸威二枚胴具足を調査対象として取り上げ、当時の武具に用いられた漆工の一側面を明らかにする。

　第Ⅱ部は、本書が主題とする桃山文化期の漆工について、著者が研究対象とする直接の発端となった輸入漆塗料の調達と使用について、第1章から第5章にわけて纏める。

　独自で特徴ある「桃山文化」と呼称される日本文化が形成された背景には、寛永16年（1639）の江戸幕府による対外交易制限政策の確立以前の「南蛮交易」や「御朱印交易」による東南アジアやヨーロッパ諸国との活発な交易活動が大いに関係したとされる。ところがこの交易では、どのような物資や原材料が輸入され、それが日本国内でどのように使用されたかについて、平戸や長崎の商館日記などの文献史料から、その一端は理解されるものの、交易との関連性を示す具体的な物的証拠は希少であった。とりわけ本書が取り上げる漆工との関係は、「南蛮様式の初期輸出漆器」の存在自体は良く知られるものの、その生産や原料調達などの実態には不明な点が多かった。本書の第Ⅱ部は、この点に関する解明を主目的としている。

　第1章は、東南アジア交易に伴う桃山文化期漆工の新発見に関する調査事例の報告である。筆者も発掘調査に参加した京都の中心部にあたる御池通に面した(旧)柳池中学校構内遺跡では、内・外面に黒色の漆様塗料が付着固化した東南アジア産の「四耳壺」と呼称される焼〆陶器の壺破片が数多く出土した。これと類似した出土資料は、長崎市中と大坂城下町の同時期の2遺跡においても各2例、合計4例出土していることもその後の関連調査で確認された。ここでは、これら漆様塗料について、理化学的な手法を用いた調査を行った。併せて、当時、どのような海外産漆塗料が輸入され、国内で使用されたのかに関する文献史料の調査も行ったので、この結果も併せて報告する。

　第2章は、東南アジア産の漆塗料の原産地であるとともに当時の輸入元であった東南アジア地域における桃山文化並行期の漆文化の在り方を取り上げる。史実では、桃山文化期には、タイのアユタヤやカンボジアのアンコールワット周辺のシェムリアップ地域、ベトナムのホイアンなどに日本人町が形成されたことが知られている。このような地域では、東南アジア産の漆塗料をはじめとする数多くの物資が現地調達および集荷され、オランダやイギリスの東インド会社による「南蛮交易」や日本商人による「御朱印船交易」により、日本国内に輸入されたとしている。ところがこのような17世紀前期頃の桃山文化期並行期において、タイ、カンボジア、ベトナムなどの東南アジア地域の現地において、どのような材料と技術による漆文化が存在したのかについ

序論

ては不明な点が多く、この具体的な事例に関する先行研究も希少であった。本章では、タイのアユタヤやカンボジアのアンコールワットなどにおいて、タイ王国文化省芸術総局考古部やカンボジア王国アンコール保存事務所などの協力と理解を得て、漆文化に関する現地調査を実施したので、この内容を報告する。

第3章では、京都を中心とした日本国内に輸入された東南アジア産の漆塗料が、その後どのような漆工用具と材料を用いて漆器生産されたかについて検証を加える。当然ながら、これまで長崎・大坂・京都市中で発見された東南アジア産の輸入漆塗料は、どのようなシステムと作業工程を経て日本国内で流通し、どのような状況と場所で漆工に供されたかについては不明であった。この点について、第1章で取り上げた京都市中の(旧)柳池中学校構内遺跡では、漆塗料を充填した壺と同じゴミ廃棄土坑から、漆工用具と材料を一括で幾つか確認することができた。さらにこの遺跡からほど近い京都市中町屋跡遺跡からも、ほぼ同年代の漆塗料に関連する出土遺物が発掘された。本章では、これらについても同様の調査を行った。さらに輸入漆塗料に関する文献史料の基礎調査も行ったので、この内容も併せて報告する。

第4章は、輸入漆塗料が国内で使用された具体的な一事例として、出土漆器における輸入漆の使用状況の実態について取り上げる。ここでは、輸入漆塗料の使用を裏付ける文献史料の記述とともに、新たに東南アジア産漆を使用した出土漆器資料を幾つか確認したのでその結果を報告する。そして、この結果から導き出される桃山文化期における輸入漆塗料の使用に関する一つの可能性について言及する。

第5章では、寛永16年(1639)のポルトガル船来日禁止令に至る一連の江戸幕府の対外交易制限政策確立以前の桃山文化期頃に生産され、ヨーロッパに数多く輸出された、いわゆる「南蛮漆器」と称される「南蛮様式の初期輸出漆器」を取り上げる。これらは、桃山文化期漆工を象徴する漆器資料群の一つである。これらの材質・技法を調査することは、当時、どのような職人集団が、どのような原材料と生産技術、さらには体制でこの一連の漆器を作製したかを理解する上で極めて重要であると考える。ここでは、特に東南アジア産の輸入漆塗料と京都で生産されたとされている「南蛮様式の初期輸出漆器」との関連性を念頭においた各資料の分析調査を行ったので、その結果を報告する。

第Ⅲ部は、桃山文化期漆工の特徴の一つである御殿建造物の蒔絵塗装に関する調査成果を総合的に纏める。これまでの先行研究では、この時代の御殿建造物における蒔絵塗装の遺構例は、京都東山に所在する高台寺霊屋をはじめ、伏見城もしくは豊国社から移築されたとの伝承を有する建造物が多い。そのため、本書においても基本的には豊臣秀吉との関連性が強いとされる建造物群が調査対象となった。

第1章では、本書を纏めるもう一つのきっかけとなった都久夫須麻神社本殿の身舎内部の内陣・外陣部材全体に施された蒔絵塗装を取り上げる。琵琶湖の竹生島に所在する都久夫須麻神社本殿は、永禄10年(1567)の棟札を有する外回りの旧本殿身舎の中に、三間四方の別の建造物部材を移築して部屋を構成した二重構造を有する複雑な建造物である。この内部の部屋を構成する柱や長押部材は、慶長年間(1596～1615)に豊臣秀頼により寄進された伏見城もしくは豊国社の建造物の移築部材であるとの伝承がある。本章では、本殿内部に施された蒔絵塗装の材質・技法

に関する基礎調査の結果と、これをふまえて実施された蒔絵修理の内容について報告する。なお、本書の巻末に附章として、「都久夫須麻神社本殿（国宝）蒔絵塗装：関連図版一覧」を掲載する。これは、修理前・修理後のすべての蒔絵加飾の写真図版を場所毎に網羅的に纏めた記録資料集である。これまで、都久夫須麻神社本殿の蒔絵塗装の一部を撮影した写真図版は幾つかの書物に掲載されている。しかし、全体を網羅的に掲載した写真図版はない。この点が本書の特徴の一つである。さらに都久夫須麻神社本殿の屋根裏には取り外し部材が2点保管されていた。このうちの1点にはごく一部ではあるが剥ぎ継ぎ部材箇所に、これまで漆工史分野では知られていない未発表の萩秋草の図様を有する蒔絵塗装が確認された。今回の調査の結果、この資料は、桃山文化期における建造物部材の蒔絵塗装としては5資料目にあたる部材であることがわかった。いずれにしても本章の調査結果は、今後の漆工史分野の研究にも大いに役立つものと考えている。

　第2章では、秋草文様である萩や菊・桔梗など、典型的な「高台寺蒔絵」図様の特徴を有する履歴が明確な建造物の蒔絵部材として、醍醐寺三宝院白書院の蒔絵床框を取り上げる。さらに本章では、年代観と性格が明確であるとともに、やはり「高台寺蒔絵」の図様の特徴を有する岡山城二の丸跡出土蒔絵漆耳盥と余市入舟遺跡出土蒔絵椀の2資料も参考資料として調査対象に加え、桃山文化期漆工の特徴の一つである平蒔絵技法で作製されたいわゆる「高台寺蒔絵」の材質・技法に関する調査結果を纏めた。

　第3章は、造営自体は慶長期から遅くとも寛永期頃と推定されている建造物主室の天皇玉座という伝承を有する背後正面に設けられた大覚寺客殿（正寝殿）の蒔絵帳台構の蒔絵塗装を取り上げる。先行研究では、本蒔絵資料は桃山文化期の建造物蒔絵のなかでも、初期にあたる聚楽第御殿の遺構例であり、その後、指月伏見城→木幡山伏見城、さらに何らかの縁で大覚寺に再移築された漆工資料であるとされてきた。ところが、この建造物自体はそれより後世の慶長～元禄年間に部材を移築して造営された御殿建造物であるため、若干年代観に齟齬があり、再考の余地も残された。ここでは、この点を考慮に入れて改めて調査対象の一つに加えた。

　第4章は、豊国神社所蔵の蒔絵漆唐櫃を取り上げる。豊国神社の蒔絵唐櫃は、豊臣秀吉の遺品である各種什器類を収納した唐櫃であるとの伝承を有するとともに、少なくとも慶長20年（1615）に豊臣家が「大坂夏の陣」で滅亡した後、豊臣秀吉を祀った豊国社から妙法院門跡に移された品々の一つとして文献史料に明記されている。さらに、本書の第Ⅲ部第1章で取り上げた都久夫須麻神社本殿内部の蒔絵塗装の図様と類似したモチーフを有する漆工資料でもあるため、この章で取り上げた。

　第5章は、日光東照宮社殿内の蒔絵扉を取り上げる。これは、第1章から第4章で取り上げた桃山文化期における蒔絵塗装の資料群よりは年代的に一時代新しい。しかし、高台寺霊屋内陣の蒔絵塗装を担った幸阿弥家の蒔絵師集団がその後に関わった、数少ない建造物部材の蒔絵塗装の実例である。これらの材質・技法を調査することは、建造物の蒔絵塗装の技術変遷を知る上で重要であると考え、現地調査を行い、その結果を纏めた。

　本書の結論は、終章である。ここでは、「まとめと今後の課題」として言及する。3部構成で合計15章に分けて検証を加えた多岐に渡る各種の桃山文化期漆工の諸要素を、個々の資料の材質・技法に関する理化学的な分析調査結果と文献史料の記録内容から総括する。さらには、今後、

序 論

劣化が懸念される貴重な建造物部材の蒔絵塗装について、どのような保存修理、管理活用を行なう必要があるのかについても、幾つかの事例から言及する。

以上が本書の構成と、その主な概要である。

（参考文献）

荒川浩和 編著：『南蛮漆藝』美術出版社（1971）

荒川浩和・小松大秀・灰野昭郎：『日本の漆芸3　蒔絵Ⅲ』中央公論社（1978）

荒川浩和・河田貞・小松大秀：『日本の漆芸5　根来 漆絵』中央公論社（1979）

一宮市博物館 編集：『仁王胴具足調査報告書』（2014）

江本義理：「古文化財のX線分析法に拠る材質測定資料Ⅲ　金属 —漆芸品—蒔絵材料」『保存科学19』pp.35-41（1980）

江本義理・石川陸郎・中里壽克：『高台寺霊屋蒔絵扉の保存科学的調査報告』東京国立文化財研究所（1978）

京都国立博物館 編集：『桃山時代の漆芸』淡交社、（1977）

京都国立博物館 編集：『高台寺蒔絵と南蛮漆器』（1989）

特別展「変革のとき 桃山」実行委員会：『名古屋開府四〇〇年 記念特別展　変革のとき 桃山』名古屋市博物館・中日新聞社（2010）

吉村元雄 他：『高台寺蒔絵』京都国立博物館（1970）

（引用文献）

北野信彦：『近世出土漆器の研究』p.404、吉川弘文館（2005）

北野信彦：『近世漆器の産業技術と構造』p.275、雄山閣（2005）

北野信彦：「文化財建造物における伝統的な塗装材料と修理施工上の課題」『塗装工学 vol.48-11』pp.120-129、日本塗装技術協会（2013）

北野信彦：『ベンガラ塗装史の研究』p.324、雄山閣（2013）

北野信彦：「文化財建造物の保存修理と科学技術 —漆・彩色の科学的分析を中心に—」『文建協通信No.120』pp.1-26、文化財建造物保存技術協会（2015）

北野信彦 編著：『桃山文化期おける建造物蒔絵塗装に関する保存修復科学的研究 —公益財団法人文化財保護・芸術研究助成財団：平成23年度研究助成事業の成果報告書—』p.199、東京文化財研究所・保存修復科学センター・伝統技術研究室（2011）

北野信彦 編著：『桃山文化期における漆文化の実態に関する文化財科学的研究 —南蛮様式の初期輸出漆器の生産体制と生産技術に関する基礎的調査—：公益財団法人出光文化福祉財団：平成22・23年度調査・研究助成の成果報告書』p.114、東京文化財研究所・保存修復科学センター・伝統技術研究室（2012）

北野信彦・小檜山一良・竜子正彦・高妻洋成・宮腰哲雄：「桃山文化期における輸入漆塗料の流通と使用に関する調査」『保存科学47』pp.37-52、東京文化財研究所（2008）

北野信彦・小檜山一良・木下保明・竜子正彦・本多貴之・宮腰哲雄：「桃山文化期における輸入漆塗料の流通と使用に関する調査（Ⅱ）」『保存科学48』pp.133-145、東京文化財研究所（2009）

北野信彦・小檜山一良・竜子正彦・本多貴之・宮腰哲雄：「桃山文化期における輸入漆塗料の流通と使用に関する調査（Ⅲ）」『保存科学53』pp.133-145、東京文化財研究所（2014）

北野信彦・本多貴之：「仁王胴具足にみられる桃山文化期の一塗装技術 —一宮市博物館保管に黄銅具足を例として—」『保存科学53』pp.1-18、東京文化財研究所（2014）

第Ⅰ部　漆工文化の実態と材質・技法

第1章　日常生活什器としての出土漆器椀

1、諸　言

　桃山文化期における漆工の特徴は、蒔絵や螺鈿加飾された伝世漆器や豪壮華麗な建造物から語られることが多い。その一方で、日常生活什器である飯椀や汁椀・皿などの飲食器類をはじめとする生活用具にも多種多様な漆器が存在しており、その様子は当時の人々の姿を描いた『築城図屏風』や『舟木本 洛中洛外図屏風』などの絵画資料からも、ある程度推察される（図1、2）。しかし、これらの実態を具体的に知ることができる物的証拠は、遺構年代が確定している出土漆器である。
　本章ではこのような桃山文化期に遺構の年代観が比定されるとともに、ある程度纏まった数量の漆器資料が一括で出土した6遺跡と、同時代の伝世資料2群を調査対象とした。そして個々の漆器資料、とりわけ椀・皿などの挽き物類の材質・技法に関する分析調査を行った。その上でこれらの分析結果を集計し、当時の日常生活什器である漆器椀の素材と生産技術に関する一般的な傾向を検討した。このような作業を通して桃山文化期漆工の一側面を明らかにしたい。

2、調査対象資料の概要

　近世遺跡にはさまざまな性格の遺跡・遺構が存在しており、そこから出土した多種多様な資料群は、その「時」と「場」に関係した人々の社会や文化・経済状態をある程度反映したものであろう。本書が調査対象としている桃山文化期は、江戸期における身分制度が固定するまでの過渡期の流動的な時代であったとされる。このような社会や経済状態を背景とした地域間や社会階層間においても、ある程度の文化的な差異が存在したものと考える。
　本章では、多様な社会階層と漆器椀資料との関係を、①城郭内、②武家屋敷、③町屋、④寺院、⑤墓地などに便宜的に分類する。そしてここでは、分析調査を実施する機会に恵まれた以下の6遺跡の出土漆器椀資料と、2箇所の城郭内伝世品漆器椀資料を調査対象とした。

図1：城下町飲食店先（『築城図屏風』より）
［名古屋市博物館所蔵］

図2：シジミ汁を食べる男（『舟木本 洛中洛外図屏風』より）［東京国立博物館所蔵 /Image: TNM Image Archives］

第Ⅰ部　漆工文化の実態と材質・技法

（A）**宮内堀脇遺跡**（武家屋敷・寺院）**出土資料**：永禄 12 年（1569）の此隅山城の合戦、および天正 8 年（1580）の有子山城落城時の合戦に伴い被災した此隅山城城下町の漆器資料群

（B）**根来寺坊院跡**（寺院）**出土資料**：天正 13 年（1585）の根来寺壊滅時の焼土層から検出された漆工史の分野で「根来塗」と呼称される漆器資料群

（C）**清洲城下町遺跡**（城郭・武家屋敷・町屋・寺院）**出土資料**：慶長 15 年（1610）～慶長 18 年（1613）にかけて行われた「清須越し」と呼ばれる都市機能移転時期を下限とする漆器資料群

（D）**伏見城下町遺跡**（武家屋敷）**出土資料**：元和 9 年（1623）の伏見城破却に伴い一括廃棄されたと考えられる漆器資料群

（E）**東京駅八重洲北口遺跡**（墓地）**出土資料**：天正 13 年（1585）の徳川家康「江戸入府」を上限とし、慶長 18 年（1613）に当該地域が大名屋敷地として整備される以前の墓地副葬品の漆器資料群

（F）**松江城下町家老屋敷跡**（武家屋敷）**出土資料**：慶長 16 年（1611）に月山富田から松江に都市機能が移転された以降の堀尾期（1620～1633）家老屋敷の漆器資料群

（G）**姫路城天守閣**（城郭内）**伝世資料**：慶長 6 年（1601）～慶長 13 年（1608）の天守閣造営期の資料として昭和期修理の際に発見された漆器資料群

（H）**彦根城天守閣**（城郭内）**伝世資料**：慶長 9 年（1604）の天守閣造営期資料として昭和期修理の際に発見された漆器資料

また、限定された年代は提示できないものの、基本的には桃山文化期の漆器資料であると考えられる**大坂城三の丸跡**、**堺環濠都市遺跡**および**仙台北目城跡**出土の 3 資料群も参考資料として考察に加えた。

いずれにしても、これらは桃山文化期において根来、清洲、伏見、江戸、大坂、堺といった宗教・政治・経済の中心地、さらには地方の主要城下町であった但馬、松江、姫路、彦根、仙台などの人々が日常生活で使用した椀・皿などを中心とした漆器資料群である。以下、各資料の概要を記す。

（A）宮内堀脇遺跡出土の漆器資料群

兵庫県豊岡市出石町宮内に所在する宮内堀脇遺跡は、但馬国守護山名氏宗家の居城であった此隅山城の城下町遺跡と考えられている。永禄 12 年（1569）、織田信長配下の羽柴秀吉の但馬進攻に伴い、生野銀山の経営権を有する山名氏の居城であった此隅山城は落城し、城主の山名祐豊は堺に逃れた。その後、天正 2 年（1574）には堺の有力商人であった今井宗久らの斡旋により山名祐豊は信長から許されてこの地に復帰し、此隅山城から南方の有子山城へ拠点を移した。天正 8 年（1580）には再び羽柴秀長の但馬侵攻により有子山城は落城し、室町幕府有力守護大名であった山名氏による当地の支配は終焉を迎えた。そして慶長期頃の周辺地域は、はやくも田畑化したようである。

さて道路改良工事に伴う合計 3,563㎡の遺跡の確認および本調査は、平成 6 年～11 年（1994～1999）度にかけて兵庫県教育委員会により実施された。この遺跡は、15 世紀末～16 世紀末頃に至る約 100 年間に形成された此隅山城城下町関連の武家屋敷および宗教関連建物と推定される遺構と遺物が中核を為している。このうちの中世第Ⅲ面からは、被災の痕跡を残す武家屋敷跡と考えられる礎石建物とともに、「永禄十二年、乃木出羽守」と記された付け札が出土した。史実

を考慮に入れると羽柴秀吉による此隅山城落城に伴い城下町も一旦被災したようである。さらに武家屋敷が廃絶した第Ⅱ面にも被災した痕跡があり、直上の第Ⅰ面は慶長期の遺物を含む水田土壌である。そのため、武家屋敷の廃絶は天正8年（1580）の有子山城落城に伴うものであると推定されている。

出土遺物は、華南産四耳壺や李朝壺、華南三彩水滴、龍泉窯系青磁・白磁碗などの輸入陶磁や越前焼などの国産陶磁、人名墨書土器や在地産土器などの陶磁・土器類、石製品、兜鍬形台や刀装具、鉄砲鉛玉などの武具類をはじめとする金属製品、天文22年（1553）と永禄12年（1569）の紀年銘資料2点をはじめとする墨書木簡や箸、折敷、下駄などの木製品や繊維製品とともに、合計706点の漆器資料が出土している。これらは武家屋敷跡の内側堀跡や宗教関連建物周辺を含む中世第Ⅴ・Ⅳ・Ⅲ面からの出土が多く、桃山文化期漆工の中ではやや年代観は古い（図3）。しかし城下町関連遺構の存続下限自体は、出土状況から天正8年（1580）に求められるため、本章では希少な桃山文化期における日常生活什器の漆器資料と位置づけて調査対象とした。いずれも飯椀や汁椀、小型皿などの飲食器を中心とするが、鶴亀文様のモチー

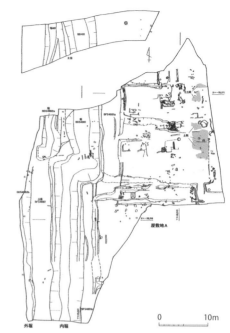

図3：宮内堀脇遺跡の遺構平面図

写真1：宮内堀脇遺跡出土の鶴亀文様漆器椀
［兵庫県立考古博物館写真提供］

フを描く漆器椀資料群52点（写真1）や「根来」と総称される内外面を赤色系漆で地塗りした赤色系漆器（以下、通称名である朱漆器と称する）資料群63点などの一括性が高いグループが含まれる点が本資料群の特徴の一つである。

(B) 根来寺坊院跡出土の漆器資料群

和歌山県岩出市根来に所在する紀州一乗山根来寺は、新義真言宗の総本山である。保延6年（1140）に高野山金剛峯寺から分派した形で興教大師覚鑁上人により開山され、その後、堂塔坊舎2,000を超える学山として栄えた。最盛期の根来寺の様子について、ルイス・フロイスは著書『日本史』のなかで「彼らに奉仕する家僕を除き、仏僧だけで八千人から一万人もいたが、それらの家僕の大部分は下賤の出で、主人のもとから逃走した下僕とか、悪人、または下等な輩の寄合いであった。だが、彼らはひとたび根来衆になると、たちまち尊敬を受け、血統の賤しさも、以前の生活や習慣における卑劣さも、もはや己が身に汚点を残さなくなると信じていた。」と記述している。そして「子院伽藍二千余院・寺領77万石」とうたわれた根来山内には、山内で使用される寺院什器類の生産工房とそこで作業する多数の職人集団が存在しており、その産物の一つ

第Ⅰ部　漆工文化の実態と材質・技法

図4：天正13年（1585）の根来寺焼き打ちの様子
（『紀伊続風土記』より）

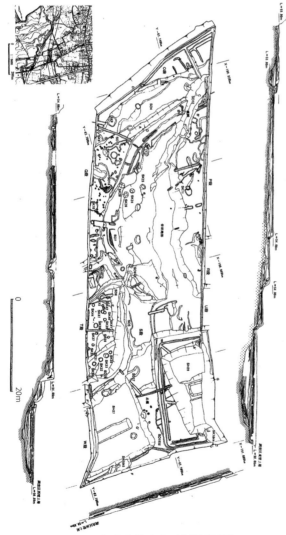

図5：根来寺坊院跡の遺構平面図

が「根来塗」と呼称される漆器群であったとされる。この漆器は、堅牢で実用性に富んだ内・外両面を赤色系漆で地塗りしたのみの簡素な形態を有する、中世以来の漆工を代表する朱漆器類である。根来寺山内の生産工房では、特に良質な朱漆器が多数作製されたことが、江戸時代以降広く世間に流布されるようになった。そのため、故事に習い寺社什器や茶事の飲食器などに用いられる堅牢で実用性が高い地塗りのみの朱漆器の総称を、良質な生産工房であったとされる「根来寺」の名を冠して「根来塗」と称するようになったという伝承もある。

ところが、戦国期には一向宗門徒衆の本願寺や比叡山延暦寺などとともに一大宗教勢力であった根来衆の総本山の根来寺も、天正13年（1585）の豊臣秀吉による「根来攻め」により大塔・大師堂を含めた2～3堂塔を残して全山焼き払われて壊滅した（図4）。江戸時代以降の根来寺は、紀州徳川家の保護を受けて大門・伝法堂・常光明真言殿・不動堂などの主要堂宇伽藍は復興され、人々の信仰を集めて今日に至っている。

このような根来寺坊院跡の考古学的な調査は、和歌山県文化財センターにより平成3年～8年（1991～1996）度にかけて道路改良工事に伴う発掘調査と整理作業が行われた。調査は、3次の確認調査と本調査からなる合計11,472㎡であり、根来寺坊院関連の土坑、井戸、堀、柱穴などの遺構と、陶磁・土器や金属器、木製品などの生活什器が多数検出された（図5）。特に、根来寺の寺域と寺内町とを区画する発掘区南側の堀底からは、500基を超える一石五輪塔や宝篋印塔な

第 1 章　日常生活什器としての出土漆器椀

どの石造品が一括投棄された状態で出土した。

　本章が調査対象とする漆器資料も合計 80 点出土している。このなかには、天正 13 年（1585）の豊臣秀吉の根来攻めによる根来寺壊滅時の焼土層から出土した朱漆器、すなわち漆工史の分野では「根来塗」そのものに相当すると考えられる一括性が高い資料 16 点が含まれている。この点が本資料の極めて重要な特徴である。なお本書では、ベンガラ漆を内外面に地塗りした赤色系漆器類であっても、寺社什器の形態を有する資料は漆工史分野の表記に倣い朱漆器と呼称する。

（C）清洲城下町遺跡出土の漆器資料群

　尾張清洲城は、愛知県清須市一場に所在する。清洲城は、濃尾平野のほぼ中央を流れる五条川を利用した水上交通と鎌倉街道沿いの陸上交通の要衝として中世期の文明 10 年（1478）に尾張守護斯波氏の居館として設けられた。その後織田氏の居城となり、織田信長が拠点とした以降は、織田信雄・豊臣秀次・福島正則・松平忠吉と城主が替わった。特に織田信長の次男の信雄の治世時代には、城と城下町の一大整備が行われて人口 6 万人とも算定される一大城下町に発展したようである。ところが城の堀割り機能も兼ねた五条川を含んだ複雑な清洲城周辺の地形は、城下町をさらに発展させるには手狭であるとともに、川が氾濫する水害の被害もしばしば発生した。そのため尾張藩初代藩主の徳川義直は、新たに名古屋台地上に大規模な名古屋城を築城して城下町機能も清洲から名古屋に移転した。慶長 15 年（1610）から開始された「清須越し」と呼ばれる名古屋への大規模な都市機能移転は慶長 18 年（1613）に完了し、その後の清須の地はわずかに宿場町が設置されるものの静かな田園となった。

　発掘調査は、名古屋環状二号線の建設、その後は五条川河川改修事業に伴い、昭和 62 年（1987）以降、継続的に愛知県埋蔵文化財センターや清須町教育委員会によって実施された。その結果、建物の基礎や井戸跡、建物区画の溝状遺構もしくは堀跡、土坑、木列遺構、石組遺構などの遺構群、多数の漆器や曲物・下駄から墨書付の木札や卒塔婆などの各種木製品、土師器皿・鍋釜類や瀬戸美濃窯産陶器の碗・皿・すり鉢などの陶磁・土器類、銭貨などの金属製品、硯・砥石などの石製品にいたるまで、膨大な日常生活什器類などの遺物や石垣の基礎部分などの建築部材が出土した。また、城郭と城下町が整備された織田信雄時代期から「清須越し」による城下町廃絶期までの清洲城下町は、天守閣などの瓦葺建物や石垣を築いた本丸エリアを中心に据えて、城下町全体を総構えの堀で囲う近世城郭および城下町の代表的な縄張り形態であることも確認された。

　漆器資料群は、清洲城本丸部分・武家屋敷跡・町屋跡・寺院跡などの性格が異なるエリアからそれぞれ纏まって出土した。本章ではこの内の城下町Ⅲ期の合計 225 点の出土漆器を、名古屋城下町に都市機能移転が完了するまでの城下町最終段階の慶長 18 年（1613）前後を下限とした日常生活什器の漆器資料として調査対象とする。

（D）伏見城下町遺跡出土の漆器資料群

　桃山文化期を代表する近世城郭の一つである伏見城の概要は、伏見城下町遺跡出土金箔瓦を取り上げた第Ⅰ部第 3 章で詳細に述べるので、ここでは割愛する。

　本章で取り上げる伏見城下町遺跡は京都市伏見区竹中町に所在する。北側を西楽図子通、東側を竹中町通、南側を毛利橋通、西側を南部町通に囲まれた桃山丘陵の西側斜面に立地しており、

19

第Ⅰ部　漆工文化の実態と材質・技法

平成17年～18年（2005～2006）度にかけて京都市伏見区総合庁舎整備事業に伴う合計4,435㎡の発掘調査が京都市埋蔵文化財研究所によって実施された（写真2、図6）。

調査の結果、第Ⅰ期：伏見城築城以前の16世紀後半の中世期、第Ⅱ期：伏見城が機能した16世紀末から17世紀第1四半期頃までの伏見城下町期（桃山文化期）、第Ⅲ期：元和9年（1623）の伏見城の廃城以降から幕末期までの伏見が伏見奉行所管轄となる町屋期（江戸期）、の年代や性格が3期に大別される遺構と遺物が大量に検出された。出土漆器資料は、合計298点である。内訳は、第Ⅰ期：中世期資料2点、第Ⅱ期：城下町期資料218点、第Ⅲ期：寺院墓地副葬品39点とその他のゴミ廃棄土坑出土品34点の町屋期資料の計73点、その他5点である。いずれも基本的には実用性が高い生活什器類であるが、伏見城下に所在した武家屋敷移転に伴う屋敷仕舞による一括廃棄、その後の伏見町屋や寺院の通常のゴミ廃棄、さらには墓地副葬品など、性格はそれぞれ異なる漆器資料群である。

本章では、このうちの中核となる桃山文化期に相当する第Ⅱ期の伏見城下町期の出土漆器資料218点を調査対象とした。これらは、大型の廃棄土坑から一括出土している。この土坑は、当初は壁土などに使用するための粘土取り穴として掘られたものであるが、その後比較的短期間の間に日常生活什器などを廃棄するために再利用されたことが、共伴の国産陶磁器の年代観から確認された。そのためこれらは、元和9年（1623）の伏見城の機能破却に伴い城下町の武家屋敷なども破

写真2：伏見城下町遺跡の漆器資料出土遺構

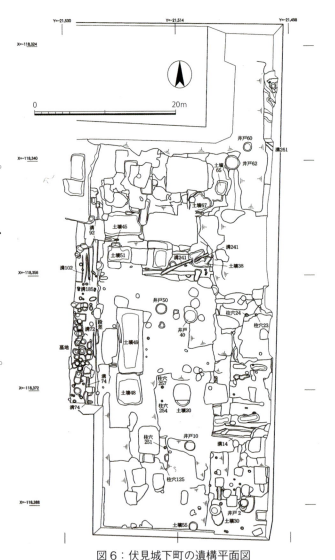

図6：伏見城下町の遺構平面図

第1章　日常生活什器としての出土漆器椀

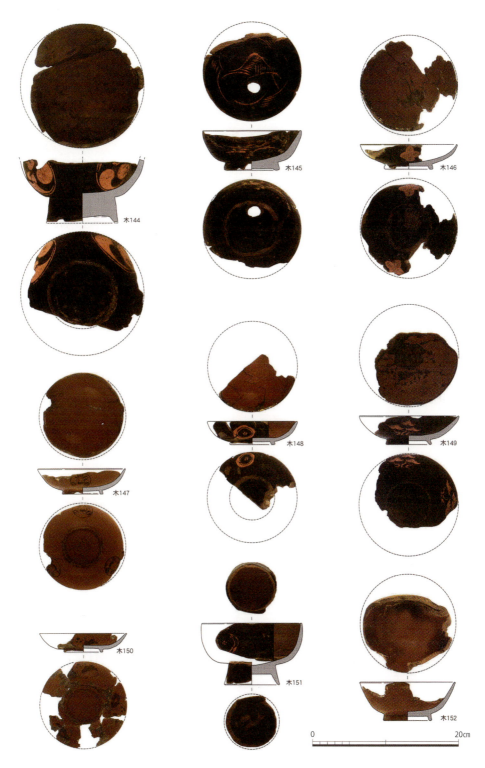

図7：伏見城下町遺跡の出土漆器椀
(『伏見城跡』京都市埋蔵文化財研究所発掘調査報告 2006-27 より転写引用)

却された際に、一括廃棄された年代観の下限が明確な漆器資料群である（図7）。

（E）東京駅八重洲北口遺跡出土の漆器資料群

　東京駅八重洲北口遺跡は、東京都千代田区丸の内一丁目に所在する。天正13年（1585）の徳川家康による「江戸入府」に伴い、汐入前嶋の埋立て造成が開始された。八重洲の地名の語源は、ウィリアム・アダムス（日本名：三浦按針）とともに徳川家康に重用された英国人商人のヤン・ヨーステンが居住した地区であることに由来するとの伝承もある。少なくとも慶長13年（1608）の『慶長江戸絵図』の当該地区は、すでに外堀に沿う土手と道路、後に「大名小路」と呼称される大名屋敷地の一角となっている。江戸城表に近接するこの周辺は、後に譜代大名が頻繁に屋敷替される地区となり、17世紀代には南町奉行所が、19世紀の幕末期には北町奉行所も設置されている。

　駅開発事業に伴う合計11,400㎡の発掘調査は、平成12年～13年（2000～2001）度にかけて千代田区東京駅八重洲北口遺跡調査会によって実施され、近世以降の遺構と遺物が多数検出された。時期区分は、第Ⅰ期（近世初頭：大名屋敷地以前）、第Ⅱ期（江戸時代前期：小笠原・戸田家～小笠原・南町奉行所・同土手付屋敷の敷地と道路）、第Ⅲ期（江戸時代中期：大名屋敷の敷地と道路）、第Ⅳ期（江戸時代後期：北町奉行所の敷地と道路）、第Ⅴ期（近代以降）となっており、漆器資料は第Ⅰ期と第Ⅱ期の遺構面から合計85点出土している。

　本章では、大名屋敷が造られる以前の第Ⅰ期の遺構面から出土した計32点を調査対象とする。この第Ⅰ期遺構は、江戸の造営開始に伴う整地層直上に小穴類147基（ここからは建物跡が3基想定される）、土坑42基、溝24基、井戸6基、堀状遺構1基とともに墓坑が10基検出された（図8）。遺体はいずれも仰臥伸展の状態で埋葬されており、このうちの4基には木棺が確認された。なかでも1380号墓木棺の側板には墨書による十字架が確認され、1404号墓からは副葬品として金属製メダイとガラス製および木製のロザリオが出土したため、これらは近世初頭期のキリシタン墓であることが判明した。いずれにしても第Ⅰ期遺構面の年代観は、天正13年（1585）の汐入前嶋の埋立て造成の開始から慶長13年（1608）の大名屋敷地となる以前の時期、遅くとも慶長18年（1613）の江戸幕府によるキリシタン禁止令である「排吉支丹文」が発布された前後と考えられるため、副葬品の漆器もこの時期の資料群といえよう。

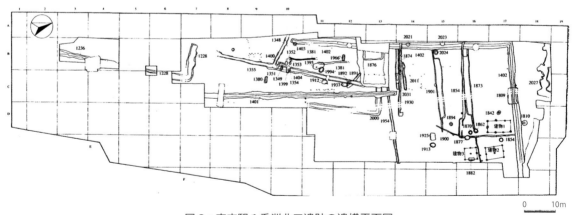

図8：東京駅八重洲北口遺跡の遺構平面図

(F) 松江城下町家老屋敷跡出土の漆器資料群

松江城下町家老屋敷跡（島根県松江市殿町279番地および287番地）は松江城に近接した一等地に所在する（写真3-1）。この地区は各種絵図面との対比により、堀尾忠氏が慶長12年（1607）～慶長16年（1611）にかけて松江城築城に伴う城下町整備を開始して以降、一貫して家老級（城下町整備当時の堀尾期には堀尾采女邸ないし堀尾右近邸および揖斐伊豆邸が所在）の武家屋敷の敷地区画であったことが判明している。

松江歴史館の建設に伴う合計5,300㎡の発掘調査は、平成20年（2008）度に松江市文化振興事業団によって実施された。調査の結果、江戸時代初期（堀尾期）から幕末期に至る歴代の家老屋敷関連の遺構と遺物が大量に検出され、数多くの漆器資料も含まれていた（図9）。このうちの第4、第3遺構面は、堀尾吉春・忠氏親子が慶長5年（1600）の「関ヶ原の戦い」の功績により出雲24万石領主として入封した後、城下町機能を月山富田から松江に移転してまもない時期に相当する遺構面であると考えられている。

写真3-1：松江城天守閣の現況

図9：松江城下町家老屋敷跡の遺構平面図

第Ⅰ部　漆工文化の実態と材質・技法

写真3-2：松江城下町家老屋敷跡出土の
高台が高い漆器椀［松江市教育委員会所蔵］

写真4：姫路城天守閣の現況

　本章では、元和6年（1620）～寛永10年（1633）頃に作製されたとされる『堀尾期城下町絵図（島根大学所蔵）』にも記載された、近世初頭期～江戸時代前期頃の家老屋敷である堀尾采女邸ないし堀尾右近邸跡と考えられる敷地内の第4、第3遺構面のゴミ廃棄土坑から一括で出土した椀（写真3-2）およびその破片資料を中核にした合計305点を調査対象とした。

（G）姫路城天守閣内発見の漆器椀資料群
　世界文化遺産に登録されている姫路城は、桃山文化期に造営された日本を代表する近世城郭建造物である。五重六層地下一階からなる大天守閣と小天主櫓が連立式をなす平山城であり、優美な姿から別名「白鷺城」とも呼称されている（写真4）。城の創建自体は、南朝歴：正平元年・北朝歴：貞和2年（いずれも1346）の播磨国守護の赤松貞範によるものである。その後、黒田孝高により戦国期城郭として改修され、豊臣秀吉の「中国毛利攻め」および、「本能寺の変」直後の明智光秀との山崎の合戦に向かうための「中国大返し」などで、歴史上重要な軍事拠点となった。その後、池田輝政が慶長5年（1600）の「関ヶ原の戦い」の功績により、翌年の慶長6年（1601）に播州52万石領主として入城し、慶長13年（1608）までの8年間をかけて、今日の天守閣の姿になる大規模な整備改修を行った。その後、元和4年（1618）には本多忠刻により西櫓の増築などが行われて城郭建造物群の整備改修は完了したとされる。その後の姫路城は、榊原家などを経て寛延2年（1749）以降は譜代15万石の姫路藩酒井家の居城として幕末に至る。明治期以降は、明治43年～44年（1910～1911）の明治期修理などを経て、昭和3年（1928）には国史跡指定、昭和6年（1931）には大・小天守などが国宝の指定文化財となった。太平洋戦争中の姫路市内は、空襲による壊滅的な被害を受けたものの、姫路城は奇跡的に無事であり、戦後の昭和31年～39年（1956

写真5-1：姫路城天守閣内発見の漆器椀①

写真5-2：姫路城天守閣内発見の漆器椀②
［姫路城管理事務所所蔵］

~1964)には、天守閣の解体修理（昭和期修理）が行われた。なお近年も、姫路城天守閣の平成期修理が行われた。このうちの昭和期修理の作業中に、屋根裏から造営時に使用されたと考えられる多数の大工道具や什器類が発見された。このうちの漆器は、典型的な三ッ組椀の器型を有する合計14点の椀資料である（写真5-1、5-2）。姫路城天守閣の大規模な改修工事は、池田輝政による慶長年間の造営期および元和年間の本多忠刻による姫路城天守閣建造物群

写真6：彦根城天守閣の現況

の整備改修期（いずれも桃山文化期）以降は、昭和期修理に至るまで行われなかったため、これらは年代観が明確な漆器資料群の一つであると理解して本章の調査対象に加えた。

(H) 彦根城天守閣内発見の漆器椀資料

彦根城もまた桃山文化期に造営された日本を代表する近世城郭建造物の一つである。三重三層地下一階で唐破風や千鳥破風をバランスよく取り入れた複合式望楼型の天守閣を中心にした平山城である（写真6）。造営は、井伊直孝が「関ヶ原の戦い」から3年後の慶長8年（1603）年に、それまでの拠点であった佐和山城を破却して近隣の彦根山に築城を開始したことに始まる。天守閣自体は、京極高次の居城であった大津城五重天守閣の上部三層を移築したとされるが、築城工事は、彦根の地が琵琶湖を望む交通の要衝であるため、徳川幕府の西国への備えとして公議御奉行3名が派遣されるとともに、7ヶ国12大名が動員される大規模な天下普請となった。天守閣の完成は、慶長11年（1606）であったが、その後も彦根藩単独の周辺整備は続き、元和8年（1622）に全体工事は完成し、以後、譜代35万石の彦根藩井伊家の居城として存続した。明治時代に入って一時期荒廃するものの、「廃城令」による破却や売却は免れ、幸い太平洋戦争中の空襲被害も受けなかった。その後、昭和26年（1951）には「彦根城跡」として国史跡指定、天守閣をはじ

写真7-1：彦根城天守閣内発見の漆器椀（内面）
[彦根城管理事務所所蔵]

写真7-2：彦根城天守閣内発見の漆器椀（外面）

第Ⅰ部　漆工文化の実態と材質・技法

めとする6棟も重要文化財の国指定文化財となった。さらに翌年には天守閣と附櫓及び多聞櫓が国宝指定となり、昭和32年～35年（1957～1960）にかけて、天守閣修理（昭和期修理）が行われた。この解体修理の作業中、屋根裏部分から多数の造営に関係した大工道具などが発見された。本漆器資料1点は、この昭和期修理の際に発見された漆器椀である（写真7-1、7-2）。彦根城天守閣も姫路城同様、大規模な改修工事は慶長年間以降、昭和期修理に至るまで行われなかったため、これも年代観が明確な漆器資料の一つであると理解して本章の調査対象に加えた。

3、漆器資料の調査方法

　一般に漆器の作製は、原木から木地を作り、挽き物や板物の形態にする「木胎製作」の工程と、木胎に下地と漆を塗布し、蒔絵・漆絵などの加飾や研磨作業を行う「漆工」の工程から成っている。本章では、まず各漆器資料の器形や残存状態、漆塗り表面の状態などを目視観察した後、実体顕微鏡による観察を行った。次に、①木胎部の樹種同定、②木取り方法の検討、③漆塗り構造の分類、④赤色系漆の使用顔料や蒔絵粉の材質、さらには、⑤個々の分析結果をもとにした漆器の材質・技法といった生産技術面の組成の傾向について、遺構別のレーダーチャート方式による集計作業を実施した。以下、調査方法を記す。

　①木胎部の樹種同定

　樹種の同定は、出土木材の細胞組織の形態的特徴を生物顕微鏡で観察し、その結果を新材と比較することでなされる。試料は、本体をできるだけ損傷しないよう、破断面などオリジナルでない面から木口、柾目、板目の三方向の切片をカミソリの刃を用いて作製した。切片は、サフラニン・キシレンを用いて常法に従い染色と脱水を行い、検鏡プレパラートに仕上げた。

　②木取り方法の検討

　挽き物類である漆器椀・皿資料の木取り方法の検討は、樹種同定作業時に細胞組織の木口・柾目・板目三方向の向きを生物顕微鏡で確認することで行った。

　③漆塗り構造の分類（断面構造の観察）

　1mm×3mm程度の漆膜剥落片を採取して合成樹脂（エポキシ系樹脂／アラルダイト AER-2400、ハードナー HY-837）に包埋し、その断面を研磨した。この断面試料の漆塗膜面の厚さ、塗り重ね構造、顔料粒子や蒔絵粉の形態と大きさ、下地の状態などについて、金属顕微鏡による落射観察を行い、一部の代表的な試料については生物顕微鏡を用いた薄層プレパラートの透過観察を併用した。

　④赤色系漆の使用顔料や蒔絵粉の材質

　赤色系漆の使用顔料や蒔絵粉の材質に関する定性分析は、採取可能な部分の漆膜剥落片をカーボン台に取り付けた上で㈱堀場製作所 MESA-500 型の蛍光X線分析装置で分析を行った。設定条件としては、分析設定時間：600秒、試料室内は真空状態、X線管電圧：15kV および 50kV、管球はパラジウム（Pd）管球、電流：240μA および 20μA、検出強度：50.000cps である。

　⑤分析結果の集計方法（生産技術面からみた漆器の組成）

　個々の漆器資料から最も一般的な8つの材質・技法上の品質の優劣ランクの項目を抽出し、それぞれの比率を総個体数の中で集計した。この結果をレーダーチャート方式で図化し、各遺跡から出土した漆器資料群の材質・技法上の組成の相互比較を行った。この集計方法は以下の通りで

ある。

　まず、レーダー中心軸・上の項目には一括出土漆器の加飾率（一括の総個体数の中で漆絵や家紋などの装飾を施した資料が占める割合）を取る。その右側には赤色系漆の使用顔料であるベンガラ・炭粉下地・ブナ材などのいわゆる量産型漆器資料の材質・技法の特徴を取り、それと相対する左側には赤色系漆の使用顔料である朱・サビ下地・ケヤキ材などの優品資料の特徴を示す項目をとる。さらに中心軸・下にはケヤキ材とブナ材の中間に位置するトチノキ材の占有比率（％）をそれぞれ配置した。この配置で示されるレーダーチャートは、その重点が右に寄るほどランク的に廉価な資料が多いことを、左に寄るほど優品資料の占める割合が高いことを示す。

4、調査結果

　調査を行った漆器椀資料は、以下に示す4種類に大きく分類された。

　(a)；地塗り外面はいずれも黒色漆、同内面の多くは赤色系漆であるが、一部の資料は内・外面ともに黒色漆で地塗りされている。黒色漆の地塗りの上には赤色系漆で家紋や鶴亀・米俵などの吉祥文様、紅葉などの植物文様の漆絵が豪放な肉筆で描かれている（写真8）。加飾の漆絵には針描（引っ掻き技法）表現が採用される資料も多い（写真9）。絵画史料に見られるような高台が

写真8：出土漆絵加飾漆器椀の一例
［清洲城下町遺跡：愛知県埋蔵文化財センター所蔵］

写真9：針描（引っ掻き技法）を有する漆絵加飾の一例
［松江城下町家老屋敷跡：松江市教育委員会所蔵］

写真10-1：高台底の刻印の一例①
［伏見城下町遺跡：京都市埋蔵文化財研究所所蔵］

写真10-2：高台底の刻印の一例②
［松江城下町家老屋敷跡：松江市教育委員会所蔵］

写真 11-1：出土朱漆器の一例①
[宮内堀脇遺跡：兵庫県立考古博物館写真提供]

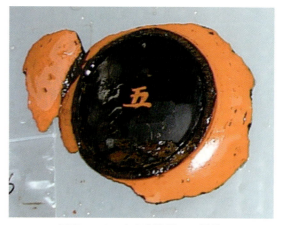

写真 11-2：出土朱漆器の一例②
[同]

写真 11-3：出土朱漆器の一例③
[同]

高い資料や高台内に所有を表す刻印を刻むものもある（写真 10-1、10-2）。これらは清洲城下町遺跡・伏見城下町遺跡出土資料や姫路城内伝世資料に代表されるような木胎部が肉厚でやや大振りの器形を有する高台高が比較的高い大型椀・それよりやや小型で高台が低い中型椀・小型椀の三ッ組椀の器型が基本である。

（b）；内・外面ともに朱漆やベンガラ漆などの赤色系漆を地塗りする反端椀や中型椀が多く、椿皿や豆子型もみられる（写真 11-1、11-2、11-3）。口縁部に玉縁を作りだす資料もある。高台内のみに黒色漆を塗布して寺院名などの所有を示す朱文字を記す場合もある。いわゆる漆工史の分野では、中世期以来の正統な寺社什器の系譜を持つ、「根来塗」と呼称される実質的で堅牢な塗りの朱漆器である。宮内堀脇遺跡や根来寺坊院跡、清洲城下町遺跡などの出土朱漆器では、長い期間使用するための実用品であるが故の塗り直し補修を含む堅牢な優品資料が多くみられた。これは日々の飲食自体も修行の一環であるとする寺院の性格と、それに使用する什器としての朱漆器ならではの特徴を示すものであろう。その一方で根来寺坊院跡の出土朱漆器の中には、トチノキやクリ材に炭粉下地を施し、ベンガラ漆を１層上塗りする比較的簡便な作りの朱漆器も僅かながら確認された。

（c）；（b）と同様に内・外面を赤系色漆で地塗りするが、（a）と類似した大ぶりで高台部が高い大型椀や中型椀・小型椀の三ッ組椀型の資料が多く、地外面に肉筆の漆絵で家紋や植物文などのモチーフを黒色漆で描く資料もある。（b）に比較してやや堅牢さに欠ける資料が多い特徴がある（写真12）。ただし（a）の資料群とは異なり、伏見城下町遺跡、清洲城下町遺跡、大坂城三の丸跡などの中型椀にはシオジ材に炭粉下地→明褐色（泥サビ）系のサビ下地を施して内・外面に朱漆を地塗りし、外面に黒色漆で針描や描割表現を交えた極めて精緻な筆使いで鶴亀や植物文様を

写真12：出土赤色系漆器の一例
［松江城下町家老屋敷跡：松江市教育委員会所蔵］

写真13：出土蒔絵漆器の一例
［四条烏丸筍町町屋跡遺跡：京都市埋蔵文化財研究所所蔵］

図10-1：蒔絵漆器を使用して食事をする人々①
（『舟木本 洛中洛外図屏風』より）［東京国立博物館所蔵 /Image: TNM Image Archives］

図10-2：蒔絵漆器を使用して食事をする人々②
［同］

描いた比較的堅牢な塗りの赤色系漆器も数例含まれていた。

（d）；破片資料が中心であるとともに出土事例は極めて少ないが、蒔絵加飾された椀や重箱などの飲食器の破片資料が京都市中や東京駅八重洲北口遺跡、大坂城三の丸跡、さらには北海道蝦夷地のアイヌ墓副葬品などから出土している（写真13）。蒔絵漆器は、室町期頃まではごく一部の上流階級の文箱や調度品などの什器類に使用が限定されていた。桃山文化期には、『舟木本 洛中洛外図屏風』に描かれるように使用階層および使用什器の幅が広がったが、これら出土漆器はその状況を具体的に示していよう（図10-1、10-2）。なお本書の構成上、これら蒔絵漆器に関する論考は次章で改めて取り上げる。

次に、各漆器資料群における材質・技法上の分析結果を項目別に述べる。

4.1 木胎部の樹種同定結果

挽き物類である漆器椀には広葉樹材が主に使用されていた。これらの用材選択の傾向を、木材の組織、工作の難易、割れ狂い、色光沢、塗りなどを考慮に入れて検討すると、堅牢で寸法安定性が高い最良材のケヤキ・シオジ材などと、かたや若干寸法安定性には欠くものの加工や入手の容易さという大量生産の点からみて一般性が高いブナ・トチノキ・クリ・コナラ材などの2つのグループに分かれた（表1、写真14）。通常、漆器椀の樹種選択性は、資料自体の性格や地域性な

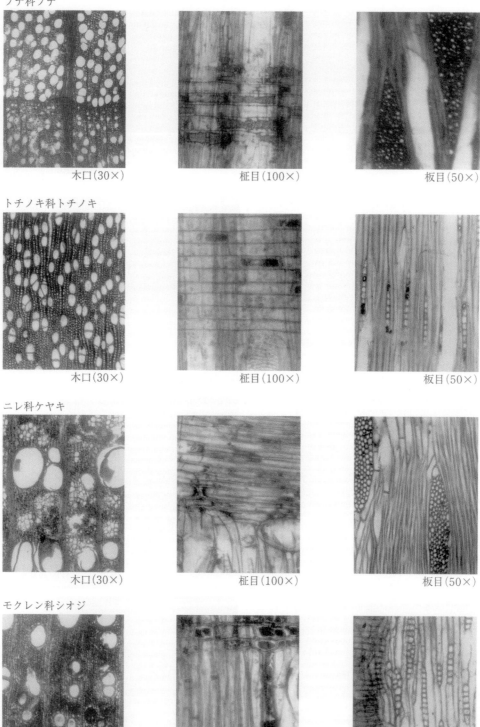

写真14：主要樹種の顕微鏡写真

表1：ろくろ挽き物に使用される樹種一覧

A 環孔材	a．ケヤキ系 ニレ、ケヤキ、シオジ、ハリギリ、クリ、ヤマグワなど	木目が明瞭に表れる。堅硬であるが靭性もあり、木皿など薄手の物に適する。
B 散孔材	b．サクラ、カエデ系 イヤタカエデその他のカエデ類、ヤマザクラ、ウワミズザクラ、ミズメなど	白木で美しい光沢があり、白木地物にも適している。割れ狂いが少なくて、やや堅さはあるが加工は容易。下地が少量で足りるので、塗り物にもっとも適する。
	c．ブナ、トチノキ系 トチノキ、ブナ、ミズキ、カツラ、ホオノキなど	軟らかくて加工は容易であるが、乾燥が難しく狂いも多い。しかし、大量に入手できるので使用量は大である。
	d．エゴノキ系 エゴノキ、アオハダなど	白い軽軟で加工が容易である。仕上げは見た目によく、彩色もし易いので、玩具、小物等に向いている。とくにエゴノキは大材を得られないが、入手が容易であり、割れにくいので使用に適する。

橋本鉄男「ろくろ、ものと人間の文化史31」1979などを参考にして作成

どを反映する可能性もあるため、ここでは漆器資料群毎の傾向をみる。

（A）宮内堀脇遺跡出土資料群ではトチノキ（358点）、ケヤキ（102点）、クリ（81点）を中心としており、この3樹種で全体の76.6％が算定された。この資料群には鶴亀文様のモチーフを地外面に描く一括の漆器椀資料群の計52点がある。用材はトチノキ（50点で占有率96.2％）、クリ（1点）、カツラ（1点）であり、「根来塗」と総称される朱漆器資料群の計63点はケヤキ（50点で占有率79.4％）、シオジ（3点）、トチノキ（4点）、ブナ（2点）、サクラ亜属（1点）、ハンノキ（1点）であり、両者大きく異なる使用傾向であった。この遺跡では白木椀・鉢も8点出土しているが、トチノキ（5点）、クリ（1点）、シイノキ（1点）その他（1点）であった。

（B）根来寺坊院跡出土資料群ではケヤキ（12点）、コナラ節（25点）、トチノキ（7点）、クリ（5点）、ブナ（4点）、シイノキ（6点）、カツラ（2点）、シオジ（5点）、サクラ亜属（7点）クスノキ（1点）、その他（6点）である。このうち朱漆器資料16点に限定すると、ケヤキ（8点）、カバノキ科（3点）、サクラ亜属（1点）、トチノキ（3点）、その他（1点）の用材が確認され、同じ朱漆器でもケヤキ材のような最良材とともにトチノキ材のような一般的な材も含まれていた点が特徴の一つである。

（C）清洲城下町遺跡出土資料群ではケヤキ（30点）、シオジ（5点）、トチノキ（64点）、ブナ（64点）、クリ（25点）、コナラ節（2点）、カツラ（1点）、サクラ亜属（8点）、カバノキ科（5点）、ハンノキ（1点）、ホオノキ（1点）、その他不明広葉樹材（24点）であるが、城郭や武家地地区と町屋地区では、後者でブナ材の占有率が若干高い傾向がみられた。

（D）伏見城下町遺跡出土資料群ではヒノキ材（1点）以外はいずれも広葉樹材であった。内訳は、最良材であるケヤキ（30点）、シオジ（26点）と、やや一般的な良材である、コナラ節（4点）、クリ（29点）、ブナ（46点）、カバノキ科（9点）、ホオノキ（10点）、カツラ（3点）、カエデ亜属（1点）、トチノキ（41点）、その他広葉樹散孔材（18点）などであった。

（E）東京駅八重洲北口遺跡資料群ではケヤキ（17点）、ニレ科（3点）、シオジ（2点）、トチノキ（1点）、ブナ（3点）、コナラ節（4点）、カツラ（1点）、サクラ亜属（1点）であるが、江戸城に近接する立地条件に所在した墓地副葬品であるためか、一般的な用材よりもケヤキ・シオジ・ニレ科

材のような最良材が多かった。

(F) 松江城下町家老屋敷跡出土資料群では、トチノキ（108点）、ブナ（99点）、ケヤキ（43点）、クリ（18点）、ホオノキ（6点）、シオジ（5点）、コナラ節（5点）、カツラ（2点）、サクラ亜属（2点）、カバノキ科（1点）などの合計10種類であった。

(G)(H) 伝世資料である姫路城天守閣発見資料群では、シオジ（1点）、トチノキ（11点）、ブナ（1点）、クリ（1点）、同じく彦根城天守閣発見資料はブナ（1点）であり、資料群の基本が天守閣建築現場の資料群であるためか一般的な用材が中心であった。

なお参考資料である大坂城三の丸跡（調査点数50点）ではケヤキ（22点）、シオジ（4点）、トチノキ（10点）、カツラ（1点）、クリ（5点）、サクラ亜属（3点）、ブナ（4点）、その他不明広葉樹材（1点）、堺環濠都市遺跡（調査点数37点）ではケヤキ（12点）、シオジ（3点）、クスノキ（1点）、トチノキ（9点）、コナラ節（4点）、クリ（3点）、カエデ属（2点）、その他広葉樹散孔材（3点）、仙台北目城跡（調査点数64点）では白木椀3点も含みブナ（61点）、トチノキ（2点）、その他広葉樹散孔材（1点）であった。

4.2 木取り方法の検討

資料は横木地と竪木地に大別され、その大半は板目取りもしくは柾目取りの横木地であった（図11）。挽き物類である近世出土漆器の場合、竪木地に比較して横木地を用いる例が大半であり、竪木地の場合も木芯を外した用材を利用する例が一般的である。これは木材の割れ狂い、収縮などを考慮に入れて漆器自体の品質を重視したために経験的に選択された結果であろう。この点では本章で調査対象とした各資料群ともにこの範疇に入る。個々の資料の樹種と木取り方法の相互関係をみると、トチノキ材は横木地板目取り、ブナ材は横木地柾目取りの割合が比較的高い傾向で見出された。須藤護（1982）の民俗調査によると、近世以降の近江系（小椋谷）木地師による挽き物類の木取り方法は、横木地板目取りはトチノキ地帯に、同柾目取りはブナ地帯に定着しており、細かい技術は個々の集団に受け継がれてきたとしている。通常トチノキ材は芯を中心に

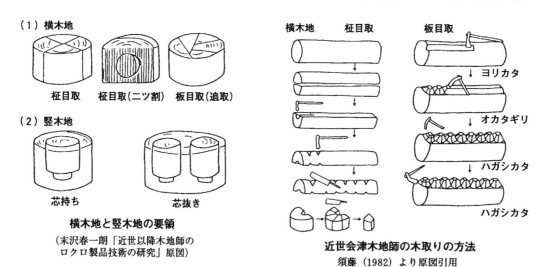

図11：ろくろ挽き物の概念図

して割れ狂いの多い赤味（芯材）が広がり、表皮に近い部分にシラタとよばれる白い部分（辺材）がある。シラタは多く取れても四寸（約12cm）程度しか利用できないので、椀木地ではおのずと椀を伏せたような形で木地を取る板目取りの方法が理に適している。一方、ブナ材は芯に近いところまで利用が可能なので、木の狂いが少なく木地が多く取れる柾目取りの方法が適しているといえる。この点を考慮に入れると、本資料群の木胎製作の工程は一貫して材の性質を考慮に入れた可能性が指摘された。

4.3　漆塗り構造の分類

　塗装膜の漆塗り構造、特に各漆器資料の堅牢性を知る目安となる木胎と漆塗り層との間の下地層を定性分析すると、無機物を含んでいないため無機元素の検出ピークがほとんど見出されない資料と、粘土鉱物もしくは珪藻土の構成要素に近いピークが認められる資料に分かれた。これらを顕微鏡観察することで、前者は炭粉を柿渋などに混ぜて用いる炭粉下地（代用下地）、後者は細かい粘土もしくは珪藻土を生漆に混ぜて用いるサビ下地（堅下地もしくは本下地ともいう）と理解した。なお、一部の資料については、細かい粘土や珪藻土を糊や膠材料などに混ぜて用いる泥下地（堅下地・本下地より堅牢性に欠ける）の可能性もある。しかし水浸出土木材である出土漆器資料の場合、膠材料と生漆の明確な科学的識別が技術的に困難であるため、両者を纏めて「サビ下地」とした。また炭粉下地の名称も、炭粉を柿渋に混ぜて用いる渋下地以外にも膠材料や生漆を用いた民俗例が知られるが、これも同様の理由から両者を纏めて「炭粉下地」とした。

　本章で取り上げた漆器資料は2つのグループのうち、サビ下地の資料よりも炭粉下地の資料の出現比率が高かった。そのため各漆器資料群は、非日常のハレの什器というよりは、日常の生活什器としての漆器椀類が中核を為していることを意味しよう。

　地塗り塗膜層は、多くの資料で薄い上塗りの漆を1層塗装する簡便な漆塗り構造であった（写真15-1、15-2）。その一方で、塗り直し補修を含む多層の塗り構造を有する堅牢で実用性が高い漆器資料も幾例か見出だされた（写真16-1、16-2）。

　このような近世漆器の製法を示す民俗事例に、新潟県糸魚川市大所のナカジマ家小椋丈助氏による実用に即した近世木地師による漆器椀の製法に関する伝承資料がある。それによると、「[上品]布着せ補強（椀の欠け易い縁や糸じりに麻布を巻く）→サビ下地（砥の粉を生漆に混ぜたサビを

写真15-1：炭粉下地＋薄い上塗りの朱漆層

写真15-2：炭粉下地＋薄い上塗りの黒色漆層

第Ⅰ部　漆工文化の実態と材質・技法

写真16-1：布着せ補強＋サビ下地＋
多層の上塗り朱漆層

写真16-2：サビ下地＋上塗りの赤褐色漆層＋
塗り直し補修サビ下地＋上塗りの
赤褐色漆層（2層）

2回塗布）→下塗り（生漆）→上塗り（生漆に赤色顔料もしくは黒色顔料を混ぜた赤色系漆もしくは黒色漆）の工程をふみ、人一代は持つ堅牢なもの。［下品］炭粉下地（柳炭粉や松煙粉を柿渋に混ぜて用いるサビ下地の代用下地）→上塗り（生漆の使用量を節約するために偽漆である不純物を多く混入して用いる粗悪な漆）。［中品］下品とほぼ同様の工程をふむが上塗りの漆を濃く塗布したり、ミガキを丁寧にしたりする。下品よりかなり持ちが良い。」などとしており、漆器ランク別の工程をよく示している。

　本資料の場合、地塗りとして1層塗りにとどまる簡素で一般的な日用漆器の漆塗り構造を持つ資料が多いものの、その一方で明らかな塗り直し補修の痕跡や椀の口縁部に布着せ補強を施す資料も幾例か見出されており、幾つかの材質・技法上の品質ランクに分類された（図12）。なお家紋や漆絵などの加飾は、いずれも地の上塗り漆層の上に描かれていた。

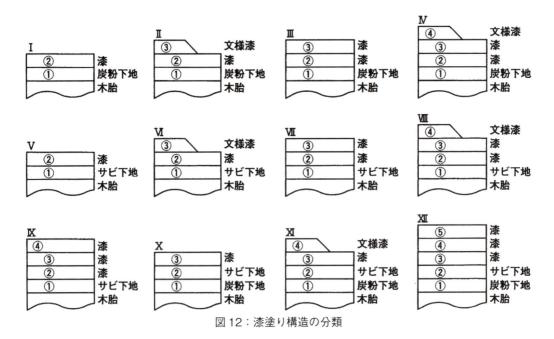

図12：漆塗り構造の分類

4.4 赤色系漆の使用顔料・蒔絵粉の材質

個々の漆器資料における内・外面の地塗りもしくは家紋や漆絵などの加飾に用いられた赤色系漆の使用顔料を定性分析すると、Hg（水銀）のピークが強く認められる資料（図13）と、Fe（鉄）のピークが強く認められる資料（図14）に大別された。さらに顕微鏡観察することにより、それぞれ朱（水銀朱 HgS）およびベンガラ（酸化第二鉄 Fe_2O_3）の異なる赤色顔料を用いた朱漆もしくはベンガラ漆であると理解した。朱・ベンガラともに赤色顔料としての歴史は古い。近世漆器の色漆の使用顔料としては、幕府朱座を中心とした統制物資であった朱に比較して、江戸時代中期以降は人造ベンガラの工業生産化により量産体制が確立するベンガラの方が廉価で一般的となる。ところが本章が調査対象とする桃山文化期の漆器資料の場合、いずれの資料群においても朱漆の占有比率がベンガラ漆に比較して高い傾向で認められた。この点は、本章で調査対象とした資料群の大きな特徴の一つである。

桃山文化期の日本国内では、人造朱顔料の生産はすでに実施されて流通していたものと推察されるが、ローハベンガラや鉄丹ベンガラなどの人造ベンガラ顔料の生産は開始されておらず、基本的には天然赤鉄鉱を粉砕して原材料とする赤土ベンガラが中心であった。ところが日本国内には赤土ベンガラの原材料となる良質な天然赤鉄鉱の鉱脈は、津軽赤根沢や長崎大村、美濃金生

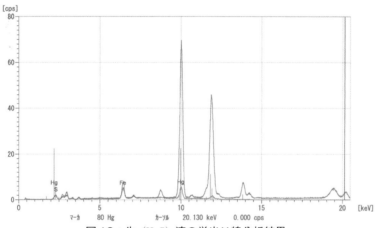

図13：朱（HgS）漆の蛍光X線分析結果

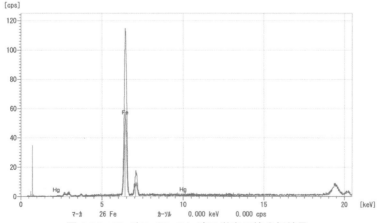

図14：ベンガラ（Fe_2O_3）漆の蛍光X線分析結果

第Ⅰ部　漆工文化の実態と材質・技法

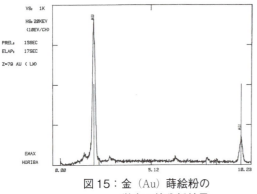

図15：金（Au）蒔絵粉の
　　　蛍光X線分析結果

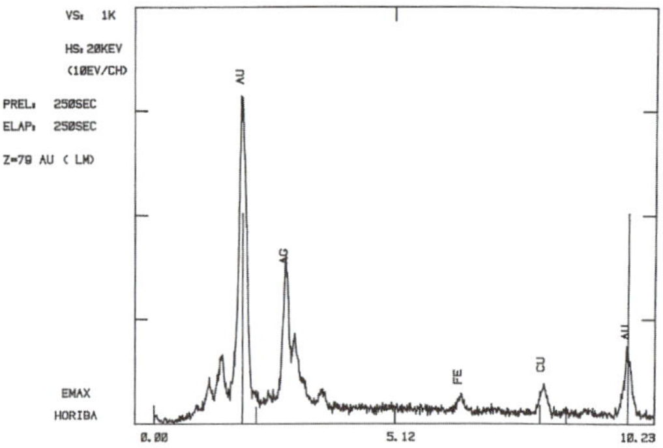

図16：青金（Au+Ag）梨子地粉の
　　　蛍光X線分析結果

山などに限定されており、それ以外は海外からの輸入品であった。そのため天然鉱物系のベンガラは希少であったと考えられる。その結果、桃山文化期の赤色系漆では朱漆が一般的であったと考えられる。本章の調査結果は、この点を裏付けていよう。

　また出土個体数自体は極めて少ないものの、調査を実施した京都市中と大坂城三ノ丸跡の出土蒔絵資料3点では不揃いではあるが微細な金（Au）を用いた蒔絵粉（図15）と、やや

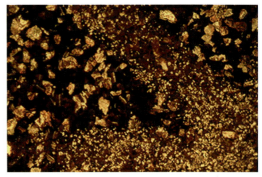

写真17：青金の梨子地粉と金蒔絵粉の拡大観察

粗い金と銀の合金である青金（Au+Ag）を用いた梨子地粉（図16）を意識的に使い分けた平蒔絵で加飾されていた（写真17）。なお、これらはケヤキ材であり、サビ下地に黒色漆→赤褐色系漆を2層地塗りするような、出土漆器椀では吟味された技法が用いられていた。

4.5　生産技術面からみた漆器椀の組成

　各資料群の材質・技法上の組成の傾向は、相対的にレーダーチャート方式で集計図化したのち、相互の比較検討を行った。その結果、根来寺坊院跡、清洲城下町遺跡、伏見城下町遺跡、松江城下町家老屋敷跡出土資料などは、炭粉下地と朱の占有率が高いとともにケヤキ・トチノキ・ブナのなかでは突出したものがなく、バランス配分が同じの類似した傾向を示していた（図17）。その一方で、宮内堀脇遺跡ではトチノキが、仙台北目城跡ではブナが突出するという特徴ある傾向が見出された。これまでの筆者による近世出土漆器の調査結果では、東北系漆器資料群ではブナ材の占有率が極めて高い傾向が確認されている。そのためこの結果は、用材選択性と地域性の間には相互関連性がある可能性を示している。なお、慶長15年（1610）の「大坂夏の陣」に下限が求められる大坂城三の丸跡出土資料や堺環濠遺跡出土資料のそれらは、サビ下地やケヤキ・シオジ材の占有率がやや高い優品が多いという類似した傾向が見出された。

　また北目城跡出土漆器資料には、仙台伊達家の家紋である縦三引両紋を描いた資料が幾つか含まれており、所有者と日常生活什器としての出土漆器椀との何らかの関連性が指摘される（写真

第1章　日常生活什器としての出土漆器椀

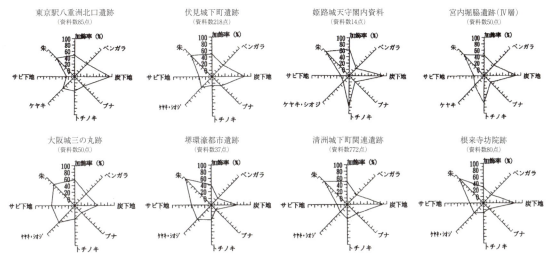

図17：桃山文化期における各遺跡出土漆器資料の組成：集計例

写真18-1：北目城跡出土の縦三引両紋漆器椀①［仙台市教育委員会所蔵］

写真18-2：北目城跡出土の縦三引両紋漆器椀②［同］

18-1、18-2）。

5、結　論

　本章では、項目別に各漆器椀資料の材質・技法といった漆工技術の在り方をみた。その結果、いずれの資料群においても、木胎・漆塗り技法・使用顔料ともに簡素な素材からなる一般的で廉価な日常什器類から、吟味された素材からなる堅牢で複雑な漆工技術を有する優品資料に至るまで、幾つかのランク別グループに分類された。そのなかでは、基本的には量産規格品タイプの漆器が中心であった。その一方で、朱漆器には堅牢で塗り直しを含む多層で複雑な塗り構造を有する資料、極めて少数ではあるが蒔絵漆器の破片資料も存在していた。

　以下、桃山文化期における日常生活什器である漆器椀類の器型や塗装および加飾、材質・技法の特徴を改めて纏める。

　(1) 本漆器資料群には、内・外面を黒色漆もしくは内面を赤色系漆・外面を黒色漆に地塗りして、外面に赤色系漆で家紋や文様を大胆に描く資料が多かった。これらには、高台高が高い大型椀と中型椀・小型椀の三ッ組椀の器型が基本であった。なお大ぶりで高台が高い大型椀の高台内

には、所有などを意味する刻印が刻まれる資料も多くみられた。

　(2) 本章で調査対象とした漆器資料群には、寺社什器である「根来塗」系朱漆器も多数見出された。これらには実用品であるが故の堅牢な優品資料が多かった。その一方で比較的簡便な作りの朱漆器も僅かながら確認され、品質の多様性が見出された。このような中世期から桃山文化期における朱漆器の在り方は、桃山文化期漆工を指標とした当時の社会動向を考える上で示唆的な内容を含むので、次項で改めて取り上げる。

　(3) 資料数は少ないものの、中型椀には精緻なタッチで鶴亀や草花文様絵柄を描く朱漆器も含まれていた。これらは、地塗りのみで堅牢な作りの寺社什器の「根来塗」系朱漆器とは異なる性格の資料群に位置付けられよう。

　(4) それまでは一部の上流階級の人々しか所有し得なかった蒔絵漆器が、生活什器である飲食器においてもごく僅かではあるが確認された。これらは出土漆器のなかでは材質・技法ともに優品のグループに位置付けられる。その一方で、中世以前の伝世品の蒔絵漆器にはみられない平蒔絵技術や青金粉の使用などが確認された。このことは、作業効率が良く、優品の中では比較的簡便な材質・技法で作製されていることを意味しており、蒔絵を所有できる社会階層が広がる背景となったと考えられる。なお桃山文化期における蒔絵漆器については次章である第2章で改めて取り上げる。

　(5) 本章で調査対象とした漆器資料の材質・技法は、①ブナやトチノキ材に炭粉下地を施して極めて薄い上塗り漆を1層塗装するなどの量産型の資料が多い、②一般的なクリ材やコナラ節材であっても堅牢なサビ下地を施す優品や、優良材であるケヤキ材やシオジ材であっても炭粉下地を施した塗り構造を有する量産型の資料も含まれていた、③赤色系漆の使用顔料には、江戸時代中期以降、人造ベンガラの量産化に伴い一般的になるベンガラ（桃山文化期は希少な天然赤鉄鉱を原材料とした赤土ベンガラが主）ではなく、すでに生産が開始されていたと考えられる人造朱顔料が多用される傾向がある、などの特徴がみられた。

　(6) 改めてこの時代の挽き物類である漆器椀の用材選択性を概観すると、クリ、コナラ節、シオジ材などのように、その後の江戸期の出土漆器ではあまり使用されなくなる用材も含み、樹種の多様性がみられた。筆者による挽き物類である近世漆器椀・皿類の用材選択性に関する基礎調査では、桃山文化期までの樹種はバラエティーに富むが、17世紀後半以降になると用材の集約化の傾向がみられる。とりわけ江戸時代中期の18世紀以降には、江戸市中をはじめとする都市部の消費地遺跡を中心にして、トチノキ・ブナ・ケヤキ材の3樹種の占有率が極めて高くなり、用材の画一化、すなわち用材選択性の集約化の傾向が強まる。この背景は、漆器生産地の集約化と、消費地の需要に即応した生活什器である商品品質の均一化が図られた事が関係していると理解している。そのなかで、用材として多用されたトチノキ・ブナ材の出現比率の様相を全国の大きなエリア別にみると、東北地区ではブナ材の使用が極めて卓越し、北海道・北陸／山陰地区ではブナ材が優勢ながらもトチノキ材の使用も多い。一方、江戸市中・東海・近畿／山陽地区ではややトチノキ材の使用頻度が高い傾向がみられた。この点を参考にして宮内堀脇遺跡の資料群の用材選択性をみると、トチノキ材の占有比率が高かった。また仙台北目城跡出土資料群では、ブナ材の占有比率が高く、自ずと漆器の生産地は東北地区に求められよう。いずれにしても

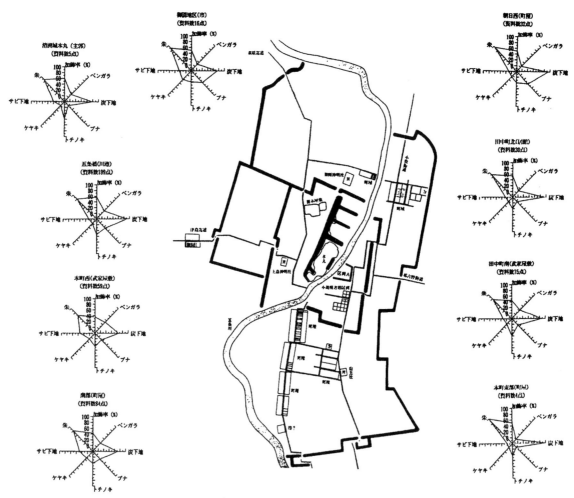

図18：清洲城下町遺跡における各地区出土漆器資料の組成：集計例

漆器椀などの挽き物類の用材選択性には、基本的な地域性による差異が既に桃山文化期には存在していたようである。

(7) 各漆器資料群の材質・技法上の組成の傾向を検討した結果、資料群によって優品と一般的な量産品を示す指標の占有比率には若干の差異が認められた。一例ではあるが、清洲城下町遺跡出土漆器資料群は、清洲城本丸部分・武家屋敷跡・町屋跡・寺院跡など、居住者の性格が異なるエリア別にある程度分類することができるが、材質・技法面から各資料群の組成の傾向をみると、清洲城主郭エリアや武家地跡である本町西エリアに比較的優品の占有率が高く、朝日西エリアや本町東部エリアの町屋跡ではやや一般的な量産品が多い傾向がみられた（図18）。この傾向の違いは、地域性や漆器資料の使用階層の社会・文化・経済状態、使用方法や基本的な生活什器としての性質の違いなどが相対的に反映されたものであろう。

第Ⅰ部 漆工文化の実態と材質・技法

6、（補考）中世末から桃山文化期における寺社什器である「根来塗」系朱漆器の生産システム

6.1 問題の所在

「根来塗」は、江戸時代以降に量産された内・外面を炭粉下地の上にベンガラ漆を地塗りした簡便な作りの赤色系漆器とは異なり、究極的に堅牢に作られた「もの作り」の技を極めた生活什器の朱漆器として位置付けられている。これらは中世以来連綿と続けられてきた宗教行事や生活に供する寺社什器として長年使用されたため、上塗りの朱漆層の下から中塗りの黒漆層が露出した場合が多く、この塗り肌の姿が「用の美」としてこれまで高く称賛されてきた。さらに実用性を重視した堅牢な下地を有した塗り技法は、近世以降の輪島塗などと共通する伝統的な漆工技術であるため、天正13年（1585）の豊臣秀吉による「根来攻め」により「根来塗」の山内工房が灰塵に帰した際、戦火を逃れた漆工職人たちがこの技法を各地に伝えたという伝承が、各地の漆器生産地に伝わっている。

ところが「根来塗」の語源ともなっている根来寺の山内工房で作製されたことが確実な現存する朱漆器は極めて少ない。さらにこれらの木地生産を担った木地師集団や塗師による漆工の生産システムを知る文献史料も無いため、「根来塗」の名は広く一般にも知られているにもかかわらず不明な点が多い。

さて、伝世された「根来塗」と呼称される朱漆器の上塗り漆の赤い色調は、個々の資料で若干異なるものの基本的には規格性が高い。そのため、同一もしくは幾つかの限られた大寺社関連の工房で生産がシステマティックに行われたことは十分に考えられる。中世期には紀州根来寺以外でも寺社什器の生産工房を有する有力寺院が存在したようである。この論拠の一つは、「西の比叡山」と称された播州姫路の書写山円教寺山内およびその周辺で独自に生産されたとされる「書写塗」の伝承からも推察される。ここでは補考として、いわゆる「根来塗」と呼称される朱漆器資料群の用材選択性を中心とした生産の在り方について若干の考察を行う。

6.2 「根来塗」系朱漆器の材質・技法

筆者が分析調査を実施した出土漆器のうち、中世後期（16世紀代の室町期）から近世初頭期である慶長・元和期頃（一部寛永期を含む：本書では桃山文化期と称する）の北海道から九州に至る全国37遺跡から出土した内・外面に赤色系漆を地塗りしたいわゆる朱漆器およびその破片資料の合計592点に関する分析結果を改めて集計した（表2）。

これらの特徴の一つは、出土遺跡が根来寺坊院跡や元興寺境内などの寺院関連遺跡のみではなく、宮内堀脇遺跡や清洲城下町遺跡などの城下町遺跡、北海道道南地域の和人居館であった矢不来館跡など、地方城下町や城館関連遺跡にも及ぶという点である。このことからは、当時の朱漆器は寺社什器に限定されず、地方武家階級を含めた広範な社会階層の儀礼用飲食器として使用されたことが想定される。朱漆器の使用状況をよく表した絵画史料には、中世後期頃の上級武家における儀礼の食事風景を描いた『酒飯論』がある。また甲斐の戦国大名であった武田信玄は、武功のあった家臣を通常の黒色漆器ではなく、朱漆器の飲食器で慰労したという記録もある。

表2：出土朱漆器の材質・技法一覧

No.	地域	室町期の遺跡	遺跡名	広葉樹（挽き物） ケヤキ	カバノキ科	ハンノキ	クリ	ブナ	カツラ	ホオノキ	サクラ亜属	トチノキ	シオジ	その他	計	針葉樹（板物） ヒノキ	スギ	マツ	計
1	北海道	○	矢不来館跡	1(1)[1]											1				0
2			美々8	1(1)[1]											2				0
3			余市大川	6(6)[6]	1			1							11				0
4			余市大川	4(3)[4]				2(1)[2]		2[2]		1[1]			8				0
5	東北		仙台城本丸跡	1(1)[1]							1				1				0
6			仙台城二の丸跡	1(1)				7							9				0
7			仙台城二の丸跡												1				0
8			北目城跡					18[9]		1[1]					20			1	1
9			元袋					19[1]							19				0
10	江戸		増上寺下屋敷跡	1(1)[1]											1				0
11	北陸		江戸町	1(1)[1]									1(1)[1]		1				1
12			安江町	5(5)[5]									1(1)	1(1)	14		1(1)[1]		1
13			広坂	7(7)[7]	2			2		2[2]		2[2]			9		1		1
14			乾B					1				1			1				0
15	東海	○	普掛城跡	8(8)[8]	1[1]		1[1]	1				2[2]	1(1)[1]	3(1)	12				0
16		○	清洲城下町	30(29)[30]	10[9]	1[1]	1[1]	18[12]	2[2]		4[4]	17[13]	3(3)[3]		89	7(3)[3]	4(3)[3]		11
17			岩倉城跡	3(1)[1]					1						1				0
18			大脇城跡					6[2]			2(1)[2]	8(1)[3]	1[1]		19				0
19	近畿		御土居跡	39(38)[35]				4(1)[3]				24(1)[3]	8(8)[8]		77	1			0
20			二条殿跡	2(2)[2]											2	1			1
21			四条大宮	2(2)[2]											2	1(1)			1
22			伏見城下町	9(9)[8]		1[1]	1(1)[1]		1		3(3)[2]	3	12(12)[12]	1[1]	28	1(1)			1
23			雑候場跡	34(33)[33]			1[1]		2(2)[1]			1	14(13)[14]	1(1)[1]	56				0
24			大坂城三の丸跡	14(14)[13]				1					1(1)[1]		16				0
25			堺環濠都市	7(6)[7]				1							7				0
26			有岡城跡	2(2)[2]			3[3]								3				0
27			姫路城天守閣内							3[1]			1(1)[1]		1				0
28		○	姫路城下東濠域	6(4)[4]		1[1]		6[1]			1[1]	10[1]	3(3)[3]	2[2]	29	2[1]			2
29			宮内廰服	50(47)[50]								4[4]	3(3)[3]		63				0
30		○	元興寺境内	5(5)[5]											5		1		1
31			高野山宝性院跡	21(21)[21]	3(1)[3]						1(1)[1]	3		1	24				0
32			根来寺坊院跡	8(8)[8]								3(2)[3]	1(1)[1]		16	1(1)			1
33	中国	○	岡山城三の丸跡	5(5)[5]			2[1]					1(1)[1]			9	1(1)			0
34		○	久米郷一	2(2)[2]									2(2)[2]	1	2				0
35	四国		高松城武家屋敷跡	3(3)[2]											5				0
36	九州		宗源寺跡	2(2)[2]									1(1)[1]		3		1(1)[1]		1
37			栄町	1(1)[1]							1(1)				3				1
			樹種 計 出現比率（%）	49.4	3.2	0.5	1.6	15.9	1.1	1.4	2.3	14	8.8	1.8	100%	59.1	36.4	4.5	100%
			朱顔料使用率（%）	96.1	72.2	100	88.9	35.2	50	75	76.9	41.3	98	40	76	23.1	37.5	0	27
			［ ］内は朱顔料使用資料数	282(271)	18[13]	3[3]	9[8]	91[32]	6[3]	8[6]	13[10]	80[33]	50[49]	10[4]	570[432]	13[3]	8[3]	1[0]	22[6]
			サビ下地比率（%）	95.4	5.6	0	11.1	22	33.3	0	46.2	6.3	96	30	59.3	38.5	50	0	40.9
			（ ）内はサビ下地資料数	282(269)	18(1)	3(0)	9(1)	91(2)	6(2)	8(0)	13(6)	80(5)	50(48)	10(3)	570(338)	13(5)	8(4)	1(0)	22(9)

第Ⅰ部　漆工文化の実態と材質・技法

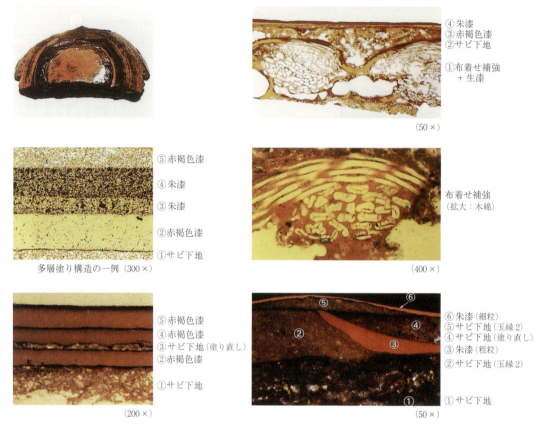

写真19：根来寺坊院跡出土朱漆器の器型と材質・技法（和歌山県文化財センター）

　漆工史の分野における「根来塗」の基本的な材質・技法は、堅牢で狂いが少ない木地を用い、必要に応じて口縁部などに布着せ補強を行うとともに堅牢な下地を施す。下地の上には、中塗りの黒漆、さらには上塗りとして朱漆を塗り放し（花塗り）にする実用的な朱漆器類としている。これが実際の遺跡出土の朱漆器にどれだけ反映されているのかを理解するために、ここでは出土朱漆器の分析結果の再集計を行った。

　朱漆器資料は、反端椀などの椀型もしくは破片資料の挽き物類と、膳や折敷破片などの板物類に分類される。前者はいずれも挽き物であるためか広葉樹材が選択されており、最優材であるケヤキ（49.4％）やシオジ（8.8％）などと、一般的な良材であるブナ（15.9％）やトチノキ（14.0％）、サクラ亜属、カバノキ科など、大きく2種類にグルーピングされた。また、板物類には針葉樹材であるヒノキやスギが主に選択されていた。

　個々の資料の漆塗り構造、特に漆器の堅牢性を知る目安となる木胎と漆塗り層との間の下地層をみると、口縁部などの堅牢性を重視した布着せ補強を行った資料も確認されるが、少なくとも細かい粘土もしくは珪藻土を生漆に混ぜて用いるサビ下地（堅下地もしくは本下地ともいう）が施された資料の占有比率が全体の59.3％あり、中世期から近世初頭期には一般的な塗り技法である炭粉を柿渋や膠などに混ぜて用いる炭粉下地の資料群も4割ほど確認された。

　また「根来塗」といえば朱顔料（HgS）を使用した朱漆を上塗りするという認識が一般的であ

るが、実際には朱漆の占有比率は挽き物類では76%ほどであり、1/4ほどはベンガラ（酸化第二鉄：Fe_2O_3）を用いたベンガラ漆の資料群であった。一例ではあるが、中世「根来」の生産拠点であったとされる根来寺坊院跡出土の朱漆器においても、当時の根来寺山内では、いわゆる正統もしくは典型的な「根来塗」系朱漆器と、一般的な材質・技法からなる朱漆器の両者が出土していた。ただし材質・技法面からみた一般的な傾向は、ケヤキ材を用いた朱漆器のサビ下地比率は95.4%で朱顔料使用比率も96.1%、シオジ材ではサビ下地比率は96.0%で朱顔料使用比率も98.0%と極めて高い。その一方で、ブナ材を用いた朱漆器のサビ下地比率は2.2%で、トチノキ材ではサビ下地比率は6.3%に留まり、多くは炭粉下地であった。このことは同じ朱漆器であっても、使用目的や使用階層などに応じて品質差があったこと、生産者側の工房もニーズに合せた朱漆器の生産を行っていたことが推察される。とりわけ、表2では煩雑になると判断したため反映させていないが、ケヤキ材を用いてサビ下地を施した上に朱漆の上塗り（花塗り）した朱漆器であっても、中塗りの黒漆を省略した資料群も比較的多かった（写真19）。それでも調査対象資料全体の約半数は、ケヤキ材による椀型などの規格性が高いろくろ挽き物木地であった点は注目に値しよう。

6.3 「根来塗」生産工房を支えた木地師集団

　いうまでもなく「根来塗」系朱漆器は一括揃いの寺社什器が基本である。そのため原木調達・荒型製作・ろくろ成形仕上げといった木地生産システムに則った、規格性が高く一定の品質水準を保った椀木地を数多くスムーズに調達することは、根来寺山内の什器生産を担った「根来塗」の塗師工房にとっても重要な課題であったと推測される。実際、本章における出土朱漆器の材質・技法に関する調査結果においても、木地の規格性は比較的高かった。このことは、「根来塗」の木地生産を支えた木地師は、単に「山の民」のイメージが強い家族単位の小規模な木地師が無秩序に山から山へと渡り歩いて人里離れた山奥で木を切ってろくろ挽きし、椀木地のストックが出来た段階でそれぞれが独自に塗師工房に持ち込むといったスタイルではなかったことが推測される。すなわち、ある程度の組織立った規範と規律を有したろくろ挽き作業を行う職能集団がシステマティックかつ活発に行動していたように思える。中世期の「根来塗」を支えた木地師集団に関する史料は乏しい。その後の幕藩体制下における近世漆器生産地と木地師集団との関係を検証すると、そこには藩領を超えたかなりグローバルなシステムが存在し、それぞれのルートに従って大量で規格性が高い椀木地を漆器生産地に供給したようである。この背景には、土地に根差した藩体制を超えて、禁裏や京都の社家（白川社・吉田社）という権威による「全国木地御免」を基にした各地の木地師集団と漆器生産地を結びつける強力な経済ネットワークの確立があげられる。

　それでは、幕藩体制が確立する以前の中世期（中世末期の戦国期から桃山文化期）における経済ネットワークとはどのようなものであろう。中世期には、各地の在地武家勢力は領地境に関所などを設けて流通税などを徴収していた。その一方で、皇室縁の石清水八幡宮と「大山崎油座」の密接な関係などに代表されるように、朝廷や幕府の庇護を受けた有力寺社と商人が結びついて営業や販売独占権を得た「座」システムの構築は、各寺社勢力独自のネットワークを通じた流通特権をも生かして利益を上げたことが知られる。戦国乱世の幕開けは、確かに足利将軍家と有力守

第Ⅰ部　漆工文化の実態と材質・技法

護大名らによる政権闘争がきっかけである。その後は京都市中を中心に「天文・法華の乱」と称せられる寺院勢力間の抗争が事態を複雑化させた。加賀一向宗門徒衆らによる勢力の拡大（長亨の一揆）は、武家政権の求心力を大きく揺るがす歴史的事実として知られている。

　このような中世期の既得権益勢力と決別すべく、織田信長や豊臣秀吉らは、拠点となった安土や長浜城下町などに楽市・楽座を設けて独自で活発な経済活動を行った。さらには、彼らに対して強力な抵抗勢力となった中世寺社勢力を駆逐すべく、織田信長による「比叡山焼き打ち」や「紀伊長島一向衆攻め」、「石山本願寺攻め」などとともに、本項が対象とする「根来塗」系朱漆器との関連性が深い豊臣秀吉による「紀州根来寺攻め」や、「毛利攻め」を前提とした「書写塗」との関連性が深い播州姫路の書写山円教寺の占領などが敢行される。いずれにしても、このような時の武家勢力を常に揺るがせてきた大規模な中世寺社勢力の「力」の源は、宗教施設として一般庶民である農民や商人・諸職人、さらには地方小豪族などの武士集団など、多くの社会階層の人々の精神的拠所（求心力）であった点はいうまでもないが、「同じ衆派門徒衆である」「同じ氏子衆である」という同属意識や一体感を背景にした極めてグローバルで実質的な政治・経済・軍事的結束力に裏打ちされていたことは十分考えられる。とりわけ大寺社の場合、地域を超えた本山と末寺、本社と末社関係の絆のネットワークを活かした物流システムの構築は、全国規模で可能であったことは想像に難くない。さらに根来寺をはじめとする大寺院の山内や周辺集落には、宗教者である僧侶のみならず、山内の日常生活を担った各種商・職人集団、さらには寺院の自衛権を有する上で必要不可欠な軍事力を担った僧兵の兵力も多数存在していた。伝承がいう根来寺山内で寺社什器である朱漆器を生産していた中世「根来塗」の塗師工房もその一つに位置付けられよう。

　中世期段階には、古代の官営工房を起源とするケヤキ・サビ下地による寺社什器を中心とした堅牢で実用的な朱漆器類の生産体制と、それぞれの地域社会の庶民生活と密接に関わるブナやトチノキ・炭粉下地による普及品タイプの漆器生産に主眼を置いた生産体制の大枠では、二つの技術系譜が存在する点が指摘される。そのなかで木地師の動向と関連する古代から中世の戦国期以前のろくろ挽き物である椀木地の樹種は、ヒノキやケヤキなど比較的限定される。ところが中世末期から桃山文化期の樹種は多岐に及んでいる。さらにそれ以降の近江系木地師集団による「氏子駆（狩）」システムが確立する江戸時代中期以降は、ケヤキ・トチノキ・ブナの3大樹種にほぼ椀木地は集約されることが筆者の出土漆器の調査で明らかとなっている。このような状況においても出土朱漆器資料群の椀木地の樹種は、一貫して比較的規格性が高い傾向を示していた。このことはやはり各地の山々で木地調達を行い、それら原木をろくろ挽き物の木地に仕上げ、最終的には寺社山内の什器生産工房に供給する中世における木地師集団の行動システムには、本山・末寺や本社・末社関係のネットワークが大いに活かされた可能性が指摘されよう。そして、その後の織豊政権による中世寺社勢力の崩壊という一種の混乱期を経て、江戸時代には近江系木地師集団の活動によりもう一度グローバルな木地師集団の組織が再構築されたのではないかと推論する。

（参考文献）
愛知県埋蔵文化財センター：『清洲城下町遺跡Ⅰ～Ⅶ』（1992～2001）

愛知県教育サービスセンター・愛知県埋蔵文化財センター：『清洲城下町遺跡Ⅷ』（2002）

河田貞：『根来塗　日本の美術 120』至文堂（1976）

鍛代敏雄：『中世後期の寺社と経済　思文閣史学叢書』思文閣（1999）

北野信彦：「第Ⅷ章　第 1 節　清洲城下町出土漆器の製作技法」『清洲城下町遺跡Ⅴ』愛知県埋蔵文化
　　　財センター（1995）

北野信彦：「漆器資料の分析と検討」『根来寺坊院跡—県道泉佐野岩出線道路改修工事に伴う根来工区
　　　発掘調査報告書』和歌山県文化財センター（1997）

北野信彦：「出土漆器の製作技法」『東京都八重洲北口遺跡（第 1 分冊）』千代田区東京駅八重洲北口遺
　　　跡調査会（2003）

北野信彦：「付章 2　出土漆器の材質・技法に関する調査」『伏見城跡　京都市埋蔵文化財研究所発掘
　　　調査報告 2006-27』京都市埋蔵文化財研究所（2007）

北野信彦：「第 4 節　出土漆器の材質・技法に関する調査」『北目城跡』仙台市教育委員会（2007）

北野信彦：「第 2 節　宮内堀脇遺跡出土漆器の材質・技法に関する調査」『宮内堀脇遺跡 Ⅱ（兵庫県文
　　　化財調査報告　第 311 冊：此隅山城下遺跡の発掘調査報告）』兵庫県教育委員会（2007）

北野信彦：「第 4 節　宮内堀脇遺跡出土漆器の材質・技法に関する調査」『宮内堀脇遺跡 Ⅰ　本文編（兵
　　　庫県文化財調査報告　第 365 冊：此隅山城城下の発掘調査報告）』兵庫県教育委員会（2009）

北野信彦：『近世出土漆器の研究』吉川弘文館（2005）

北野信彦：『近世漆器の産業技術と構造』雄山閣（2005）

北野信彦：「中世根来の工房を支えた木地師集団の謎に挑む」『朱漆「根来」中世に咲いた華　特別展
　　　図録』MIHO MUSEUM（2013）

北野信彦：『ベンガラ塗装史の研究』雄山閣（2013）

京都市埋蔵文化財研究所：『伏見城跡　京都市埋蔵文化財研究所発掘調査報告 2006-27』（2007）

堺市博物館：『春季特別展図録　朱漆「根来」その用と美』（1986）

杉本壽：『木地師支配制度の研究』ミネルヴァ書房（1965）

須藤護：『日本人の生活と文化、暮らしの中の木器 6』日本観光文化研究所、ぎょうせい（1982）

仙台市教育委員会：『北目城跡第 6 次発掘調査報告書』（2007）

豊田武：『中世日本商業史の研究』岩波書店（1952）

橋本鉄男：『木地屋の移住史　第一冊　君ヶ畑氏子狩帳』民俗文化研究会（1970）

橋本鉄男：『ろくろ　ものと人の文化史 31』法政大学出版局（1979）

兵庫県教育委員会：『宮内堀脇遺跡 Ⅱ（兵庫県文化財調査報告　第 311 冊：此隅山城下遺跡の発掘調
　　　査報告）』（2007）

兵庫県教育委員会：『宮内堀脇遺跡 Ⅰ　本文編（兵庫県文化財調査報告　第 365 冊：此隅山城城下遺
　　　跡の発掘調査報告）』（2009）

文化庁文化財保護部：『木地師の習俗　民俗資料選集 2』国土地理協会（1974）

森トラスト株式会社・千代田区東京駅八重洲北口遺跡調査会：『東京都千代田区　東京駅八重洲北口遺
　　　跡』（2003）

和歌山県文化財センター：『根来寺坊院跡　—県道泉佐野岩出線道路改修工事に伴う根来工区発掘調査
　　　報告書』（1997）

和歌山県立博物館：『図録　根来寺の歴史と文化—興教大師覚鑁の法灯—』（2002）

第2章　各種什器に使用された蒔絵加飾の材質・技法

1、諸　言

　桃山文化期漆工の特徴の一つは、それまで皇室・貴族・大寺社・高級武家などのごく上流階級の人々が使用する比較的小型な文箱や化粧道具、神具や仏具などの什器の加飾に用いられた蒔絵技法が、比較的幅広い階層の人々の飲食器、家具の什器や武具などに普及したことである。この背景には、「高台寺蒔絵」と呼称される比較的簡便な平蒔絵技術の開発と、それを作製する蒔絵工房内の作業システムの変革があったとされる。伝世している桃山文化期の蒔絵漆器の技法と図様に関する漆工史の分野での先行研究には多くの蓄積がある。ところが、実際に来歴や使用者が特定される什器は案外少なく、これらの材質・技法に関する理化学的な調査はこれまでほとんど実施されてこなかった。

　本章では、この点を考慮に入れて、豊臣秀吉や徳川家康との関連性が指摘される幾つかの蒔絵什器に関する調査を実施した。

　ところで、この時代の文化的・社会的な特徴の一つに、活発な異文化交流がある。この歴史的状況に関する物的証拠の一つが、北海道蝦夷地のアイヌ社会の人々に将来されて今日まで伝世した、いわゆる「アイヌ漆器」である。これらには、平蒔絵技術で加飾された資料も多く、ここでは使用者がある程度特定される角盥などのアイヌ関連什器も比較対象資料として取り上げる。

　このような「アイヌ漆器」のなかには、典型的な桃山文化期の平蒔絵技法（漆工史分野では高台寺蒔絵とも呼ばれる）で用いられる秋草文様が蒔絵加飾された余市入舟遺跡出土漆器椀が1点存在する。ただし、この蒔絵資料は醍醐寺三宝院白書院蒔絵床框との対比を行う上で重要であるため、本書の第Ⅲ部の第2章で改めて取り上げる。

2、調査対象資料の概要

　本章で調査対象とする資料は、桃山文化期に作製されたと考えられる蒔絵加飾を有する9資料の什器類である。以下、各資料の概要を記す。

2.1　資料 No.1：網代駕籠（日光東照宮宝物館所蔵）1基

　本資料は、徳川家康在世の遺品什器の一つとされる駕籠仕立ての輿である（写真1-1〜1-3）。屋根や壁は模様を編み出した網代ゴザ（東南アジア産の輸入アンペラとされる）を表に、裏は竹網張りである。輿廻りから底部は、竹の網代作りで内側は漆塗装で仕上げる（写真2-1、2-2）。四隅の柱は、割り竹、他の骨組み木部の地塗りを梨子地仕上げとし、その上に三葉葵と松平（徳川）家の旧紋という伝承を有するカタバミ紋を平蒔絵で配置している（写真3-1、3-2）。また、屋根は出入りのためにはね上げられるようにしてある。法量は高さ105.0cm×前後101.0cm、左右は裾が張って幅70.0cmを測る。軽量化に十分配慮され、戦場往来や鷹狩などで使用したとされる実用性が高い蒔絵の駕籠である。

第 2 章　各種什器に使用された蒔絵加飾の材質・技法

写真 1-1：資料 No.1　網代駕籠全景　　写真 1-2：同　前面　　　写真 1-3：同　側面
　　　　　［日光東照宮宝物館所蔵］

写真 2-1：同　内面①　　　　　　　　　写真 2-2：同　内面②

写真 3-1：資料 No.1　三葉葵紋の加飾　　写真 3-2：資料 No.1　カタバミ紋の加飾

2.2　資料 No.2：唐船図腰屏風（日光東照宮宝物館所蔵）1 双

　本資料も、徳川家康在世の遺品什器の一つとされる二曲一双の腰屏風である。上部は衣桁形であり、骨組の総高 136.0 cm × 横 190.0 cm、貼り込んだ本紙の高さは 70.8 cm を測る。腰に描かれた絵画は、当時の海外との活発な港交易の様子を描いた金地南蛮図であり、狩野探幽の父である狩野孝信作との伝承を持つ狩野派作品とされている（写真 4-1、4-2）。屏風額縁部材は、黒色漆の地塗りに 3 種類の異なる技法からなる三葉葵紋が金蒔絵で配置されている（写真 5-1〜5-3）。さらにこの屏風骨組部材の併せ隅には、南蛮漆器で多用される南蛮唐草が金平蒔絵で加飾されている（写真 6）。本資料は、画題、加飾ともに桃山文化期の特徴の一つである海外交易を題材とした南蛮文化の気風を強く意識させる蒔絵腰屏風である。

47

第Ⅰ部　漆工文化の実態と材質・技法

写真 4-1：資料 No.2　唐船図腰屏風（左双絵画）
　　　　　［日光東照宮宝物館所蔵］

写真 4-2：資料 No.2　唐船図腰屏風（右双絵画）
　　　　　［同］

写真 5-1：資料 No.2　三葉葵紋の蒔絵加飾①

写真 5-2：資料 No.2　三葉葵紋の蒔絵加飾②

写真 5-3：資料 No.2　三葉葵紋の蒔絵加飾③

写真 6：資料 No.2　三葉葵紋と
　　　　南蛮唐草の蒔絵加飾

2.3　資料 No.3：梨子地葵紋蒔絵長持（德川記念財団所蔵）1 棹

　本資料は徳川宗家に伝世した長持であり、徳川家康在世の遺品什器の一つであるという伝承を持つ。法量は、高さ 60.5cm×長幅 100.5cm×短幅 41.5cm を測り、通常よりはやや小型の蒔絵長持である（写真 7-1～7-4）。そのため、何らかの特定の什器を収納するために特注された収納箱である可能性も指摘されている。

　この資料の地塗り面は、やや赤味がある総梨子地仕上げである。通常、長持外面の底部裏は、黒色漆の地塗りのみの資料が多いなかで、本資料は、他の面に比較して蒔きは粗ではあるものの、梨子地仕上げとなっている。蓋板や四方の側板に配された大ぶりの葵紋は、初期の徳川将軍家家紋の特徴である葉柄が長い三葉葵紋を、金高蒔絵や金切貝、極付などで加飾してある（写真 8-1、

第 2 章　各種什器に使用された蒔絵加飾の材質・技法

写真 7-1：資料 No.3 梨子地葵紋蒔絵長持　正面
［徳川記念財団所蔵］

写真 7-2：同　背面

写真 7-3：同　側面

写真 7-4：同　天板蓋面

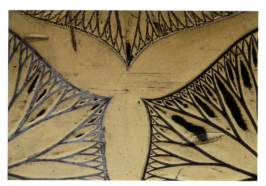

写真 8-1：三葉葵紋の蒔絵加飾①

写真 8-2：三葉葵紋の蒔絵加飾②

写真 9：高蒔絵の状態

49

第Ⅰ部　漆工文化の実態と材質・技法

写真 10-1：金具の毛彫①

写真 10-2：金具の毛彫②

8-2)。また蓋板や側板の繋目縁辺部には、細かい波龍の金高蒔絵が施されている（写真9）。さらに、正面や四隅などの金具にも葵紋が毛彫で彫金されている（写真10-1、10-2）。極めて精緻な作りの蒔絵長持である。

2.4　資料 No.4：風呂桶（佐賀県立博物館所蔵）

本資料は慶長2年（1597）の「慶長の役」の際、鍋島直茂が肥前名護屋城内において豊臣秀吉使用の漆風呂桶を下賜され、その後、分家である肥前小城鍋島家に伝世したという伝承を持つ蒔絵什器である。ただし近年の文献史料の調査では、慶長2年（1597）に大坂城下の鍋島家玉造屋敷もしくは伏見城下の鍋島家屋敷に豊臣秀吉が「御成り」した際の什器であり、元和3年（1617）の直茂隠居に当たり、孫で肥前小城鍋島家初代となる元茂に譲られ、その後、分家である小城鍋島家に伝世したと考えられている。法量：長辺86.1cm×短辺72.6cm、器高64.8cmを測る内・外面を総黒色漆で塗装する楕円形桶造の漆風呂桶である。外面の長辺2箇所には菊紋が、同じく短辺2箇所と桶内面底には五七桐紋がそれぞれ余白をほとんど残さない大胆な構図で金平蒔絵および梨子地で加飾されている（写真11-1〜11-4）。

なお、本資料と一括で伝世したという来歴を有する平底円筒型の漆手桶（法量は器高48.6cm×口径39.6cm×底径35.0cm）資料は、取手部に水平に付く握手に菊紋と五七桐紋の典型的な桃山文化期の蒔絵加飾が交互に配されている（写真12）。そのため、本章の参考資料の一つに加えた。

2.5　資料 No.5：道中風呂桶（足守文庫所蔵・岡山シティミュージアム寄託）

足守文庫は、豊臣秀吉正室の北政所ねね（本書では以後、高台院と称す）の実家の流れを汲む足守藩主木下家の所蔵資料群であり、豊臣家縁の什器が数多く含まれている。本資料もそのうちの一つである。明治35年（1902）の足守藩主木下家什器目録に「黒漆御紋附御風呂桶　外箱　大桶入　政所様御所用品」と記されている高台院所用との伝承を持つ資料に相当し、法量：長辺88.9cm×短辺65.0cm、器高65.0cmを測る楕円形桶造の漆風呂桶である。側板4箇所から足を延ばした上げ底で、竹の箍4本で固定されている。内・外総黒色漆塗りで、外面の長辺2箇所に表・裏の菊紋が、同じく短辺2箇所に桐紋が金平蒔絵および絵梨子地で大胆に加飾されている（写真13-1〜13-3）。本資料の菊紋・桐紋は、ともに装飾性が強いため、正式な家紋というよりはデザインの要素が強調されているようである。

50

第 2 章　各種什器に使用された蒔絵加飾の材質・技法

写真 11-1：資料 No.4
風呂桶正面
［佐賀県立博物館所蔵］

写真 11-2：同　側面

写真 11-3：同　内面

写真 11-4：同　蒔絵・梨子地加飾

写真 12：手桶（参考資料）の握手部

写真 13-1：資料 No.5
道中風呂桶　正面
［足守文庫所蔵］

写真 13-2：同　側面

写真 13-3：同　蒔絵・梨子地加飾

なお、この資料の桶内面には水を張った使用痕跡が確認される（写真14）。そのため、風呂桶として実用に供されたものであろう。

写真 14：同　内面の使用痕跡

51

2.6 資料No.6：泔杯台
（足守文庫所蔵・岡山シティミュージアム寄託）

泔杯台とは、髪鬢を整えるための水を入れる器（泔杯）を乗せるための五葉の台である。什器としては、平安時代以降の上流階級の女性の化粧道具の一つとして登場する。本資料は、天板の法量：径27.5cm、全体の器高18.1cmを測る。やや赤味がある総絵梨子地を地塗りとし、天板には菊と桐紋が配されるとともに、縁部分は金蒔絵で括っている（写真15）。5本の脚には菊紋の金の金貝と、葉脈と括りを付描した繋ぎ唐草文様の金平

写真15：資料No.6 泔杯台　　写真16：同　蒔絵加飾
［足守文庫所蔵］

写真17：資料No.7　桐唐草蒔絵梨子地角盥
［松前町郷土資料館所蔵］

蒔絵が加飾されており、天板の側面に装着された彫金から総角結びにした紫色の組紐が結ばれている（写真16）。本章が調査対象とする資料のなかでは、資料No.3とともに特に全体に極めて精巧で緻密な作りの蒔絵什器である。

2.7　資料No.7：桐唐草蒔絵梨子地角盥（松前町郷土資料館所蔵）

本資料は、明治期になって蝦夷地渡島地方の落部コタン（現北海道八雲町）酋長であった弁開凧次郎（アイヌ名：エカシバ）家から、旧松前藩医であった松岡格が受領した角盥である。比較的残存状態は良好であり、法量は口径37cm×40cm、器高18.7cm、持手を入れた長さ56.0cmを測る。黒色漆の地塗りの上に、描割や針描を交えた金平蒔絵と絵梨子地による桐紋と繋ぎ唐草文様で加飾されている（写真17）。桃山文化期の平蒔絵技術の特徴を有するため、和人地である京都を中心とした畿内から日本海ルートを通じて北海道蝦夷地に将来された什器類のうちの一つと考えられる。本来の所有者と来歴が明確であるため、本章の調査対象に加えた。

2.8　資料No.8：桐唐草蒔絵梨子地角盥（萱野茂二風谷アイヌ資料館所蔵）

本資料も黒色漆の地塗りの上に金平蒔絵と絵梨子地を併用して桐紋と繋ぎ唐草文様を加飾した桃山文化期の蒔絵什器の特徴を有する角盥である。萱野茂二風谷アイヌ資料館の初代館長であった萱野茂氏により、北海道二風谷周辺のアイヌ民家から収集され、平成14年（2002）に「二風谷及び周辺地域のアイヌ生活用具コレクション」の構成資料の一つとして、国重要有形民俗文化財に指定されている。

第 2 章　各種什器に使用された蒔絵加飾の材質・技法

写真 18：資料 No.8　桐唐草蒔絵梨子地角盥
　　　　［萱野茂二風谷アイヌ資料館所蔵］

資料 No.7 の角盥と類似したアイヌ関連の蒔絵什器であるが、前者に比較して保存状態が悪かった。持手自体はすべて欠損しているものの、装着の痕跡が確認されるため、4 本の持手を有する角盥であることがわかる（写真 18）。そして資料 No.7 と同様、この資料も桃山文化期に京都の蒔絵工房で作製され、和人地の畿内から日本海ルートを通じて北海道蝦夷地に将来された蒔絵什器の一つと考えられる。

2.9　資料 No.9：大川遺跡出土桐紋蒔絵天目台漆器片（余市町教育委員会所蔵）

　大川遺跡は、北海道余市川の河口砂丘右岸に位置している。発掘調査は、平成元年～平成 6 年（1989～1994）度と平成 11 年（1999）度に余市町教育委員会により行われた。調査面積は余市川改修事業に伴う 15,420㎡、大川橋線街路事業に伴う 1,120㎡ の合計 16,540㎡ である。発掘調査の結果、近世初頭期の在地アイヌの人々との関連性が強く想定される墓抗群が多数検出された。本資料はこのうちの GP-1 遺構の副葬品である。この GP-1 遺構からは、本資料である天目台の漆器破片とともに、被葬者である人骨の口元にキセル、右脇に太刀と矢筒、膝元に塗膳に載せられた状態で根来系の朱漆器椀が 1 点出土している。

　本資料は、黒色漆の地塗りの上に桃山文化期における蒔絵技法の特徴である平蒔絵と絵梨子地を併用した桐紋の図様が配される蒔絵漆器片である（写真 19-1、19-2）。本資料は、副葬品の所有者（被葬者）の性格と年代観が明確であるため、本章の調査対象に加えた。

写真 19-1：資料 No.9　桐紋蒔絵天目台
　　　　　漆器片［余市町教育委員会所蔵］

写真 19-2：同　拡大

3、蒔絵技法の観察および材質の分析調査

①蒔絵加飾の拡大観察
②漆塗り構造の分類（断面構造の観察）
③蒔絵および梨子地粉の材質分析

4、調査結果

4.1　資料 No.1：網代駕籠

資料 No.1 は、軽量化を重視した実用性が高い駕籠仕立ての輿である。本資料の骨組み木部は、梨子地による地塗りの上に家紋散らしで蒔絵加飾されていた。拡大観察した結果、地塗りは、やや厚みのある 250～500μm 程度の粗く捉れた平目粉状の均一な梨子地粉を全面にやや疎に蒔いた後、透漆で固定した上で軽く研ぎ出した梨子地仕上げであった（写真20）。粗い梨子地粉とやや不均一で楕円形を呈する微粉末の蒔絵粉からは、双方とも金（Au）の強いピークが検出された（図1）。僅かに回収できた地塗り箇所の剥落小破片試料の断面構造を観察した結果、サビ下地の上にやや濃い色味の中塗りの黒色漆層、その上に粗く厚みのある平目粉状の梨子地粉を透明感のある透漆で固め、さらに透明感のある上塗りの梨子地漆を塗装した後、軽く研いで仕上げられていた（写真21）。この地塗りの内外面には、大・中・小の三葉葵と中・小の松平（徳川）家の旧紋であるカタバミ紋が規則正しく配置されている。家紋の中央部には図柄割付のためのコンパス針の痕跡が確認された（写真22）。そのため、地の梨子地仕上げが終了した後に家紋の加飾を行っ

写真20：資料 No.1 の地塗り梨子地加飾の拡大

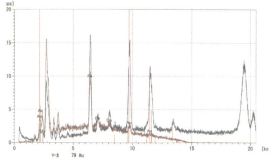

図1：資料 No.1　蒔絵粉の蛍光 X 線分析結果

写真21：資料 No.1 の塗装膜断面構造の観察

写真22：三葉葵紋の中心コンパス針の痕跡

第 2 章　各種什器に使用された蒔絵加飾の材質・技法

写真 23：蒔絵加飾の拡大

写真 24：蒔絵加飾の銀錆化の痕跡

写真 25-1：三葉葵紋の朱漆置目の痕跡

写真 25-2：同　拡大

た作業工程であることがわかる。三葉葵の葉脈は一見針描で付けられたように見えるが、拡大観察すると繊細な描割であることが確認された（写真 23）。これらの家紋は、平蒔絵というよりはやや肉高の金蒔絵であるが、家紋の表面には銀（Ag）の錆化が所々で見られる。そのため、これらの盛上げには銀粉が用いられているようである（写真 24）。その一方で、特に駕籠の肘置き箇所に配された三葉葵紋には、摺れの下層から水銀（Hg）のピークが検出される朱漆が確認され、この箇所は置目である朱漆の金平蒔絵であった（写真 25-1、25-2）。このことから、この資料における家紋の蒔絵加飾は、配置箇所によって技法や材料が若干使い分けられていたものと理解した。

4.2　資料 No.2：唐船図腰屏風

資料 No.2 は、狩野派の作の金碧絵画が嵌め込まれた腰屏風である。本資料も資料 No.1 と同様、規則的に配置された三葉葵紋の中央部には、図柄割付のためのコンパス針の痕跡が確認された（写真 26）。この三葉葵の家紋は、葉脈を針描するもの、付描するもの、さらには葉脈自体を省いた簡略型のものなど 3 種類のパターンが併存していた（写真 5-1～5-3）。これらはいずれも 30 μm 程度の均一で球状の金（Au）蒔絵粉による蒔き放ちの金平蒔絵仕上げである。これら家紋加飾に共通する特徴の一つは、丸紋の内部を 150～200 μm 程度のやや細かい銀梨地粉を飴色系の透漆で固めた銀梨子地仕上げとしている点である。この銀梨子地粉は一部錆化が進行しており、これが金蒔絵粉の加飾面からも噴出している箇所も確認される（写真 27）。そのため、この一連の漆

55

第Ⅰ部　漆工文化の実態と材質・技法

写真 26：資料 No.2 の三葉葵紋加飾の
中心コンパス針痕跡

写真 27：三葉葵紋蒔絵加飾の拡大

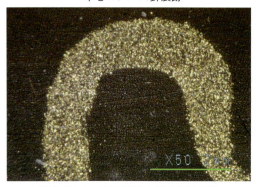

写真 28-1：南蛮唐草文様の蒔絵加飾

写真 28-2：同　蒔絵粉の拡大

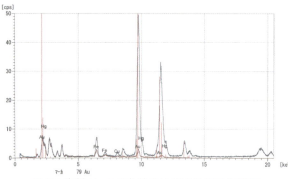

図 2：資料 No.2 の蒔絵粉の蛍光 X 線分析結果

写真 29：塗装膜断面構造の観察

工作業は、丸紋内面全体をまず銀梨子地としてから金平蒔絵の加飾を行ったことがわかる。

　本資料の特徴の一つは、骨組である丸い衣桁形上部や屏風額縁の併せ隅や下部分の地の黒色漆の上に、南蛮唐草と称される南蛮様式の初期輸出漆器で多用される唐草文様が金平蒔絵で加飾されている点である。この部分を拡大観察すると、50μm前後の均質な蒔絵粉が密に蒔かれていた（写真 28-1、28-2）。この蒔絵粉の蛍光 X 線分析を行った結果、金（Au）と水銀（Hg）のピークが検出された（図2）。なお本資料の場合も、数 mm 角の小剥落片資料を1点回収できたため、塗装膜断面構造の観察を行った。その結果、サビ下地→中塗りの黒色漆層→やや透明感のある赤褐色系漆を2層上塗りする地塗りであった。さらに、蒔絵粉を蒔くための下絵朱漆を付け、30μm程度の均一な丸粉状の金蒔絵粉を蒔き放つ平蒔絵技法が確認された（写真 29）。

4.3　資料 No.3：梨子地葵紋蒔絵長持

　資料 No.3 は、地塗りはやや赤味がある梨子地仕上げとし、長辺側両面と上面には各2つ、短辺側両面には各1つ、合計8つの三葉葵紋を高蒔絵した蒔絵長持である。

　地の梨子地漆層の破断面からは、粗い土師破片を含む淡黄色系のサビ下地が観察された（写真30）。地塗りは、赤味がかなり強い印象を受けるが、これは朱漆もしくはベンガラ漆による赤地付けではなく、地塗りの黒漆の上に金（Au）に若干銀（Ag）を含む200×500μm程度のかなり大型で扁平な平目粉状の梨子粉を密に蒔き、さらに透明感が強い梨子地漆を塗装しているためである（写真31）。

　この点について、クリーニング作業中に回収された底部の剥落片試料を断面観察した結果、サビ下地を施した上に黒色漆を1層塗装、その上に1～2層の中塗り漆、さらには梨子地粉を固着するための透明感が強い上塗り漆が1層分観察された（写真32-1、32-2）。さらに本資料は、通常見えない長持底板の黒色漆にも粗い梨子地粉を疎に蒔いた梨子地仕立てにしてあった。このように、この資料の地塗り自体、多層構造を有する丁寧な作りであることがわかった。

　本資料を特徴付ける大きく配された三葉葵紋は、中央部に図柄割付のためのコンパス針の痕跡が確認された（写真33）。そして、この三葉葵の家紋周囲の丸紋や葵葉箇所には、10～15μm程度の微粒で均一な丸粉状の金（Au）の蒔絵粉が、肉持ちある高蒔絵的に黒色漆の上に密に蒔かれていた（図3、写真34-1、34-2）。

　さらに三葉葵の葉脈は、金切金2・銀切金1、もしくは金切金1・銀切金2、さらには金切金1・

写真30：資料 No.3 の下地の状態と
　　　　地の梨子地加飾

写真31：同　梨子地粉の拡大

写真32-1：資料 No.3 の塗装膜
　　　　　断面構造の観察①

写真32-2：同　塗装膜断面構造の観察②

第Ⅰ部　漆工文化の実態と材質・技法

写真33：資料No.3の蒔絵粉と
中心軸部分の拡大

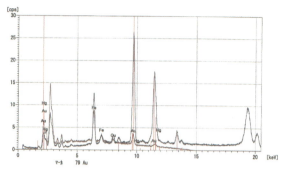

図3：蒔絵粉の蛍光X線分析結果

写真34-1：資料No.3の蒔絵および銀金貝の拡大

写真34-2：同　蒔絵粉の拡大

写真35-1：蒔絵および金金貝の拡大

写真35-2：蒔絵および切金の拡大

銀切金1・金金貝1、など、3パターンのバリエーションを持って黒色漆の上に貼り付けられていた（写真35-1、35-2）。蛍光X線分析の結果、このうちの銀切金は銀（Ag）、金切金や金金貝は金（Au）の強いピークにごく微量の銀（Ag）が検出された。

また、葵葉の空間を埋める丸紋内部は、蓋上面の1箇所は黒色漆の上に丸粉状の金蒔絵粉を蒔いているが、その他の家紋は、150～200μm程度の地付けの梨子地粉に比較するとやや細かい扁平な平目粉状の梨子地粉が水銀（Hg）を主成分とした朱漆の赤地付けの上に蒔かれていた（図4、写真36）。

蓋板や側板の併目の繋目縁辺部には、波龍の金高蒔絵が極めて高度で精緻な技術で加飾されており（写真37）、龍の目は黒色漆付け（写真38）、髭や眉などは20～30μm程度の僅かに粗い丸粉

58

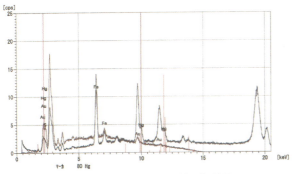

図4：梨子地粉の蛍光X線分析結果

写真36：資料No.3の塗装膜断面構造の観察③

写真37：高蒔絵箇所の拡大①

写真38：同②

写真39：同③

写真40：同④

上の蒔絵粉で調子付けされていた（写真39）。この箇所を詳細に観察すると、極めて僅かではあるが内部から銀（Ag）の錆化が観察される箇所が一部確認された（写真40）。そのため、この箇所はサビ盛上げではなく、銀粉盛上げであると理解した。

4.4　資料No.4：風呂桶

資料No.4は、内・外面総黒色漆塗りで、外面に菊紋と五七桐紋、桶内面底にも五七桐紋が平蒔絵および絵梨子地加飾で配された風呂桶である。菊紋は全体を絵梨子地で加飾し、菊紋の花芯と花弁の付描を金平蒔絵で括る同じ図様である。ただし、花弁や葉の梨子地と2種類の平蒔絵の配置や、平蒔絵の丸粉付描の虫喰い表現などで図様に変化をもたせている。また、絵梨子地には

第Ⅰ部　漆工文化の実態と材質・技法

写真41-1：資料No.4の蒔絵・絵梨子地加飾の拡大

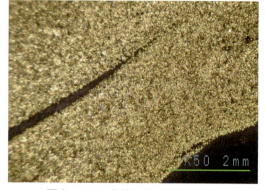
写真41-2：蒔絵加飾と描割の拡大

付描括り、平蒔絵には描割する箇所も観察された。

　この資料は、すでに小池富雄（2006）による先行研究がある。そのため、本章では資料No.5の道中風呂桶の類例資料として、現地において蒔絵と梨子地加飾部分の目視観察および顕微鏡拡大観察のみを実施した。その結果、梨子地粉は250～500μm程度のやや粗く捉れた平目粉上の梨子地粉をかなり密に蒔いた後、透明漆で塗り込めて軽く研ぎ出していた。この梨子粉の形状自体は、資料No.1の梨子粉のそれに近いものであった（写真41-1）。また金平蒔絵と括りの付描の蒔絵粉は、金の発色が良好な20～30μm程度の微細な丸粉状の蒔絵粉（小池論文では薄い箔粉〔消粉〕と表現）と、それよりはやや銀味掛かる蒔絵粉（小池論文では大粒の金丸粉と表現）の2種類が確認された（写真41-2）。

　なお、小池論文では見込の桐紋の蒔絵加飾について、漆塗装の剥落試料を断面観察した岡田文男氏の調査結果が掲載されており参考となる。ここでは、小池論文の関連箇所を抽出して引用する。それによると、「膜面の全体構造は八層。下から①下地下層。厚さ320μm。粗粒の土器ないし瓦の砕屑片が大量に混じる。②下地上層。厚さ60μm。細粒の地粉、ないし砥粉。③黒下塗下層、30μm。やや濃い色味。④同中層、20μm。⑤同上層、20μm。⑥赤地付け（平目粉）、15μm（赤色顔料は水銀朱）。金粉の厚さ5～6μm。⑦透明漆10μm。⑧赤地付（金粉を含む厚さ）15μm（桐紋の輪郭直線部分、赤色顔料は水銀朱）。①②の下地に精粗の二層が施されるのは、丁寧である。②を塗る前に①の一部の表面が研がれていて、二層の接着と平滑均一な仕上がりを狙っている。黒漆は③④⑤と三層塗られており、薄くて均一である。⑥絵梨子地部分は、水銀朱の赤付けで、江戸時代以降の薄い梨子地とは違って平目粉が使用されている。⑦透明漆には、後世の梨子地漆のようにクチナシの黄色染料が混入されているか、褐色の色味の強い透明漆かは不明である。⑧文様粉の地付けにも水銀朱が用いられている。総合的にみると、下地・黒漆ともに丁寧な仕事であるが、絵梨子地、その上の文様蒔絵は薄く粗忽な仕事ぶりである。」と報告されている。

　なお資料No.4と同じ来歴を有する手桶資料1点についても、小池氏の先行研究がある。そのため、ここでは参考資料として握手部分の菊桐紋の目視観察および顕微鏡拡大観察のみを実施した。その結果、五七桐紋は、梨子地と平蒔絵で加飾されており、極薄細の箔粉の平蒔絵箇所には付描と針描、さらには虫喰い表現による若干異なる配置で表現されていた（写真42-1～42-4）。また菊紋も、赤地付けした上に異なる花弁を描いて菊紋の図様にバリエーションを持たせていた

第 2 章　各種什器に使用された蒔絵加飾の材質・技法

写真 42-1：握手部の五七桐文様①

写真 42-2：握手部の五七桐文様②

写真 42-3：握手部の五七桐文様③

写真 42-4：握手部の五七桐文様④

写真 43-1：握手部の菊文様①

写真 43-2：握手部の菊文様②

（写真 43-1、43-2）。

　これらの蒔絵および梨子地加飾の状況を拡大観察した結果、資料 No.4 よりは細かい150〜200μm程度の平目状の梨子地粉を密に蒔き、透明感のある透漆で塗り込めてから軽く研いであった。その上で花弁の輪郭を、やや粒度は不均一であるが丸粉状の蒔絵粉で付描して括るとともに、特に桐紋の花の細部を表現する針描は小さい面積に繊細で精緻に描かれていた（写真 44-1〜44-4）。

4.5　資料 No.5：道中風呂桶

　資料 No.5 は、内側に水を張った痕跡を有する実用の道中風呂桶である。内・外面は総黒色漆塗りで、破断面の観察から、木地の上には一部麻布で布着せ補強を行い、その上にサビ下地が施

61

第Ⅰ部　漆工文化の実態と材質・技法

写真 44-1：手桶（参考資料）握手部の
　　　　　蒔絵加飾の拡大①

写真 44-2：同　蒔絵加飾の拡大②

写真 44-3：同　蒔絵加飾の拡大③

写真 44-4：同　蒔絵加飾の拡大④

されていた。外面は、大胆に2つずつ表・裏の菊紋と桐紋が配置されている。加飾の基本は金平蒔絵であり、菊紋の花弁、桐紋の花弁や葉脈の表現を、一見やや雑ともみえる大胆な針描の線で描いていた。一方、菊紋の花芯や虫喰いなどの調子付けは、赤味が強い絵梨子地で表現されており、菊紋の花芯表現や桐紋の葉脈の表現は金蒔絵粉による付描で描いているが、全体的には比較的シンプルな仕上げであった（写真45）。平蒔絵は、地塗りの黒色漆の上に透漆系の黒地付けを行い、その上にやや粒度がばらつく不均一な20〜40μm程度の金粉状の蒔絵粉を密に蒔き散らしており、針描はこの下絵漆が乾かないうちに行った痕跡が随所で確認された（写真46）。また赤味が強い絵梨子地は、地塗りの黒色漆の上に水銀（Hg）のピークが強く検出された。このことから、朱漆による赤地付けを行い、その上に100〜150μm程度の扁平な梨子地粉を蒔き放ちしたのみで、その上に透漆を掛けて軽く研ぐなどの作業は省いた蒔き放ちの絵梨子地技法であることがわかる（写真47-1、47-2）。

　また本資料の梨子地粉は、いずれの箇所からも金（Au）のみが検出された。蒔絵粉は、菊紋と桐紋の葉部分からは金（Au）のみが検出された。その一方で、桐紋の花弁部分からは、金（Au）とともに銀（Ag）のピークも検出され、蒔絵粉には場所による材質の違いがみられた。

　なお本資料と同じ蒔絵風呂桶ではあるが、慶長期に作製年代が求められる資料 No.4 は、正統な複葉菊と五七桐紋を厚みのある平目粉状の梨子地粉で加飾されている。それに比較して本資料では、ややアレンジされた菊桐紋が均一で粒度がよく揃った蒔絵粉や薄い梨子地粉で加飾されていた。そのため本資料は、江戸時代前期頃まで作製年代がずれ込む可能性も指摘されよう。

第 2 章　各種什器に使用された蒔絵加飾の材質・技法

写真 45：資料 No.5 の菊紋の蒔絵
　　　　および絵梨子地加飾

写真 46：蒔絵加飾と針描の拡大

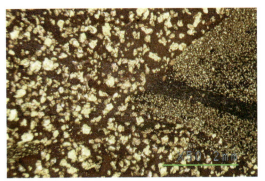
写真 47-1：蒔絵・絵梨子地加飾と描割の拡大

写真 47-2：絵梨子地加飾の拡大

4.6　資料 No.6：泔杯台

　資料 No.6 は、地塗りをやや赤味がある絵梨子地仕上げとした泔杯台である。この資料の梨子地粉は 250～300μm 程度のやや丸く捩れた平目粉状の梨子地粉であり、これを蒔いた後に透明漆で塗り込めて軽く研ぎ出してあった。この梨子地粉の形状は、粒径は異なるものの資料 No.1 や資料 No.4 の梨子地粉のそれに近いものであった（写真 48）。蛍光 X 線分析結果では、強い金（Au）と水銀（Hg）のピークが検出されるため、朱漆で赤地付けされていることが確認された。
　一段高くした天板の縁部分は、朱漆の地付けの上に 20μm 程度で均一な丸粉状の蒔絵粉を密に蒔き放ち、平蒔絵としている。この天板上面の中央には菊紋を配置し、その周囲には花芯のデザインが異なる菊紋が 3 つ、桐紋が 3 つずつ配されていた。これらは、朱漆の下絵漆の上にやや粗い 30μm 程度の蒔絵粉で平蒔絵してあり、菊紋の花芯や花弁の括り、桐紋の葉脈や花弁などは、縁取りと同じ 20μm 程度の微細な丸粉状の蒔絵粉で付描されていた（写真 49）。
　なお、5 本の脚には菊紋の金の金貝と繋ぎ唐草文様の平蒔絵が加飾されており、唐草文様の縁取りは付描で、一部の葉の葉脈は描割で表現されていた。この菊紋の金貝からは金（Au）と銀（Ag）両方のピークが強く検出されたため、金銀合金の薄板を菊文様に丸く切り抜き、足の屈曲に沿わせて貼り付けてあることが確認された。

4.7　資料 No.7：桐唐草蒔絵梨子地角盥

　資料 No.7 は、残存状態が比較的良好なアイヌ関連什器の角盥である。この資料は、内・外面

第Ⅰ部　漆工文化の実態と材質・技法

写真48：資料No.6の蒔絵・
　　　　梨子地加飾の拡大

写真49：同　蒔絵加飾と付描の拡大

写真50：資料No.7の桐文様加飾

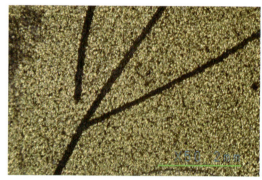
写真51：同　蒔絵加飾と針描の拡大

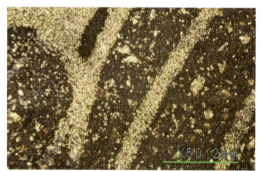
写真52：同　蒔絵・絵梨子地加飾の拡大

写真53：同　蒔絵粉の拡大

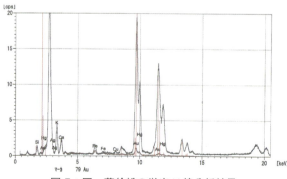
図5：同　蒔絵粉の蛍光X線分析結果

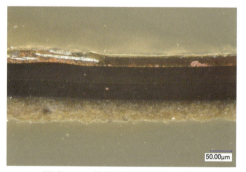
写真54：塗装膜断面構造の観察

64

を黒色漆で地塗りした上に、桐紋と繋ぎ唐草文様が平蒔絵と絵梨子地で加飾してある（写真50）。

桐紋と繋ぎ唐草文様の葉部分は、葉脈を針描で表現した20〜30μm程度の丸粉状の蒔絵粉を平蒔絵した箇所（写真51）と、透漆で固定して軽く研ぎ出す一連の工程を省いた100〜500μmのかなり不均一な薄い梨子地粉を朱漆の赤地付けの上に疎に蒔き散らして絵梨子地とした箇所（写真52）が、バリエーションを持って配置されていた。絵梨子地の縁取りの葉脈は、地蒔きの蒔絵粉よりは若干粗い30μm程度の蒔絵粉による付描表現が用いられていた（写真53）。そして蒔絵粉や梨子地の加飾部分からは、金（Au）の強いピークとともに水銀（Hg）のピークも同時に検出された（図5）。さらに剥落小破片試料の断面構造を観察した結果、サビ下地の上に中塗りの黒色漆層、その上にやや透明感のある赤褐色系漆を2層上塗り塗装し、朱漆の下絵漆の上に100〜500μm程度の梨子地粉を蒔き、その上を透明感のある梨子地漆で固定する工程が確認された（写真54）。

4.8　資料No.8：桐唐草蒔絵梨子地角盥

資料No.8もアイヌ関連什器の角盥である。内・外面を黒色漆の地塗りした上に、資料No.7と類似する桐紋と繋ぎ唐草文様が平蒔絵と絵梨子地で加飾されていた（写真55）。

この資料も、葉部分の平蒔絵や絵梨子地の縁取りや葉脈は、地蒔きの蒔絵粉よりは細かく均一な20μm程度の丸粉状の蒔絵粉を付描きし、一部には針描と描割表現が併用されていた（写真56）。

蒔絵や梨子地の加飾箇所からは、金（Au）の強いピークとともに水銀（Hg）のピークが検出されたため、蒔絵粉の下絵漆、絵梨子地の赤地付けともに朱漆であることがわかった（図6）。桐紋や繋ぎ唐草文様の葉部分も、異なる配置のバリエーションを持って20〜30μm程度の丸粉状の蒔絵粉を平蒔絵するとともに、100〜500μmの資料No.7よりはやや粗く均一な薄い金の梨子地粉を朱漆の赤地付けの上にやや疎に蒔き散らしていた（写真57-1〜57-3）。

さらに剥落小破片試料の断面構造を観察した結果、①サビ下地→②中塗りの黒色漆層→③上塗りのやや透明感のある赤褐色系漆→④朱漆の赤地付け→⑤梨子地粉を蒔き放す絵梨子地→⑥梨子地漆による固定→⑦朱漆の置目→⑧平蒔絵による一連の加飾工程が確認された（写真58-1、58-2）。

写真55：資料No.8の桐文様の
　　　　蒔絵・梨子地加飾

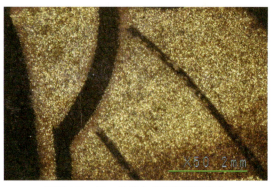

写真56：同　針描と描割表現の拡大

第Ⅰ部　漆工文化の実態と材質・技法

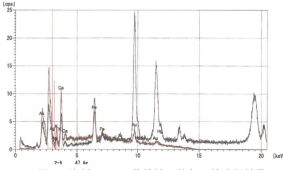

図6：資料No.8の蒔絵粉の蛍光X線分析結果

写真57-1：同　蒔絵・梨子地加飾の拡大①

写真57-2：同　蒔絵・梨子地加飾の拡大②

写真57-3：同　蒔絵粉の拡大

写真58-1：塗装膜断面構造の観察①

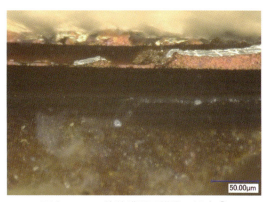

写真58-2：塗装膜断面構造の観察②

4.9　資料No.9：大川遺跡出土桐紋蒔絵天目台漆器片

　資料No.9は、遺跡出土の蒔絵漆器資料である。形態から天目台の漆塗膜資料であることがわかる。本資料は、黒色漆の地塗りに、金の平蒔絵と絵梨子地を併用した三三桐紋の図様が配されている。桐の葉の葉脈と縁取りを金蒔絵粉で付描している点は、同じアイヌ関連什器である資料No.7や資料No.8と同じであるが、葉脈を針描する表現や描割を行っていない点は異なっており、若干作製年代が下る可能性もある。
　本資料の蒔絵粉の形態は、20μm程度で均一な細かい丸粉状を呈していた（写真59）。また本資料の三三桐紋の葉の絵梨子地は、地の黒色漆の上塗り漆に比較すると明らかに海老茶色の色味が

66

第 2 章　各種什器に使用された蒔絵加飾の材質・技法

写真 59：資料 No.9 の蒔絵加飾の拡大

写真 60：同　梨子地加飾の拡大

強いものの、この赤地付けは朱漆であるのかベンガラ漆であるのかは分析を実施していないので不明である。そして、赤地付けの漆の上に 100μm 程度の薄い平目粉状の梨子地粉が極めて疎に蒔き放されていた（写真 60）。この資料は、桐の葉の海老茶色の色調は赤地付けで色のバリエーションを表現しているように思われる。そのため、本章の他の資料に比較して簡略化された蒔絵技法で作製されたものと理解した。

5、結　論

　本章では、桃山文化期漆工の特徴の一つである蒔絵技術の在り方を知るために、政治・経済・文化を牽引した豊臣秀吉や徳川家康との関連性が指摘される 6 資料と、北海道蝦夷地のアイヌ社会で使用されたいわゆる「アイヌ漆器」3 資料、合計 9 資料の蒔絵什器を調査対象とし、蒔絵加飾の材質・技法に関する理化学的な調査を実施した。

　資料 No.1～資料 No.3 は、徳川家康所有との伝承を有する三葉葵紋が加飾された伝世の蒔絵什器である。このうちの資料 No.1 は、極めて実用性が高い駕籠仕立の輿にもかかわらず、木部の骨組み全体を絵梨子地としており、鉄の丸鋲の上にも梨子地塗装の配慮が為されている。この絵梨子地は、赤色漆による赤地付けは用いられておらず、透漆系の黒地付けの上にやや厚みのある平目粉状の梨子地粉をやや薄く蒔き、その上にも透明感が強い透漆で固定してから軽く研いであった。そのため、透漆のやや飴色の色相と金梨子地粉の金色が映えて全体的にやや小豆色系を帯びた絵梨子地仕上げの色相となっている。同様の技法は、資料 No.3 の長持外面の地の絵梨子地でも見られるが、資料 No.3 の方がやや粒度が粗い梨子地粉を極めて密に蒔いているため、赤味が強い色相である。いずれにしても、このような梨子地加飾は、室町期以来の伝統的な技法が踏襲されていた。そして資料 No.1 や資料 No.3 の三葉葵紋の蒔絵技法も、下蒔きの銀粉盛上げの上に若干肉厚に金蒔絵加飾されており、資料 No.1 は葉脈を描割表現で、資料 No.3 は薄く短冊状に切った金・銀金貝や細かく四角に切った金の金貝を透漆で貼り付けており、極めて丁寧な作りであった。その一方で、資料 No.2 の地塗りは黒色漆塗りであるが、その上に加飾された三葉葵紋は、丸紋の中を銀梨子地とし、その上に透明感が強い透漆が塗装されていた。そのため本来銀色を呈する梨子地粉は、一見、金梨子地に見える。そして三葉葵の葉の葉脈には、付描表現した

第Ⅰ部　漆工文化の実態と材質・技法

家紋のみならず針描表現した家紋もあり、さらには葉脈自体も省いた簡便な三葉葵紋の家紋も混在していた。この点は本資料の大きな特徴である。

資料 No.4〜資料 No.6 は、伝承から豊臣家縁の什器であるとされている。このうちの資料 No.4、資料 No.5 は、風呂桶である。通常、生活の場で使用する風呂桶は消耗品のため白木であるが、これらの内・外面には黒色漆が塗装され、4 面には葉や花弁を平蒔絵や絵梨子地で加飾し分けた豊臣家縁の菊紋と五七桐紋が極めて大胆に配されていた。豪華な作りであるが、特に資料 No.5 の内面には使用痕跡があり、これが実用された什器であったことがわかる。このような風呂桶は、「道中風呂」とも呼ばれるように、大名などが旅行時に携帯した楕円形の大型風呂桶であり、他で沸かした湯をこの風呂桶に溜めて入浴したのである。戦場の陣中では鍋釜や椀をはじめとする生活用具はすべて自前で携帯しており、この伝統は後に大名の参勤交代でも踏襲された。蒔絵を施した漆風呂桶は本資料を含め全国でも 3 例しか知られていないが、いずれも豊臣家縁の菊桐紋を大胆に配置している点は興味深い。秀吉以外は使用を禁じた菊桐紋の蒔絵を大胆に配した大型家具である漆風呂桶の存在は、視覚的にも権威をことさら誇示する上で効果的である。これらの作製には、それまで足利将軍家の東山御物をはじめとする伝統的な蒔絵漆器の作製を手掛けてきた御用蒔絵師の幸阿弥家を豊臣秀吉がことさら引き立て、その配下に上・下京の町蒔絵工房の職人を配して数々の仕事をさせたとされる。すなわち、漆風呂桶なども含む多種多様な各種什器や御殿建造物の部材などの大画面に豊臣政権の権威の象徴であった菊紋と五七桐紋などを大胆に蒔絵加飾するには、よりシステマティックで簡便かつ汎用性が高い方法が必要である。豊臣秀吉が、京都市中の蒔絵師を支配下に置いた天正 11 年（1583）ないし天正 12 年（1584）以降、幸阿弥家に京都市中の町蒔絵師集団（本来、漆器椀などの日常生活什器の漆絵加飾を担ってきた職人集団が母体であった可能性が指摘されている：永島（2006））を統率させ、時と状況に応じてこれらの作製に当たらせたことは十分に考えられることである。

資料 No.5 の菊桐紋の絵梨子地は、かなり赤味が強い色相であった。拡大観察の結果、この赤色が強い色相は、金の梨子地粉を蒔いた上に塗装されて一旦軽く研がれた透漆の発色効果ではなく、蒔き散らした梨子地粉を接着固定する朱漆の赤地付けの効果が大きいことがわかった。これと同様の絵梨子地の技法は、資料 No.7 と資料 No.8 においても確認された。平蒔絵と同じ蒔き放しの赤色付けの絵梨子地加飾も、桃山文化期における漆工技術の一つといえよう。

資料 No.7 と資料 No.8 は、いずれも北海道蝦夷地のアイヌの人々の間で伝世したアイヌ関連什器のなかで、「キラウシパッチ」と称された角盥である。角盥自体は、古来、貴族などの上流階級の人々が手水を取るための容器である。身部外面に蒔絵や漆絵などの加飾を施したものも多いため、天目台や行器なども含め、機能自体は変更されて祭礼の際の宝物もしくは威信具として、アイヌの人々の間で大切に扱われて伝世したものであろう。中世以来、アイヌの人々は和人地との交流を通じて漆器を珍重したことが知られているが、本来、蝦夷地では漆器生産は行われていないため、これらの多くは和製漆器であったと考えられている。『東遊記』によると、桃山文化期には六角氏の遺臣であった建部七郎右衛門元重、田村新助景豊などを中心とした近江商人が蝦夷取引を活発化させたことが記録されている。そのため、この時期の漆器類の多くは、京都を中心とした畿内で調達された什器類が、若狭もしくは敦賀から日本海交易を通じて北海道に搬入さ

れたものが多いとされている。事実、蝦夷地の和人地であった松前に拠点を置く柿崎（松前）慶廣は、天正18年（1590）には豊臣秀吉、慶長4年（1599）年には徳川家康に謁見して中央政権との繋がりを強めていった。また、元和年間（1615〜1624）に松前城下町に渡ったポルトガル人宣教師アンジェリスは、この地は和製品のみならず、「山丹交易」と呼ばれる大陸ルートを通じて中国製品をも含む多くの物資が運ばれてくる活発な海上交易の拠点であったことを記録している。このことからも、本資料群を含めた和製漆器は、まず松前城下町に集積され、その後各地の有力アイヌ族長に将来されたものであろう。資料No.7と資料No.8は、ともに寸法や器形のみならず、桐紋および繋ぎ唐草文様の形態や蒔絵技法も極めて類似した、いわゆる「アイヌ漆器」の資料である。いずれもサビ下地の上に多層の黒色漆が地塗りされており、基本的には堅牢性を重視した吟味された製法からなる什器類であった。そして、均一な丸粉状の金蒔絵粉や梨子地粉を蒔き放した平蒔絵や赤地付け、針描、描割、付描など、桃山文化期における蒔絵技法や材料の特徴が明確に確認された。

　一方、資料No.9は他の資料とは異なり、遺跡出土の天目台破片資料である。本資料が出土した余市大川遺跡が所在する地域周辺は、遠藤・村垣の『西蝦夷日記』に「川縁左右に蝦夷家相見候」とあるように、在地近世アイヌ（ヨイチアイヌ）の人々の居住空間であったとされている。本資料自体は、アイヌ墓の副葬品の一つであり、身長160cm程の成人男性であることがわかる人骨周辺からは、金糸・絹製品の痕跡も纏まって検出された。そのため、被葬者は山丹服もしくは蝦夷錦と呼称される山丹交易を介して大陸からもたらされた中国明・清朝の官使服を纏った酋長クラスの有力アイヌであると考えられている。すなわちこの墓地の一連の副葬品は、近世初頭段階である桃山文化期に余市浦里に居住したアイヌの人々が、中国黒龍江〜アムール川下流域（シベリア山丹地域）〜樺太（サハリン）〜北海道（蝦夷地）〜本州（和人地）と繋がる山丹交易・北廻り交易などの環日本海物流と深く関わっていたことを示す貴重な考古学的事例の一つとされている。このような状況の中で、本資料は、アイヌ関連什器では一般的な天目台であること、平蒔絵や付描の技法は他の資料とほぼ同じであるものの、三三桐紋という若干通常の桐紋よりは簡略化された家紋のモチーフであり、絵梨子地の技法もやや簡略化されている点などが特徴的である。この点は、本章における他の蒔絵漆器がいずれも極めて貴重な什器として大切に扱われて今日まで伝世してきたことと比較して、本資料は基本的には副葬品として扱われた生活什器である点が、何らかの形で反映されたものと理解している。

　本章で調査対象とした蒔絵什器類は、金粉ばかりではなく、青金や銀など、蒔絵粉や梨子地粉の材料や粒形の大小、均一度の違い、撒き散らしの粗密や中塗りの種類（ベンガラ漆や朱漆、透漆など）、描割や針描、付描表現の使い分けなど、個々の什器により多種多様であった。一例ではあるが、同じ漆器資料のなかに配置された同じモチーフの菊・桐紋であっても、蒔絵加飾の材質・技法に使い分けがあることなども確認された。このことから、桃山文化期における蒔絵技法の拡大と確立化は、単に画一的な量産化を目指した結果ではなく、所有者、使用目的、方法、さらには作製に携わった蒔絵工房や職人の技術力の違いなど、時と場所に応じて、細やかに使い分けられていた可能性が示唆された。

　桃山文化期漆工の特徴の一つは、比較的簡便な平蒔絵技術の開発と廉価な材料の調達、それを

第Ⅰ部　漆工文化の実態と材質・技法

作製する蒔絵工房内の作業システムの変革などを背景として、建造物部材などの大画面や、幅広い各種什器に蒔絵加飾を施すことが可能になった点が挙げられている。本資料群では、資料No.2、資料No.4、資料No.5、資料No.7、資料No.8、資料No.9などが、その代表例であろう。

　その一方で、桃山文化期には、総梨子地・高蒔絵や黒地付けの研ぎ出し梨子地、金貝や切金なども交えた極めて繊細で高度な技術と吟味された材料からなる伝統的な蒔絵技法による調度品の作製も並行して行われていたことも事実である。この代表例は、天正14年（1586）の後陽成天皇即位に際して豊臣秀吉によって誂えられた「日月蒔絵硯箱・住吉蒔絵机（重要文化財：仁和寺所蔵）」などが著名であるが、本章が調査対象とした資料No.1、資料No.3、資料No.6などもこれらのグループの蒔絵漆器に相当しよう。

（参考文献）

乾芳宏：「近世アイヌ墓と出土漆器について─余市大川・入舟遺跡を中心として─」『列島の考古学 Ⅱ』林家文書解読ボランティアの会（2007）

浦木賢治・中村陽平 編：『特別展　徳川家康─語り継がれる天下人─』埼玉県立歴史と民俗の博物館（2016）

北野信彦 他：『特集・アイヌ社会の漆器考古学　月刊 考古学ジャーナル』489、ニューサイエンス社（2002）

北野信彦：『桃山文化期における漆文化の実態に関する文化財科学的研究』東京文化財研究所（2011）

北野信彦：「アイヌ文化の漆器」『季刊 考古学　アイヌ社会の考古学』雄山閣（2015）

北野信彦：「風呂桶（菊桐紋蒔絵風呂桶）」『岡山に生きた豊臣家〜備中足守藩木下家資料〜』岡山シティミュージアム（2015）

小池富雄：「諸家所蔵の菊桐紋蒔絵風呂家類について─豊臣秀吉所有とする伝承の検討と初期高台寺蒔絵の編年論として─」『金鯱叢書　第33巻』徳川黎明会 編（2006）

美術研究所：「幸阿弥家伝巻（公刊）」『美術研究　第98号』美術研究所（1940）

杉山壽栄男：「アイヌの漆器」『茶わん　時代漆絵特集　9月号　第79号』寳雲舎（1937）

関根達人：「本州アイヌの生業・習俗と北奥社会」『北方社会の視座　第一巻』長谷川成一・関根達人・瀧本壽史 編、清文堂（2007）

橘南谿「東遊記」『東西遊記1』東洋文庫、平凡社（1974）

徳川記念財団　徳川家広 編：『徳川家康没後四〇〇年記念　天下太平　徳川名宝展』講談社（2016）

永島明子：「近世漆工基礎資料の研究：高台寺蒔絵を中心に」『平成16-17年度科学研究費補助金（基盤研究B）研究成果報告書』京都国立博物館（2006）

日光東照宮：『東照宮　宝物館』（1999）

浜松市・徳川記念財団 編：『市制100周年記念特別展　戦国の覇者　徳川家康と浜松』徳川記念財団（2011）

松前町町史編集室：『概説　松前町の歴史（改定版）』松前町（2006）

第 3 章　伏見城関連遺跡出土の金箔瓦

1、諸　言

　桃山文化期には、時の権力者の力を誇示する形で大規模な城郭御殿建造物の造営が盛んに行われた。これらの主要な天守閣や御殿建造物の屋根には、漆塗料を接着材料として金箔を貼る漆箔瓦（以下、通称である金箔瓦と称す）が葺かれていたことが、当時の絵画資料や出土金箔瓦の存在から知られる。

　本章では、桃山文化期漆工の特徴の一つである城郭御殿建造物で使用された金箔瓦の一例として、伏見城関連遺跡出土の金箔瓦群を取り上げる。そしてこれらの漆工技術に関する調査を行ったので、その内容を報告する。

2、伏見城の概要

　桃山文化期を代表する城郭御殿建造物の一つに、豊臣秀吉の隠居城として築城され、その後、徳川政権に引き継がれた伏見城がある。伏見城は、元和 9 年（1623）の幕府政策の一つである「一国一城令」に伴い破却されたが、その跡地には桃林が植林されて江戸時代以降は「桃山」と称せられた。桃山文化期の「桃山」という語源は、この「伏見城」が所在した土地に由来する。

　伏見城の城郭御殿建造物としての歴史は大きく 4 期に分類される。天正 19 年（1591）に関白の地位を甥の秀次に譲った豊臣秀吉は、同時に京都の居城である聚楽第も秀次に譲った。そして、伏見指月山の丘陵地に隠居屋敷の造営を文禄元年（1592）に開始し、翌年の文禄 2 年（1593）9 月にここに移った。新規に造営された秀吉の隠居屋敷が、第 I 期の伏見城である。

　ところが翌年の文禄 3 年（1594）に嫡男の秀頼が誕生すると、秀吉は京都の南の拠点である淀城を破却して豊臣政権の政治の舞台としてこの隠居屋敷の拡張工事を開始する。さらに翌年の文禄 4 年（1595）に秀次を失脚させると同時に、その居城であった聚楽第も破却させた。そして京都における豊臣政権の拠点機能を伏見城に集中させる目的で、破却した聚楽第の建築部材や金箔瓦などの資材の多くを伏見に搬入して一大城郭の造営を開始したとされる。これが第 II 期の伏見城（地名を冠して指月伏見城と称せられる）である。この伏見城造営に伴い、聚楽第の周囲に所在していた多くの大名屋敷も伏見城周辺に移転して城下町の基礎が形成されたようである。

　この第 II 期の伏見城（以下、指月伏見城と称す）造営の翌年にあたる文禄 5 年（1596：慶長元年）9 月 5 日に、「慶長伏見大地震」が発生する。この大地震により、指月伏見城は天守閣（文献史料は殿主と記録）や千畳敷などの主要な城郭御殿建造物群が倒壊するなどの大きな被害を受けたことを史実は伝えている。その後、直ちに使用可能な建造物部材や石垣石材などを用いて、ここより地盤が堅固な東北に近接する伏見木幡山丘陵に新たな城郭の造営が開始された。なお、指月伏見城御殿建造物の一部は、滋賀坂本の西教寺客殿などに移築されたという伝承もある（写真 1、2）。

　翌年の慶長 2 年（1597）には城の主要部分が完成し、豊臣秀吉は大坂城から新造された木幡山の伏見城へ移った。これが第 III 期の伏見城（地名を冠して木幡山伏見城と称せられる）である。

第Ⅰ部　漆工文化の実態と材質・技法

写真1：西教寺客殿の現状①

写真2：西教寺客殿の現状②

写真3：興聖寺本堂天井板の現状

写真4：南禅寺方丈の現状

　この木幡山伏見城は、本丸・二ノ丸などの郭内とともに、西側の周囲には大名屋敷群や寺院、町屋エリアを配した大規模な城下町の再整備も行われたようである。ところがこの城も、慶長3年（1598）の豊臣秀吉死去後である慶長5年（1600）の「関ヶ原の戦い」前哨戦である「伏見城の攻防戦」により破壊されてしまう。

　「関ヶ原の戦い」に勝利した徳川家康は、畿内における徳川政権の拠点として木幡山伏見城および伏見城下町を位置づけ、破壊された城郭御殿建造物および城下町を直ちに再建整備した。これが第Ⅳ期の伏見城（それまでの豊臣期とわけて徳川期伏見城と称せられる）である。なお破壊された建造物のなかで残存した廊下板材などの部材の一部は、天井板として京都東山七条の養源院や京都鷹ヶ峰の源光庵、宇治の興聖寺などに移築されたという伝承もある（写真3）。

　そして慶長8年（1603）には、徳川家康は朝廷からの将軍宣下をこの城で受け、江戸幕府が発足した。その後、二代将軍徳川秀忠・三代将軍徳川家光もこの伏見城において将軍宣下を受け、伏見の地は江戸とともに徳川政権初期における政治の中心地となった。

　しかし元和9年（1623）には、徳川政権の畿内における政治機能を京都市中の二条城に一本化するために、伏見城の破却が決定された。城の破却に伴い、天守閣や御殿建造物の多くは二条城の拡張工事のために部材転用され、それ以外でも、徳川政権との関係が深い大名や寺社に伏見城関連建造物の移築は積極的に行われたようである。その結果、南禅寺本坊小方丈や南禅寺塔頭の

写真 5-1：金地院方丈の現状①

写真 5-2：金地院方丈の現状②

写真 6：金地院方丈の書院

写真 7：二条城二の丸御殿の現状

金地院方丈御殿、備後福山城の伏見櫓や筋鉄御門、伏見御香宮大手門や豊国神社唐門など、徳川期伏見城から移築されたとの伝承を持つ建造物は各地に数多く点在している（写真4～12）。

いずれにしても、豊臣秀吉の指月伏見城の築城から徳川将軍家による木幡山伏見城の再整備と破却に至るまでの4期に及ぶ伏見城が機能した期間はわずか30年余であるが、伏見城は「桃山文化期」そのものの歴史と文化を象徴する城郭建造物として著名である。ところが伏見城そのものの建造物群自体はすでに伏見木幡山において一旦破却されたため、実態として不明な点が多いことも事実である。

このような伏見城御殿建造物に関連した数少ない文献史料の一つに、『中井家文書』がある。中井家は、元々大和国斑鳩の法隆寺の宮大工の流れをくむ大工棟梁である。中井大和守正清の代には、豊臣秀吉や徳川家康に引き立てられ、慶長度禁裏御所や有力公家屋敷、江戸城や二条城、名古屋城、駿府城などの徳川家主要城郭の天守閣や御殿建造物、さらには久能山や日光山、増上寺における徳川家康・秀忠の霊廟建造物など、桃山文化期の主要建造物の造営を一手に請け負う幕府御用大工頭となった。

通史は、「一国一城令」に伴い伏見城の城郭御殿建造物群もただちに破却されて、その機能はすべて二条城に一本化したかのように伝える。ところが『中井家文書』には、破却当年の元和9年（1623）の伏見城本丸御殿対面所や焼御殿などの増築の仕様に関する記録も含まれている。

第Ⅰ部　漆工文化の実態と材質・技法

写真8：二条城二の丸御殿の書院

写真9：福山城伏見櫓の現状

写真10：福山城筋鉄御門の現状

写真11：御香宮大手門の現状

写真12：豊国神社唐門の現状

二条城に江戸幕府の政務機能の大幅移転はあったものの、数年間はその移行期間として伏見城においても政務は並行して行われ、伏見城内御殿建造物も引き続き使用されたことが推測できる。やはり、伏見城御殿建造物群の移築と城内における政務機能が二条城に完全移行して、跡地の木幡山が「桃山」となるのは、寛永3年（1626）の後水尾天皇の行幸のために実施された二条城御殿の大規模改築期以降であろう。

　　伏見城本丸御殿の一部を構成する書院の仕様を記録した元和7年（1621）の『伏見御城御本丸御書院仕覚』（中井家文書）には、「志んぬり（真塗り）」などの漆塗りを施した床框や、金箔を押して狩野派が絵を描いた金碧障壁画の存在などを記録している（史料1）。同じく、元和9年（1623）の伏見城本丸御殿の一部を構成する御対面所造営に伴う『御対面所塗物』には、「志ん塗（花塗もしくは黒色漆塗）」が合計124間7寸1分（1間当たり4分3合）、「ろういろ（蠟色塗）」が合計146間9寸6分（1間あたり8分3合）という漆の使用量が詳細な御殿部材の使用箇所の寸法や仕様とともに記録されており、御殿建造物の造営に

表1：伏見城本丸御殿御対面所における漆塗料の使用量

『御対面所塗物』（中井家文書：京都府立総合資料館〈現　京都学・歴彩館〉所蔵）より

No.	漆塗り技法	本数	長さ	折廻	此間	塗装箇所
1	らういろ	1	1丈2尺5寸	1尺	12間5寸	床框
8	らう色	8	6尺	3寸2分づつ	15間3寸6分	上段ふす間障子4枚の分立ての框
9	らう色	8	3尺8寸	2寸7分づつ	8間2寸	右の横框
16	らういろ	1	1丈9尺5寸	1尺2寸5分	24間3寸7分	上段の框
19	らう色	12	6尺2寸5分	5寸2分づつ	24間3寸7分	中段のふす間障子8枚の分　立框
20	らう色	4	6尺2寸5分	5寸1分づつ	12間7寸5分	同　志やう木
21	らう色	16	4尺8寸	2寸6分づつ	19間9寸7分	同　ふす間障子8枚のよこ框
28	らう色	4	6尺5寸	7寸3分づつ	18間9寸8分	縁側杉しゃうじ2枚のぶん立の框
29	らう色	4	4尺3寸	6寸3分づつ	10間8寸3分	右の横框
計	らういろ				146間9寸6分	但し　1間に付8分3合
2	はなぬり	5	1丈2尺5寸	8分づつ	5間（4間5寸）	同床の間四分一　よこのぶん
3	同	4	3尺	8分づつ	9寸6分	同所わきの四分一
4	はな塗	8	1尺4寸	2寸7分づつ	2間3寸5分	違い棚の障子框よこのぶん
5	同	8	9寸5分	1寸9分づつ	1間4寸4分	右の横框
6	同	2	6尺7寸	6分づつ	8寸	御○○の分四分一
7	同	16	1尺3寸8分	4分づつ	8寸8分	御○○の腰障子の四分一
10	はな塗	6	7尺6寸	2寸7分づつ	10間9寸5分	同所　打さん
11	同	3	6尺	2寸4分づつ	4間3寸2分	違い棚うえ　打さん
12	はなぬり	3	6尺	6分づつ	1間8分	同所　よこ　四分一
13	同	6	5尺7寸	6分づつ	2間5分	同所　立の　四分一
14	同	4	3尺3寸	6分づつ	7寸9分	同所　中たなの四分一　汲○○立て共に
15	同	10	8寸5分	6分づつ	5寸1分	同所　よこの　四分一
17	はな塗	12	2尺1寸5分	6分づつ	1間5寸5分	上段の御納戸　こし障子6枚のぶん四分一
18	同	12	4尺3寸	6分づつ	3間1寸	同所　よこの　四分一
22	はな塗	6	1丈9尺	2寸2分づつ	27間3寸3分	同所　戸さん　志きり2つの分
23	同	12	6尺1寸5分	1寸づつ	7間3寸8分	中ノ間　はり付3間の分の四分一立横共に
24	同	48	2尺2寸5分	6分づつ	6間4寸8分	中段より折廻　こし障子24枚の四分一立の分
25	同	48	4尺4寸	6分づつ	12間6寸7分	右の横四分一
26	同	8	2尺2寸5分	6分づつ	1間8分	東の側北ノ間こし障子4枚の立ノ四分一
27	同	8	2尺9寸	6分づつ	1間3寸9分	右の横　四分一
30	はな塗	3	8尺8寸	2寸2分づつ	6間3寸3分	同所　打さん
31	同	2つ	1尺6分7分	1尺8寸づつ	6間1分	同所　桁のふし3つ　2つ○○ふさを1つに〆
32	はな塗	2	7尺	5寸5分づつ	7間7寸	同　たすき框
33	同	4	1尺6寸	5寸	6間2寸	同　たすき
34	同	2つ	○○1尺2寸づつ		2間8寸8分	懸魚ノ釘隠　菊取框共
35		31				たる木　○
計	志ん塗				124間7寸1分	但し　1間に付4分3合
36		34枚分	漆70目			こし障子のまいら　釘目のさし格子
37		2つ			4間5寸6分	塵取

第Ⅰ部　漆工文化の実態と材質・技法

は大量の漆塗料が必要であったことがわかる（表1）。

　さらに御対面所造営に伴う『御対面所棟包瓦』には、「一、弐千四百五拾枚　棟長指間　壱尺弐枚鬼　一、四百四拾六枚　南ノ御廊下取付　一、弐百三十枚　北ノ御取付の上むね長壱　瓦枚三千百三十五枚、以上　　元和九年　亥十月廿日」と記録されている。伏見城の主要な御殿建造物は基本的には檜皮葺であろうが、同時に大量の瓦も使用されていたことが具体的に理解される。この中には金箔瓦も含まれていたことは想像に難くない。このような物的証拠の一つが、本章で調査対象とする伏見城関連遺跡出土の金箔瓦群であろう。

3、金箔瓦の概要

　本章が調査対象とする金箔瓦とは、どのような性格を有する瓦であろう。建造物の屋根に瓦を葺くこと自体は、大陸から仏教が伝来した飛鳥・白鳳期以降、平城京や平安京内の都城政庁建造物や地方国府・郡役所、主要な大寺院伽藍や地方国分寺・国分尼寺などに端を発している。その後、軒平瓦や軒丸瓦の瓦頭部に金箔を押したいわゆる金箔瓦を天守閣などの城郭建造物の荘厳を目的として最初に導入した事例は、織田信長の安土城であったとされる。

　安土城を訪れたルイス・フロイスは、著書『日本史』において金箔瓦の存在を、「この天守は他のすべての邸宅と同様に、我らがヨーロッパで知る限りの最も堅牢で華美な瓦で覆われている。これらは青色のようにみえ、前列の瓦にはことごとく金色の丸い取り付け（瓦頭部）がある。屋根には、しごく気品のある技巧をこらした形をした雄丈な怪人面（鬼瓦）が置かれている」と記している。さらに外観塗装についても、「外部では、これら（七層）の層毎に種々の色分けがなされている。あるものは、日本で用いられている漆塗り、すなわち黒い漆を塗った窓を配した白壁になっており、これがこの上ない美観を呈している。他のある層は赤く、あるいは青く塗られており、最上階はすべて金色となっている」と記しており、安土城天守閣は、漆塗装や金箔が多用された極めて豪華な建造物であったことがわかる。

　金箔瓦の使用は、豊臣秀吉に引き継がれた。豊臣政権下の主要な城郭御殿建造物である大坂城や聚楽第で金箔瓦が多用されたことは、『大坂城図屏風』や『聚楽第図屏風』に描かれた大坂城や聚楽第の建造物群の屋根に葺かれた金箔瓦の様子によっても理解される（図1、2）。前記したルイス・フロイスも、豊臣秀吉が築城した大坂城について、「屋根にはそれぞれ正面（部）があり、上部には怪人面が付いた黄金の鬼瓦が置かれ、それはまた角（の部屋）にもあった。そしてそれらは皆黄金で、建物にいっそうすばらしい光彩を添えていた」と評している。また聚楽第についても、「棟も部屋の周囲の瓦もすべて種々の花や葉（文様）で飾られた黄金塗りで、屋敷毎にいろいろ異なった屋敷があるから、（都の）町のこの地域（聚楽第周囲の大名屋敷群が所在した聚楽町）は、すこぶる高貴で、豪華な様相を呈している」と記録しており、聚楽第の周囲に配された大名屋敷の屋根にも金箔瓦が葺かれていたことがわかる。天守閣や城郭御殿の主要建造物のみならず、周囲の大名屋敷群の屋根にも金箔瓦が葺かれたことは、伏見城下でも行われたようである。聚楽第跡周辺や伏見城下町遺跡から出土する多数の金箔瓦は、この点を裏付ける重要な物的証拠といえよう。

　このように安土城跡、聚楽第跡、大坂城跡、伏見城跡などの城郭建造物および周辺大名屋敷跡

第3章　伏見城関連遺跡出土の金箔瓦

図1：『大坂城図屏風』に描かれた天守閣建造物
　　の金箔瓦［大阪城天守閣所蔵］

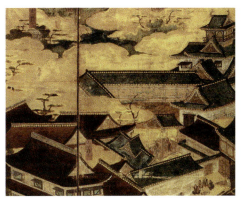

図2：『聚楽第図屏風』に描かれた御殿建造物
　　の金箔瓦［三井記念美術館所蔵］

写真13-1：嚴島豊国神社千畳閣の屋根の現状

写真13-2：同　屋根に葺かれた復原金箔瓦

では、多数の金箔瓦が出土している。しかしこれは例外的な事例のようである。一例ではあるが、肥前名護屋城跡における金箔瓦の出土状況は、天守台や船手門など、主要な建造物周辺のみに限定されている。

　豊臣政権下の金箔瓦の出土例は、織田信雄の松ヶ島城跡と清洲城跡、豊臣秀次の八幡山城跡以外では、豊臣秀吉が事実上の天下統一を完成させた天正18年（1590）以降に築城された豊臣恩顧の主要大名の居城跡が中心である。これらは、主要街道沿いもしくは地域拠点の城郭跡（島津家久・豊久の佐土原城〔宮崎県宮崎市〕、小西行長の麦島城〔熊本県八代市〕、有馬晴信の日之江城〔長崎県南島原市〕、黒田孝高の中津城〔大分県中津市〕、毛利勝信の小倉城〔福岡県北九州市〕、毛利輝元の広島城〔広島県広島市〕、宇喜多秀家の岡山城〔岡山県岡山市〕、新庄直頼の高槻城〔大阪府高槻市〕、前田利家の金沢城〔石川県金沢市〕、中村一成の駿府城〔静岡県静岡市〕、浅野長政・幸長の甲府城〔山梨県甲府市〕、石川数正・康昌の松本城〔長野県松本市〕、真田昌幸の上田城〔長野県上田市〕および沼田城〔群馬県沼田市〕、仙石秀久の小諸城〔長野県小諸市〕、蒲生氏郷の松坂城〔三重県松阪市〕・会津若松城〔福島県会津若松市〕など）、さらには豊臣秀吉の「唐入出陣」に関連した西国街道沿いの離宮八幡宮跡〔京都府大山崎町〕や石清水八幡宮〔京都府八幡市〕、興隆寺跡〔京都府向日市〕、安芸宮島嚴島神社の千畳閣〔現 豊国神社：広島県二日市市〕などの寺社建造物関連遺跡からの報告である（写真13-1、13-2）。しかし、一般的な屋根瓦に比較して金箔瓦の出土量は極端に少ないようである。

77

第Ⅰ部　漆工文化の実態と材質・技法

図3-1：『江戸図屏風』に描かれた大名屋敷の
　　　金箔瓦①［国立歴史民俗博物館所蔵］

図3-2：同②［同］

　豊臣秀吉が亡くなった慶長3年（1598）以降は、江戸市中の加賀藩前田家屋敷跡や次章の第Ⅰ部第4章で取り上げる千代田区有楽町一丁目遺跡（藤井松平家屋敷跡）、さらには伊達政宗の仙台城跡などから金箔瓦の出土が報告されている。当時の状況は、寛永年間の『江戸図屏風』に描かれた有力大名屋敷の建造物群の屋根に葺かれた金箔瓦の様子からも理解されるが、出土瓦自体は極端に減少する（図3-1、3-2）。二条城における金箔瓦の出土状況も、後水尾天皇の行幸御殿跡周辺のみに限定されており、同様の状況である。この背景の一つは、江戸城や名古屋城などの徳川将軍家関連の城郭建造物ではもっぱら軽量な銅葺瓦が採用されるようになり、従来の瓦胎漆箔の金箔瓦の需要が減ったことが想定されよう。

　そして、明暦3年（1657）のいわゆる「明暦の大火」以降、江戸市中の再整備に伴う大名屋敷（藩邸）建造物の造営では徳川幕府による奢侈禁止令の関係から金箔瓦の使用は禁止された。その結果、武家屋敷における金箔瓦の使用自体は終焉を迎え、以後、徳川将軍家縁の霊廟建造物銅葺瓦の一部のみに姿を留めることになる。

4、伏見城関連遺跡と出土金箔瓦の概要

　伏見城は、木幡山における第Ⅲ、第Ⅳ期の伏見城本丸跡などの主要部が、現在、明治天皇陵として一般立ち入り禁止の宮内庁による陵墓管理がされている。そのため、学術的には不明な点が多い。伏見城の城郭西側の丘陵地斜面に所在した大名屋敷群は、伏見城の破却に伴いこの地からすべて撤退した。ところが、京都市中の聚楽第城郭および周囲の大名屋敷跡が破却後に町人地として性格を変えて徹底的に市街地化されたために部分的にしか当時の状況は把握できない点とは異なり、伏見城周囲に所在した大名屋敷跡の名残は、桃山毛利長門東町・西町、景勝町、加賀前田町、桃山町政宗、桃山町松平筑前、桃山町鍋島など、現在まで大名屋敷に由来する地名として残されている。これは、大名屋敷の跡地の多くはその後畑地などになったため、比較的当時の状況が今日まで伝えられたものと考えられている。

　近年、京都市埋蔵文化財研究所などにより、伏見城の総構えエリアである城下町遺跡の発掘調査が継続的に行われており、残存状態が良好な伏見城破却以前の武家屋敷跡に伴う遺構や遺物が大量に検出されるようになった。このなかには本章が調査対象とする金箔瓦資料も多数出土している。このような金箔瓦が特に大量に出土した地点は、山口駿河守屋敷跡に推定されている伏見

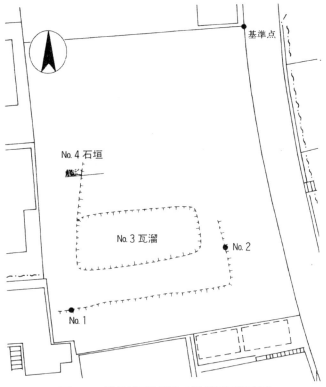

図4-1：伏見城下町遺跡の遺構平面概略図

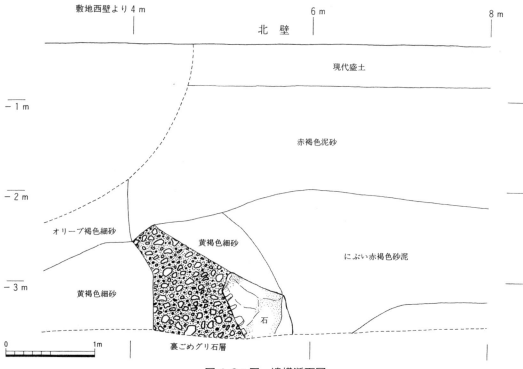

図4-2：同 遺構断面図

第Ⅰ部　漆工文化の実態と材質・技法

写真 14：伏見城下町出土の金箔瓦群

写真 15：伏見城下町出土の金箔瓦①

写真 16-1：伏見城下町出土の金箔瓦②

写真 16-2：伏見城下町出土の金箔瓦③

写真 16-3：伏見城下町出土の金箔瓦④

写真 16-4：伏見城下町出土の金箔瓦⑤

写真 16-5：伏見城下町出土の金箔瓦⑥

写真 16-6：伏見城下町出土の金箔瓦⑦

区桃陵町・桃山中学校校内遺跡や伏見区東組町遺跡などである。ここからは、凸部に金箔が箔押された巴文や桐紋、菊紋などの軒丸瓦、唐草文軒平瓦、鬼瓦や棟飾瓦、鴟尾瓦、熨斗瓦など多岐にわたる種類の金箔瓦が出土した（写真14、15）。ただし前記したように今日まで伏見城の主要な城郭内の発掘調査が行われていない。そのため、これらは伏見城自体の城郭建造物そのものに伴う瓦群というよりは、出土状況からみて大名屋敷建造物群の屋根に葺かれていた瓦が屋敷移転に伴い廃棄されたものが主体であろうと推定されている。

その一方で、平成10年（1998）に行われた伏見区桃山筑前台町32-1番地の住宅建設工事に伴う立会調査（以下、伏見城跡：98FD394地区調査と称す）では、石垣跡とNo.3瓦溜から瓦頭部の凸部に金箔を貼った残存が良好な金箔瓦が検出された（図4-1、4-2、写真16-1〜16-6）。この地区は伏見城大手門のすぐ西側に位置し、安永5年（1776）『伏見城御城絵図』では前田利家・平松八右衛門邸跡の大名屋敷跡に比定されている。

本地区出土の金箔瓦のうち、明確に形状がわかる瓦は桐紋・宝輪文・三巴文・菊花文などを有する軒丸瓦と棟込瓦が26点、唐草文・花文などの有する軒平瓦が17点、桐紋・唐草文・花文・剣先文・菊花文・沢瀉紋などを有する道具瓦が16点（内訳：鳥伏間1点、隅瓦1点、屋根瓦1点、鬼瓦6点、獅子口1点、飾り瓦6点）の計59点である。それ以外の金箔瓦破片を入れて合計168点である。これらは伏見城郭に直接かかわる石垣跡の直下の廃棄土坑から検出されていること、特に鬼瓦や飾り瓦などの道具瓦はこれまで検出された大名屋敷跡出土のそれに比較して巨大なものが含まれていることなどから、絵図から比定される後世の大名屋敷地内の建造物関連資料ではなく、伏見城自体の建造物に伴う金箔瓦の資料群であると考えられている。

5、金箔瓦における金箔と接着材料である漆塗料の観察と分析

5.1　調査対象試料
本章では、まず京都市考古資料館所蔵の伏見城下町遺跡および聚楽第跡周辺から出土した金箔瓦類（いずれも京都市埋蔵文化財研究所の発掘調査の検出資料）を熟覧観察した。そのうえで、資料としての一括性が高いとともに、出土地点と出土状況から伏見城が破却される以前の徳川期伏見城自体の建造物に伴うと考えられる伏見城跡：98FD394地区調査出土金箔瓦およびその破片168点（詳細は前節参照）を調査対象資料として取り上げた。

調査は、各試料の表面を目視観察した後、瓦頭部において金箔と接着および下塗りの漆塗料が観察され、かつ採取可能な剥落片が見出された40点の金箔瓦からそれぞれ数mm角程度の剥落小片を注意深く採取し、分析試料に供した。

5.2　分析および同定方法
①金箔の箔足や接着材料としての漆塗装の表面観察
②漆箔塗装の分類（断面構造の観察）
③無機元素の定性分析
④漆塗料の主要脂質成分の分析

第Ⅰ部　漆工文化の実態と材質・技法

写真17-1：漆箔表面の拡大観察①

写真17-2：漆箔表面の拡大観察②

写真17-3：漆箔表面の拡大観察③

写真17-4：漆箔表面の拡大観察④

写真18-1：漆塗料と金箔の金属顕微鏡観察①

写真18-2：漆塗料と金箔の金属顕微鏡観察②

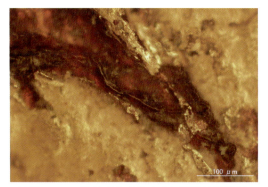
写真18-3：漆塗料と金箔の金属顕微鏡観察③

写真18-4：漆塗料と金箔の金属顕微鏡観察④

5.3 分析結果

出土金箔瓦資料における瓦頭部に貼られた漆箔の様子を目視観察した結果、金箔を瓦頭部の文様の凸部に合せるように四角形に切ってそれをパッチワーク的に雑駁に貼られた状態の資料が多かった（写真17-1～17-4）。これらの金箔の表面を拡大観察すると、皺が寄ったり、亀裂や箔足部分から接着材料である漆塗料が表面に回って固化した状態の箇所も幾つか確認された（写真18-1～18-4）。

電子顕微鏡による金箔表面の状態を観察した結果、いずれも数μm～十数μm程度のピンホール状の球状抜け穴が比較的均一に分散された状態（虫喰い状態）で観察された（写真19）。これは薄層である金箔のすぐ下に存在する瓦胎に金箔を貼るための接着材料である漆塗料自体が、紫外線劣化したことが原因であると考えられる。

金箔瓦資料から採取した剥落小破片試料について、材質分析を行った。その結果、すべての試料から金（Au）の強いピークが検出された。そのなかで試料によっては、微量の銅（Cu）や銀（Ag）のピークも同時に検出された。また水銀（Hg）のピークが比較的顕著に検出される試料、若干のピークが検出される試料、全く検出されない試料に分類された（図5-1、5-2）。この水銀（Hg）のピークの有無や強弱の差は、朱顔料を混入した朱漆を接着材料とした資料、朱潤漆を接着材料とした資料と、朱顔料を混入しない生漆もしくは黒色漆を使用した資料の違いを反映したものであろう。

各剥落小破片試料における漆箔塗装膜の断面構造の観察を行った結果、朱顔料を多く混入した朱漆、ほんのわずかの微細な朱顔料を混入した海老茶色を呈する朱潤漆、朱顔料を含まない赤褐色系漆の3種類の漆塗料が瓦胎部と金箔を接着するために使用されている状況が観察された（写真20-1～20-4）。漆塗料の使用状況を集計すると、朱漆が全体の33％、朱潤漆が47％、その他が20％であり、全体の80％に朱顔料の混入がみられた。また特に細かい粒子の朱顔料を僅かに混入した海老茶色系の朱潤漆の場合、ほとんどの試料で、金箔に接した部分の漆自体が紫外線劣化と風雨に曝されたため欠失しており、漆に混入した朱顔料のみの薄層部分が観察された。また装飾性を重視するために、瓦頭部全体に直接黒色漆を塗装し、その上に発色が良好な朱漆を上塗りし、文様の凸部のみに金箔を貼る瓦資料もあった。

金箔瓦における金箔貼りの接着材料として使用されていた漆塗料自体の性質を理解するために、Py-GC/MS（熱分解―ガスクロマトグラフィー／質量分析）による主要な脂質成分の分析を8試料において実施した。その結果、いずれの試料からも日本・中国産の漆樹液に特徴的な *Rhus Vernicifera* のウルシオール成分は検出されるものの、ベトナム産漆樹液に特徴的なラッコール成分やタイ・カンボジア・ミャンマー産の漆塗料である側鎖に芳香環を持つ *Melanorrhoea Usitata* 樹液に特有のチチオール成分は検出されなかった（図6-1、6-2）。

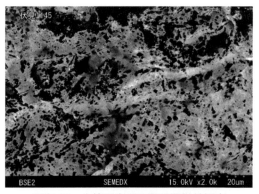

写真19：金箔瓦表面の電子顕微鏡観察

第Ⅰ部　漆工文化の実態と材質・技法

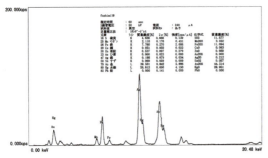

図5-1：金箔の蛍光X線分析結果①：Au+Hg
（朱漆を金箔瓦の接着材料として使用）

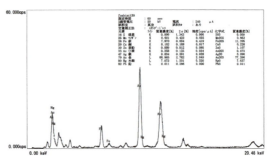

図5-2：金箔の蛍光X線分析結果②：Auとごく微量のHg
（朱潤漆を金箔の接着材料として使用）

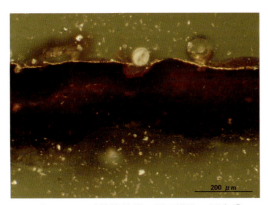

写真20-1：漆箔塗装膜の断面構造の観察①

写真20-2：漆箔塗装膜の断面構造の観察②

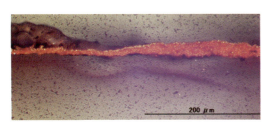

写真20-3：漆箔塗装膜の断面構造の観察③

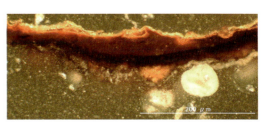

写真20-4：漆箔塗装膜の断面構造の観察④

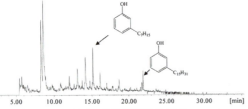

図6-1：金箔瓦の漆塗膜剥落片試料における
　　　Py-GC/MS分析結果：ウルシオール
　　　成分を検出

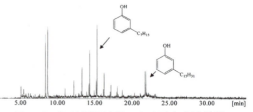

図6-2：比較標準試料である日本産漆塗料の
　　　Py-GC/MS分析結果：ウルシオール
　　　成分を検出

6、結　論

　本章では、桃山文化期の「桃山」の語源ともなった伏見城（ここでは徳川期伏見城関連）の主要な御殿建造物に使用されたであろう金箔瓦における漆工技術に関する分析調査を行った。その結果、同じ瓦溜の廃棄土坑から一括出土した金箔瓦の資料群でも、金箔の素材や金箔と瓦頭部の胎土とを接着するために使用された漆塗料（朱漆、黒漆、朱潤漆、黒漆＋朱漆の塗り重ね）は、幾つかのグループに分類された。これは金箔瓦を使用した建造物の性格による格付け、これらを作製した工人集団の違い、さらには発注者側の事情など、さまざまな時と場所の状況が反映されたものであろう。

　伏見城および城下町の大名屋敷跡から出土した金箔瓦は、聚楽第跡周辺地区出土資料群のそれと共通する瓦頭部の文様を有する資料が多い。その一方で、同笵関係が明確に確認される出土瓦は極めて少ないとされている。また金箔を瓦胎部へ貼る手法も、年代的に先行する安土城跡や聚楽第跡の出土金箔瓦のそれに比較して粗雑であるとされている。

　本章が調査対象とした出土金箔瓦の資料群は、徳川期伏見城である第Ⅳ期の伏見城自体の建造物との関連が指摘される資料群が中心である。伏見城造営の歴史をみると、木幡山の第Ⅳ期の伏見城や城下町の大名屋敷の建造物群はいずれも「慶長伏見大地震」による指月伏見城の崩壊直後の造営や、「関ヶ原の戦い」の前哨戦後の再建整備など、基本的に突貫工事的な状況で造営されたようである。

　このような背景を反映しているためか、本資料群の場合も、金箔の切り方や皺の寄り方、漆塗料の染み出し方など手間をなるべく省力化する処置が採用されていることが改めて再確認された。また一部の資料では、接着材料である漆塗料を瓦頭部に一度塗布した後、ある程度の時間が経過して漆塗料が固化してしまい、金箔を貼るタイミングを逸したのであろう。さらにもう一回、漆塗料を塗布し直してから金箔を貼った痕跡なども確認された。この状況を考慮に入れると、伏見城関連遺跡の出土金箔瓦資料群における金箔貼り作業は、突貫工事的に金箔瓦の量産が行われていた当時の状況をある程度裏付けていよう。

　さらに漆箔塗装膜の断面構造の観察では、漆塗料内部や金箔と漆塗料との接着面にはゴミなどの混入は観察されなかった。この結果を考慮に入れると、本資料群の金箔貼りの作業は瓦を建造物に葺いた後に現場の天日のもとで作業を行ったのではなく、工房内で基本的な作業を行った可能性が想定される。

　一方、本章が調査対象とした金箔瓦の資料群は、いずれも当時の屋根瓦として実用に供せられたことも明らかになった。この理由は、一般的に金箔瓦の瓦頭部の表面に貼られた金箔は薄層であるため、ある程度の紫外線を透過する。そのため、金箔瓦が実用に供されるために曝露された場合、すぐ下層に存在する漆塗料自体が紫外線劣化によりピンホール状の球状抜け穴が発生することが想定される。本章における分析対象の試料群には、この点を裏付けるような漆箔表面に細かい穴が虫喰い状に開く痕跡が多数観察された。特に細かい粒子の朱顔料を僅かに混入した海老茶色系の朱潤漆の場合、ほとんどの試料で金箔に接した部分の漆塗料自体が紫外線劣化と風雨に曝されたため欠失しており、漆に混入した朱顔料のみの薄層部分が観察された。なお調査対象の

第Ⅰ部　漆工文化の実態と材質・技法

80％の試料から朱顔料の使用が確認された。この点からは、金箔瓦の金箔の下塗りには朱顔料を使用することで、金箔の発色が良くなることを当時の人々（職人）はすでに意識していたようである。

　ところで、この時代に大量に金箔の使用が可能となった背景はどのような理由であろう。先行研究は、原材料である金素材の調達は、それまでの砂金などの自然金獲得とは異なり、南蛮交易に伴うヨーロッパからの金鉱山開発技術の導入と金鉱山の開発、灰吹法に代表される冶金技術の導入などにより金の回収率が格段によくなったこと、さらにはこれらの事業を推進できるだけの強力な中央集権的なバックアップシステムの構築があったことなどをあげている。

　しかしその後の17世紀中期以降には金箔瓦の使用は一般には禁止され、徳川一門の権威の象徴である天守閣の屋根を飾る金鯱瓦や霊廟建造物の漆箔銅板葺屋根瓦などにのみ、そのイメージを留めることになる。一方、金箔そのものの取り扱いについても統制物資の一つとして幕府勘定奉行が一元的に統括し、その製造も江戸・京都の幕府直轄地（金座）以外は、基本的には尾張名古屋（尾張徳川家）・会津若松（松平家）・仙台（伊達家）の3箇所にしか許可されなくなる。いずれにしてもこれら一連の歴史的経過の背景には、幕藩体制下における身分や家格などの社会階層性と経済統制の問題が極めて密接に関係していることは容易に理解されよう。

　桃山文化期における金箔瓦の使用は、織田信長による安土城に端を発し、その姿を踏襲した豊臣秀吉が示した豊臣政権の示威行動の一つと考えられる。確かに桃山文化期には金箔瓦の需要は高まっている。それでも基本的には、その後の江戸時代における徳川将軍家霊廟建造物の漆箔銅板葺や名古屋城天守閣の金鯱瓦にも通ずる、ワンポイント箇所で使用される特殊な性格を有する屋根瓦であることも事実である。その意味でも、これら金箔瓦の存在は、桃山文化期の豪壮華麗な気風を反映した漆工の特徴を理解するうえで、大切な歴史資料の一つであるといえよう。

（文献史料）
（史料1）　元和7年（1621）『伏見御城御本丸御書院仕覚』（中井家文書）
「一、屋根ハかはら（瓦）
　一、天井　上たん（段）ハおりあげ　次ハこかべ立て　そう金泥引
　一、立具　屋り（遣）戸しょうじあり　うちハはりつけ　そとハぬりまいら（舞ら戸）
　一、ふす間しょうじ　絵ハでい（泥）引　直み（墨）絵　あい（藍）に色絵　まぜて
　　　えし（絵師）ハ狩ノ（狩野）右近へ可申渡候
　一、阿ま（雨）戸　かもいのうえ　さ間連んじ
　一、上たん（段）のか間ち（かまち）　志んぬり（真塗り）
　一、とこか間ち（床かまち）も　志んぬり（真塗り）
　一、ゑんまは里（縁廻り）　おきふち　絵天せう（天井）　但間中なり
　一、こかべ　うちそと（内外）　はりつけ絵在（あり）
　一、御す間い（住まい）のぎハ　所々　さし徒（ず）に阿り（あり）　ひの木にて全部
　　　入致し可申事
　一、台所の志きり　いつ連もくれゑんの　いうし□所　さしづ（指図）あり
　一、高さゑんかわ（縁側）にて　板敷より桁のうわばまで　壱丈弐尺
　一、かもいうちのり（内法）　六尺弐寸
　一、天せう（天井）のたかさ　天せうふち（天井縁）の上ばまで　壱丈弐尺五寸　柱まで也
　一、柱のふとさ　六寸弐分　はかり　但　そこもとにて之を斗

正月十八日　　　中井大和守

（参考文献）

安土城考古博物館：『平成 18 年度秋季特別展　信長の城・秀吉の城—織豊系城郭の成立と展開—』(2006)

京都市埋蔵文化財研究所：『伏見城跡　京都市埋蔵文化財研究所発掘調査報告 2006-2007』(2007)

京都市埋蔵文化財研究所 監修：『京都　秀吉の時代　つちの中から』ユニプラン (2010)

佐賀県立名護屋城博物館：『平成 21 年度特別企画展　肥前名護屋城と「天下人」秀吉の城』(2009)

日本史研究会 編：『豊臣秀吉と京都　聚楽第・御土居・伏見城』文理閣 (2001)

第4章　御殿建造物における外観部材の漆箔塗装

1、諸言

桃山文化期に造営された城郭御殿建造物に関連する遺構の一つに、京都市東山七条に所在する豊国神社唐門がある（写真1）。この唐門は、大徳寺唐門、西本願寺唐門とともに「桃山文化期の国宝三唐門」の一つとして知られる。このうちの後2者は、昭和50年代から平成期にかけて「旧塗装彩色の掻き落とし、新規塗り直し」の塗装彩色修理が行われ、極彩色で加飾された極めて華麗なイメージを有している（写真2、3）。その一方で、豊国神社唐門は、後補と

写真1：豊国神社唐門の現況

考えられる金具類は華やかであり、門扉や唐破風の蟇股には桃山文化を特徴づける豪放な図様の木彫がはめ込まれているものの、部材自体は素木に近い。そのため、比較的落ち着いた雰囲気の建造物ともいえる。

今回、改めてこの唐門の外観を注意深く目視観察した結果、木彫凹部の一部に何らかの外観塗装の痕跡が確認された。またこの唐門とほぼ同時期に造営されたと考えられる醍醐寺三宝院惣門の外観塗装においても、同様の痕跡が観察された。

本章では、桃山文化期漆工の特徴の一つである御殿建造物における外観部材の漆箔塗装を把握する目的で、豊国神社唐門と醍醐寺三宝院惣門、さらには当該資料群の年代観の基準となりうる東京都千代田区有楽町一丁目遺跡出土の漆箔塗装部材に関する分析調査を行った。また参考資料として、慶長12年（1607）～慶長14年（1609）に伊達政宗によって再興造営された瑞巌寺本堂の

写真2：大徳寺唐門の現況

写真3：西本願寺唐門の現況

第4章　御殿建造物における外観部材の漆箔塗装

入母屋屋根破風に取り付く懸魚飾の六曜部材に痕跡として残存していた漆箔塗装、御殿建造物ではないが天正6年（1578）の紀年銘針書がある播州姫路の書写山円教寺食堂内部に収蔵されている取り外し四天柱部材の漆箔塗装についても同様の調査を行った。これらの内容から、桃山文化期における外観部材の漆箔塗装の在り方を検討したい。

なお御殿建造物屋内の部材に加飾された蒔絵塗装については、本書の第Ⅲ部で改めて検討を加えるので、ここでは取り扱わない。

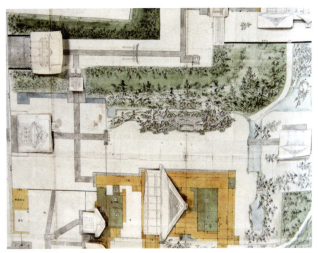

図1：寛永10年（1633）『境内坪数並諸建物之絵図』
［金地院所蔵］

2、調査対象資料の概要

2.1　豊国神社唐門の門扉木彫部材

豊国神社は、明治天皇による豊臣秀吉の勲功再表彰に伴い、明治13年（1880）に豊臣秀吉霊廟である豊国社社殿が所在した縁の地に竣工された社殿である。この新規社殿の建造に併せて金地院から本唐門が移築された。なお豊国社社殿および豊国神社の概要については、第Ⅲ部の第4章で改めて言及するのでここでは割愛する。

豊国神社移築以前の本唐門は、寛永10年（1633）頃には南禅寺塔頭である金地院に存在した。このことは、『境内坪数並諸建物之絵図』（金地院所蔵）に豊国神社唐門扉の木彫と同じ図様の一部が方丈前面の庭園に至る唐門正面扉部分に描かれており、寛政8年（1796）『都林泉名所図会　第三巻』の「南禅金地院」にも本唐門の蟇股部分と類似した木彫が描かれていることからも明らかである（図1、図2）。

さて、応永年間頃（1394～1428）に洛北鷹ガ峰の禅寺として創建された金地院は、以心崇伝が慶長10年（1605）に南禅寺寺域に移建されて以来、今日に至る臨済宗南禅寺派総本山南禅寺の塔頭である。以心崇伝は、日光東照宮を造営した天海僧正とともに徳川家康のブレーンの一人であったため、徳川将軍家との縁が深い。寺伝によると、慶長16年（1611）には、伏見城の御殿建造物の一部が現方丈（重要文化財）として移築された（写真4）。また元和2年（1616）に没した徳川家康の遺言により、寛永5年（1628）には現存する権現造様式の金地院東照宮も造営された（写真5）。

本唐門は、寛永7年（1630）の3代将軍徳川家光上洛の御成宿舎とすることを前提として、小堀遠江守（遠州）による枯山水庭園の鶴亀庭園（特別名勝）の作庭に併せて、庭園の東面門とするために二条城から移築された。しかし実際には家光上洛時の宿舎は二条城御殿となったため、金地院への御成は実現しなかったことも史実は伝えている。

この点に関連して、『行幸御殿并古御建物御取解不相成以前二条御城中絵図』（中井家文書）や

図2：寛政8年（1796）『都林泉名所図会　第三巻』の「南禅金地院」に描かれた庭園と本唐門

写真4：金地院方丈および鶴亀庭園の現況

写真5：金地院東照宮の現況

『寛永行幸御城内図』（宮内庁書陵部）には、寛永3年（1626）の後水尾天皇行幸に備えて整備された建造物群の様子が記録されている。現存の二条城唐門（写真6）に相当すると考えられる二の丸御殿玄関に面した「東ノ唐門」とともに、二の丸御殿北西側に新規造営された行幸御殿の御門として「四ツ足御門」と「西ノ唐門」が配置されている（図3）。そのため金地院に移設される以前の本唐門は、この「西ノ唐門」に相当しよう。二条城の寛永期造営では、幾つかの建造物が伏見城から移築されたことが中井家文書（註：文献史料）から確認される。伝承は本唐門

写真6：二条城唐門の現況

第4章　御殿建造物における外観部材の漆箔塗装

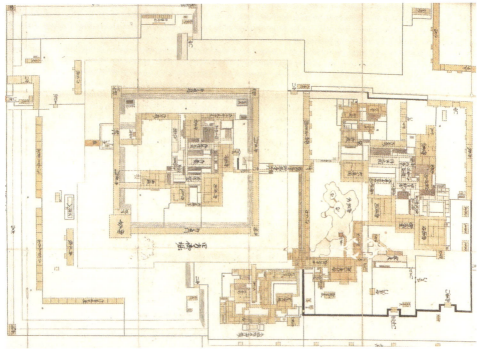

図3:『寛永行幸御城内図』［宮内庁書陵部所蔵］

写真7-1：宝厳寺唐門の現況

写真7-2：宝厳寺唐門の彩色木彫

写真8：都久夫須麻神社本殿の彩色木彫

写真9：瑞巌寺本堂の欄間と彩色復原模型（左側）

91

も伏見城から移築されたとしているが、本唐門が伏見城から移築されたことを示す正式な記録はない。そのため本唐門は伏見城からの移築ではなく、すでに徳川家康による慶長8年（1603）の二条城造営に伴い二条城唐門として新規造営された可能性も残される。ただし本唐門の形態や木彫は、寛永期に新規造営された現存する二条城唐門のそれと比較すると、慶長7年（1602）に豊国社社殿から移築された宝厳寺唐門や関連建造物と考えられる都久夫須麻神社本殿、さらには慶長14年（1609）に伊達政宗により造営された瑞巌寺本堂の欄間木彫と類似した慶長期木彫の特徴である豪放なデザインを有している（写真7-1～写真9）。そのため本章では、本唐門の来歴が伏見城唐門の移築か二条城の慶長期新規造営かの議論はひとまず置き、桃山文化期に造営された建造物である点は異存ないと判断して調査対象資料の一つとした。

今回、豊国神社唐門の正面扉に取り付けられた滝登り鯉および牡丹木彫の凹部を精査した結果、黒色漆と思われる黒色塗装と金箔による漆箔塗装の痕跡、さらには白色塗装による下塗りの痕跡が目視観察された。また、塗装箇所が特定できる数mm角程度の剝落小破片も幾つか確認されたので、先方の許可を得てこれらを注意深く回収して分析試料に供した。

2.2 醍醐寺三宝院惣門扉の唄飾木具

醍醐寺三宝院惣門は、明和古図に「表御門」と表されるように、御殿玄関に対面した左脇に一間一戸の番所を配する薬医門形式の四脚門である（写真10）。醍醐寺三宝院建造物の整備拡充が図られた直接のきっかけは、豊臣秀吉最晩年の慶長3年（1598）に挙行された醍醐花見である。その際、秀吉は、親交が深かった醍醐寺80世座主職義演准后に醍醐寺諸堂の建立充実を約束し、翌年の慶長4年（1599）には三宝院唐門・表書院・寝殿などの建造物や庭園の造営整備が実施された。桃山文化期の三宝院惣門に相当する門は、『義演准后日記』の慶長4年8月29日の記載に「表ノ仮門、左右ノ脇垣仰付了、四足門可立之支度事」とあり、造営当初はあくまでも「仮門」であったようである。その後、明和・安永年間の再編成時に古材を多用して西側の現位置に移動された。そして本惣門は、三宝院の「表御門」として、秀吉による醍醐の花見縁の「山神森下ノ茶屋」を門跡番所として西脇に配して一間一戸の薬医門形式の後身建替の門建造物として現在に至っている。

これまでの修理事業に伴う本惣門に関する調査では、慶長3年（1598）の紀年銘を有する屋根

写真10：醍醐寺三宝院惣門の現況

写真11：醍醐寺三宝院惣門の扉板材に取り付く花弁型の唄飾木具

第4章　御殿建造物における外観部材の漆箔塗装

写真 12-1：塗装修理前の醍醐寺三宝院平唐門　　　　写真 12-2：同　修理後の現況

の鬼瓦とともに、古材と新材が混在して構成されていることが確認された。そのため本惣門には、桃山文化期の部材が所々で使用されていると考えられるため、本章の調査対象資料の一つとした。

　今回、この惣門を構成する各部材の状況を精査した結果、表正面扉板に取り付く風食が激しい花弁型の唄飾木具の表面には、新材の唄木具には見られない漆箔塗装の痕跡が目視観察された（写真11）。さらに数mm角程度の漆箔塗装の剝落小破片1点も周辺で回収したので、先方の許可を得て分析試料に供した。

　さて醍醐寺三宝院には、この惣門とともに、国宝の三間一戸平唐門が存在する（写真12-1）。この平唐門について、先の『義演准后日記』は、慶長4年（1599）正月1日の項に「屛重門壞テ在之、以外結構也」とした上で、同年7月晦日には「屛中門柱立、珍重、大慶不過之、柱以下悉黑漆、トヒラ等金物文菊金美麗也」、『醍醐寺新要録　巻第十二　金剛輪院篇』は、「五月三日周備、非常屛中門、以外結構也、柱扉以下黑漆、金物金銅、扉ニ三尺余ニツフ桐ヲホリ、押金箔ヲ、裏表ニ打之、其外木リ物アリ、柱六本立之、梁五本、唐破風、柿葺」と記録している。

　この唐門は、平成20年～22年（2008～2011）度にかけて、京都府教育委員会により災害復旧事業として半解体修理工事が施工され、外観塗装修理も実施された。この塗装修理に先立つ事前調査によると、各部材の状態から、門自体は他の建造物からの移築の門であること（伝承では豊国神社唐門と同様に伏見城の御門の一つであるとする説もある）や、文献史料が「柱扉以下黑漆、菊桐押金箔」と記録するような表扉に付く桐紋と菊紋の木彫表面に金箔を施した黒色漆の当初痕跡などが確認された。修理報告書には、この黒色漆塗装膜の断面観察結果も掲載されている。それによると、桐・菊紋の木彫には布着せ補強を施した上にサビ下地が為されており、その上に黒色漆と金箔による漆箔塗装であったことが確認されている。一方、この平唐門の軸部の部材には移築の痕跡が確認されるとともに、木部には布着せ補強は施されていないもののサビ下地の上に黒色漆の痕跡が確認されたことも併せて報告されている。この分析調査を踏まえて、この平唐門の平成期修理では、桃山文化期の当初状態に復した塗装が行われ、桃山文化期の建造物部材における漆箔塗装の状況が良く理解される（写真12-2）。

2.3 有楽町一丁目遺跡出土の漆箔装飾部材

東京都千代田区に所在する有楽町一丁目遺跡では、明暦3年（1657）の「明暦の大火」に伴う火災層の下層から、慶長13年（1608）前後から天和3年（1683）まで当該地周辺を拝領した譜代大名の松平家（藤井松平）屋敷跡に関連する遺構や遺物が多数検出された。このなかには瓦敷の下水遺構も含まれている。この瓦敷からは、数多くの五七桐紋の軒丸瓦や滴水瓦などの金箔瓦（写真13）とともに、下水遺構の板材として金箔と黒色漆の漆箔塗装が観察される装飾部材が2点出土した（写真14）。

写真13：一括出土した五七桐紋金箔瓦

本調査では、有楽町一丁目遺跡の瓦敷下水遺構から出土した装飾部材2点の漆箔塗装について、幾つかの項目に分けた観察および分析調査を実施した。これらは、いずれも寛永期の『江戸図屏風』（国立歴史民俗博物館所蔵）に描かれたような大名屋敷を構成する何らかの建造物の部材が廃棄された後、下水遺構の板材として再利用されたものであろう。

この部材が使われた建造物の性格と、廃棄された時期を推定すると、まず本出土部材に確認される五七桐紋と菊紋が加飾されている点が参考となろう。通常、このような五七桐紋と菊紋の家紋を併用する加飾は、豊臣家縁の什器や建造物に使用されることが多い。徳川政権下の江戸市中における大名屋敷内（特にこの遺跡が所在する地区は徳川一門の藤井松平家の屋敷跡に比定される）において、豊臣家縁の家紋を有す

写真14：本資料群の出土状況

る建造物の造営が可能な時期は、徳川家康が江戸に入府して城下町整備が開始された天正19年（1591）以降、実際には大坂城の豊臣秀頼と2代将軍徳川秀忠の息女千姫の婚礼が為された慶長8年（1603）を上限とし、慶長19年（1614）～慶長20年（1615）の大坂冬の陣～夏の陣による豊臣家滅亡期が実質的な下限となろう。共伴する出土遺物の年代観も考慮に入れて、本資料群は桃山文化期に造営された建造物の部材であると判断して調査対象資料とした。以下、調査対象試料を採取した部材を記す。

　資料No.1：頭貫虹梁と想定される柱間正面左端部の貼り付け装飾部材1　（写真15-1、15-2）
　資料No.2：頭貫虹梁と想定される柱間正面左端部の貼り付け塗装部材2　（写真16-1、16-2）

写真 15-1：資料 No.1［千代田区教育委員会所蔵］

写真 15-2：同　裏面

写真 16-1：資料 No.2［同］

写真 16-2：同　裏面

3、外観塗装の観察および分析方法

①塗装表面の拡大観察
②漆箔塗装の分類（断面構造の観察）
③金箔および顔料を構成する無機元素の定性分析
④漆塗料の主要脂質成分
⑤X線透過写真撮影

4、調査結果

4.1　豊国神社唐門の門扉木彫部材

　豊国神社唐門前面扉に取り付いた滝登りの鯉および牡丹木彫の凹部には、かなりの箇所で微小ではあるが黒色漆と思われる黒色塗装や金箔による漆箔塗装の痕跡が目視観察された（写真17、18）。そして、唐門上部の鶴松や鶴笹の木彫部分にも同様の金箔や白色下地などの塗装痕跡が確認された（写真 19-1、19-2）。
　これらの塗装痕跡はいずれも黒色漆と考えられる塗装膜の上に金箔が貼られた漆箔痕跡であり、この金箔の上には、改めて白色下地が施されていた（写真 20、21）。黒色漆と思われる黒色塗装の

第Ⅰ部　漆工文化の実態と材質・技法

写真17：牡丹木彫に残存する漆箔痕跡

写真18：鯉木彫に残存する漆箔痕跡

写真19-1：鶴松木彫に残存する漆箔
　　　　　および白色塗装の痕跡①

写真19-2：鶴笹木彫に残存する漆箔
　　　　　および白色塗装の痕跡②

主要脂質成分を分析した結果、劣化分解は著しいものの日本産もしくは中国産の漆塗料に特徴的なウルシオール成分と、乾性油由来の油脂成分が検出された（図4）。

　この漆塗装は断面構造の観察を行った結果、木彫部材の上に微細な粘土鉱物を生漆などに混ぜて作製するサビ下地を施し、薄い灰スミ層→黒色漆塗膜層→金箔貼の漆箔工程であることがわかった。その一方で、木部と下地層の間の布着せ補強や金箔貼り用の朱漆やベンガラ漆などの色漆は確認されなかった（写真22-1、22-2）。

　この金箔の上には、白色下地の痕跡が確認されている。これらの構成無機元素を分析した結果、金箔試料からは金（Au）が強く検出され、銀（Ag）は検出されなかった（図5）。また、漆箔上層の白色下地試料からは、シリカ（Si）、カリウム（K）、チタン（Ti）、鉄（Fe）などの粘土鉱物由来の無機元素は検出されるものの、カルシウム（Ca）や鉛（Pb）のピークはほとんど検出されなかった、（図6）。そのため、金箔は純度が高い金、金箔貼りの上層で確認された白色下地は胡粉や鉛白ではなく白土であると理解した。

　この白色下地の表面を詳細に顕微鏡観察した結果、極めて微量ではあるが朱顔料の粒子、緑青顔料の粒子、群青顔料の粒子などがそれぞれ確認された（写真23、24）。このことから本唐門の木彫は、慶長期の造営当初は漆箔塗装、その後、この漆箔塗装の上に改めて白土層を下地とした極彩色加飾の時期があった可能性が指摘された。

　次に、本唐門における外観塗装の状況を把握するために、滝登り鯉および牡丹木彫の白描図を

第4章　御殿建造物における外観部材の漆箔塗装

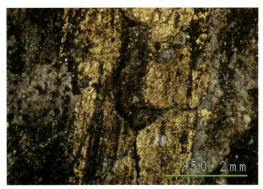

写真20：オリジナルの黒漆金箔（漆箔）の痕跡

写真21：漆箔の上に塗装された白色塗装の痕跡

写真22-1：漆箔塗装の断面構造の観察①

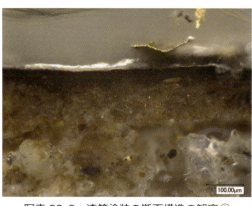

写真22-2：漆箔塗装の断面構造の観察②

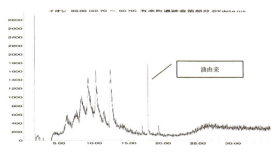

図4：黒色漆のPy-GC/MS分析結果

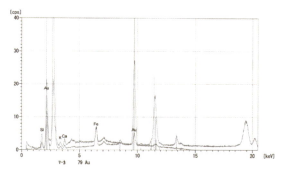

図5：金箔の蛍光X線分析結果

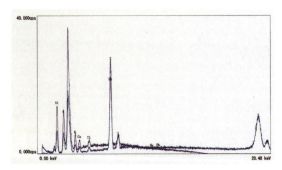

図6：白土下塗りの蛍光X線分析結果

97

第Ⅰ部　漆工文化の実態と材質・技法

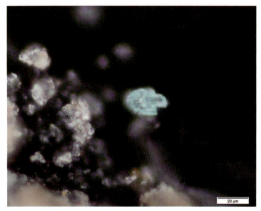

写真23：白色塗装直上の緑青の顔料粒子

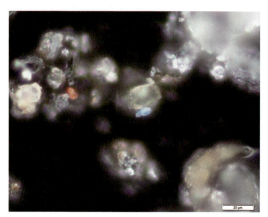

写真24：同　朱と群青の顔料粒子

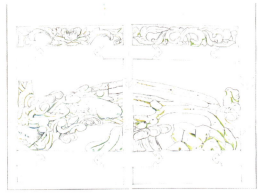

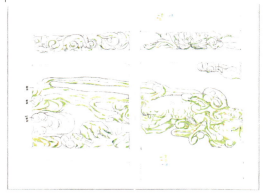

図7：唐門木彫に残存する漆箔痕跡の見取り図

まず作製した。次に、この上に黒色漆と金箔、白色下地の痕跡箇所を色分けで示して、塗装彩色痕跡の状況見取り図を作製した（図7）。その結果、正面扉2枚とも、漆箔塗装と白色下地の塗装痕跡は、滝登り鯉、牡丹木彫共に全面に渡っていることがわかった。さらに、慶長期の造営当初の本唐門の様子をイメージする目的で、現状の前面扉木彫に漆箔塗装した様子を示した漆箔復原のイメージ図も併せて作製した（写真25-1、25-2、26-1、26-2、27-1、27-2、28-1、28-2）。

4.2　醍醐寺三宝院惣門扉の唄飾木具

醍醐寺三宝院惣門の前面扉に取り付く、風食が激しい花弁型の唄飾木具の凹部には、豊国神社唐門の木彫部と類似した黒色漆と思われる黒色塗料と金箔による漆箔塗装の痕跡が目視観察された（写真29）。この塗装痕跡を拡大観察した結果、いずれも木地→劣化は著しいものの黒色漆と考えられる黒色塗装膜→金箔の順の漆箔塗装であることが確認された（写真30）。さらにこの塗装膜の断面構造の観察を行った結果、豊国神社唐門の漆箔塗装と同様、木部の上には微細な粘土鉱物を生漆などに混ぜて作製するサビ下地、その上には灰スミ層が1層塗装されていた。さらに黒色漆と考えられる黒色塗装膜の上に金箔が貼られていた。この試料も、木部と下地層の間の布着せ補強や金箔貼り用の朱漆やベンガラ漆などの色漆は確認されなかった（写真31）。主要な無機元素を分析した結果、豊国神社唐門の漆箔試料と同様、サビ下地試料からはシリカ（Si）、カリ

第4章　御殿建造物における外観部材の漆箔塗装

写真25-1：唐門木彫に残存する漆箔痕跡（部分）①

写真25-2：唐門木彫に残存する漆箔痕跡（部分）②

写真26-1：唐門木彫の残存痕跡からの
　　　　　漆箔復原のイメージ（部分）①

写真26-2：唐門木彫の残存痕跡からの
　　　　　漆箔復原のイメージ（部分）②

写真27-1：唐門木彫に残存する
　　　　　漆箔痕跡（全体）①

写真27-2：唐門木彫に残存する
　　　　　漆箔痕跡（全体）②

99

第Ⅰ部　漆工文化の実態と材質・技法

写真 28-1：唐門木彫の残存痕跡からの
　　　　　漆箔復原のイメージ（全体）①

写真 28-2：唐門木彫の残存痕跡からの
　　　　　漆箔復原のイメージ（全体）②

写真 29：惣門扉の唄飾木具に残存する漆箔痕跡

写真 30：同　拡大

写真 31：同　断面構造の観察

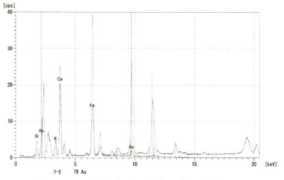

図 8：同　金箔痕跡の蛍光 X 線分析結果

100

ウム（K）、チタン（Ti）、鉄（Fe）などの粘土鉱物由来の無機元素が、金箔試料からは金（Au）のピークは検出されるものの、銀（Ag）のピークはほとんど検出されなかった（図8）。

4.3 有楽町一丁目遺跡出土の漆箔装飾部材

有楽町一丁目遺跡出土装飾部材は、資料No.1、資料No.2ともに括や縁取り部分を彫り窪めた凹部に黒色漆と考えられる黒色塗料を接着材料として塗布し、その上に短冊状にカットした金箔がパッチワーク状に貼られていた（写真32、33）。資料No.1、資料No.2の金箔箇所からはいずれも強い金（Au）のピークは検出されるものの、銀（Ag）のピークは検出されなかった（図9）。

この漆箔塗装箇所の断面構造の観察では、資料No.1、資料No.2ともに、炭粉を含む漆下地の上に数層の黒色漆と思われる黒色塗装膜層が施され、その上に1μm以下の薄い金箔層が観察された（写真34）。

この黒色塗装膜が本当に漆塗装であるかどうかを確認するために、Py-GC/MS分析を実施した。その結果、資料No.1、資料No.2ともに日本もしくは中国産漆塗料に特徴的なウルシオール成分とともに、比較的多くの乾性油由来の油脂成分が検出された（図10）。そのためこれらはいずれも乾性油を多く含む艶のある漆塗料であると同定した。

写真32：金箔痕跡

写真33：金箔痕跡の拡大

写真34：同　断面構造の観察

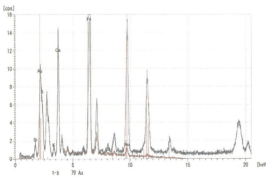

図9：金箔痕跡の蛍光X線分析結果

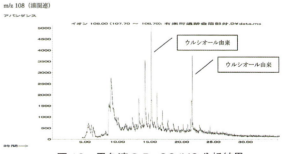

図10：黒色漆のPy-GC/MS分析結果

第Ⅰ部　漆工文化の実態と材質・技法

写真35：五七桐紋木彫の痕跡

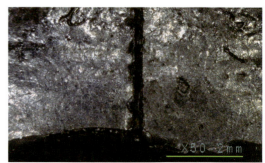

写真36：五七桐紋の中心線の痕跡

写真37-1：菊紋の痕跡①

写真37-2：菊紋の痕跡②

　本資料の大きな特徴の一つは、資料No.1は部材表面全体は荒れた状態の地塗りの黒色漆塗装がみられるものの、割り付け線と考えられる溝を中心として、光沢艶のある黒色漆によって中央に五七桐紋の上半分（写真35）、その左右に菊紋の上半円の文様痕跡が合計2つ、規則的に配置された状況が確認されることである（写真37-1）。そして、金箔貼り付けの端部縁取りの形態と五七桐紋が装着された箇所に観察される割り付け中心線の存在から、部材長は約2mと推定された（写真36）。

　資料No.2も同様の塗装表面の状態であり、半円形の菊紋の上半分の痕跡が見られる（写真37-2）。
　このような五七桐紋や菊紋の文様痕跡箇所とそれ以外の塗装箇所の表面塗装状態の違いは、地塗りの黒色漆層の上に艶のある黒色漆層を塗り重ねて五七桐紋と菊紋を描く漆工技術もありうるが、本資料の塗装表面の拡大観察および断面構造の観察では、いずれも同じ黒色漆が全体に塗装されており、地塗り部分の表面には細かい亀裂を有する紫外線劣化の痕跡が顕著に観察された。一方、五七桐紋や菊紋のある箇所は明らかにそれとは異なり黒色漆の残存状況は極めて良好であり、艶のある漆塗装面であった（写真38）。これらの塗装膜の断面構造の観察を行ったところ、資料No.1、資料No.2の地塗りの黒色漆層は、木地の上にサビ下地を施し、その上に細かい紫外線劣化による亀裂クラックが多数発生した上塗りの黒色漆層が明確に確認された（写真39）。

　また資料No.1の菊紋の痕跡箇所には、垂直方向に金属釘を打った釘穴痕跡が数箇所、目視およびX線透過写真で確認された（写真40、41）。これは、醍醐寺三宝院平唐門の扉と同様、部材表面に別の装飾部材である木彫部材を装着するために釘で固定していた可能性、すなわち、天日に曝露されたため漆の塗装膜が劣化した地塗り部分と、五七桐紋や菊紋の木彫が装着されていた

第4章　御殿建造物における外観部材の漆箔塗装

写真38：菊紋の痕跡箇所の拡大

写真39：同　断面構造の観察①

写真40：木彫貼り付けの釘穴痕跡

写真41：同　X線透過写真

写真42：板合わせ部の埋釘穴痕跡

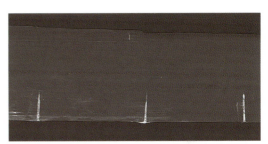

写真43：同　X線透過写真

写真44：刻苧埋めの痕跡

写真45：布着せ補強の痕跡

第Ⅰ部　漆工文化の実態と材質・技法

ため曝露による劣化を免れて、塗装膜表面自体が健全であった箇所の表面状態の違いを裏付ける物的証拠の一つであると考えられる。

また資料No.2の下端表面にも一定の間隔を置いて3箇所に錆固着の痕跡も確認された。この箇所のX線透過写真撮影を実施した画像においても、錆固着の痕跡箇所に鉄製釘またはその痕跡が明確に観察された（写真42、43）。

さらに下端断面部には筋界の溝を短冊状の麻布を黒漆で貼り付けるとともに、刻苧埋め補強した痕跡も観察された（写真44、45）。そのためこの部材は、埋釘で2枚の部材を接合し、さらに接合部を補強するために漆を接着材料とした布着せおよび刻苧埋め作業が為された、丁寧な作りであることがわかった。

5、結　論

本章では、桃山文化期漆工の特徴の一つである御殿建造物における外観部材の漆箔塗装を検証した。そのため、桃山文化期に造営された幾つかの建造物の部材資料を調査対象として取り上げ、これらに共通する漆箔塗装に関する分析調査を行った。

まず豊国神社唐門は、明治期になって金地院から移築された唐門である。金地院の寺伝はこの唐門の来歴について、当初は伏見城唐門として造営されたが、伏見城の破却と後水尾天皇の行幸行事に備えるために二条城に移築され、その後、金地院に再移築されたと伝えている。しかし本唐門が伏見城から二条城に移築したという正式な文献史料の記録はないため、現存する二条城唐門より一時代古い慶長8年（1603）の徳川家康による二条城新規造営に伴い作られた当初からの二条城の唐門である可能性も残される。しかしながら、門の形態や木彫意匠から少なくとも慶長年間（1596〜1615）に造営された御殿の門建造物である点は問題なかろう。

次に、醍醐寺三宝院惣門は、当初は「仮門」であった。これが、明和・安永年間の再編成時に、古材を多用して西側の現位置に移動し、慶長期造営部材を多く使用した「表御門」として現在に至っている。なお、醍醐寺三宝院には、豊国神社唐門と同じく伏見城から移築されたとの伝承を有する慶長期に造営された平唐門も存在している。

さらに、出土状況や共伴遺物から、慶長年間に年代観が求められる有楽町一丁目遺跡出土の漆箔装飾部材の2資料は、推定長200cm×幅50cmを測る同一の材質・技法からなる一間柱間正面に貼り付けられた張り出しの頭貫虹梁と想定される部材片である。この資料は、前記した醍醐寺三宝院平唐門の扉に取り付いた菊桐紋の漆箔木彫と同じように、中央に15cmほどの五七桐紋、その左右に直径15cmほどの菊紋の金箔木彫が装着されていた可能性が高い。

これらに共通する特徴は、いずれも部材表面に漆箔塗装が為されている点である。本章の調査の結果、豊国神社唐門の正面扉に取り付けられた滝登り鯉や牡丹木彫、醍醐寺三宝院惣門の正面扉の唄飾木具ともに、布着せ補強の痕跡は確認されないものの、木地の上にサビ下地を施し、その上に灰スミ層→黒色漆塗装→金箔貼という共通した漆箔塗装であった。一方、有楽町一丁目遺跡出土漆箔装飾部材は、板部材を釘で貼り合わせるため、補強として布着せ補強と刻苧埋めを行うという丁寧な造作は見られるものの、塗装自体は前二者と同じ漆工技術による漆箔塗装であった。また、同じ慶長年間に造営期が求められる醍醐寺三宝院の平唐門も、木部の上にサビ下

地を施してその上に黒色漆が塗装されていた。さらに、正面扉板に装着されている五七桐や菊紋の飾木彫は、丁寧な布着せ補強が施された漆箔塗装であることも報告されている。平成期修理では、この点のオリジナルを踏まえた復原塗装が採用されており、この建造物外観の現況は桃山文化期漆工の一特徴をよく反映しているといえよう。

次に本章では参考資料として以下に示す2つの建造物部材の資料を取り上げる。まず1つは、慶長12年（1607）～慶長14年（1609）に伊達政宗によって再建造営された陸奥松島に所在する瑞巌寺本堂の入母屋破風に取り付く懸魚飾の六曜部材に残存していた漆箔塗装の痕跡試料1点である。臨済宗妙心寺派瑞巌寺の正式名称は、松島青龍山瑞巌円福禅寺である。瑞巌寺の起源は、文明2年（1470）『天台由緒記』によると天長5年（828）に第3代座主慈覚大師円仁により創建された青龍山延福寺（地名から松島寺とも呼称）とされ、平安時代後期には奥州平泉の藤原氏の庇護を受けたとされる。中世期には一時期鎌倉幕府の監督下に置かれ、その後、鎌倉建長寺との繋がりで臨済宗延福寺となり東北における最大拠点に発展した。室町期には官寺制度である五山十刹制の次位に当たる諸山に置かれて延徳4年（1492）には陸奥国十刹の次位となった。しかし寺は、戦国期の争乱で著しく衰退したようである。慶長5年（1600）に仙台に入府した伊達政宗は、荒廃したこの寺を今日の瑞巌寺として慶長9年（1604）から再興造営を開始し、慶長14年（1609）には上棟式を行い工事完了となっている。本章で参考資料とする本堂は、これまで数回の修理が実施されている（写真46）。平成20年（2008）～平成28年（2016）にかけて（付帯工事完了は平成29年度まで）、本堂ほか7棟の半解体修理（以下、平成期修理と称す）が文化財建造物保存技術協会により行われた。この修理工事の過程で、桃山文化期を代表する本堂欄間の一つである「竹の節欄間」には、慶長12年（1607）の墨書銘文が発見された。そのため、少なくともこの時期には本堂造作が実施されていたと考えられている。平成期修理に伴い、本堂の入母屋根破風の懸魚飾の六曜部材には、漆箔塗装の痕跡が確認された（写真47-1、47-2）。今回、先方から剥落小破片試料1点の提供を受けて分析調査を行った。この剥落小破片試料に僅かに目視観察された金箔痕跡からは金（Au）のピークが検出されるとともに、試料の断面構造の観察では、木地の上に布着せ補強を行い、サビ下地を施した上に黒色漆と金箔による漆箔塗装が観察された（写真48）。これは醍醐寺三宝院平唐門の桐・菊紋の木彫部材の漆箔塗装と類似した漆工技術である。

もう1つは御殿建造物ではないが、天正6年（1578）の紀年銘の針書がある書写山円教寺食堂内部に収蔵されている取り外し部材の漆箔四天柱2本である。本章の参考資料として同様の調査を行った。兵庫県姫路市に所在する書写山円教寺は、康保3年（966）に性空上人の開山により、比叡・大山とともに天台密教の三大道場とうたわれた古刹である。中世期にはその勢力も拡大し、天正6年（1578）には寺領27,000余石、山内僧坊2,000ともいわれた。ところが同年、織田信長配下の武将であった羽柴秀吉は、毛利氏に対する「中国攻め」の前線基地として黒田長政が居城とする姫路城に本陣を構え、秀吉の弟である羽柴秀長が書写山の山内に布陣したため、その勢力は著しく削がれたとされる。この羽柴勢の山内布陣の際に、羽柴秀長の部下が円教寺大講堂の漆箔四天柱に天正6年（1578）の紀年銘の針書を残したようである（写真49）。この漆箔四天柱は、上塗りの朱漆塗装の上に箔足が明確な金箔が貼られていた（写真50-1、50-2）。この金箔層の上に針書が行われているため、この朱漆箔塗装は少なくともそれ以前に為されたことがわか

第Ⅰ部　漆工文化の実態と材質・技法

写真46：瑞巌寺本堂の現況

写真47-1：同　懸魚飾木彫の六曜部材

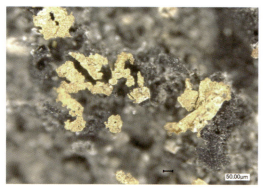

写真47-2：同　漆箔塗装の残存状態

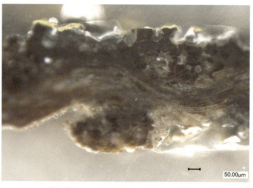

写真48：同　断面構造の観察

写真49：書写山円教寺大講堂の現況

写真50-1：同　大講堂内保管の漆箔四天柱

写真50-2：同　拡大

写真51：同　断面構造の観察

106

る。先方から提供を受けたこの漆箔柱資料の剝落小破片試料についても、同様の断面構造の観察を実施した。その結果、サビ下地の上に中塗りの黒色漆を施し、その上に上塗りの朱漆が塗装されていた。さらにやや透明感のある漆塗料を接着材料として金箔が貼られている状況も明確に確認された（写真51）。第Ⅰ部第1章でも若干触れたように、伝承は中世期の書写山円教寺の山内には漆工の工房が存在しており、「書写塗」と呼称された良質な「根来塗」系朱漆器を生産していたとしている。この伝承との関連性は不明であるが、少なくとも本資料の地塗りは、中世以来の正統的な「根来塗」の漆工技術による朱漆塗装が為されていた。この点は、本章が調査対象とする桃山文化期の御殿建造物における外観部材の漆箔技術よりは吟味された技法と言える。本資料が大寺院建造物の中枢部材である四天柱の朱漆箔塗装であることも関係していると考えられる。すなわち、建造物部材の性格と、塗装材料や漆工技術には何らかの相互の関連性があろう。

　ところで、本章の検討主旨からはやや外れるが、豊国神社唐門の正面扉に取り付けられた木彫部材の塗装痕跡には金箔を隠蔽する形で白土による白色下地、さらにはその上に極めて微量ではあるが朱顔料・群青顔料・緑青顔料などの粒子が顕微鏡観察された。このことから、漆箔塗装と白土および顔料彩色痕跡を有する両者の塗装痕跡には、何らかのタイムラグがあった可能性が指摘される。この点に関連して、本唐門は寛永3年（1626）の後水尾天皇の二条城行幸御殿の「西ノ唐門」として移築もしくはリニューアルされている。この点を考慮に入れると、慶長年間の造営当初は木部→灰スミ層→黒色漆→金箔貼りの外観塗装、次にこのオリジナルの漆箔塗装を隠蔽して白土の白色下地をキャンバス地とした極彩色加飾が施された時期は後水尾天皇の二条城行幸事業に併せた寛永期の塗装彩色であると理解した。この理由は、本章の調査対象とした他の慶長期の外観部材における漆箔塗装の技術との共通性、さらには現存する二条城唐門が寛永期の新規建築時点から木彫部分に極彩色が外観塗装されていたと判断される点などを考慮に入れたためである。

　いずれにしても、本章が調査対象とする桃山文化期の御殿建造物における外観部材は、黒色漆に金箔貼りを施す漆箔塗装が多用されたようである。さらに、第Ⅰ部の第3章でも取り上げたように、幾つかの御殿建造物では軒平瓦や軒丸瓦なども金箔貼の漆箔とするなど、その姿はまさに『聚楽第図屛風』や『大坂城図屛風』に描かれた主要な城郭殿舎にみられるような、極めて豪壮華麗な「黒と金」で荘厳された建造物群であったといえよう。

（文献史料）
「寛永三年ヲノ十二月十三日
　　　　二條御城行幸四ッ足之御門御代木払帳
　　　　　　　　　　　　　　　　　　御奉行　　小堀遠江守殿
　行幸四ッ足御門
　槻
　　一、壱本　　　　長　六間木、末口　弐尺三寸　　　　　　　　　　　　二ッ切柱ニ遣
　槻
　　一、四本　　　　長　三間木、二尺角　　　　　　　　　　　　　　　　四ッ柱ニ遣
　槻
　　一、四本　　　　長　壱間半、ハバ　壱尺八寸、あつ　壱尺弐寸、　　引わり　こしなけし（腰長押）ニ遣
　槻
　　一、四本　　　　長　三間半、ハバ　弐尺、あつ　壱尺三寸　　　　　　　　柱貫ニ遣

第Ⅰ部　漆工文化の実態と材質・技法

槻
　一、壱本　　　　長　弐間半、ハバ　三尺弐寸、あつ　八寸　　　　　　　　　　二ツ＝きり　うらき＝遣
槻
　一、弐本　　　　長　弐間壱尺、ハバ　壱尺七寸、あつ　壱尺三寸　　　　　　ほうたて（方立）はしら
槻
　一、三拾弐本　　長　弐間木、七寸角
　　右之内　　　　拾本　　　　　　　　　　　　　　　　　　　　　　　　　　はねひち木
　　　　　　　　　弐拾弐本　　　　　　　　　　　　　　　　　　　　　　　　たる木＝遣
槻
　一、弐本　　　　長　五間半、ハバ　弐尺、あつ　壱尺三寸　　　　　　　　　かふきはき＝遣
槻
　一、八本　　　　長　三間木、ハバ　壱尺七寸、あつ　壱尺　　　　　　　　　まき斗＝遣
槻
　一、三本　　　　長　三間木、壱尺壱寸角　　　　　　　　　　　　　　　　　まくさおはなし
槻
　一、弐本　　　　長　四間木、ハバ　弐尺、あつ　壱尺弐寸　　　　　　　　　かつはり
槻
　一、四本　　　　長　五間木、ハバ　壱尺九寸、あつ　壱尺弐寸　　　　　　　けた棟かふき
槻
　一、七本　　　　長　弐間木、壱尺弐寸角　　　　　　　　　　　　　　　　　垂木＝遣
槻
　一、四本　　　　長　弐間木、八寸角　　　　　　　　　　　　　　　　　　　たる木＝遣
槻
　一、拾六本　　　長　弐間木、六寸角　　　　　　　　　　　　　　　　　　　たる木＝遣
槻
　一、六本　　　　長　弐間半、九寸角
　　右之内
　　　　　　　　　弐本　　　　　　　　　　　　　　　　　　　　　　　　　　たる木＝遣
　　　　　　　　　四本　　　　　　　　　　　　　　　　　　　　　　　　　　ひち木＝遣
槻
　一、弐拾四枚　　長　七尺、ハバ　壱尺七寸、あつ　六寸　　　　　　　　　　ひえんたる木、三ツ＝引わり＝遣
槻
　一、八本　　　　長　弐間半、壱尺弐寸角　　　　　　　　　　　　　　　　　木をい文をい
槻
　一、四本　　　　長　弐間壱尺、ハバ　弐尺八寸、あつ　五寸　　　　　　　　両裏破風
槻
　一、弐本　　　　長　三間木、ハバ　弐尺壱寸、あつ　壱尺弐寸　　　　　　　うらはめ＝遣
槻
　一、弐本　　　　長　弐間半、壱尺七寸角　　　　　　　　　　　　　　はふのはり　うらかく＝遣
槻
　一、三枚　　　　長　壱間木、ハバ　弐尺六寸、あつ　四寸　　　　　　けんき○うひれ○＝遣
槻
　一、壱本　　　　長　弐間木、弐尺角　　　　　　　　　　　　　　　　　　　太平柱＝遣
槻
　一、五本　　　　長　弐間半、ハバ　壱尺四寸、あつ　壱尺壱寸　　　　戸平のさん　かまち
槻
　一、弐本　　　　長　八尺、ハバ　弐尺、あつ　六寸　　　　　　　　　戸ひら　わ（は）たの板
槻
　一、六本　　　　長　弐間木、壱尺角　　　　　　　　　　　　　　　　　　　うら板の引わり＝遣
槻
　一、壱本　　　　長　三間木、九寸角　　　　　　　　　　　　　かんぬき　をとし　めんと＝遣
槻
　一、壱本　　　　長　三間半、壱尺壱寸角　　　　　　　　　　　　　　　　　二尺はり
槻
　一、五本　　　　長　弐間木、ハバ　壱尺六寸、あつ　壱尺壱寸　　　門わき　かいかた　はしら

第4章　御殿建造物における外観部材の漆箔塗装

槻
　一、八本　　　　長　弐間壱尺、ハバ　弐尺三寸、あつ　壱尺三寸　　　　　　門わきのいた　はたの板
　　　　　　　　　　　　　　　　　　　　　　　　　　　　　　　　　　　同　　〇ふりこうつはり
檜　わり木　ふしなし
　一、拾八本　　　長　三間木、ハバ　壱尺四寸、あつ　六寸
　　　右之内
　　　　五本　　　　　　　　　　　　　　　　　　　　　　　　　　くみ物あいのほり物板
　　　　三本　　　　　　　　　　　　　　　　　　　　　太平柱このわきのほり物いた
　　　　六本　　　　　　　　　　　　　　　　　　　　　　かふき上の大板ほり物
　　　　四本　　　　　　　　　　　　　　　　　　　　　　　　両裏のほり物
檜　わり木
　一、拾一本　　　長　三間木、八寸角
　　　右之内
　　　　八本　　　　　　　　　　　　　　　　　すみ障子のうら花くミ二　こうしふち
　　　　三本　　　　　　　　　　　　　　　　　　戸ひら　うら花くミ二遣
檜　ふしなし
　一、壱本　　　　長　五間木、ハバ　壱尺三寸、あつ　六寸　　　　　　　上棟のわきの板
　一、三本　　　　長　三間木、ハバ　壱尺三寸、あつ　五寸　　　　　上棟の屋ねの板　志の口
檜
　一、五本　　　　長　三間弐尺、七寸角　　　　　　　　　　　　　　　　のし上棟
松
　一、六拾弐本　　長　弐間木、七寸角
　　　右之内
　　　　弐拾本　　　　　　　　　　　　　　　　　　　　　　　　　　野桁のむね
　　　　拾八本　　　　　　　　　　　　　　　　　　　　　　　　　　　はね木
　　　　弐拾四本　　　　　　　　　　　　　　　　　　　　　　　　　こやはしら
松
　一、五本　　　　長　三間木、ハバ　壱尺六寸、あつ　八寸　　　　　　　のたる木
松
　一、拾九本　　　長　弐間木、六寸角　　　　　　　　　　　　　とい木はね木のおさへ
　一、七百丁　　　中ノ杉桁　　　　　　　　　　　　　　　　　　　　野二〇い
松
　一、四本　　　　長　四間木、末口　八寸　　　　　　　　　　　　　　　とい木
　　　　　　　　　　　　　　　　　　　　　　　　　　　　　檜　　上り木
　一、壱本　　　　長　弐間木、ハバ　弐尺弐寸、あつ　七寸　　きく（菊）のすへ（据）物
以上
右之御材木立合遣取相違無御取江　　　　　　　　　　　　　　　　　　　　　　　以上
　寛永三　丙寅年　十二月十三日　　　　　　　　　　中井大和内棟　　　筑江

　　　　　　　　　　　　　　　　　　　　　　　　　同　　　　　　権右衛門」

（註）

　慶長8年（1603）に将軍宣下を伏見城で受けた徳川家康は、同年、二条城の新規造営を開始し、慶長16年（1611）には、二の丸御殿において家康と豊臣秀頼との対面が行われた。その後、豊臣家の滅亡後の元和6年（1620）には、二代将軍秀忠の息女和子が御水尾天皇の女御東福門院として入内した。その際、二条城内にも女御御殿が造営され、さらには寛永3年（1626）に後水尾天皇の二条城行幸が徳川幕府最大のイベントとして計画された。これは、かつての豊臣秀吉による後陽成天皇の聚楽第行幸を意識したものであろうが、この行事に備えて、小堀遠江守（遠州）を作事奉行として、行幸御殿、それに付随する中宮御殿や女御御殿など、各種建造物の拡張・増築・改修工事（寛永増築）が実施された。

第Ⅰ部　漆工文化の実態と材質・技法

　これに先立つ元和9年（1623）には幕府の基本方針であった「一国一城令」の施行の一環として、伏見城の政治機能を二条城に一本化する目的で、伏見城の破却が決定された。そのため、天守閣や御殿部材の多くは、この二条城御殿殿舎の拡張工事のために伏見城から転用されたことが、前章でも取り上げた中井大和守による『中井家文書』の記録類などから理解される。「元和六年庚申五月吉日　二条御城女御様御作事仕大工日数払帳」や「元和六年庚申五月廿五日　二条御城内女御様御殿所所足材木之払帳控」には、四脚門、二の丸北築地、天守、二の丸西門、行幸御殿、本丸広間、女御御殿などに使用する材木が記載されている。そのなかには、御殿（八間×六間半）、御風呂屋（四間半×二間）などが「御風呂屋四間半ニ二間　伏見御城より引立申足材木払」「一、九百五拾人　御御殿八間ニ六間半、但伏見よりこはしはしらげた申てま、内四拾壱人ハ十三間ニ七間おかめ様（徳川家康側室で尾張徳川家初代義直の生母）ノ家こわし申」などとあるように、伏見城内の御殿建造物の部材を転用した移築が数多く行われている。そして、寛永3年（1626）の徳川幕府最大の政治イベントであった二条城への御水尾天皇天皇の行幸行事が終了した後、行幸御殿は寛永5年（1628）に後水尾院の仙洞御所に移築され、それに伴い女御御殿や唐門なども撤去されたようである。行幸御殿の正面門に相当する四脚門（四ッ足之御門）も行幸終了後に後水尾天皇の仙洞御所に移築されたとあるが、その後に焼失したため現存しない。しかし、この建造物の新規造営部材の調達に関する寛永3年（1626）の『二條御城行幸四ッ足之御門御代木払帳』（京都府立総合資料館：現 京都学・歴彩館）には、東ノ唐門（現在の二条城唐門）や西ノ唐門（現在の豊国神社唐門）］と同様、柱・長押・方立・垂木などの主要軸部材はケヤキ材、木彫はヒノキであったこと、特に正面扉には菊御紋（菊之据物）の木彫の荘厳が施されていたことなどが、材木の寸法や数量とともに記録されている。

（参考文献）

北野信彦：『近世出土漆器の研究』吉川弘文館（2005）

北野信彦：「増上寺徳川家霊廟建造物の塗料・顔料と色彩観について」『増上寺徳川家霊廟　平成21年度港区立港郷土資料館特別展』港区立港郷土資料館（2009）

北野信彦：「第7節　自然科学分析　出土装飾部材に漆塗装に関する調査」『東京都千代田区有楽町一丁目遺跡』三井不動産株式会社・株式会社武蔵文化財研究所（2015）

北野信彦・本多貴之・佐藤則武・浅尾和年：「日光東照宮唐門および透塀における旧塗装彩色材料に関する調査」『保存科学　第54号』東京文化財研究所（2015）

京都府教育庁文化財保護課：『重要文化財東照宮（金地院）修理工事報告書』（1961）

京都府教育庁文化財保護課：『国宝醍醐寺唐門修理工事報告書』（2012）

京都府教育委員会 編：『国宝・重要文化財三宝院殿堂修理工事報告書』（1970）

後藤玉樹：「二条城」『文建協通信　112』文化財建造物保存技術協会（2013）

酒巻仁一：「国宝瑞巌寺本堂の塗装修理について」『文化財建造物における塗装彩色材料の調査・修理・活用』東京文化財研究所（2015）

田邊泰：『徳川家霊廟』彰国社（1942）

濱田直継 他：『松島瑞巌寺と伊達政宗』三井記念美術館（2016）

第5章　当世具足における一塗装技術

1，諸　言

　桃山文化期の始まりに関連する大きな社会的事柄の一つに、西洋からの鉄砲伝来がある。この事に端を発して、日本国内では中世以来の弓矢や槍・刀を使用した従来の個人戦法から、鉄砲・大筒などの西洋武器を使用した近世の集団戦法に戦術が大きく転換された。このような戦いも、慶長5年（1600）の「関ヶ原の戦い」、慶長19年（1614）の「大坂冬の陣」と同20年（1615）の「大坂夏の陣」などを経て、最終的には寛永14年（1637）の「島原の乱」で終結を迎え、以後、幕末まで徳川将軍家を頂点とした幕藩体制下の泰平な世の中に至る。

　この状況と即応するように、我が国の武具も大きく変化した。甲冑においては、機能性と防御性に優れるとともに、西洋甲冑の構造や意匠の影響を強く受けたいわゆる「当世具足」が登場した。これらには豪放で華麗な当時の世相を反映して、変り兜などに代表される奇抜で大胆な意匠や華麗な加飾・色彩に彩られて「視覚」を強く意識したものも多い。

　当世具足を代表する甲冑の一つに、「仁王胴具足」がある。この具足は、「肋骨胴具足」とも呼称されるように、力強い仁王像を意識した男性の肋骨半裸を模した胴部の形態が大きな特徴である。通常、甲冑は鉄地金や皮革胎の小札や板金の上に漆塗装が施され、資料によっては金箔貼りや、南蛮胴などでは胴部に象嵌を施す場合もある。ところが仁王胴具足の場合、従来の伝統的な漆塗装の黒色系もしくは赤色系の色調とは異なり、インパクトが強い肌色塗料が上塗りされた資料が幾例か現存する。この特徴ある肌色は、目視観察のみではどのような塗料が使用されたか解明できず、先行の調査事例もないため、これまで技法は不明であった。

　このような胴部に肌色塗装された現存する具足の1領が、本章が調査対象とする愛知県一宮市博物館保管の仁王胴具足（一宮市指定文化財）である。この具足の劣化は著しいものの、塗装には後世補修の痕跡が少ないため、オリジナルを多く残す資料である。ここではこの仁王胴当世具足の肌色塗料と蒔絵加飾に関する調査を行った。

　一方、あまた存在する当世具足の内、来歴や所有者が明確な実戦用の甲冑資料は少ないため、貴重である。本章ではこの一例として、鍋島報效会（徴古館）所蔵の「青漆塗萌黄糸威二枚胴具足」を調査対象資料とする。この資料は、佐賀藩初代藩主であった鍋島勝茂所用の甲冑として伝世した、来歴と所有者が明確な当世具足である。この具足の保存状態は比較的良好であり、名称の冠にも「青漆塗」とあるように、その特徴の一つは上塗りに深緑色の漆様塗料が塗装されている点である。この上塗り塗料の表面は、通常の近世漆器に塗装された緑色漆に比較して艶光沢が少ないザラツキ感があるとともに、暗緑色の色相を呈している。そのため、どのような方法で作製されたのか不明であった。この「青漆塗萌黄糸威二枚胴具足」の修復と模造製作が実施されるにあたり、施工の参考とする目的でこの深緑色の漆様塗料の材質・技法に関する調査を実施した。

　本章では、特徴ある色相を呈するこれら2領の当世具足を調査した結果、桃山文化期における塗装技術の一側面が解明されたので、その内容を報告する。

第Ⅰ部　漆工文化の実態と材質・技法

2、調査対象具足の概要

2.1　一宮市博物館保管（一宮市指定文化財）の仁王胴具足

　本甲冑は、兜鉢、頬当、草摺を伴う胴、籠手（左手）、臑当（双方）、当世袖（片方）で構成されており、籠手（右手）、当世袖（片方）、佩楯は欠いている（写真1、2、3、4）。小札を重ね綴じした従来の大鎧・胴丸・腹巻などの甲冑とは異なり、鉄板の一枚板を組紐で威すとともに、兜鉢前頭部と前胴胸板部には鉄砲の試し打ち痕跡による凹みが各1箇所ずつ確認されるなど、桃山文化期以降に登場する極めて実用性が高い当世具足である。

　鉄板の打ちだしと下地の盛り上げ調整により乳と肋骨を表現した前胴と、背骨を表現した背胴を蝶番で併せて構成される男性半裸の二枚胴は、これが仁王胴具足であることを示している（写真5）[註1]。そして兜鉢、胴、籠手、臑当には、本資料を特徴付ける人の肌を模した肌色塗料が上塗り塗装されている。兜鉢の側頭部には、毛足が短く細い獣毛と、毛足が長くやや太い獣毛の2種類の毛が鉄板の上に下地調整で植毛されている。この兜の前頭部から後頭部にかけては下

写真1：仁王胴具足　前面
（前胴・兜鉢・頬当）
[一宮市博物館保管]

写真2：同　籠手［同］

写真3：同　臑当［同］

写真4：当世袖［同］

写真5：仁王胴具足背面
（合当理と待受が装置された背胴）

地から大きく剥落しているため、髪型は不明であるが、他の仁王胴具足の類例から、頭部は総髪で長い獣毛により髷が結われた「野郎頭兜」であったと推測される。また、前頭部の眉庇には額の皺が表現されるとともに、眉部分にも植毛された痕跡が見られる。そして胴部の胸筋や背骨の周辺部にも兜同様に獣毛が植毛されている（写真6）。

胴部は、前記したように二枚胴であるが、背胴には当世具足を特徴付ける旗差物を差すための鉄製の合当理と待受が金具で装着されている。このうちの上部の合当理には黒色漆の上に蒔絵加飾、下部の待受には平蒔絵で五七桐紋が加飾されており、前胴の胸板や背胴、胴脇を含む金覆輪および胴を紐吊しする両胸の高紐穴廻りも蒔絵加飾されている（写真7、8）。

銅製の裄金具は魚々子打ちの地に金鍍金で桐と菊紋が繊細に表現されるなど、漆工や金工技術が駆使された当世具足である（写真9）。なお草摺は七間五段であり、兜の錣、当世袖と同じパターンの配色の紫糸、紅糸、白糸の組紐で威されているものの、後世の威直しが多く、吊り下げた位置も改変されている。その一方で、籠手には残存状態は良好ではないものの、鎖が縫い付けられたオリジナル裂と想定される内面には、日本もしくは中国風とは異なる西洋風の柘榴文様が刺繍で表現された絹緞子裂が貼られて

写真6：同　背胴の植毛状態

写真7：同　待受の五七桐紋蒔絵

写真8：肌色塗装および金覆輪・高紐穴廻りの蒔絵加飾

写真9：桐紋と菊紋の裄金具

写真10：籠手内面に貼られた絹緞子裂

第Ⅰ部　漆工文化の実態と材質・技法

いた（写真10）。

　本資料は、一宮市黒田大畑町内会の旧蔵品である。昭和54年（1979）に旧木曽川町に寄贈され
たが、町村合併により現在は一宮市博物館保管となっている。伝承によると岩倉織田家の家臣で
あった尾張黒田城主の山内盛豊（山内一豊の父）所用とされる。山内盛豊は明応9年（1500）生まれ。
『信長公記』には永禄元年（1558）の織田信長と岩倉織田家との戦いである「浮野合戦」に参戦し
たとの記録があり、伝墓碑銘からは弘治3年（1557）没とする意見がある。これらの点は、当世
具足である本資料が登場する時代より一世代古いため、山内盛豊所用甲冑とすると年代観が合わ
ない。一方、本資料の由来について、明治39年（1906）に黒田大畑町の伊冨利部神社神主であっ
た林吉信は、①山内家の後に尾張黒田城主となった織田信雄家臣の澤井雄重が馬具と甲冑を伊冨
利部神社に寄進奉納したこと、②江戸時代以降、この甲冑は神社祭礼の神馬奉納行事の際に、黒
田南宿氏子衆が使用したこと、③明治9年（1876）には南宿氏子300名が同字白山神社氏子に転
じ、この甲冑も白山神社に移そうとしたところ複雑な事情が伊冨利部神社と氏子衆との間で生
じ、最終的には大畑町内所有となったこと、などを記録している。澤井雄重は、天正12年（1584）
の「小牧長久手の戦い」や、慶長5年（1600）の「関ヶ原の戦い」にも参戦した歴戦の武将である。
文禄元年（1592）には大坂城内において豊臣秀吉に謁見した後に豊臣秀次の家臣となり、最終的
には松平忠吉の家臣として馬飼料3,000石を拝領し、尾張津島において慶長13年（1608）に没し
ている。澤井の経歴は、仁王胴具足が登場する桃山文化期と基本的な年代観自体は合致するもの
の、本具足との関連性を決定付ける確たる物的証拠はない。そのため本具足は、基本的には慶長
期頃に作製されたと考えられるものの、現状では使用者は不明であると言わざるをえない。

2.2　鍋島報效会（徴古館）所蔵の青漆塗萌黄糸威二枚胴具足

　本甲冑は、兜鉢、頬当、草摺を伴う胴、籠手、臑当、当世袖、当世肩、佩楯が過不足無く一領
分で構成された当世具足である（写真11）。ただし臑当や肩当などは後補の可能性もあるとされ
ている。兜高29.0㎝を測る兜鉢は、桃の実を象った桃形兜であり、古様な杏葉紋の前立を付け
ている。

　桃形兜は、西洋の兜の影響を受けて作られた桃山文化期を代表する変り兜の一形式であり、佐
賀、福岡、柳川などの九州各地では特に多用されている。一方、胴高45.0㎝を測る胴部は、鉄
板に漆で小札の刻みを盛上げる切付盛上小札の板を上下に重ねて固定されており、左脇の蝶番で
開閉して着用する二枚胴である。一見、総黒漆塗に見える本具足の上塗り塗装であるが、名称の
冠にも「青漆塗」とあるように、草摺を伴う胴、当世袖、佩楯に深緑色の漆様塗料が上塗り塗装
されている（写真12）。青漆とは、漆塗料に青色の有機染料である植物藍と黄色い顔料である石
黄粉を混ぜて青緑色の発色を得る漆工技術であり、桃山文化期以降の上級武家の甲冑ではまれに
上塗り塗装に見られる。

　本具足は、胴裏面に金泥で記載された『鎧記』により、佐賀藩初代藩主鍋島勝茂（1580-1657）
が寛永14年（1637）の「島原の乱」の際に着用した「武運之瑞器」の甲冑であることがわかっ
ている（写真13）。「島原の乱」から5年後の寛永19年（1642）には勝茂の末男である鍋島直長
に与えられ、以後、直長の子の茂真を祖とする鍋島内記家に伝来し、現在は鍋島報效会（徴古館）

第5章　当世具足における一塗装技術

写真11：青漆塗萌黄糸威
　　　　二枚胴具足
　　　　［鍋島報效会所蔵］

写真12：同　胴部小札の
　　　　深緑色の漆様塗料

写真13：胴部内面に記載
　　　　された具足来歴

所蔵となっている。

　この甲冑について、佐賀藩6代藩主の鍋島茂生は、「堅牢にして軽便、質朴にして花色無し」と記録しているが、天保14年（1843）にこの甲冑を実見した10代藩主の鍋島直正は、簡素で奇抜さはないものの萌黄色威糸と青漆色が良く調和し、機能性を最優先とした藩主着用に相応しい風格がある実践的な甲冑であるとの感想を述べている。いずれにしても、使用者と来歴が明確な江戸前期頃を代表する実用的な大名所有の当世具足であるため、平成22年（2010）度に附輪金1点、鍋嶋内記茂生書付1通、鎧櫃1合を併せて佐賀県有形重要文化財の指定を受けている。

3、塗装技術に関する科学調査

3.1　調査対象試料

（1）仁王胴具足の理化学的な調査は、塗装表面を詳細に目視観察した後、塗装の剥落箇所が明確であるとともに採取可能な剥離片が見出された8箇所から数mm角程度の小片塗装膜を一宮市博物館学芸担当者立ち会いの下、注意深く採取し、分析に供した。試料番号と試料の採取箇所は以下の通りである。

　　試料No.1：兜鉢眉庇（写真1）から剥落した肌色塗料の塗装膜
　　試料No.2：籠手（写真2）から剥落した肌色塗料の塗装膜
　　試料No.3：臑当（写真3）から剥落した肌色塗料の塗装膜
　　試料No.4：当世袖（写真4）から剥落した黒色塗料の塗装膜
　　試料No.5：頬当（写真1）から剥落した赤色系塗料の塗装膜
　　試料No.6：待受（写真5）から剥落した蒔絵加飾の塗装膜
　　試料No.7：合当理（写真5）から剥落した蒔絵加飾の塗装膜
　　試料No.8：前胴胸板の金覆輪（写真8）縁輪部から剥落した蒔絵加飾の塗装膜

（2）青漆塗萌黄糸威二枚胴具足の理化学的な調査は、甲冑の修理および模造作製を実施した

115

第 I 部　漆工文化の実態と材質・技法

写真 14：兜鉢の眉庇から錣下の
深緑色の漆様塗料（試料 No.9）

写真 15-1：小札表面の
深緑色の漆様塗料（試料 No.10）

写真 15-2：同小札の裏面

西岡甲房の西岡文夫氏から提供された資料のうち、採取可能な剥離片が見出された2箇所から数mm角程度の小片塗装膜を注意深く採取して分析に供した。試料番号と採取箇所は以下の通りである。

　試料 No.9：兜鉢脇の眉庇から錣の取合部（写真 14）に見える深緑色の漆様塗料の塗装膜
　試料 No.10：小札破片（写真 15-1、15-2）から剥落した深緑色の漆様塗料の塗装膜

3.2　分析および同定方法
　①塗装および蒔絵加飾の拡大観察
　②塗装膜および蒔絵加飾の分類（断面構造の観察）
　③使用顔料や蒔絵粉における無機元素の定性分析
　④肌色および緑色塗装における使用顔料の鉱物結晶相の同定
　⑤塗料における有機染料の同定
　⑥塗料の主要脂質成分の分析

4、調査結果

4.1　仁王胴具足
①肌色塗装（試料 No.1、No.2、No.3）
　仁王胴具足の色彩を大きく特徴づける塗装は、兜鉢の眉庇部分・二枚胴である前胴と背胴・籠手・臑当などに上塗りされた肌色塗装である。現状は、長年の表面変色の結果、やや黒ずんだ刷毛目が目立つ暗い肌色を呈しているが、臑当や胴部の威組紐が欠損した箇所は、変色が少なかったためか、オリジナルに近い淡い肉肌色の色相が明確に目視観察された。そのため、作製当初の本具足は全体的に鮮明な淡肉肌色を呈する塗装が上塗りされていたと想定される（写真 16）。
　この肌色塗装膜の表面状態を拡大観察すると、いずれも鉄板の地金上に数層のサビ下地を施し、その上に黒色漆塗料→肌色塗

写真 16：肌色塗料の色相

116

第5章　当世具足における一塗装技術

写真17：同　下地と塗装状態の拡大

写真18：同　塗装状態の拡大

写真19：肌色塗装膜の表面の拡大

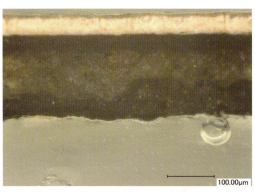

写真20：肌色塗装（試料No.1）
断面構造の観察

料が上塗りされていた（写真17）。ただし下層の黒色漆塗料と上層の肌色塗料は基本的な素材が異なるためか密着度は弱く、下・上層に平滑な剥がれが観察された（写真18）。この肌色塗装膜の表面状態を拡大観察した結果、劣化に伴う小亀裂が多数確認されるとともに、塗装膜には赤い発色が良好で微細な顔料粒子の混入が多数見られた（写真19）。

以上のような肌色塗装膜の状況を把握したうえで、各試料の分析調査を実施した。まず、

写真21：肌色塗装（試料No.2）断面構造の観察

試料No.1と試料No.3は、鉄板の地金の上に焼き付け漆による被膜層を構成し、その上に粘土鉱物を生漆などに混ぜて作製するサビ下地層を2層施し、その上に1〜2層の黒色漆塗装膜層、さらに白色系顔料の中に微細な赤色顔料粒子を混入して淡い肉肌色の色相を獲得する上塗りの塗装膜層が確認された（写真20）。

試料No.2は、まずは鉄板の地金上に焼き付け漆による被膜層→サビ下地を施し、その上に2〜3層の黒色塗料を中塗りし、その上に試料No.1、試料No.3と同様の塗装構造であるサビ下地→黒色塗料→白色系顔料の中に微細な赤色顔料粒子を混入した肌色塗料が上塗りされていた（写真21）。

肌色塗装膜の蛍光X線分析を行った結果、試料No.1、試料No.2、試料No.3ともに強い鉛（Pb）

117

第Ⅰ部　漆工文化の実態と材質・技法

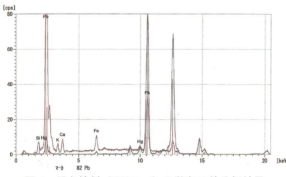

図1：肌色塗料（試料No.1）の蛍光X線分析結果

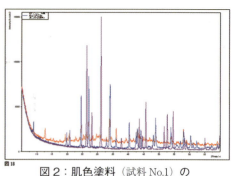

図2：肌色塗料（試料No.1）のX線回折分析結果

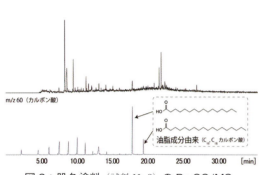

図3：肌色塗料（試料No.3）のPy-GC/MS分析結果：油脂成分のみを検出・漆関連成分は検出されず

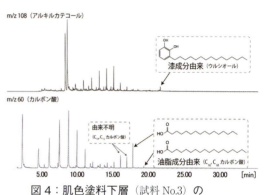

図4：肌色塗料下層（試料No.3）の黒漆塗料のPy-GC/MS分析結果：ウルシオール成分を検出

のピークとともに弱い水銀（Hg）のピークが検出された（図1）。さらにX線回折分析を実施した結果、いずれの試料も、強い鉛白（塩基性炭酸鉛：$2PbCO_3・Pb(OH)_2$）と微量の朱（硫化水銀：HgS）の結晶鉱物相が同定された（図2）。

上塗りの肌色塗料と、その下層に塗装された黒色塗料を形成する主要脂質成分を分析した結果、試料No.1、No.2、No.3の肌色塗料からは、いずれも日本もしくは中国産の漆塗料に特徴的なウルシオール成分は含まれておらず、油脂成分のみが強く検出された（図3）。一方、この下層である黒色塗料からは、ウルシオール成分とともに微量な油脂成分が検出されたため、漆塗装であることが確認された（図4）。

②当世袖と頬当（試料No.4、No.5）

試料No.4の当世袖の肩端部の袖板に塗装された黒色塗料は、艶光沢が強い厚みがある漆塗装膜である。この塗装膜を断面観察した結果、まず焼き付け漆による被膜層→粘土鉱物を生漆などに混ぜて作製するサビ下地層→3〜4層の多層塗り構造を有する黒色漆塗装膜が塗装されていた（写真22）。これは試料No.2の籠手の塗装で観察される中塗り塗装までの塗り構造と基本的には同じである。

試料No.5の頬当から剝落した赤色系塗料の塗装膜は、長年の表面変色の結果、やや黒ずんだ暗赤色を呈している。この塗装膜を断面観察した結果、まず焼き付け漆による被膜層→粘土鉱物を生漆などに混ぜて作製するサビ下地層→中塗りの黒色漆塗装膜層→上塗りのやや粒子が粗い赤

第5章 当世具足における一塗装技術

写真22：黒色漆塗装（試料No.4）
断面構造の観察

写真23：赤色系漆塗装（試料No.5）
断面構造の観察

色顔料が均一に観察される赤色系漆塗装膜層が確認された（写真23）。この上塗り層の赤色顔料を蛍光X線分析した結果、朱顔料に由来すると考えられる強い水銀（Hg）のピークが検出された。そのため、この上塗りの赤色系漆塗装膜は朱漆であると理解した（図5）。

③蒔絵加飾（試料No.6、7、8）

試料No.6、No.7、No.8は、いずれも本具足を装飾する蒔絵塗装である。蒔絵粉で加飾された待受、合当理ともに、背胴に後付けの金具で装着されている。このうちの試料No.6の五七桐紋の蒔絵加飾は、針描・描割を交えた粗い扁平粒子と細かい扁平粒子のやや不均一な蒔絵粉が平蒔絵されていた（写真24-1、24-2）。この蒔絵粉からは、金（Au）の強いピークとともに水銀（Hg）のピークが検出された（図6）。この試料の塗装膜の断面構造を顕微鏡観察した結果、待受部の鉄板の地金の上の焼き付け漆による薄い黒色漆被膜層→粘土鉱物を生漆などに混ぜて作

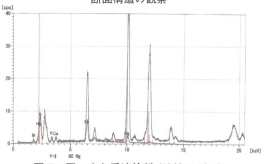

図5：同 赤色系漆塗料（試料No.5）の
蛍光X線分析結果

写真24-1：五七桐紋蒔絵加飾の拡大（針描・描割）

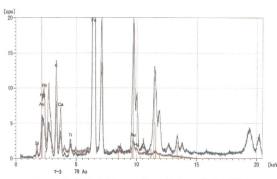

図6：蒔絵粉（試料No.6）の蛍光X線分析結果

写真24-2：同 蒔絵粉の拡大

第Ⅰ部　漆工文化の実態と材質・技法

写真 25：同（試料 No.6）塗装断面構造の観察

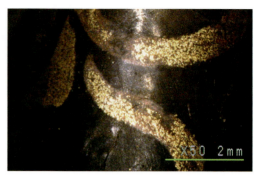

写真 26-1：合当理における蒔絵加飾の拡大

写真 26-2：同　蒔絵粉の拡大

写真 27：合当理（試料 No.7）塗装断面構造の観察

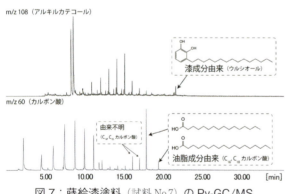

図 7：蒔絵漆塗料（試料 No.7）の Py-GC/MS 分析結果：ウルシオール成分を検出

製するサビ下地層2層→上塗りの黒色漆塗装膜層→蒔絵粉の接着材料である微細な朱顔料を混和した朱塗装膜層→金蒔絵粉の平蒔絵加飾が施されていた（写真25）。

試料 No.7 の鉄地の丸い棒を湾曲させて作製した合当理に施された植物模様の蒔絵加飾は、蒔絵粉の接着材料である赤色系塗料の上に丸みを帯びた数十μm径の比較的均一の蒔絵粉による平蒔絵加飾が施されていた（写真26-1、26-2）。この蒔絵粉からも、金（Au）の強いピークとともに水銀（Hg）のピークが検出された。この試料の塗装膜の断面構造も、合当理の鉄地金の上の焼き付け漆による薄い黒色漆被膜層→粘土鉱物を生漆などに混ぜて作製するサビ下地層→上塗りの黒色塗装膜層→蒔絵粉の接着材料である微細な朱顔料を混和した朱塗装膜層→金蒔絵粉の平蒔絵加飾が施されていた（写真27）。

試料 No.6、試料 No.7、試料 No.8 の上塗りの黒色塗装膜および朱塗装膜の主要脂質成分を分析した。その結果、いずれもウルシオール成分の強いピークとともに、前記した肌色層の下層に塗装された黒色漆に比較するとやや混和量が多い油脂成分が検出された（図7）。そのため、黒色漆と朱漆であることが確認された。この黒色漆塗装膜層に含まれていた C16 と C18 のカルボ

第 5 章　当世具足における一塗装技術

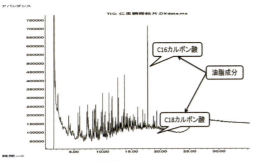

図 8：蒔絵漆塗料（試料 No.6）の Py-GC/MS
　　　分析結果：油脂成分の比較①

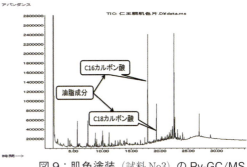

図 9：肌色塗装（試料 No3）の Py-GC/MS
　　　分析結果：油脂成分の比較②

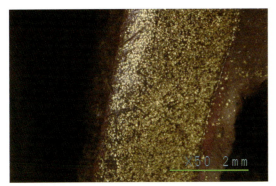

写真 28-1：前胴胸板の金覆輪の蒔絵加飾

写真 28-2：同　蒔絵粉の拡大

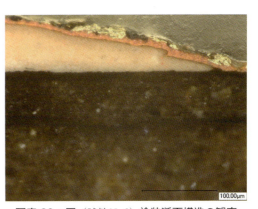

写真 29：同（試料 No.8）塗装断面構造の観察

ン酸からなる油脂成分と、肌色塗装の塗装膜形成材料である主要油脂成分のそれを比較した結果、ピークの検出箇所に明確な違いが認められた（図 8、9）。

　試料 No.8 の胴部脇の金覆輪に観察される蒔絵加飾を拡大観察した結果、試料 No.7 と類似した丸みを帯びた数十 μm 径の比較的均一の蒔絵粉が接着材料である朱漆塗料の上に平蒔絵で加飾された状態で観察された（写真 28-1、28-2）。この蒔絵粉からも、金（Au）の強いピークとともに水銀（Hg）のピークが検出された。この試料の塗装膜の断面構造も、胴部の鉄板の地金の上に施された焼き付け漆による被膜層→粘土鉱物を生漆などに混ぜて作製するサビ下地層→上塗りの黒色漆塗装膜までは、試料 No.6、No.7 と同じである。その上に盛り上げ調整して作製された金覆輪の玉縁からは、試料 No.1、No.2、No.3 に上塗り塗装された肌色塗料と同じ白色系顔料の中に微細な赤色顔料粒子を混入した塗装膜が確認された。そしてその上に、蒔絵粉の接着材料である微細な朱顔料を混和した朱漆層→金蒔絵粉による平蒔絵加飾が施されていた（写真 29）。

第Ⅰ部　漆工文化の実態と材質・技法

写真 30：緑色塗料表面の状態（試料 No.9）

写真 31：試料 No.9 表面の拡大観察

写真 32：試料 No.9 の断面構造の観察

写真 33：試料 No.10 の断面構造の観察

4.2　青漆塗萌黄糸威二枚胴具足

調査対象である本具足の表面に塗装された試料 No.9 は、この具足のオリジナルと考えられる比較的鮮やかな緑色を呈する深緑色の漆様塗料である。現状の兜鉢の表面には、この漆様塗料の上に黒漆様の塗料が上塗りされているため、一見、全体的に黒色漆が塗装されているように見えるが、実際の色相は深緑色を呈している。その点では通常の黒色漆塗装よりは品格のある深みのある黒い色相ともいえる。試料 No.10 も小札表面に上塗りされたオリジナルの深緑色の漆様塗料である。この小札の剝離面をみると、鉄地金表面に焼き付け漆の被膜層を付け、その上に下地を施し、さらに上塗りである深緑色の漆様塗料が塗装されていることがわかる。

この 2 試料の表面塗装状態は、一般的な緑色漆塗料のそれと比較して平滑な艶光沢は少なく、塗装膜表面は粒子が粗くザラツキ感がある（写真 30）。これらを拡大観察すると、透明感が強い藍色の塗料内に数 μm から十数 μm 程度のバラツキがある黄色い鉱物顔料の粉砕微粒子が多数混入している状況が確認された。その一方で漆塗料の塗装膜表面に特徴的な劣化による小亀裂断文や球状抜け穴のチョーキング現象は確認されなかった（写真 31）。

これらの塗装膜内部の断面構造を観察すると、試料 No.9、試料 No.10 ともに粘土鉱物を生漆などに混ぜて作製したサビ下地層の上に、中塗りは施さず、前記した黄色い鉱物粒子と十数 μm から数十 μm 程度の濃い藍色物質が同系色の藍色塗料の中に混在した状態の塗料が上塗り塗装されていた（写真 32、33）。

この深緑色の漆様塗料の無機分析を行った結果、試料 No.9、試料 No.10 ともに、岩緑青や岩群青などの鉱物顔料由来の銅（Cu）は検出されず、強い砒素（As）と硫黄（S）のピークが検出された（図 10、11）。これらについて X 線回折分析を行った結果、いずれも強い石黄（三硫化二砒素：

122

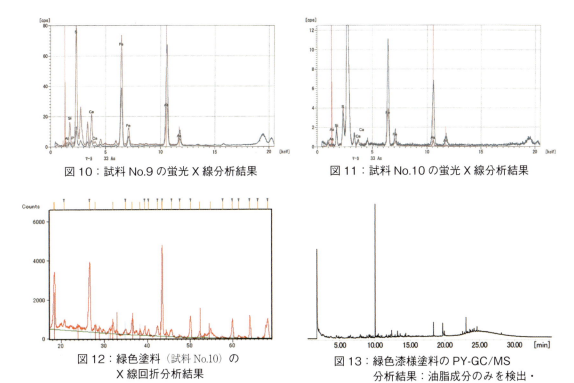

図10：試料 No.9 の蛍光 X 線分析結果
図11：試料 No.10 の蛍光 X 線分析結果
図12：緑色塗料（試料 No.10）の X 線回折分析結果
図13：緑色漆様塗料の PY-GC/MS 分析結果：油脂成分のみを検出・漆関連成分は検出されず

Orpiment：As_2S_3）の結晶鉱物相が同定された（図12）。通常、硫黄と砒素を混ぜて作製する人造石黄では硫化砒素のピークはブロードであるが、天然鉱物を粉砕して使用する天然石黄では鋭い硫化砒素のピークが同定される。そのため本具足に使用された顔料は天然石黄顔料であると判断した。また藍色成分の由来を同定するために分光分析を行ったところ、有機染料である植物藍のインディゴ成分の特徴を示す波長を検出した。このことから本塗料の基本的な色相である藍色は、天然顔料である岩群青ではなく、天然染料である植物由来の藍を膠着材料の漆様塗料に混入して獲得しているものと判断した。

　この上塗りの深緑色塗料の塗装膜の構造を形成する主要脂質成分を分析した。その結果、試料 No.9、No.10 ともに日本もしくは中国産漆塗料に特徴的なウルシオール成分は含まれておらず、C16 と C18 のカルボン酸からなる乾性油系塗料に特徴的な油脂成分を検出した（図13）。さらに大量の樟脳由来と考えられるカンファー成分も検出された。これは塗料の作製時にあらかじめ粘度調整のために意識的に樟脳を混和したとの解釈もあるが、その検出量の多さから、本具足を保管していた際の防虫剤の表面汚染である可能性が高いものと考える。

5、考　察

5.1　仁王胴具足

　いうまでもなく仁王胴具足の最大の特徴は、ルイス・フロイスが「腰から上は半裸体の一日本人をまるで生きているように作ってある」と表現するように、肋骨と乳を表現した前胴と背骨を表現した背胴の鉄板の地金を蝶番で合わせた二枚胴の存在と、男性の半裸体を強調する上で視覚

第Ⅰ部　漆工文化の実態と材質・技法

的にも効果的な肌色塗料による上塗り塗装の存在である。本章では、桃山文化期における塗装技術の一側面を理解する目的でこの肌色塗料がどのような呈色材料（顔料）と被膜形成塗料で作製されているのかについて、幾つかの調査を行った。

　この肌色塗料の表面を拡大観察した結果、堅い被膜層が割れた際に発生する小クラック状の断紋が多数確認された。これは漆塗料で一般的に確認される亀甲断紋とは異なり、油画彩色塗膜の表面劣化でよくみられる割れ現象に類似している。この肌色塗料からは、鉛の元素が強く検出された。そのため当初はこの肌色の呈色材料は鉛系の赤色顔料である鉛丹（四酸化三鉛：Pb_3O_4）であろうと推定したが、塗膜の鉱物結晶相を同定した結果、鉛丹は検出されずに鉛白（塩基性炭酸鉛）と微量の朱（硫化水銀）が検出された。さらにこの肌色塗料の塗装膜を断面観察した結果、白色系顔料の中に微細な赤色顔料粒子が混入されている状況も確認された。以上の結果から、本資料に上塗りされた肌色塗料は、男性の皮膚の肌色を表現するために、基底材料である白い鉛白顔料に赤い朱顔料をブレンドして淡い肉肌色の呈色を獲得するための色調整が行われていることがわかった。そして肌色塗料の被膜形成塗料である主要脂質成分を分析した結果、漆塗料の使用を示す成分は含まれておらず、油脂成分が強く検出されたため、これらは漆塗料ではなく乾性油系塗料であることが確認された。

　次に本資料のもう一つの特徴である蒔絵加飾を含む漆工技術についてみていく。本具足は、皮革地ではなく、鉄板の地金を組紐で威して構成されていた。各試料は、いずれも鉄板の地金の直上に薄い漆の被膜層が断面観察されるため、鉄地の防錆効果と、以後の塗装面との密着度を高める剥落防止効果の双方を狙って、まず薄い焼き付け漆を塗装しているものと理解した。そして焼き付け漆層の上には堅牢性を重視したサビ下地層が施され、その上に中塗りもしくは上塗りの黒色漆が数回塗装されていた。そのうえで、二枚胴・兜・籠手・臑当には前記したような乾性油系の肌色塗料が上塗りされていた。一方、頬当には中塗りの黒色漆の上に朱漆を上塗りする中世の根来塗技法を踏襲した塗装が為されていた。この点では、本資料の塗装は、油彩画塗料を使用した肌色塗装の有無にかかわらず、基本的には伝統的な漆工技術を踏襲したものであった。

　また本資料の背胴には、旗指物を背部に装着するための待受や合当理に蒔絵加飾が施されていた。とりわけ待受に蒔絵加飾された五七桐紋の図様は裃金具にも類似の図様が見られる。この蒔絵加飾は、桐の葉脈を針描と描割を交えて表現されており、不定形で荒い扁平粒子と細かい扁平粒子が不均一に混在した金蒔絵粉を蒔き放しする平蒔絵技法で、黒色漆（地塗り）→朱漆（接着塗料）の上に加飾されていた。

　本資料と同様の桐紋を有する年代観が明確な蒔絵資料は、（1）文禄5年（1596）紀年銘の針描を有する豊臣秀吉の正妻である高台院の霊廟である高台寺霊屋須弥壇上の秀吉厨子扉、（2）慶長7年（1602）に豊臣秀吉霊廟である豊国廟の移築建造物の可能性がある都久夫須麻神社本殿の内陣柱、（3）「大坂冬の陣」直後に埋め立てられた大坂城内堀跡（大坂城三の丸跡）で出土した桐紋蒔絵漆器片（慶長19年（1614）〜慶長20年（1615）の間に埋没）などである。このような平蒔絵による桐紋のデザインのモチーフは、菊紋と併用される場合も多く、桃山文化期を代表する豊臣家縁の図様と位置づけられている。合当理における植物模様の蒔絵加飾や前胴胸板部の金覆輪に観察される蒔絵加飾の塗装技術も、待受の五七桐紋の蒔絵加飾と同じく鉄板の地金の上に焼き付け漆

124

の被膜形成を行った上にサビ下地が施されていた。そして上塗りの黒色漆の上に接着材料である朱漆を付け、金蒔絵粉が蒔かれていた。ただし、これらには比較的均一な丸みを帯びた数十μm径の蒔絵粉による平蒔絵が施されており、待受の五七桐紋蒔絵の蒔絵粉が扁平で不均一である点とは異なっていた。待受や合当理は、いずれも金具で背胴に装着されている。そのため、これらは胴部などの塗装作業とは別工程で専門の蒔絵師が作業を行い、最終的に取り付けられたものであろう。その一方で、二枚胴の端部は、玉縁状に肌色塗料で盛り上げ調整した上を朱漆で縁取り、金蒔絵粉が蒔かれていた。すなわちこの縁取りの蒔絵加飾箇所や肩吊り紐廻りを金蒔絵で縁取った加飾箇所は、前頭部の眉庇箇所・二枚胴・籠手・臑当の肌色塗装と一体化していた。そのため、これらの塗装と蒔絵加飾は同一工房内の分業体制のなかで作業が為された可能性が高い。いずれにしても本具足の蒔絵加飾を含む塗装技術は、基本的に丁寧な作りであった。

5.2　青漆塗萌黄糸威二枚胴具足

　鍋島報效会（徴古館）所蔵の鍋島勝茂所用当世具足の特徴の一つは、上塗りの深緑色の漆様塗装である。一般的な深緑色の漆様塗料は、植物藍（インディゴ）で青色に染めた漆塗料に黄色顔料である石黄粉を混入して緑色の発色を呈する緑色漆の場合が多い。そのためか、本具足も青漆塗萌黄糸威二枚胴具足と呼称されている。このような緑色漆の製法はすでに中国の漢代には存在しており、琉球では中世段階に緑色漆の使用が確認されている。ところが日本国内でこの技法が広く一般化して漆器椀や膳などの飲食器類にも緑色漆が多用されるのは、江戸時代後期に人造石黄の生産が開始されて以降であり、かなり遅れる。その一方で本具足と同様、江戸時代前期頃の大名家所蔵の甲冑に深緑色の漆様塗料が塗装された類例は幾つか存在する。この代表的な具足に、日光山輪王寺大猷院所蔵の徳川家康から拝領したとの伝承を持つ3代将軍徳川家光所用の紺絲威二枚胴具足などがある。

　本具足は、基本的には後世補修の痕跡が少ない。そのためオリジナルを多く残す資料であるとされる。調査の結果、この深緑色の漆様塗料は、植物藍の微粉末を乾性油に混入して藍色に染め、これに粉砕した天然鉱物由来の石黄顔料を混入して緑色の色相を獲得した乾性油系塗料であった。通常、漆塗料に植物藍と石黄を混入して作製する緑色漆は、漆塗料の特徴である平滑な艶光沢を有する。これは、漆塗料に植物藍と石黄顔料を混入した段階で、固化被膜の表面の凹凸の原因となるダマ状の粗い物質を微粉化させて均一に分散させ、塗料の肌理を細かくするために十分に練り込み攪拌させるとともに、漆漉布および漆漉紙で漉す作業が為されているためである。ところがそれと比較して乾性油塗料を作製する場合には、練り込み攪拌と濾過作業は通常行わないため、固化被膜の表面にザラツキ感ができやすい。このような塗装技術上の特徴が、本具足の上塗りである深緑色の乾性油系塗料に反映されたものであろう。

6、結　論

　本章では、一宮市博物館保管の仁王胴具足と鍋島報效会（徴古館）所蔵の青漆塗萌黄糸威二枚胴具足を例として取り上げ、桃山文化期における塗装技術の特徴に関する調査を行った。通常、甲冑に上塗り塗装される漆塗料の色相は、黒色系か赤色系、さらには茶色系の朱潤かベンガラ潤

第Ⅰ部　漆工文化の実態と材質・技法

が一般的である。その点では、本資料群はいずれも漆塗料では獲得しづらい特徴的な肌色や深緑色の塗装がされていた。

　調査の結果、仁王胴具足を特徴付ける肌色塗料は、基底材料である白い鉛白顔料に赤い朱顔料をブレンドして淡い肉肌色の呈色を獲得する色調整が行われており、塗膜形成材料である主要脂質成分は漆塗料ではなく、乾性油系塗料であった。この肌色塗料の乾性油と、下層に塗装された漆塗料や蒔絵加飾を施した地塗りの漆塗料にブレンドされていた乾性油は、種類が異なる可能性も指摘された。

　一方、青漆塗萌黄糸威二枚胴具足を特徴付ける深緑色の塗料は、植物藍と東南アジアから交易を通じて輸入されたであろう天然の石黄顔料を混ぜて緑色の呈色を獲得していた。さらに塗膜形成材料である主要脂質成分は、漆塗料ではなく乾性油系塗料であった。

　古来、色漆では表現できない白色をはじめとする多彩な色彩を獲得するには、各種顔料と膠材料を混ぜて作製する絵具を用いた塗装彩色技法が広く知られる。ところがこのような膠材料をメジウムとした場合、平滑な漆塗装の上や、常に屋外などで風雨に曝露される条件下では塗膜は脆弱であり、剥離や流れ落ちが発生し易くなる。そのため江戸時代以降には、桐油や荏油などの乾性油に顔料と酸化・重合を促進させる密陀僧（一酸化鉛：PbO）を添加して作製する密陀絵もしくは密陀技法と称せられる乾性油系塗料、もしくは乾性油と松脂を混ぜて作製する「チャン塗」と称せられる乾性油系塗料が登場したことが知られる。この点に関して江戸時代の本草本である正徳２年（1712）寺島良安『和漢三才図会』の「油桐」の項は、「一般に多く種を蒔いて子を収穫して売るが、これから油をとるのである。漆家（ぬしや）で用いるが、また船舶の材料に入れたり、時宜に応じて用いられる。その油は荏の油に似ているのでこれを荏油と偽るものがある。（中略）思うに、油桐は江州・濃州で多く植え、油を搾って大津の油家に売る。その効能は荏の油と同じ。煉成して漆の代用とし、桐油漆と称し五種の色を塗り出すことができる。普通の漆では白色を塗ることはできない。また松脂を加えて船槽に塗ると水が漏れ入らない。知也牟塗（ちゃんぬり）という」と述べる。続けて「桐油漆を造る法」として、「桐油［一合］・密陀僧［二銭（一銭は約3.75グラム）］・滑石［五分］・白［三分］、以上をとろ火で煉る。燈心を立てて倒れない程度を限度とする。青色にする場合は［緑青］、黄色にする場合は［藤黄（蔓草類）］、赤にする場合は［朱、あるいは辰砂］、白にする場合は［白粉］、黒にする場合は［油煙の煤］をそれぞれの好みで加えて塗る」として、乾性油系塗料の製法を具体的に記述している。

　我が国では、荏油や桐油などの乾性油を用いて、漆塗料の艶揚げや伸びを良くして塗装作業の効率化を図ることや、建造物の部材保護のため油拭き作業が伝統的に為されてきたことはよく知られるところである。ところが同じ乾性油系塗料の使用ではあるが、顔料を乾性油で練った油彩画技法、もしくは膠材料と顔料で彩色した上に乾性油を塗布して光沢を出す油色技法という、古代に大陸より将来されたとされる２つの塗装彩色技術のその後の系譜、さらには桃山文化期に西洋から将来されたキリスト教の宗教画に見られる油絵技法のその後の展開などの実態には不明な点が多かった。そのなかで山崎一雄は、紫外線照射すると、乾性油は微弱ながら黄色い蛍光を、ラックは橙色の蛍光を発するが、漆塗料は全く蛍光を発しない現象を応用して、法隆寺所蔵の玉虫厨子や正倉院御物の彩色材料には油彩画技法や油色技法が存在したと結論付けた。また見城敏子は、

昭和46年（1971）の日光東照宮陽明門の昭和期塗装修理に伴い、東壁の牡丹立木の木彫壁板下から発見された金箔貼の漆箔塗装板の上に彩画された『宝暦三年(1753)日光御宮並御脇堂結構書』に「御羽目 漆箔唐油蒔絵」と記録されている狩野祐清下絵「岩笹梅の立木 錦花鳥三羽」の彩色塗料剥落片をIR分析した。その結果、油脂成分と膠材料に特徴的な赤外線吸収が検出されたとしている。この結果から見城は、桐油などの乾性油に密陀僧（一酸化鉛）を乾燥促進剤として混和する密陀技法が採用されたと類推した。このような先行研究はあるものの、いずれも従来の分析方法による類推であった。これらの調査からすでに半世紀近くが過ぎた本調査では、客観的に各具足に塗装された肌色および深緑色の被膜形成材料を特定する方法として、近年、実用化が進んでいるPy-GC/MS分析法を用い、その結果、乾性油系塗料の使用を明確に特定することができた。

さて、ルイス・フロイスの『日本史』、これより時代は下る『平戸イギリス商館の日記』、『長崎オランダ商館の日記』などの文献史料によると、当時は西洋技法で作られた乾性油系の油彩画絵具や建造物の塗装材料などには亜麻仁油[註2]や胡桃油などが使用されていたようである。このうちの亜麻仁油の場合、鉛系の乾燥促進材料には鉛丹（四酸化三鉛）や一酸化鉛よりは鉛白（塩基性炭酸鉛）の方が固化能力に優れるとされる。この点を考慮に入れると、鉛丹の単独もしくは胡粉や白土の白色顔料に鉛丹顔料を混入して淡い肉肌色の色調調整を行うより、本資料の仁王胴具足における肌色塗装のように鉛白に朱顔料を混入した方が、乾性油系塗料の被膜形成が効率的に実施できる点では効果的である。はたして本資料に上塗りされた肌色塗料は、この点まで考慮に入れた塗装技術であったのかどうかは不明ではあるが、少なくとも今日に伝わる伝統的な乾性油系塗料を使用した塗装技術とは一線を画しているようであり、結果的には大変理に叶った方法であったといえる。

一方、青漆塗萌黄糸威二枚胴具足の深緑色の上塗り塗装には緑色顔料である緑青を用いず、植物藍と天然鉱物由来の石黄顔料をブレンドして緑色の色相を獲得していた。この呈色方法は後年の緑色漆とも同じ技法（ただし後年は、人造の石黄顔料を使用）ではあるが、本資料の場合は乾性油系塗料が使用されていた。この点と関連した事例として、筆者らは日光東照宮陽明門の平成期塗装修理に伴い西壁の牡丹立木の木彫壁板下から217年ぶりに「大和松岩笹 巣籠鶴」の彩画が観察されたため、本章と同様の調査を行った。その結果、この絵画は乾性油系塗料を用いた珍しい油彩画であり、松の幹に描かれた大和苔の内部の青色部分では、本資料と同様、植物藍を乾性油塗料に混ぜた技法が確認された。両者の技術的な系譜の繋がりに関する調査は今後の検討課題である。

いずれにしても本資料群に上塗りされた肌色塗料および深緑色塗料は、飛鳥・白鳳期に大陸から将来された油彩画技法や油色技法の系譜を連綿と引いた伝統的な密陀絵もしくは密陀技法が採用されたとするよりは、一旦その塗装技術が立ち消え、桃山文化期になって新たに東南アジア交易を介してヨーロッパから将来された西洋画の彩色技法を応用した可能性が高いと理解した。このことは、視覚的にも斬新な色相を得られる西洋油彩画技法を実戦用の当世具足を強く印象づける上塗りの塗装に意識的に採用したことを意味する。すなわち海外との活発な交流があった当時の時代背景を考慮にいれると、本具足群が優品資料である点を証拠づけるとともに、桃山文化期

第Ⅰ部　漆工文化の実態と材質・技法

における塗装技術の一側面を端的に示す指標資料であることを示していよう。

（註）

（註1）仁王胴具足とは、桃山文化期に作製された当世具足の一作例である。このような仁王胴具足の存在について、ルイス・フロイスの『日本史』には、天正20年（1592）7月25日の項に、豊臣秀吉がインド副王に贈呈した2領の甲冑に関する記述がある。それによると、これらは、「日本で作られる様式で、お互いに異なった体裁である。胴身がはなはだ脆弱であるから、実際には、我らヨーロッパ人の槍に耐えるものではないが、非常に珍しく、また彼らの目を喜ばせるに足りる。さらにその装飾のゆえに立派であり、価値も高い。なぜならば、すべて日本にいる最良の工匠の手で、きわめて自然に彫り込んだバラや花や、二、三の動物を象った板金を被せたからである」としている。その上で、このうちの1領は、「いかにも自然の顔と髪を有する頭を出し、日本人の様式の兜をかぶり、腰から上は半裸体の一日本人をまるで生きているように作ってある」と記されている。この甲冑はやがてスペイン国内に将来された。しかし1884年に火災により損傷したため、当初の塗装は欠損している。そして現在、前胴と兜鉢・頬当がマドリードの王宮武器庫博物館に保管されている。ここからも仁王胴具足が我が国を特徴付ける工芸品である当世具足の特異な代表例の一つとして、当時から広く知られていたことがわかる。

（註2）亜麻仁油は、成熟した亜麻の種を圧搾及び溶媒で抽出して得られる乾性油である。荏油や桐油に比較して不飽和脂肪酸を多く含むためヨウ素価が高く、加熱・沸騰により重合・酸化して堅い被膜を形成し易い性質を有する。中世におけるヨーロッパの大航海時代以降、バインダーとして西洋油画の彩色絵具である油絵具や、西洋建築の塗装材料であるオイルペイントに広く使用されてきた。この背景には、亜麻の繊維自体が強靭であるため航海用の帆船の帆布として需要が高まり、その種子油の利用も付随して開始されたとされている。通常、亜麻仁油に含まれる不飽和脂肪酸をより効率的に二重結合間の酸化・重合を促進させて皮膜形成を速かに行うには、同じ鉛であっても密陀僧（一酸化鉛）や鉛丹（四酸化三鉛）よりは、鉛白（塩基性炭酸鉛）の方が有効であるとされる。

（参考文献）

浅野ひとみ・武田理恵・高林弘実：「Our Lady of the Snow in Twenty-Six Martyrs Museum, Nagasaki：Scientific Examinations and an Analysis of Painting Technique」『純心科研論文集1』長崎純心大学（2012）

荒川浩和・小松大秀・灰野昭郎：『日本の漆芸3　蒔絵Ⅲ』中央公論社（1978）

大阪府文化財センター 編：『大阪府文化財センター調査報告書　第144集　大坂城址Ⅲ』（2006）

北野信彦：『近世漆器の産業技術と構造』雄山閣（2005）

北野信彦：「陽明門西側漆箔板壁面に描かれた「大和松岩笹と巣籠鶴」の科学調査」『大日光』85、日光東照宮（2015）

北野信彦・肥塚隆保：「近世出土漆器に使用される石黄に関する基礎的調査（Ⅰ）」『文化財保存修復学会誌』vol.44、文化財保存修復学会（2000）

北野信彦・肥塚隆保：「近世出土漆器に使用される石黄に関する基礎的調査（Ⅱ）」『文化財保存修復学会誌』vol.45、文化財保存修復学会（2001）

北野信彦・本多貴之：「仁王胴具足にみられる桃山文化期の一塗装技術——宮市博物館保管仁王胴具足を例として—」『保存科学』第53号、東京文化財研究所（2014）

北野信彦・本多貴之・吉田直人：「青漆塗萌黄糸威二枚胴具足における塗装材料・技術の調査」『2014
　　　年度文化財における伝統材料及び技術に関する調査研究報告書』東京文化財研究所・保存修
　　　復科学センター（2015）

木曽川町史編集委員会 編：「第2章　中世」『木曽川町史』（1981）

京都国立博物館 編：『桃山時代の漆芸』淡交社（1977）

京都国立博物館 編：『高台寺蒔絵と南蛮漆器』（1989）

グザヴィエ・ド・ラングレ、黒江光彦 翻訳：『油彩画の技術』美術出版社（1968）

見城敏子：「油および漆に関する材質的研究」『国寶　東照宮陽明門』日光東照宮（1974）

寺島良安、島田勇雄・竹島淳夫・樋口元巳 訳注：『和漢三才図絵18』東洋文庫532、平凡社（1991）

中里壽克・竹永幸代：「密陀絵の研究（I）」『保存科学』34（1995）

永積洋子 訳：『平戸オランダ商館の日記』全4巻、岩波書店（1969、1969、1969、1970）

鍋島報效会（徴古館）：所報

日高薫：「高台寺霊屋蒔絵考」『国華』1192、朝日新聞社（1995）

ホルベイン工業技術部 編：『絵具の科学』中央公論美術出版社（1994）

村上直次郎 訳：『耶蘇会士日本通信（上・下）』雄松堂（1929）

村上直次郎 訳：『長崎オランダ商館の日記』全3巻、岩波書店（1956、1957、1958）

村上直次郎・新村出・浅野長武 監修：『キリシタンの美術』宝文館（1961）

山崎一雄：『古文化財の科学』思文閣（1987）

吉村元雄：「高台寺蒔絵概説」『高台寺蒔絵』京都国立博物館（1970）

ルイス・フロイス、松田毅一・川崎桃太郎 訳注：『フロイス日本史5　豊臣秀吉篇 II』中公文庫、中
　　　央公論社（2000）

ルイス・フロイス、柳谷武夫 訳注：『日本史3』東洋文庫65、平凡社（1978）

第Ⅱ部　輸入漆塗料の調達と使用

第1章　東南アジア交易に伴う輸入漆塗料

1、諸　言

　日本において「桃山文化」と呼称される独自の文化が生み出された背景は、「南蛮交易」や「御朱印船交易」などを通じた東南アジアやヨーロッパ諸国との活発な交易活動が大いに関係したとされる。ところが、平戸・長崎の『オランダ商館の日記』などの文献史料からは交易の実態の一端は理解されるものの、この交易活動ではどのような物資や原材料が実際に輸入され、どのように日本国内で流通・使用されたかについて具体的な物的証拠は希少である。そのため、不明な点も多い。

　本章で取り上げる京都・大坂・長崎市中の3遺跡からは、17世紀前〜中期頃に年代観が比定される肩部の四方に馬蹄形状の把手を持つ「四耳壺」と呼称される焼〆陶器片が多数出土した。これらには、壺内面全体に漆塗料と想定される黒色の漆様塗料が付着固化しているものがあり、なかには外面の壺口縁部から胴部にかけて塗料液垂下に伴う付着固化痕跡が観察される壺容器の破片も含まれていた。

　本章では、このような壺容器破片に付着固化した漆様塗料について各種の理化学的な分析調査を実施した。併せて、桃山文化期にはどのような漆塗料が生産もしくは調達されて使用されたかに関する文献史料の調査も併せて行った。

　その結果、文献史料が記録している東南アジア交易を通じて輸入された東南アジア産漆と考えられる出土漆塗料自体を確認したので、その内容を報告する。

2、遺跡と出土遺物（四耳壺など）の概要

2.1　旧柳池中学校構内遺跡

　京都市埋蔵文化財研究所は、平成15年（2003）8月〜平成16年（2004）9月にかけて、京都市中京区御池通富小路西入東八幡町に所在する柳池中学校・複合施設整備事業に伴う事前の発掘調査を実施した。遺跡（京都市に登録された遺跡の正式名称は左京三条四坊十町跡であるが、以下、通称名である旧柳池中学校構内遺跡と称す）は、「応仁の乱」後の京都市中では上京と下京の境界域にあたり、現在でも東面に富小路通、北面に押小路通が通り、西面は柳馬場（万里小路）通、南面は御池通に接する商業地（当時の町屋エリア）の中心部に所在している（図1）。発掘調査の結果、17世紀前〜中期頃に年代観が比定される町屋跡の遺構が検出された（図2）。そして、調査区北側の大型ゴミ廃棄土坑からは、大量の生活用具や初期京焼の生産関連資料、炉跡や坩堝用具などの銅・真鍮など冶金生産関連資料とともに、肩部の四方に馬蹄形状の把手を持つ「四耳壺」と呼称される焼〆陶器片が一括で多数出土した（写真1、2）。

　このような四耳壺は、伝世品の茶道具類のなかでは南蛮渡来の「嶋物」と称せられて珍重され、近年では近世考古学の発掘調査事例の充実に伴い、堺環濠都市遺跡や大坂城下町遺跡、長崎出島などから類似の出土例が報告されている。特に、堺環濠都市遺跡では、17世紀初頭期から中期

第Ⅱ部　輸入漆塗料の調達と使用

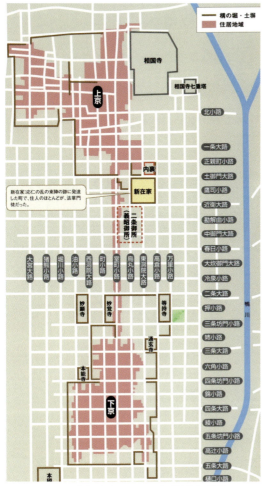

図1：京都市中における旧柳池中学校
　　　構内遺跡の位置

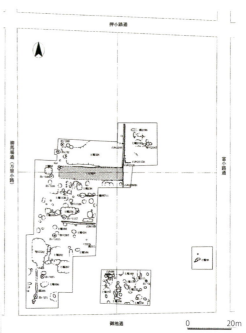

図2：旧柳池中学校構内遺跡の遺構平面図

写真1：旧柳池中学校構内遺跡の発掘調査風景

写真2：同　四耳壺頸部破片の出土状況

写真3：四耳壺の出土例：堺環濠都市遺跡
　　　　　　　　　　　　（堺市文化財課所蔵）

134

第1章　東南アジア交易に伴う輸入漆塗料

図3：『南蛮図屛風』に描かれた輸入容器の四耳壺
［南蛮文化館所蔵］

写真4：タイ・アユタヤ周辺地域における伝世品の四耳壺

写真5：旧柳池中学構内遺跡出土の四耳壺

写真6：漆様塗料の付着状態①

写真7：漆様塗料の付着状態②

頃に年代観が比定される町屋跡から、「硫黄」が貯蔵充塡された状態の四耳壺が出土した（写真3）。また絵画史料である『南蛮図屛風』（南蛮文化館所蔵）にも、南蛮交易を担った帆船や商人らとともに、輸入された物資の中には破損防止のためと思われる竹編物で保護梱包された様子の類似した四耳壺が多数描かれている（図3）。そのため本資料のような焼〆陶器の四耳壺は、日本と東南アジアとの交易が活発に行われていた桃山文化期に、日本人町の一つが形成されたことで知られるタイのアユタヤ周辺地域の陶器窯で生産された、いわゆる「タイ産四耳壺」であると考古学の分野では推定されている。事実、今日でもアユタヤ周辺地域では、同様の四耳壺を伝世品としてみることができる（写真4）。

このような本遺跡出土のタイ産と推定される四耳壺片資料には壺容器内面全体に黒色もしくは赤褐色系の漆様塗料が付着固化したものも多数含まれていた（写真5～7）。なかには外面の壺口縁部から胴部にかけて壺容器内の溶液汲み出しの際の液垂れ雫下が明確に観察されるアユタヤ周辺地域のそれと同じ器形の半完形の壺も1個体検出されている。

このほか本遺跡では、上記の資料群と同じゴミ廃棄土坑から一括で出土したやや扁平のベトナム産と推定される釉薬陶器蓋や中国産と推定される壺の破

135

第Ⅱ部　輸入漆塗料の調達と使用

写真8：本遺跡出土のベトナム産と
　　　推定される施釉陶器蓋

写真9：同　内部に付着固化した漆様塗料

写真10：中国産と推定される陶器壺

写真11：同　内部に付着固化した
　　　　漆様塗料

片資料のなかにも四耳壺片と同様の黒色もしくは赤褐色系の漆様塗料が内面に付着固化した状態の資料も数量は多くはないが出土している（写真8〜11）。

2.2　大坂城下町町屋跡（OJ92-18次調査地点：以下略）

　大坂城下町町屋跡は、大坂城西側の大阪市平野区道修町1丁目に所在する。周辺地域は東横堀の西側に位置し、北側を道修町通、南側を東西に平野町通、東側を八百屋街筋、西側を南北に堺筋が通る大阪市内における商業の中心地である（図4）。これまでの大阪市内における一連の発掘調査においても、近世以降の町屋跡に関連する遺構と遺物が多数検出されている。

　さて、本遺跡の発掘調査は、大阪市内の都市再開発に伴う事前の発掘調査の一つとして平成4年（1992）度に大阪市文化財協会（現：大阪文化財研究所）により実施された。発掘調査の結果、8層に及ぶ層序の遺構面と整地層が確認された。特に、第3層では18世紀前半の火災によると考えられる焼土層が、第5層では「大坂冬の陣」の戦火に伴うと考えられる焼土層が確認されている。

　本章が調査対象とする黒い艶光沢を有する漆様塗料が内面に付着固化するとともに外面には液垂れの雫下が明確に観察される素焼き焼〆の四耳壺片は、共伴する国産陶磁器編年から17世紀前半から中頃に比定される第4層のSK404土坑から2点出土した（写真12-1、12-2）。このSK404土坑は、南北2.0m×東西1.5mほどの楕円形を呈しており、タイ産と推定される四耳壺の破片とともに方形にカットされたべっ甲細工用の原材料であると考えられるウミガメの甲羅や、

第1章　東南アジア交易に伴う輸入漆塗料

図4：大坂城下町における本遺跡の位置

写真12-1：本遺跡出土四耳壺破片と
　　　　　付着固化した漆様塗料①（外側）

写真12-2：本遺跡出土四耳壺破片と
　　　　　付着固化した漆様塗料②（内部）

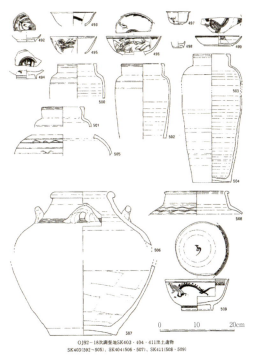

図5：OJ92-18次調査地 SK403・404・411
　　 出土遺物

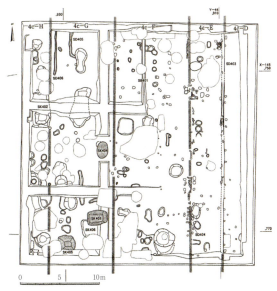

図6：OJ92-18次調査地第4b層上面遺構
　　 配置図

137

第Ⅱ部　輸入漆塗料の調達と使用

中国製陶磁器やベトナム製長胴瓶なども一括で多数出土した（図5）。この第4層の遺構配置は、町屋跡の区画配置が明確に確認されているため、屋敷地自体は中国や東南アジアの輸入品を取り扱う商家跡であると考えられている（図6）。

2.3　炉粕町遺跡

炉粕町遺跡は、長崎市立山1丁目炉粕町に所在する。長崎歴史文化博物館の建設に伴い、平成16年（2004）に事前の発掘調査が長崎県教育委員会により実施された（写真13）。発掘調査の結果、Ⅰ期～Ⅴ期に分類される江戸時代各年代の遺構と遺物が検出された。このうちの第Ⅰ期は17世紀初頭期に年代観が求められており、当該地域からは文献史料に記録がある「山のサンタマリア」聖堂との関連性も想定される建物跡や墓地が検出されている。第Ⅱ期は17世紀前葉から中葉にかけての年代観が与えられており、古地図に記された井上家屋敷跡に比定される。第Ⅲ期は17世紀後半～18世紀初頭期の初期奉行所跡地に、第Ⅳ期は18世紀初頭期～18世紀末における長崎奉行所立山役所の目付屋敷跡地に、その後の第Ⅴ期は18世紀末～幕末期における長崎奉行所関連遺構と遺物が多数検出された。この長崎奉行所立山役所の配置を記載した絵図面は十数枚が現存しており、各年代別の絵図面の変遷と発掘調査の成果は比較的良く一致していた（図7）。そのため、近世における長崎奉行所の実態を理解する上でも良好な資料群が出土したとされている。

本遺跡の第Ⅱ期に相当する遺構面からは、旧柳池中学校構内遺跡や大坂城下町町屋跡と器形が

写真13：長崎市中炉粕町遺跡周辺の現況

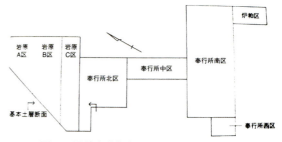

図7：長崎市中炉粕町遺跡の敷地概念図
（長崎奉行所期）

写真14：炉粕町遺跡出土の四耳壺破片

写真15：同　内面の胴部付近に付着固化した漆様塗料

類似するアユタヤ周辺地域の陶器窯で生産されたと推定される四耳壺片が多数出土した。これらには素焼きの焼〆陶器ではなく、釉薬が掛った陶器の破片も幾つか含まれている。このうちの破片資料2点の内面には漆塗料特有の「ちぢみムラ」の痕跡が確認されるとともに、黒い艶光沢を有する漆様塗料が付着固化していた（写真14、15）。

3、漆様塗料の観察と分析

3.1　調査対象試料

　本章では、(1) 京都市中における各種工房関連遺跡と考えられる町屋跡、(2) 大坂市中の東南アジアの輸入品を取り扱う商家跡と考えられる町屋跡、(3) 長崎市中の長崎奉行所立山役所に先立つ井上家屋敷跡の3遺跡において、17世紀前期頃の廃棄土坑から出土した桃山文化並行期に生産されたと考えられるタイ産と推定される四耳壺およびその破片、旧柳池中学校構内遺跡のタイ産四耳壺片と同じ遺構から一括で出土したベトナム産と推定される施釉陶器蓋片や中国産と推定される施釉陶器壺片などの内・外面に付着固化した漆様塗料を調査対象試料として取り上げる。

　特に出土量が多かった旧柳池中学校構内遺跡出土のタイ産と推定される四耳壺の破片資料に付着固化した塗料は、艶光沢があり黒い色調が極めて強い塗膜と、艶光沢が少なく赤褐色の色調を呈する塗膜の2種類に肉眼観察では大別された。そのため、壺口縁部と胴部から数mm角程度の剥落小破片をそれぞれ7個体2試料ずつの計14試料を注意深く採取した。また、同遺跡出土のベトナム産と推定される施釉陶器蓋片と中国産と推定される施釉陶器壺片、大坂城下町町屋跡と炉粕町遺跡出土のタイ産と推定される四耳壺片からは、それぞれ2個体2試料ずつの計16試料、合計15個体分の30試料を分析試料として供した。

3.2　分析調査の方法
　①漆様塗料の漆成分の同定
　②漆様塗料膜の表面状態の観察
　③漆様塗料膜の断面構造（内部状態）の観察
　④漆様塗料の主要脂質成分の同定

3.3　分析結果

　調査を行ったタイ産、ベトナム産、中国産、それぞれに推定される出土の焼〆陶器破片に付着固化した各試料は、いずれも肉厚で比較的平滑な固化塗膜層を形成していた。そして、液垂れの雫下した状態で固化した部分も観察された。この塗料の溜まり部分や液垂れ部分には、比較的表面が「平滑で緩やかなちぢみムラ」が観察されたが、通常の日本産漆の生漆樹液では「細かいちぢみムラ」を有する場合が多いため、両者の様相は若干異なっていた（写真16、17）。

　旧柳池中学校構内遺跡出土試料群のなかで塗膜表面の残存状態が良好であった試料の塗膜表面を電子顕微鏡観察した結果、いずれの試料も0.5～数μm程度のピンホール状の球状抜け穴が比較的均一に分散された状態で確認された。そのうち艶光沢があり黒い色調が極めて強い塗膜層は、

第Ⅱ部　輸入漆塗料の調達と使用

写真16：旧柳池中学校構内遺跡出土漆様塗料の「ちぢみムラ」

写真17：一般的な日本産漆塗料の「ちぢみムラ」

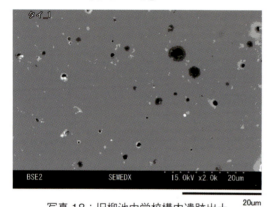

写真18：旧柳池中学校構内遺跡出土黒色系漆様塗料の表面状態

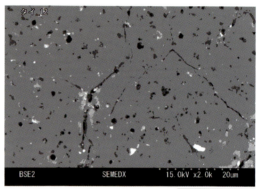

写真19：同　赤褐色系漆様塗料の表面状態

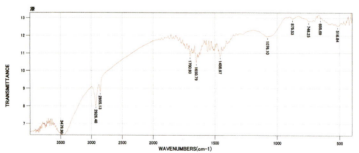

図8：旧柳池中学校構内遺跡出土四耳壺の胴部内面に付着固化していた漆様塗料のFT-IR分析結果

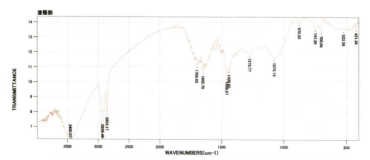

図9：標品である浄法寺産の日本産漆塗料のFT-IR分析結果

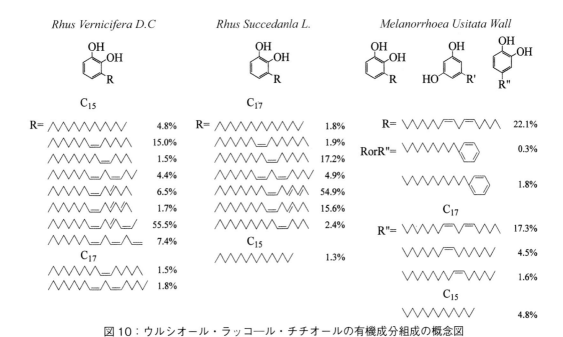

図10：ウルシオール・ラッコール・チチオールの有機成分組成の概念図

表面が極めて平滑で残存状態が良好であった（写真18）。一方、艶光沢が少なく赤褐色の色調を呈する塗膜層は、固化塗膜表面に細かいヒビ亀裂が入り表面の劣化状態が著しいという違いがあった（写真19）。

　これらのFT-IR分析を実施した結果、いずれの試料も、2925、2855、1700、1650、1460 cm^{-1}（波数）付近に特徴的な吸収を示した（図8）。これは現代の日本産漆（浄法寺産漆）のFT-IR分析結果とも基本的に類似した傾向を示しており、本試料群は広義の漆塗料であると同定した（図9）。

　次に各試料の性格を特定するために、すべての調査対象試料における主要な脂質成分の分析を実施した。広義の漆塗料には、ウルシオールを主成分とした日本・中国産漆、ブラックツリーと称されるチチオールを主成分としたタイ・カンボジア・ミャンマー産漆、ラッコールを主成分としたベトナム産漆という植物学的には3種類の漆および蔦属のグループが存在する。これらは、FT-IR分析では同じ漆塗料と同定されるが、Py-GC/MS分析を行うことで、それぞれ明確に分類が可能なことが、明治大学・理工学部の宮腰哲雄氏らの先行研究で明らかになっているためである（図10）。

　Py-GC/MS分析を実施した結果、本試料群はタイ産と推定される四耳壺片および中国産と推定される施釉陶器壺片の内・外面に付着固化していたすべての漆様塗料試料からは、タイ・カンボジア・ミャンマー産漆塗料に特徴的な側鎖に芳香環を持つ*Melanorrhoea Usitata*樹液特有のチチオール成分が検出された。その一方で、日本・中国産漆樹液に特徴的な*Rhus Vernicifera*のウルシオール成分や、ベトナム産漆樹液に特徴的な*Rhus Succedanla*のラッコール成分は検出されなかった（図11～14）。

　このうち旧柳池中学校構内遺跡出土試料群の塗膜断面構造の観察では、0.3～0.4μm程度の微細な球状抜け穴痕跡が顕著に確認された（写真20、21）。同時に漆掻きの作業時に混入したと考え

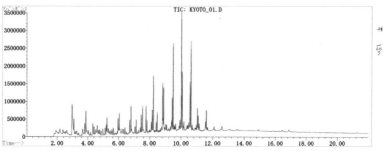
図11：旧柳池中学校構内遺跡出土黒色系漆様塗料（胴部付近）
の塗膜破片試料における Py-GC/MS 分析結果

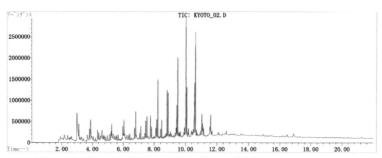
図12：旧柳池中学校構内遺跡出土黒色系漆様塗料（頸部付近）
の塗膜破片試料における Py-GC/MS 分析結果

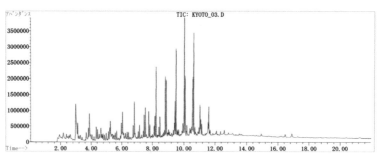
図13：旧柳池中学校構内遺跡出土赤褐色系漆様塗料（胴部付近）
の塗膜破片試料における Py-GC/MS 分析結果

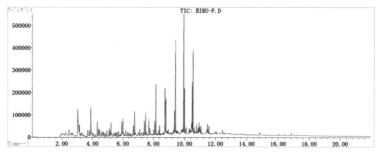
図14：旧柳池中学校構内遺跡出土赤褐色系漆様塗料（頸部付近）
の塗膜破片試料における Py-GC/MS 分析結果

第1章　東南アジア交易に伴う輸入漆塗料

写真20：付着固化した漆様塗料断面の
　　　　球状抜け穴痕跡

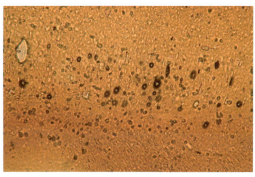

写真21：同　拡大観察

写真22：付着固化した漆様塗料断面に
　　　　混入した樹皮カス

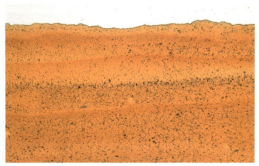

写真23：頸部付近に付着固化した
　　　　漆様塗料の重なり

写真24-1：付着固化した漆様塗料断面構造
　　　　　の拡大観察①

写真24-2：付着固化した漆様塗料断面構造
　　　　　の拡大観察②

られる樹皮カスである植物繊維も試料によっては多数確認された（写真22）。また口縁部試料では、特に膜厚がある部分から重層した固化塗膜層が観察された（写真23）。大坂城下町町屋跡出土試料においても、塗膜層内に同様の球状抜け穴痕跡や不純物であるゴミの混入が確認された（写真24-1、24-2）。さらに炉粕町遺跡出土試料においても、球状抜け穴痕跡や不純物であるゴミの混入などの前者と類似した塗膜層内の状態が観察された（写真25-1、25-2）。

その一方で、ベトナム産と推定される施釉陶器蓋に付着固化した塗膜試料では、ベトナム産漆樹液に特徴的な *Rhus Succedanla* のラッコール成分とともに側鎖に芳香環を持つ *Melanorrhoea Usitata* 樹液特有のチチオール成分が同時に検出された（図15）。この試料の塗膜の断面構造を顕

143

第Ⅱ部　輸入漆塗料の調達と使用

写真25-1：付着固化した漆様塗料の断面構造の拡大観察①

写真25-2：付着固化した漆様塗料の断面構造の拡大観察②

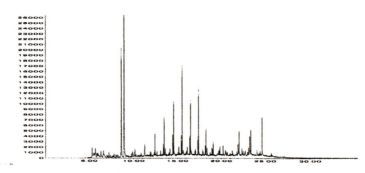
図15：ベトナム産施釉陶器蓋に付着固化した塗膜の破片試料におけるPy-GC/MS分析結果

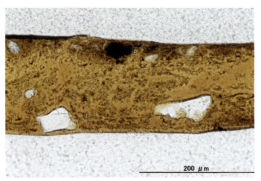
写真26-1：付着固化した漆様塗料の断面構造の拡大観察①

写真26-2：付着固化した漆様塗料の断面構造の拡大観察②

微鏡観察した結果、透明感がある漆塗料とやや濃褐色系の色相を有する漆塗料が完全にブレンドされた状態ではなく、未混和の流動的な状態で固化している様子が塗膜層内で観察された（写真26-1、26-2）。

4、文献史料の調査

本章で取り上げた試料群は、いずれも京都、大坂、長崎市中の中心部で出土した近世初頭期から江戸時代前期頃のタイ産と推定される四耳壺片とベトナム産と推定される施釉陶器蓋片、中国産と推定される施釉陶器壺片などの輸入陶器の内・外部に付着固化した漆様塗料である。分析の

結果、これらはいずれも日本・中国産の漆塗料ではなく、タイ・カンボジア・ミャンマー産もしくはベトナム産などの東南アジア原産の漆塗料であった。これらは、桃山文化期の日本国内で流通して使用されていた東南アジア産の輸入漆塗料の物的証拠である可能性が高い。そこで当時の社会の中では漆塗料がどのように流通して使用されていたのかについて、文献史料の調査を併せて行った。

　さて第Ⅰ部の各章でも述べたように、桃山文化期には大規模な城郭御殿建造物や寺社・霊廟建造物が造営され、通常の什器類である漆器の生産以外にも大量の漆塗料が必要とされた時代でもある。

　この点を裏付ける文献史料の一つに元和9年（1623）の伏見城本丸御殿の御対面所造営に伴う『御対面所塗物』（中井家文書：京都府立総合資料館：現 京都府立京都学・歴彩館）がある。この文献史料には、「志ん塗（花塗もしくは黒塗り）」が合計124間7寸1分（1間当たり4分3合）、「ろういろ（蠟色塗）」が合計146間9寸6分（1間あたり8分3合）という漆塗料の具体的な種類と使用量が、御殿部材の使用箇所の寸法や仕様とともに記録されていた。

　しかし、このような漆塗料の需要に応えるための当時の日本産漆の生産高を具体的に示す文献史料はほとんど残されておらず、詳細は不明である。この状況の中、奥州会津や仙台藩領内などでは、「漆ノ木一人ニ付十五本ッ、毎年栽可申事付、根刈無油断可仕事」などの漆樹木植え付けに関する元和年間の奨励記録が幾つかみられる（史料1）。一方、元和元年（1615）の『和州郡山御城付御知行之内小物成帳』は、現在の奈良県南部地域の良質な吉野漆の生産で知られる郡山領内各村の小物成の納税記録である。それによると小物成の年間石高合計は、189石4斗5升（内納税分が半分で94石7斗2升5合）であるが、そのうちの丹生村や北野村、月ヶ瀬村などの8村で合計1貫259匁の漆樹液を小物成としており、石高換算は併せて2石9升（総石高の2.2%）の数量が算定される（史料2）。これより10年前の慶長10年（1605）の『宇都宮大明神御建立御勘定目録』には、下野国の宇都宮明神社の社殿の造営に伴い56盃分（1盃の分量が95匁）の漆塗料、すなわち5貫376匁（永楽銭換算で5貫485文）が使用されたことが明記されている（史料3）。もちろん両者の記述内容を単純に比較することには慎重を要するが、少なくとも宇都宮明神社の社殿建造物の造営に調達された漆塗料5貫376匁は、元和元年（1615）の郡山領内における合計1貫259匁の漆樹液年間納税収量の約4.2倍分に相当すると算定される。

　以上のように、建造物造営には大量の漆塗料の調達が必要であった。それに比較して税収としての漆塗料の数量は少ないようである。この点に関連して、松江重頼による寛永15年（1638）の『毛吹草』、やや年代は下るが正徳2年（1712）の『和漢三才図会』などの文献史料は、諸国名産の一つとして日本産漆の生産国名が記されている。しかし、これらには江戸時代中期以降では良質な日本産漆の生産地として知られる出羽米沢や信州木曾谷、能登地方は含まれていない（史料4）。この理由は、実際に全国各地で漆樹木の栽培が盛んとなって日本産漆の生産量が増加するのは、諸藩が領内産物を保護・育成して殖産興業が活発となった享保年間（1716～1736）以降のことである。一例ではあるが、尾張藩領内の木曽谷における木曽漆方係の創設に繋がる享保6年（1721）の『楢川村　尾張御巡検衆へ口上之覚』は、その間の事情がよく理解される（史料5）。

　一方、オランダの東インド会社による東南アジアとの交易の実態を克明に記録した『オランダ

表1:『長崎オランダ商館の日記』に記録された輸入漆様塗料の集計一覧

平戸オランダ商館

日付	和暦	種類	産地	数量	価格	船種	船名・艘数	行先	備考
1636,6/27	寛永13年	漆	カンボジア			ジャンク船		長崎へ	
1637,8/21	寛永14年	黒漆	カンボジア						
1637,11/13		漆		150斤	52テール	ガレオット船	ポルトガル6艘	長崎へ	1637年分
1638,8/18	寛永15年	黒漆	カンボジア			フライト船	オースト・カペル号		
同		漆	シャム			フライト船	ペッテン号		
1639,2/28	寛永16年	黒漆	カンボジア	500ピコル以上		フライト船	オースト・カペル号		
1639,7/31		黒漆	シャム	156ピコル半		フライト船	ペッテン号		
1639,7/31		黒漆	シャム			ジャンク船	シナ船2艘	章州より	
1639,11/3					平均38テール5マース				売却費用
1640,8/10	寛永17年	黒漆	カンボジア			フライト船	カストリクム号	河内浦湾へ	
同						ヤハト船	リズ号		
1640,11/18		シナの漆	シナ	4700斤	1ピコル/30,28,13テー	ジャンク船	シナ船大小74艘	長崎へ	
1640,11/19		ナムラク(漆	交趾シナ	100ピコル		ジャンク船	シナ船5艘		
同		ナムラク(漆	カンボジア	208ピコル		ジャンク船	シナ船4艘		
1640		ナムラク(漆	カントン、南遼		1ピコル/4,32テール	ジャンク船	シナ船2艘		
1641,2/16		漆	カンボジア						
1638		黒漆		21200斤	1ピコル/80テール	16960テール			東インド会社1638年分

長崎オランダ商館

日付	和暦	種類	産地	数量	価格	船種	船名・艘数	行先
1641,7/4	寛永18年	漆	カンボジア	7000斤			シナ船1艘	
1641,7/14		漆	カントン	450斤		ジャンク船	2艘	福州より
1641,7/23		漆	カンボジア			ジャンク船	1艘	広東より
1641,7/26		トンキン漆	トンキン	650斤		ジャンク船	2艘	トンキンより
1641,7/27		漆	カントン	350斤		ジャンク船	1艘	
1641,8/1	寛永18年	漆	シャム	26800斤		スィップ船	コニンギンネ号	
1641,9/19		漆	カンボジア			荷船	3艘	平戸から
1641,10/11		シナ漆	シナ	9150斤		ジャンク船	シナ船89艘	
同		漆	カンボジア	3500斤		ジャンク船	2艘	
同		トンキン漆	トンキン	650斤		ジャンク船	3艘	トンキンより
1642,10/16		漆	カンボジア・シャム	7615斤	10斤/30.0, 2284,5グル			
1643,8/10	寛永20年	漆	カンボジア	8843斤			オランジェンボーム号	
同		黒漆	シャム	14448斤			ズワーン号	

商館の日記』は、タイ（文献史料は旧国名のシャムと記載するが、本書では構成上の混乱がないように、以下現代国名のタイと統一して呼称）・カンボジア・ベトナム・中国から南蛮交易を通じて日本国内へ漆塗料を大量に輸入したことを記録している。本章では、和文翻訳されている寛永16年（1639）のいわゆる鎖国令の発布前後である寛永13〜20年（1636〜1643）における漆もしくは漆様塗料の輸入量を『長崎オランダ商館の日記』の記録から集計した（表1）。その結果、年間50〜100t近くが算定された。国別ではカンボジアとタイからの輸入量が多いようである。そのなかで、寛永16年（1639）のペッテン号はタイ黒漆約9t、同年のオースト・カペル号はカンボジア黒漆30t、寛永20年（1643）のオランジェンボーム号はカンボジア漆5t、同年のズワーン号はタイ黒漆8.6tをそれぞれ輸入していた。この記録によると、当時、輸入国は同じでも「漆」「黒漆」などの固有名詞の使い分けや、同じ船で入荷した塗料でも「1ピコル（60kg）当たり13テール、28テール、30テール」など、品質による値段差が存在したことも同時に理解された。

5、結　論

　京都市中の旧柳池中学校構内遺跡、大坂市中の大坂城下町町屋跡、長崎市中の炉粕町遺跡の3遺跡から出土した施釉陶器の破片には、内・外面に漆様塗料が付着固化した状態の資料が数多く含まれていた。本章では、これらの漆様塗料が、（1）本当に漆（ウルシ科）の塗料であるか、（2）そうであればどのような性質もしくは精製過程を経ているのか、（3）この漆様塗料が固化付着していた容器はいずれもタイやベトナムなどの海外で生産された輸入陶器であると考えられている。そのためこの壺内に汲み溜められた溶液からは、本当に東南アジア産の漆樹液特有の脂質成分が検出されるのか。以上の3つの点を明らかにすることを主目的とした分析調査を行った。

その結果、まず FT-IR 分析からは、本試料はいずれも漆（ウルシ科）の範疇に入る樹液が固化して塗膜形成された有機物質であることがわかった。これらは黒色系塗料の試料群と赤褐色系塗料の試料群に色相の違いで分類されるが、塗膜表面の劣化状態は後者の方が概して著しい。そのため、この差が両者の色相の差として観察されたものであろう。各試料の劣化状態の違いは、一般的にはそれぞれの土中埋没条件の違いを反映すると考えられる。ところが本試料群は一括で出土しているため、基本的には埋没条件はほぼ同一である。そのため、これは漆塗料自体の品質の差が劣化状態の差に反映したものと理解した。

　これら各試料の塗膜断面構造の観察では、いずれの塗膜層内においても微細な球状抜け穴痕跡や、樹皮をキズつけて漆樹液を採取する際に混入したと考えられる樹皮カスや混入ゴミなどが多数確認された。微細な球状抜け穴痕跡は、生漆が固化膜を形成する際に発生する漆膜内部のゴム質の不飽和分散形態であると考えられる。通常の漆工技術ではこのような現象を避けるために、生漆を「なやし」て「くろめ」る、漆精製工程が行われる。このことから、これらはいずれも生漆の精製作業の一つである「なやし」や「くろめ」などの漆樹液攪拌作業、さらには樹皮カスなどの不純物の漉し作業などが積極的には行われていない生漆状態の原液塗料の溶液であったと理解した。さらに壺容器の口縁部など、特に膜厚がある部分の塗膜層内には重層した固化塗膜層が観察された。この現象は、壺容器内に貯蔵された漆塗料を汲み出す際に口縁周辺や容器内面に漆が薄く付着して、それが何回も固化して重なった痕跡であると考えられる。当時の漆工作業の様子の一端が推測されよう。

　本章が調査対象とした京都、大坂、長崎市中の 3 遺跡から出土したタイ産と推察される四耳壺片に付着固化した塗膜試料には黒色顔料の混入は認められなかったが、黒い色調が強いものが多かった。また漆塗料に特徴的に見られる樹液が溜まって固化した漆膜表面の「ちぢみムラ」は、日本産漆にみられる細かいちぢみ現象とは若干様相が異なり、樹液垂れの固化箇所も含めて基本的には肉厚で平滑なため、艶光沢がある表面状態であった。このような固化塗膜の性状は、タイ・カンボジア・ミャンマー産の漆であるブラックツリーの漆塗料の特徴の一つである。本章では、この点を考慮に入れて主要な脂質成分の分析を明治大学の宮腰哲雄氏らの協力を得て行った。その結果、いずれの試料からもブラックツリーの漆樹液に特徴的に含有されるチチオール成分が検出され、日本産および中国産ウルシ樹液の特徴であるウルシオール成分は検出されなかった。このことから、本章で調査対象としたタイ産と推定される四耳壺は、タイ・カンボジア・ミャンマー周辺の東南アジア地域で回収されたブラックツリーの生漆状樹液を汲み溜めた容器であったと理解した。

　その一方で、旧柳池中学校構内遺跡ではベトナム産と推察される出土施釉陶器蓋の破片内面にも漆様塗料が付着固化した状態で観察された。この試料も同様の分析調査した結果、これはベトナム産漆樹液に特徴的なラッコール成分と、タイ・カンボジア・ミャンマー周辺の東南アジア地域で回収されたブラックツリー樹液に特有のチチオール成分の両方の特徴が検出された。そして塗膜断面構造の観察でも、塗膜層内には異なる塗料がブレンドされている状況が観察された。もちろん性質が異なる東南アジア産の漆塗料は、出荷前の現地で予めブレンドされてから日本に輸出されたものか、輸入した京都市中において改めて何らかの調整のために混和されたのかは不明

第Ⅱ部　輸入漆塗料の調達と使用

である。この点に関連して、『長崎オランダ商館の日記』に記録されたベトナム産漆塗料の輸入量は、タイ・カンボジア産のそれに比較して概して少ない。そのため、東南アジア各地から集荷された漆塗料は、まずは日本人町なども中継地点として展開していたベトナムの出荷現地において予め数量調整もしくは基本的な漆の性質調整を目的としてブレンドされ、その上で日本向けに出荷されたとの推察も成り立とう。

　一方、中国産と推定される施釉陶器壺片にも漆塗料が付着していた。本来であれば、この壺容器の中には中国産の漆塗料が充塡されていそうなものであるが、分析結果では、タイ産と推定される四耳壺と同様、タイ・カンボジア・ミャンマー周辺の東南アジア地域で回収されたブラックツリーの生漆状樹液を汲み溜めた容器であることがわかった。このことから、ベトナム産漆塗料と同様、東南アジア産の漆塗料の出荷現地において、空の中国産の施釉陶器壺を漆塗料用の容器として再利用するために調達して、ブラックツリーの漆塗料を改めて充塡して日本に出荷したという推察（一種のハブ機能を有した東南アジア交易基地が当時存在したという推察）も成り立とう。

　いずれにしても、これらは日本国内で出土した希少な東南アジア産漆塗料の生漆原液の資料群である。これらの存在については、文献史料は記録するものの、実態は不明であった。海上交易を通じて日本国内に搬入された輸入漆塗料そのものに相当すると考えられる。そしてこれらの出土地点は、長崎（貿易港）→大坂（輸入業者）→京都（工房）のルート上に存在していた。この事実は、少なくとも桃山文化期における日本国内、とりわけ当時の物づくりの中心地であった京都市中ではこれら輸入漆塗料を必要とする事情があったことを示す「物的証拠」の一つと位置づけられよう。

（文献史料）
（史料1：いずれも大日本史料　所収）
元和4年（1618）『伊達家文書』
　「一、く里、うるし、竹、毎年のをく、無油断うえさせ可申候も併かうぞ（楮）入念うえさせ可申事」
元和6年（1620）『伊達貞山治家記録』
　「一、漆ノ木一人ニ付十五本ッッ、毎年栽可申事付、根刈無油断可仕事
　　一、　　　　　　桑、楮、漆下々奉公人知行之内ヘモ栽可申候、其外兼テ被仰付候通之竹木、植不申候モノニハ、為料代、
　　　　人足廿日充召使ハルヘク候付、ムサト伐取モノ於有之者、為料錢小判一両可被召上事」
元和6年（1620）三月廿九日薩摩国内『両院古雑徴　知行名寄目録』
　「河添村田中　屋敷　六間　廿五間　五畝十歩　五升三合蒔大ッ（大豆）壱俵六升　次郎五郎　桑弐本　籾一升四合、漆弐本　同壱本四合、柿壱本　籾七合」
元和6年（1620）『坂内文書』
　「漆之木有之在々所々、蠟漆年貢ニ付而迷惑仕由候、然ハ諸在郷肝煎百姓手柄次第ニ、漆之木植ふやし可申候、何程多ふへ候共、今迄村々より納来候御年貢より御増候て被召上儀、末代迄有之間敷候、然上ハ、以来枯木、風折木、又ハ如何様之申分難有之、今迄之御帳面之木敷之内、一本も御引有間敷候間、得其意、漆之木修理可仕候、在々くつろき候様ニと思召、右之通被仰出候條、以来違変有間敷候、全存其旨、精を入、うへふやし可申者也
　　　　　　元和六年九月十五日　福西吉左衛門尉　宗長、稲田数馬助　貞忠、大沼郡小山村　肝煎百姓中」
元和7年（1621）『伊達家文書』
　「一、うるしの木、壱人に付而、毎年拾五本宛うえ可申事、付、根かり油断申間敷事、
　　一、うるしの木拾本ニ壱本、百本ニ拾本、御百姓衆ニ被下事」

第1章　東南アジア交易に伴う輸入漆塗料

（史料2：いずれも大日本史料　所収）
元和元年（1615）『和州郡山御城付御知行之内小物成帳』
「一　五斗　　　　　同（茶代）山手　　　丹生村
　一　弐斗　　　　　うるし百廿匁代　　　同所村
　一　四石　　　　　茶代　　　　　　　　北野村
　一　八斗五升　　　うるし五百拾匁　　　同所
　一　八斗　　　　　山年貢　　　　　　　的場村
　一　壱斗七升　　　うるし百弐匁　　　　同所
　一　八斗　　　　　茶代　　　　　　　　岸寺村
　一　五升　　　　　うるし三十四匁代　　同所
　一　壱石六斗　　　茶代　　　　　　　　室津村
　一　九升　　　　　うるし五拾一匁　　　同所
　一　弐斗　　　　　山年貢　　　　　　　切山村
　一　五斗七升　　　うるし三百四十匁　　同所
　一　壱石　　　　　山年貢　　　　　　　邑地村
　一　壱斗一升　　　うるし六十八匁　　　北ノ山村
　一　八斗　　　　　同（山年貢）　　　　月ヶ瀬村
　一　五升　　　　　漆三十四匁代　　　　同所
　米合九拾四石七斗弐升五合　　　　定納
　此高頭百八拾九石四斗五升　　　　但五ッ取ノ勘定
　以上　　　　　元和元年　　七月十九日　　小堀遠州（花押）
　北見五郎左衛門（花押）
　　　　　　　　中坊　左近（花押）
　伊丹喜之助（花押）
　水野日向守殿　　　　　　　　　　　　　　　　　　　　　　　　」

（史料3：いずれも大日本史料　所収）
慶長10年（1605）『宇都宮大明神御建立御勘定目録』
「一、永楽四貫七百七拾壱文　朱　六百六拾三匁代　但御扉平軸柱長押塗申候
　一、永楽五貫四百八拾五文　漆五拾六盃ノ代　但壱盃ニ付九拾五匁入
　一、永楽弐貫八百文　塗物並薄置作料　此人数弐百七拾人、
　一、米五石弐斗九升　石切並丹塗作料」

（史料4）
寛永15年（1638）松江重頼『毛吹草』
・陸奥　会津漆　　・越中　漆　　・上野　漆　　・下野　漆　　・甲斐　漆
・大和　吉野漆　　・備中　漆　　・周防　漆　　・肥後　漆
正徳2年（1712）寺島良安『和漢三才図会』
・陸奥　漆（会津）　・出羽　漆　　・越後　漆　　・上野　漆　　・下野　漆
・甲斐　漆　　・大和　漆（吉野）　・備中　漆　　・日向　漆（米良）

（史料5）
享保6年（1721）『楢川村　尾張御巡検衆へ口上之覚（手塚文書）』
「一、漆は何方より参り候やと御訪遊ばされ候　信州川中島松本山中又は飛州より参り候と申上候　当地
　　にては漆出申すやと仰せられ候　当地には漆の木一本も之なくと申上候（中略）
　一、漆の儀は当地にて入申物にてご座候へば　植置候へはとお尋遊ばされ候　うるしと申物は寒国にはそ
　　だち申さず候と申上御当地には竹さへ一切御座なく難儀仕候と申上候」

149

第Ⅱ部　輸入漆塗料の調達と使用

（参考文献）

大阪市文化財協会 編：『大坂城下町跡 Ⅱ』（2004）

加藤寛：『日本の美術　海を渡った日本漆器 Ⅲ（技法と表現）』No.428、至文堂（2002）

北野信彦：『近世漆器の産業技術と構造』雄山閣（2005）

北野信彦・植田直見：「土器壺の直面に内面に付着固化した黒漆様塗料の分析」『三王山遺跡』名古屋市教育委員会（1999）

北野信彦・小檜山一良・竜子正彦・高妻洋成・宮腰哲雄：「桃山文化期における輸入漆塗料の流通と使用に関する調査」『保存科学』vol.47、東京文化財研究所（2008）

京都市埋蔵文化財研究所：『平安京左京三条四坊十町（柳池中学校構内遺跡）跡』（2007）

沢口悟一：『日本漆工の研究』美術出版社（1966）

東京大学史料編纂所 編：『日本関係海外史料・イギリス商館日記』原文編3巻、訳文編4巻、東京大学出版会（1978～1982）

長崎県教育委員会：『長崎奉行所（立山役所）跡・炉粕町遺跡—長崎県文化財調査報告書第177集』（2004）

永積洋子 訳：『平戸オランダ商館の日記』全4巻、岩波書店（1969、1969、1969、1970）

日蘭学会 編・日蘭交渉史研究会 訳注：『長崎オランダ商館日記 1-10』雄松堂（1989～1999）

村上直次郎 訳：『長崎オランダ商館の日記』全3巻、岩波書店（1956、1957、1958）

村上直次郎 訳注・中村孝志 校注：『バタビア城日記』全3巻、東洋文庫、平凡社（1970～1975）

山崎剛：『日本の美術　海を渡った日本漆器 Ⅰ（16・17世紀）』No.426、至文堂（2002）

Kumanotani ju：「Traditional Japanese Urushi Techniques-Kurome and roiro-shiage-」『A Preface of Urushi Cultural Properties Conservation、Conservation of Urushi Objects』（1993）

第2章　桃山文化並行期における東南アジア地域の漆文化

1、諸　言

　桃山文化期には，オランダやイギリスの東インド会社による「南蛮交易」や日本商人による「御朱印船交易」などを通じて，数多くの東南アジアの物資が現地調達および集荷されて日本国内に輸入された。文献史料は，このような物資の一つに漆塗料を挙げている。本書の第Ⅱ部第1章では，このような東南アジア産の漆塗料が日本国内に輸入された具体的な「物的証拠」を幾つかの分析調査の結果から提示した。

　さて史実は，東南アジアにおける交易の現地拠点としてタイのアユタヤやカンボジアのアンコールワット周辺のシェムリアップ地域，ベトナムのホイアンなどに日本人町が形成されていたことを伝えている。現地調達もしくは集荷された物資の一つとして東南アジア産の漆塗料がある以上，当然，輸入元の東南アジア地域にも多様な漆文化が存在したことが推察される。ところが桃山文化並行期において，タイやカンボジアなどの漆塗料輸入元の現地ではどのような漆文化が存在したのかについては不明な点が多い。

　この点を考慮に入れて，タイ王国文化省芸術総局考古部やカンボジア王国アンコール保存事務所などの協力と理解を得たタイ・アユタヤとカンボジア・アンコールワットにおける桃山文化並行期の漆文化に関する現地調査を実施した。その結果，東南アジア地域の漆文化の一端が理解されたので，本章ではその内容を報告する。

2、調査対象地域と漆文化の概要

2.1　タイ・アユタヤ

　桃山文化並行期である16世紀末〜17世紀前期頃に活発な東南アジア交易を行った都市の一つに，タイ中部のバンコク近郊に所在するアユタヤがある。アユタヤは，現在，世界文化遺産にも登録されている仏教遺跡群の存在でも知られるように，仏教を中心としたアユタヤ王朝（1351〜1767）の首都として栄えた都市である（写真1）。チャオプラヤ川を経て海にも通じており，中国，インド，ヨーロッパ諸国とのほぼ中間地点という水上交通の利便性が高い地域に立地する。この地理的条件の有利性を生かしたアユタヤ王朝は，21代ナレースワン国王の時代を中心に，日本，琉球，中国などの東アジアや東南アジア諸国，インド，ペルシャ，アラブ，さらにはポルトガルやスペイン（イスパニア），オランダなどのヨーロッパ諸国との活発な交易国家として繁栄したとされる。ただし，近隣のスコータイやビルマ，アンコール朝との軍事的衝突も頻繁にあったようである。その一方で，各地の文化や技術を積極的に吸収して独自のアユタヤ文化を築いたとされる。

　日本との具体的な関係は，山田長政（1590頃〜1630）の存在でも象徴されるように，多くの日本人がこの地に渡ったことである。彼らの駐在地である日本人町がアユタヤ近郊に築かれ，「御朱印船交易」を通じて多くの物資が日本向けに輸出されたと考えられている（写真2）。

　タイ国内における漆文化の存在は，少なくともアユタヤ朝以降の建具や家具，各種什器類など

第Ⅱ部　輸入漆塗料の調達と使用

写真1：桃山文化並行期における
　　　　アユタヤの様子

写真2：日本人町周辺の現況

写真3：ワット・プラブ寺院の建造物写真

写真4：同　黒色漆と金箔模様による
　　　　外観塗装の様子

写真5：タイ寺院におけるHang Hongの現況

写真6：ワット・ベンチャマボピット寺院の
　　　　Hang Hong

写真7：ワット・チャイワッタナラーム
　　　　寺院の現況

写真8：同　伽藍内部天井の漆塗装と螺鈿加飾

152

第 2 章　桃山文化並行期における東南アジア地域の漆文化

写真 9：同　拡大

写真 10：同　伽藍内陣に安置されている仏像の現況

に箔絵やキンマ、螺鈿加飾などを施した高度な技術による漆工品が多数作製されたことが従来から報告されている。また、木造寺院建造物の壁板や扉板材にも漆と金箔による漆箔塗装が多くみられる。一例として、近代のバンコク時代に造営されたワット・プラブ寺院の外板壁材には黒色漆が塗装されており、その上に金箔模様の加飾が施されていた（写真 3、4）。またタイの寺院建造物には、Hang Hong と称される装飾部材が屋根の妻飾りとして一般的にみられる（写真 5）。1893 年創建のワット・ベンチャマポビット寺院の取り外し Hang Hong 部材（タイ国立文化省芸術総局考古部所蔵）には、漆箔塗装が確認された（写真 6）。この木造建造物の塗装仕様は、本書の第Ⅰ部第 4 章で検討を加えた桃山文化期における御殿建造物の外観塗装と同じ漆箔塗装である。

一方、アユタヤ周辺には、現在世界文化遺産に登録されているワット・チャイワッタナラーム寺院をはじめとするアユタヤ王朝時代（以下、アユタヤ期と称す）に造営されたレンガ造の仏教寺院伽藍群が数多く所在する（写真 7）。そのなかでアユタヤ周辺における桃山文化並行期における漆文化の一端を示す事例の一つに、レンガ造の寺院建造物内部の木部への漆塗装の存在がある。これらの建造物の天井部分や扉部材には、螺鈿加飾を伴う漆塗装が施されている箇所が随所に目視で確認された（写真 8、9）。さらに、これらの内陣に安置されているレンガ造の仏像群にも漆箔塗装されたものが多くみられた（写真 10）。

いずれにしても、タイ・アユタヤ周辺では寺院の木造建造物のみならず、桃山文化並行期に造営されたレンガ造の寺院伽藍建造物の内部には、塗装時期は正確には不明であるものの、漆塗料が多用されていたようである。

2.2　カンボジア・アンコール周辺（シェムリアップ地域）

桃山文化並行期においてタイのアユタヤと同じく日本との関係が深い地域の一つにカンボジアのトンレサップ湖近郊に所在するアンコール周辺（シェムリアップ地域）がある。水上交通の要衝であったこの地は、12 世紀代にはクメール・アンコール王朝のスールヤヴァルマン 2 世によりヒンドゥー教寺院であるアンコールワットが造営された。現在、世界文化遺産にも登録されているアンコールワットやアンコールトムをはじめとする多くの石造寺院伽藍群がこのアンコール周辺には多数所在しているが、これらはいずれも何回かの修理作業が繰り返されて今日に至って

第Ⅱ部　輸入漆塗料の調達と使用

写真11：カンボジア・アンコールワット
　　　　寺院の現況①（2012年）

写真12：カンボジア・アンコールワット
　　　　寺院の現況②

写真13：同　回廊内の扉枠と梁部分に
　　　　使用された木材

写真14：同　拡大

いる（写真11、12）。

　アンコールワットは当初、ヒンドゥー教寺院であった。1564年にはアンチェン1世が第Ⅰ回廊北面レリーフの作製をはじめとした仏教寺院への改造を行った。この第Ⅰ回廊のレリーフ上には、修理作業（これは単に痛んだ箇所の手直しという範疇ではなく、ヒンドゥー教→大乗仏教→上座部仏教への宗教変換に伴う図様変換が主であったとされる）の度に赤色顔料や金箔貼などの加飾が施されていたことが、先行研究で指摘されている（写真13、14）。なかでもドイツ・ケルン大学の研究チームは、この第Ⅰ回廊の17世紀以降の修理レリーフ上に「ナチュラル・ブラック・ラッカー」が塗装された箇所があるという報告を行っている。

　現地調査の結果、この第Ⅰ回廊の扉の枠材や梁材には木材が多用されており、石材の上にも塗装年代は不明ながらも漆塗料と金箔貼りの痕跡が随所で確認された（写真15、16）。

　さらに17世紀前期頃の桃山文化並行期であるポストアンコール期には、従来のクメール様式の石造仏の上に厚い下地を施し、その上に漆塗装と金箔貼りによる漆箔で仏像表現を大きく変化させる事例が多くみられた（写真17-1、17-2）。また木彫仏も新たに作製されるようになったとされる。

　いずれにしてもカンボジア国内の歴史では、アンコールワット期（11世紀末〜12世紀：ヒンドゥー教）→バイヨン期（12世紀末〜13世紀：大乗仏教）→ポストバイヨン期（アンコール王朝がスコー

写真15：同　第Ⅰ回廊内の漆塗装と金箔貼りの状況

写真16：同　金箔貼りの拡大

写真17-1：石仏像表面の漆塗装と金箔貼りの状況①

写真17-2：石仏像表面の漆塗装と金箔貼りの状況②

写真18：同　回廊柱　森本右近太夫一房の墨書痕跡

タイの影響で滅ぶ1431年迄：大乗仏教）→1431年以降のポストアンコール期の初期段階（アユタヤ朝との文化的共通性が指摘される：上座部仏教）には漆塗料を使用した仏像の作製などの漆文化の存在はこれまであまり指摘されてこなかった。しかし少なくとも17世紀代には漆塗装を施した木彫仏の新規作製や石造仏のリニューアル施工として漆箔を施すなどの漆工技術の存在が確認される。このことから、桃山文化並行期にはアンコールワット周辺地域に、漆塗料を多用する漆文化が存在したようである。

なお余談ながら、この地域は1586年にはポルトガル人とコンタクトを持つようになり、寛永9年（1632）には森本右近太夫一房の一行がこの地を訪れてアンコールワットの回廊柱に墨書を残している（写真18）。少なくともこの時代には日本とアンコールワット周辺地域との間には何らかの交流があったといえよう。

3、漆塗料の観察と分析

3.1　現地調査

平成22年（2010）11月28日～12月2日にかけてタイ・アユタヤ周辺の漆文化に関する現地

第Ⅱ部　輸入漆塗料の調達と使用

調査をタイ王国文化省芸術総局考古部の協力を得て筆者と東京文化財研究所の朽津信明・二神葉子両氏の3名で実施した。また平成22年（2010）6月28日〜7月3日、同　12月6日〜12月10日、平成24年（2012）8月28日〜9月4日の3回に分けてカンボジア・アンコールワット周辺地域の漆文化に関する現地調査をカンボジア王国文化芸術省・アンコール保存事務所（アプサラ）の協力を得て実施した。このうちの第1回目調査は主にアンコールワット第Ⅰ回廊地区において筆者と奈良文化財研究所の杉山洋・佐藤由似両氏の3名で、第2回目調査はカンボジア文化芸術省・アンコール保存事務所内において筆者と早稲田大学・大学院生（当時）の千葉麻由子・中松万由美両氏の3名で、第3回目調査はカンボジア文化芸術省・アンコール保存事務所の協力を得てアンコールワット遺跡内で筆者が実施した。

　この現地調査の際、数mm角程度の剝落塗装膜小破片を本体である文化財資料周辺で幾つか確認した。これらは目視で本来の塗装箇所が特定される塗装膜小破片であってもそのまま放置しておくといずれ紛失して資料価値が損なわれる可能性が高い。そのため、現地調査時に慎重に回収した。このうちの必要最小限の剝落小破片試料は、先方担当者の了承を得て本章の調査対象試料として分析に供した。なおこれらの調査結果は、分析作業終了後に速やかに現地の担当部署に報告して情報の共有化を図った。

3.2　調査対象試料

①タイ・アユタヤ周辺（建造物部材および仏像文化財）

試料A：ワット・プラブ寺院の外観塗装材料＝黒色漆＋金箔模様：バンコク時代：（写真4）

試料B：ワット・ベンチャマポビット寺院（マーブル・テンプル）の Hang Hong（tail of Swan）部材＝黒色漆＋金箔：1893年創建の寺院建造物：（写真6）

試料C：ワット・チャイワッタナラーム寺院内に安置されている塑像仏像の剝落小片①＝木芯＋レンガ＋土塑造＋黒色漆の漆塗装＋金箔：アユタヤ期を想定：（写真10）

試料D：ワット・チャイワッタナラーム寺院内に安置されている試料Cと同じ仏像の剝落小片②＝木芯＋レンガ＋土塑造＋黒色漆の漆塗装＋金箔：アユタヤ期を想定

②シェムリアップ地域：アンコール周辺（建造物部材および仏像文化財）

試料1：建築部材（L：80×W：17×H：3cm）の木彫の漆箔塗装・緑色顔料：年代不明（写真19-1、19-2）

試料2：木彫＝下地＋黒色漆＋金箔：年代不明（写真20-1、20-2）

試料3：石仏像（No.N-1039：2054、H：61cm）＝下地＋黒色漆＋（赤色系漆？）＋金箔・貝殻象嵌（螺鈿）：ポストアンコール期の石仏像（写真21-1、21-2）

試料4：石仏像（試料3と同様式の石仏像、H：60cm）＝下地＋黒色漆＋赤色系漆＋金箔・貝殻象嵌（螺鈿）：ポストアンコール期の石仏像（写真22-1、22-2）

試料5：修復痕跡がある石仏像（No.N-1053、H：27cm）＝下層：赤色漆＋金箔、上層：下地＋黒色漆＋赤色系漆＋金箔）：バイヨン期の石仏像（写真23-1、23-2）

試料6：石仏像（ナーガブッダ）（No.N-657-B、H：28cm）＝下層：赤色系漆＋金箔、上層：黒色漆、目に貝殻象嵌：アンコールワット期の石仏像（写真24-1、24-2）

第 2 章　桃山文化並行期における東南アジア地域の漆文化

写真 19-1：建築部材の木彫レリーフ（試料 1）

写真 19-2：同　拡大

写真 20-1：木彫の金箔貼り（試料 2）

写真 20-2：同　拡大

写真 21-1：石仏像の螺鈿加飾（試料 3）

写真 21-2：同　拡大

写真 22-1：
石仏像の
螺鈿加飾（試料 4）

写真 22-2：同　拡大

第Ⅱ部　輸入漆塗料の調達と使用

写真 23-1：石仏像の金箔貼り（試料5）

写真 23-2：同　拡大

写真 24-1：石仏像の漆塗装（試料6）

写真 24-2：同　拡大

写真 25-1：石仏像の漆塗装と布着せ（試料7）

写真 25-2：同　拡大

写真 26-1：木仏像の漆塗装（試料8）

写真 26-2：同　拡大

第 2 章　桃山文化並行期における東南アジア地域の漆文化

写真 27-1：木仏像の全体（試料 9 を回収）

写真 27-2：同仏像の漆塗装と金箔貼り部分
（試料 9-1）

写真 27-3：同仏像の作り出し装飾部分
（試料 9-2）

写真 28-1：
木仏像の全体
（試料 10 を回収）

写真 28-2：同仏像の漆塗装と金箔貼り部分
（試料 10-1）

写真 28-3：同仏像の作り出し装飾部分
（試料 10-2）

写真 29-1：
木仏像の全体
（試料 11 を回収）

写真 29-2：同仏像の漆塗装と金箔貼り部分
（試料 11-1）

159

第Ⅱ部　輸入漆塗料の調達と使用

写真 29-3：同仏像の接着材料である漆塗料
（試料 11-2）

写真 30-2：同仏像の漆塗装（試料 12-1、12-2）

写真 31-1：
木仏像の全体
（試料 13 を回収）

写真 32-1：アンコールワット中央塔の現況

写真 30-1：
木仏像の全体
（試料 12 を回収）

写真 31-2：同仏像の漆塗装と金箔貼り部分
（試料 13-1）

写真 31-3：同仏像の作り出し装飾部分
（試料 13-2）

写真 32-2：中央塔内部仏像施設入口の
塗装箇所（試料 14）

試料 7：石仏像＝下層：黒色漆、上層：黒色漆＋赤色系漆＋金箔、裾襞部分は刻苧と布張：
　　　　ポストアンコール期（写真25-1、25-2）

試料 8：木仏像（No.N-1325,H：118cm）＝下地＋赤色系漆、木彫部分は模様を彫り出して貝殻象嵌：
　　　　ポストアンコール期（写真26-1、26-2）

試料 9：木仏像（No.N-1333：5527、H：134cm）＝（9-1）木胎＋黒色漆＋赤色系漆＋金箔、木彫部
　　　　分は刻苧貼りつけと彫り出しの併用、（9-2）刻苧漆：ポストアンコール期（写真27-1、
　　　　27-2、27-3）

試料10：木仏像（No.N-1327：5521、H：172cm）＝（10-1）木胎＋黒色漆＋赤色系漆＋金箔、木彫
　　　　部分は刻苧貼りつけと彫り出しの併用、（10-2）刻苧漆：ポストアンコール期（写真
　　　　28-1、28-2、28-3）

試料11：木仏像（No.N-1323：6457、H：175cm）＝（11-1）下層：黒色漆＋赤色系漆＋金箔、上層：
　　　　黒色漆＋赤色系漆＋金箔、（11-2）接着用漆（麦漆系？）、（11-3）装飾の貼付け用刻苧
　　　　漆（帯部分）、現状は 5 パーツ、これに両腕が付くと 7 パーツの寄木作り：ポストアン
　　　　コール期（写真29-1、29-2、29-3）

試料12：木仏像（No.N-1332：5542、H：134cm）＝（12-1）下地＋黒色漆＋赤色系漆、（12-2）貝象
　　　　嵌（螺鈿）部分（接着材）、一木作りで貝殻象嵌（螺鈿？）、模様は彫り込み：ポストア
　　　　ンコール期（写真30-1、30-2）

試料13：木仏像（No.N-1314：2168、H：169cm）＝（13-1）下地＋黒色漆＋赤色系漆＋金箔、（13-2）
　　　　羅髪部分の刻苧漆、羅髪は刻苧漆で貼付け、衣の裾に仏陀模様（沈金技法＋金箔貼り）：
　　　　ポストアンコール期（写真31-1、31-2、31-3）

③アンコールワット遺跡

試料14：アンコールワット中央塔内の石製レリーフ入口枠に塗装されていた剥落小破片（仏像
　　　　を安置した中央塔施設は桃山文化並行期に相当するポスト・アンコール期に新規造営：写真
　　　　32-1、32-2）

3.3　調査方法

　①漆塗り表面や下地の状態、蒔絵や螺鈿加飾の拡大観察
　②塗装膜の断面構造の観察
　③金箔材料や赤色系漆の使用顔料
　④漆塗膜中に含まれる主要脂質成分の分析

3.4　調査結果

（タイ・アユタヤの試料群）

木造建造物の外観塗装である試料 A は黒色漆の上に金箔模様を貼る漆箔塗装が目視観察され
た（写真33-1）。この試料の塗装膜の断面観察を行った結果、木地板壁材の上に下地を施さずに
漆塗料が直接塗装されていた（写真33-2）。また試料 B は、金箔の端部を僅かながら重ねて貼る
ために箔足や箔皺などが明確に観察された（写真34-1）。そして炭粉下地の上に赤褐色系の漆塗

第Ⅱ部　輸入漆塗料の調達と使用

写真 33-1：黒色漆と金箔貼模様（試料 A）

写真 33-2：試料 A の塗装膜の断面構造の観察

写真 34-1：黒色漆と金箔による漆箔塗装（試料 B）

写真 34-2：試料 B の塗装膜の断面構造の観察

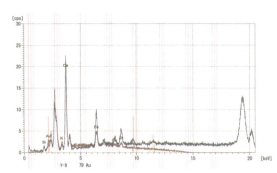
図 1：試料 A の金箔部分の蛍光 X 線分析結果

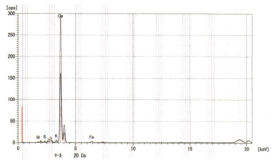
図 2：試料 D の下地部分の蛍光 X 線分析結果

料を一層塗布して金箔を貼る漆箔技術の存在が確認された（写真 34-2）。これら各試料の金箔箇所からはいずれも金（Au）のピークが検出された（図1）。

　仏像塗装である試料 C・D の下地箇所からはいずれもカルシウム（Ca）の強いピークが検出された（図2）。これらの塗装断面構造の拡大観察を行った結果、試料 C は微細な鉱物系粒子とともに骨粉粒子の混入が確認される下地を施してサビ上塗りの漆塗装が為されていた（写真35）。試料 D は骨粉粒子や炭粉などを混入した試料 C に比較して比較的肉持ちが良いサビ下地の下地調整を行い、上塗りの漆塗装が為されていた（写真36）。

　次に、各試料の塗装膜の Py-GC/MS 分析を行った。その結果、建造物塗装、仏像塗装、いずれの試料からも日本・中国産漆樹液に特徴的な *Rhus Vernicifera* のウルシオール成分やベトナム

写真35：試料Cの塗装膜の断面構造の観察　　写真36：試料Dの塗装膜の断面構造の観察

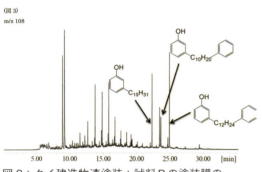
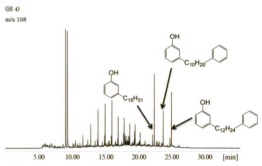

図3：タイ建造物漆塗装：試料Bの塗装膜の　　図4：タイ仏像漆塗装：試料Cの塗装膜の
　　　Py-GC/MS 分析結果　　　　　　　　　　　　Py-GC/MS 分析結果

産漆樹液に特徴的な *Rhus Succedanla* のラッコール成分は検出されず、側鎖に芳香環を持つ *Melanorrhoea Usitata* 樹液特有のチチオール成分のみが検出された（図3、4）。その一方で、何れの試料からも同じ箇所に未知の有機成分のピークが検出された。これがチチオール成分の劣化に伴う有機物質であるのか何らかの混和材料であるのかは現時点では不明である。

（カンボジア・アンコール周辺の試料群）

これらは建造物の木彫部材、木仏像、石仏像、石造建造物などに外観塗装もしくは彩色加飾された塗装彩色の剝落小破片試料群である。このうちの試料1は建造物の木彫部材の塗装材料である。この試料は緑色顔料による彩色が観察され、その上に漆箔と思われる塗装が目視観察された。この緑色顔料からは、強い銅（Cu）のピークとともに砒素（As）のピークが同時に検出された（図5）。この緑色塗装膜の断面構造の拡大観察では、均一な粒度を有する球状粉末の緑色顔料が明確に確認された（写真37）。そのためこれは近代以降の人造緑色顔料であるエメラルドグリーンであると同定した。この緑色顔料の上には漆箔と思われる加飾痕跡も確認され、金（Au）のピークが検出された。その一方で、金箔を貼った塗料の Py-GC/MS 分析を行った結果、漆塗料に特徴的な成分は見いだされなかった。そのため本章では未同定の天然樹脂とした。

試料2も Py-GC/MS 分析では漆塗料に特徴的な成分も微量ながら含まれている可能性はあるものの主成分ではなかった。そのためこの塗料も未同定の天然樹脂とした。この試料は漆塗料を僅かに含む樹脂塗装の上に金箔が貼られ、さらに同様の塗装膜構造が上層に確認された、そのためこれは塗り直し補修の痕跡である可能性が想定された（写真38）。

第Ⅱ部　輸入漆塗料の調達と使用

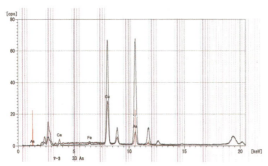

図5：試料1における緑色顔料の
　　　蛍光X線分析結果

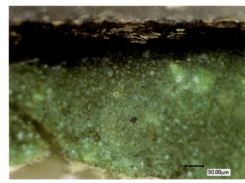

写真37：試料1の塗装膜の断面構造の観察

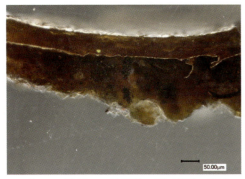

写真38：試料2の塗装膜の断面構造の観察

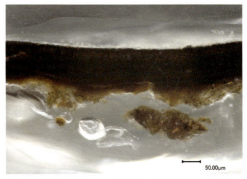

写真39：試料3の塗装膜の断面構造の観察

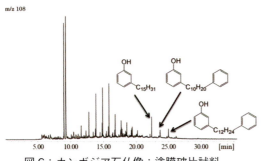

図6：カンボジア石仏像：塗膜破片試料
　　　（試料No.6）のPy-GC/MS分析結果

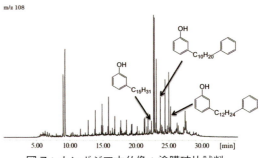

図7：カンボジア木仏像：塗膜破片試料
　　　（試料No.13）のPy-GC/MS分析結果

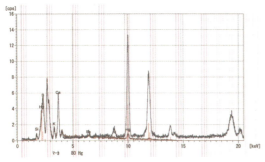

図8：試料4の赤色系漆の蛍光X線分析結果

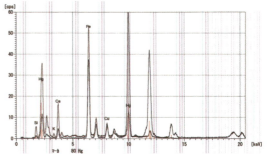

図9：試料6の赤色系漆の蛍光X線分析結果

164

第2章　桃山文化並行期における東南アジア地域の漆文化

写真40：試料4の塗装膜の断面構造の観察

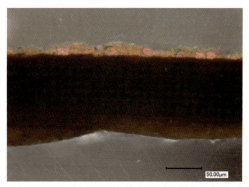
写真41-1：試料5の塗装膜の断面構造の観察①

写真41-2：試料5の塗装膜の断面構造の観察②

写真42-1：試料6の塗装膜の断面構造の観察①

　次に石仏像および木仏像の塗装材料である試料3～13の塗装膜自体のPy-GC/MS分析を行った。その結果、いずれの試料からも日本・中国産漆樹液に特徴的な *Rhus Vernicifera* のウルシオール成分やベトナム産漆樹液に特徴的な *Rhus Succedanla* のラッコール成分は検出されず、側鎖に芳香環を持つ *Melanorrhoea Usitata* 樹液特有のチチオール成分が検出された（図6,7）。その一方で、同時に試料11を除く何れの試料からも同じ箇所に未知の成分のピークが検出された。これがチチオール成分の劣化に伴う物質であるのか何らかの混和材料であるのかは、現時点では不明である。また試料11からは、チチオール成分とともに澱粉質成分が同時に検出された。試料3はサビ下地の上に2層の暗赤褐色系漆が塗布されていた（写真39）。試料4～8、9-1、10-1、11-1、12-1、13-1はいずれも赤色系漆の塗装が目視観察された。これらの各試料の赤色系漆の使用顔料を分析した結果、どの試料においても水銀（Hg）のピークが強く検出されたため朱顔料（HgS）による朱漆であると同定した（図8）。このなかで試料6のみは水銀（Hg）とともに鉄（Fe）の強いピークが見出された。そのため朱顔料とともにベンガラ顔料の併用が想定された（図9）。

　試料4はサビ下地の上に2層の暗赤褐色系漆が塗布され、その上に朱漆と金箔が貼られていた（写真40）。試料5は粘土鉱物を混入した厚いサビ下地を施した上に2層の暗赤褐色系漆が塗布され、その上に金箔の接着材料である朱漆が確認された（写真41-1、41-2）。試料6は骨粉を混入した下地の上に下層→上層の塗り直し補修の痕跡が確認された。このうちの下層の塗装膜は、2層の暗赤褐色系漆の上にやや粗い鉄メタルや石英鉱物を含む天然赤鉄鉱を粉砕して作製する赤土ベンガラ漆が塗装され、その上に金箔が貼られていた。さらに上層の塗装膜は下層と同じ2層の暗

165

第Ⅱ部　輸入漆塗料の調達と使用

写真42-2：試料6の塗装膜の断面構造の観察②

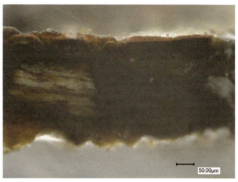

写真42-3：同　下地部分の拡大観察：骨粉系のサビ下地

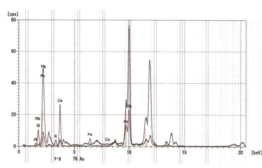

図10：試料7の金箔貼り部分の蛍光X線分析結果

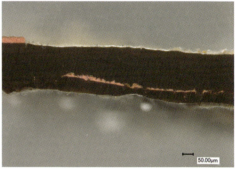

写真43：試料7の塗装膜の断面構造の観察

写真44-1：試料8の塗装膜の断面構造の観察①

写真44-2：試料8の塗装膜の断面構造の観察②

赤褐色系漆の上に朱漆が塗装され、その上に金箔が貼られていた（写真42-1～42-3）。試料7は塗り直し痕跡が確認された。これらは上・下層ともに2層の暗赤褐色系漆の中塗りの上に上塗りの朱漆を塗装し、その上に金箔が貼られていた（図10、写真43）。試料8は木胎に暗赤褐色系漆を直接塗装し、その上に天然辰砂を粉砕したと考えられる粗い朱顔料粒子を混入した朱漆を塗装して金箔が貼られていた（写真44-1、44-2）。試料9も下層→上層の塗り直し補修の痕跡が確認され、いずれも暗赤褐色系漆が1層、その上に細粒（下層）、粗粒（上層）の異なる種類の朱漆層と金箔が貼られていた（写真45-1、45-2）。特にこの試料の下地層は骨粉を混入したサビ下地で加飾のレリーフ作り出しの成型を行っていた（写真45-3）。試料10はサビ下地の上に暗赤褐色系漆、

写真45-1：試料9の塗装膜の断面構造の観察①

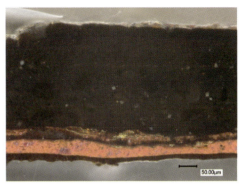
写真45-2：試料9の塗装膜の断面構造の観察②

写真45-3：同　下地部分の拡大観察：骨粉系のサビ下地

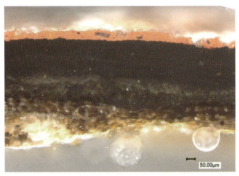
写真46：試料10の塗装膜の断面構造の観察

写真47-1：試料11の塗装膜の断面構造の観察①

写真47-2：試料11の塗装膜の断面構造の観察②

その上に朱漆を塗装して金箔が貼られていた（写真46）。試料11も基本的には試料10と同じ技法である（写真47-1、47-2）。そして寄木作りの木部同士を接着する漆塗料には澱粉粒子の痕跡が明確に確認された（写真47-3）。いわゆる麦漆系の接着材料であろう。その一方で加飾のレリーフ部分は粘土鉱物を混入したサビ下地で作り出しの成型が行われていた。試料12は同じ加飾としてのレリーフ部分であっても粗い骨粉を混入したサビ下地（写真48-1、48-2）、試料13は試料11とは異なる粘土鉱物を混入したサビ下地で作り出しの成型が為されていた（写真49-1〜49-4）。

　以上のように、本試料群はいずれも艶光沢があり黒い色調が強い平滑な塗膜を呈していた（写真50）。その一方で同じポストアンコール期の漆塗装技術であっても、塗装膜の塗り重ね状況

第Ⅱ部　輸入漆塗料の調達と使用

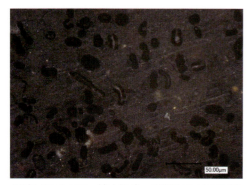

写真 47-3：同　拡大観察：澱粉粒入りの麦漆

写真 48-1：試料 12 の塗装膜の断面構造の観察

写真 48-2：同　下地の拡大観察：骨粉系のサビ下地

写真 49-1：試料 13 の塗装膜の断面構造の観察①

写真 49-2：試料 13 の塗装膜の断面構造の観察②

写真 49-3：試料 13 の塗装膜の断面構造の観察③

写真 49-4：同　拡大：鉱物系サビ下地

写真 50：漆塗装の拡大観察

第 2 章　桃山文化並行期における東南アジア地域の漆文化

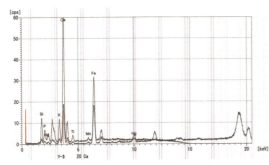

図 11：試料 No.9 の下地部分の
　　　蛍光 X 線分析結果

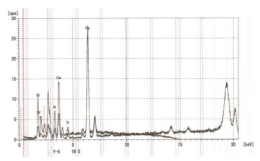

図 12：試料 No.12 の下地部分の
　　　蛍光 X 線分析結果

写真 51：漆塗装と金箔貼りの拡大観察

写真 52-1：布着せ補強の拡大観察①

写真 52-2：布着せ補強の拡大観察②

写真 53-1：螺鈿加飾の拡大観察①

写真 53-2：螺鈿加飾の拡大観察②

写真 54-1：金箔貼りの拡大観察①

第Ⅱ部　輸入漆塗料の調達と使用

写真 54-2：金箔貼りの拡大観察②

写真 54-3：金箔貼りの拡大観察③

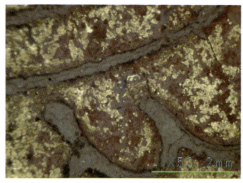

写真 55：金箔貼りと沈金技法の拡大観察

写真 56：アンコールワット中央塔内の入口
　　　　枠レリーフ部分の漆塗装の様子

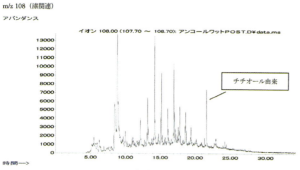

図 13：アンコールワット中央塔入口レリーフの黒色漆塗装：
　　　 試料 14 の Py-GC/MS 分析結果

（写真 51）やサビ下地の性質（図 11、12）や麦漆などの混入材料などは多種多様であった。また布着せ補強（写真 52-1、52-2）や比較的厚みのある貝殻の螺鈿加飾（写真 53-1、53-2）、箔絵（写真 54-1～54-3）や沈金技法（写真 55）なども確認された。いずれにしても、これらの観察と分析結果からは、多彩な漆工の材料と技術による漆文化がポストアンコール期のアンコール周辺では存在していたことが理解された。

　アンコールワットは巨大な石造寺院建造物であることは周知の通りであるが、桃山文化並行期である 17 世紀前期頃のポストアンコール期のアンコールワットの様子を伝える伝承は、この建造物群は金箔で荘厳されていたとしている。

　前記したように建造物内部の壁面などには黒い塗膜層と金箔貼の痕跡が所々で観察された。ところがこれが漆塗料であるかどうかの分析はこれまで実施されてこなかった。本調査ではこの点を考慮に入れて、改めてアンコールワット遺跡の石材表面の塗装痕跡の精査を実施した。その結果、ポストアンコール期に増築された中央塔内の大仏像を納めた施設の入口枠レリーフ箇所に黒

色漆と目視観察される塗装痕跡を見出すことができた（写真 56）。この塗装痕跡の塗料が漆塗料であるかどうかを確認するために微小な剥落小破片試料（試料 14）を回収して Py-GC/MS 分析を行った。その結果、試料 3〜13 と同じく側鎖に芳香環を持つ *Melanorrhoea Usitata* 樹液特有のチチオール成分が検出された（図 13）。このことから、少なくとも桃山文化並行期に相当するポストアンコール期のアンコールワットでは石造建造物の外観塗装として漆塗装が為されていた箇所が存在することが確認された。

4、結　論

　本章では、桃山文化並行期の東南アジア地域における漆文化の状況を知るために、タイ・アユタヤ周辺とカンボジア・アンコールワット周辺の寺院建造物の外観塗装や石造・木造・レンガ＋土塑造の仏像表面の塗装材料に関する分析調査を実施した。調査の結果、何れの試料からも基本的にはタイ・カンボジア・ミャンマー産のブラックツリー樹液の特徴であるチチオール成分が検出され、ベトナム産漆樹液に特徴的なラッコール成分や日本・中国産漆樹液に特徴的なウルシオール成分は検出されなかった。この点は、本調査を実施した地域的特徴を考慮に入れると納得のいく結果である。

　前記したように、タイ・アユタヤとカンボジア・アンコールワット周辺のシェムリアップ地域はいずれも水上交通の利便性が高いとともに、距離的に東アジア、中東、ヨーロッパ諸国とのほぼ中間地点に位置する。これらの地域では、地理的条件の有利性を生かして桃山文化並行期には海上交易都市として栄えたことが知られている。日本との関係も深く、「南蛮交易」や「御朱印船交易」が行われていた時代には日本人町も形成された。その結果これらの地域では、海外との活発な交流の所産としてさまざまな文化や技術の導入や融合が図られたと考えられている。

　本書が取り上げる漆塗料を利用した漆文化、すなわち漆工の材料や技術的な諸問題についても、当該地域では少なくとも桃山文化並行期には建造物塗装や仏像の表面塗装に漆塗料の使用が確認された。とりわけカンボジア国内ではどのような漆文化の歴史があったのかに関する先行研究はほとんどなく、漆文化の存在すら一般には認識されていない現状がある。このような先行研究の状況の中、少なくとも 17 世紀前期頃のポストアンコール期には中国や日本、タイなどの漆文化と共通する基本的な漆工材料、貝殻螺鈿や箔絵技法、キンマを含む広義の沈金技法など、多彩な加飾技術が用いられていたことが確認された。とりわけ下地調整や装飾であるレリーフの造り出し成型には中国起源の漆工技術であるとされる骨粉を混入したサビ下地の技術が採用されており、日本の伝統的な接着材料である麦漆の存在も同時に確認された。このことは、カンボジア国内で独自に漆文化が成熟したというよりは、日本や中国、さらにはタイ、ベトナムなどとの活発な交易を通じた漆工技術の交流の所産である可能性が指摘されよう。

（参考文献）
　内田悦生・田久保豊・豊内謙太郎・渡辺美齢・吉田順一：「アンコールワット・十字回廊に見られる顔
　　料の研究」『日本文化財科学会第 27 回大会研究発表要旨集』関西大学（2010）
　斎藤潮美：「カンボジア・アンコールワット遺跡とベトナム・フエ王宮を中心とした東南アジアの世界

第Ⅱ部　輸入漆塗料の調達と使用

　　　文化遺産における伝統的髹飾技術に関する研究」『Annual Report of RISE. ASTE』vol.A21、
　　早稲田大学（2013）
Julthusana Byachrananda：『Thai Mother-of-Pearl Inlay』, River Books, Thailand.（2001）

第3章　京都市中出土の漆工用具

1、諸　言

　本書の第Ⅱ部第1章では京都・大坂・長崎市中の3遺跡から出土したタイ、ベトナム、中国産と推定される輸入陶器の容器破片に付着固化した黒色の漆様樹脂が、長崎の『オランダ商館の日記』が記録する東南アジア産の輸入漆塗料の物的証拠である可能性が高いことを指摘した。続く第2章では、桃山文化並行期である17世紀前期頃には輸入漆塗料の供給元と考えられるタイ・アユタヤやカンボジア・アンコールワット遺跡が所在するシェムリアップ地域において、多岐に渡る漆工の材料と技術による漆文化が存在したことを報告した。

　しかし、これらの地域から東南アジア交易を通じて日本にもたらされた輸入漆塗料は、その後どのようなシステムを経て日本国内で流通し、どのような場所と用途で使用されたかについてはこれまで不明な点が多かった。幸いこの点に関連する資料群として、第Ⅱ部第1章で取り上げた京都市中の旧柳池中学校構内遺跡では、漆塗料を充塡した壺とともに漆工用具と考えられる漆塗料に関連する出土遺物が存在していることを、今回新たに確認することができた。また、この遺跡からほど近い別の遺跡からも、同年代の漆工用具と漆塗料などの漆工に関連する遺物が幾例か出土した。

　本章では、これらの分析調査を行ったのでその結果を纏めるとともに、東南アジア産の輸入漆塗料の使用に関する文献史料の調査も実施したので、この内容も併せて報告する。

2、遺跡と漆工用具と考えられる出土遺物の概要

2.1　旧柳池中学校構内遺跡（京都市遺跡名称：左京三条四坊十町跡）

　京都市埋蔵文化財研究所による京都市中京区御池通富小路西入東八幡町に所在する本遺跡の発掘調査の公式な調査概要は、既刊の京都市埋蔵文化財研究所による発掘調査報告書に詳しい。ところが出土資料量が膨大であったため、報告書作成時には第Ⅱ部第1章で取り上げた四耳壺容器以外の漆工関連資料の調査および報告は実施できなかった。そのため筆者は、改めてこれらの出土遺物群のなかに壺容器群以外に漆塗料が付着固化した漆工に関連する資料が存在するかどうかを再確認する必要性を感じ、関係各位の協力を得てその悉皆調査を実施した。

　その結果、輸入漆塗料が付着固化した焼〆陶器の四耳壺片などと同じゴミ廃棄土坑（写真1）から出土した資料群の中に、漆塗料が付着固化した漆蓋紙であると考えられ

写真1：旧柳池中学校構内遺跡の大型ゴミ廃棄土坑

る出土遺物片を7点、漆塗料を汲み溜めた曲物底板を1点、漆塗料が全体的に厚く付着固化する底部を意識的に打ち欠いた呉須染めの肥前磁器碗を1点、漆塗料が付着した木製の漆ヘラを2点、赤色系漆が毛部分に付着固化した漆刷毛を1点、漆塗り作業用の漆塗板材の破片と思われる表面に赤色系漆、裏面に黒色漆が付着した板材を1点、合計13点の漆工用具に関連する出土遺物の存在を確認することができた。

2.2 三条町屋跡遺跡 （京都市遺跡名称：左京三条三坊十町跡）

京都市埋蔵文化財研究所は、平成19年（2007）4月～5月にかけて京都市中京区両替町通御池上ル金吹町に所在する民間マンション建設に伴う事前の発掘調査を実施した。遺跡は、中世期には押小路殿・二条殿御殿跡、天正年間には二条殿御池城跡地に該当する。旧柳池中学校構内遺跡とは数百mほど西に離れた同じ御池通沿いに所在し、東面に烏丸通、北面に押小路通が通り、西面は両替町通、南面は御池通に接する商業地の中心部に所在する（本遺跡の正式な京都市遺跡名称は左京三条三坊十町跡であるが、本章では、以下、通称名称である三条町屋跡遺跡と称す）。

この遺跡の発掘調査では、旧柳池中学校構内遺跡とほぼ同じ時期（17世紀初～中期）に存在したと考えられる町屋跡の大型ゴミ廃棄土坑が検出された（図1、写真2）。この遺構からは大量の生活用具とともに漆様塗料が付着固化した漆蓋紙、同じく漆塗料の曲物容器、漆漉布や漆漉紙、

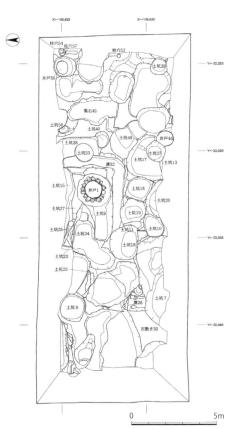

図1：三条町屋跡遺跡の遺構図

写真2：三条町屋跡遺跡の大型ゴミ廃棄土坑

図2：『舟木本　洛中洛外図屏風』に描かれた京都市中の塗師屋工房の様子［東京国立博物館所蔵／Image: TNM Image Archives］

漆塗料を一旦汲み溜めたため漆塗料が付着固化した唐津碗や志野織部皿などの陶器破片が一括で出土した。

これらの年代観は、漆塗料を一旦汲み溜めた容器として再利用された唐津碗や志野織部皿がいずれも肥前磁器の生産が開始される以前の 17 世紀初頭から前期頃（国産陶磁器編年による）に比定されるため、本章もこれにしたがう。すなわちこれらは桃山文化期の漆器生産工房に関連した出土遺物群（漆工用具類）である。本資料群は、まさに寛永年間頃の京都市中の様子を克明に描いた『舟木本　洛中洛外図屏風』（東京国立博物館所蔵）にみられる京都市中の塗師屋（漆器職人）工房の店先を彷彿とさせる漆工用具の物的証拠の一つであるといえよう（図2）。

3、出土した漆塗料の観察と分析

3.1　調査対象試料

各試料は、数mm角程度の漆塗料と考えられる漆様塗料の小破片を以下に提示する各資料からそれぞれ注意深く採取して分析試料として供した。

旧柳池中学校構内遺跡出土資料

　　資料1-1～1-7：漆蓋紙と考えられる漆様塗料（試料1-1～1-7）膜片（写真3、4）
　　資料1-8：漆様塗料（試料1-8）を汲み溜めた曲物底板（写真5）
　　資料1-9：漆様塗料（試料1-9）が厚く付着固化した呉須染めの肥前磁器碗（写真6）

写真3：試料1-1が付着固化した漆蓋紙

写真4：試料1-6が付着固化した漆蓋紙

写真5：試料1-8を汲み溜めた
　　　　曲物容器の底板

写真6：試料1-9が付着固化した肥前磁器碗

第Ⅱ部　輸入漆塗料の調達と使用

写真7：試料1-10（写真下）、1-11（写真上）が付着固化した漆ヘラ

写真8：試料1-12が付着固化した漆刷毛

写真9-1：試料1-13aが付着固化した漆塗板：表面

写真9-2：試料1-13bが付着固化した漆塗板：裏面

写真10：試料2-1が付着固化した漆蓋紙

写真11：試料2-2が付着固化した漆蓋紙

写真12：試料2-3を汲み溜めた曲物容器

写真13：試料2-4が付着固化した

写真14：試料2-5が付着固化した漆漉紙

写真15：試料2-6が付着固化した志野織部皿破片

　資料1-10：漆様塗料（試料1-10）が付着固化した完形の木製の漆ヘラ（写真7）
　資料1-11：漆様塗料（試料1-11）が付着固化した破片の木製の漆ヘラ（写真7）
　資料1-12：赤色系漆様塗料（試料1-12）が毛部分に付着固化した漆刷毛（写真8）
　資料1-13：漆塗台板の破片と思われる赤色系漆様塗料（試料1-13a）と黒色漆様塗料（試料1-13b）が付着固化した板材（写真9-1、9-2）

三条町屋跡出土資料
　資料2-1：漆蓋紙と考えられる漆様塗料（試料2-1）膜片（写真10）
　資料2-2：漆蓋紙と考えられる漆様塗料（試料2-2）膜片（写真11）
　資料2-3：漆様塗料（試料2-3）を汲み溜めた曲物容器片（写真12）
　資料2-4：漆様塗料（試料2-4）が付着固化した漆漉布片（写真13）
　資料2-5：漆様塗料（試料2-5）が付着固化した漆漉紙片（写真14）
　資料2-6～2-11：漆様塗料（試料2-6～2-11）が付着固化した唐津碗や志野織部皿などの陶器片（写真15）

3.2　分析調査の方法
　①漆様塗料膜の表面状態の観察
　②漆様塗料膜の内部状態（断面構造の観察）
　③漆様塗料の主要脂質成分の同定
　④漆ヘラおよび漆刷毛の樹種同定
　⑤赤色系漆の使用顔料の分析

3.3　調査結果
　旧柳池中学校構内遺跡の出土資料1-1～1-7と三条町屋跡遺跡の出土資料2-1、2-2の表面状態を拡大観察した結果、漆様塗料が付着固化しているために残存が良好な状態の和紙繊維の交錯した絡まりが認められた（写真16、17）。各試料の内部状態を知るために断面構造を観察した結果、いずれも数十μm程度の球状抜け穴が多数観察される生漆状態であることが確認された（写真18）。

第Ⅱ部　輸入漆塗料の調達と使用

写真16：試料1-2の漆塗料が付着固化した漆蓋紙（資料1-2）

写真17：漆蓋紙（資料1-1）に観察される和紙繊維の拡大観察

写真18：漆蓋紙に付着固化した漆塗料（試料1-6）の断面観察

写真19：漆蓋紙の使用例（参考）

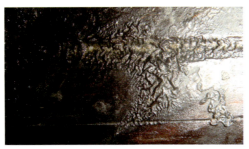

写真20：曲物底板に溜まった漆塗料の「ちぢみムラ」

写真21-1：漆ヘラ（資料1-10）先端部分の形態

写真21-2：漆ヘラ（資料1-11）先端部分に付着固化した漆塗料

写真22：資料1-10、1-11と今日の各種漆ヘラとの比較

そのためこれらは当初推定したように、いずれも漆塗料を汲み溜めた漆容器の口を塞ぐ漆蓋紙であると理解した（写真19）。

資料1-8は直径25cmを測る中型の曲物容器の底板である。側板自体は欠損しているが、底板の内面には黒色の漆様塗料が底部に残存した状態で固着しており、この漆様塗料の溶液を汲み溜めた曲物容器であることがわかる（写真20）。

資料1-9は、底部を意識的に打ち欠いた呉須染めの肥前磁器碗の内・外面全体に黒い漆様塗料が厚く付着固化していた。さらに一部には液垂れの雫下も明確に観察された。そのためこれは漆様塗料の溶液汲み出し時の液垂れの痕跡であると理解した。この資料自体が古伊万里系の肥前磁器であるため、国産陶磁の編年観でも17世紀前半頃に比定されており、一括出土の本資料群が桃山文化期の漆工用具であることを裏付けている。

資料1-10、1-11の漆様塗料が付着固化した漆ヘラは、2点とも白木の柾目材をヘギ割りしたうえで、しなりを得るためにヘラ先の先端はそぎ落として細くしてあった。その上で、一旦漆塗料を全体的に塗布する木固め作業も為されていた。樹種同定の結果、2点とも針葉樹ヒノキ科ヒノキ材であった。このうちの長さ25.0cm×ヘラ先の最大幅約6.0cmを測るほぼ完形の資料1-10はヘラ先の上端をカットする作業も為されていた。そしてヘラ先を中心に付着固化していた漆様塗料（試料1-10）は細かい夾雑物を多く含むためか表面の艶光沢は少なくざらついているものの、液垂れの雫下した部分は黒色を呈するやや肉厚で平滑な固化塗膜が観察された（写真21-1）。また、漆ヘラの下端部分のみが割れた状態で残存していた破片資料1-11も、ヘラ先のカット角度を完形資料と合わせると基本的には両者は同じ形状と寸法を有する資料であることがわかった。そしてこの破片資料のヘラ先を中心に付着固化していた漆様塗料（試料1-11）は、やや赤褐色系ではあるが極めて艶光沢が強く透明感がある肉厚で平滑な固化塗膜を有していた。しかし詳細に観察すると、このなかにも細かい夾雑物の混入が観察された（写真21-2）。そのため、これらはいずれも生漆の精製作業の一つである「なやし」や「くろめ」などの樹液攪拌作業、さらには樹皮かすなどの不純物の漉し作業などが積極的には行われていない生漆状の原液塗料の溶液であると理解した。

またこの漆ヘラ2点は、いずれも形状や寸法、製法面などが、今日の伝統的な漆工技術の分野で下地付けや漆塗料を移し変える際に使用する漆ヘラと極めて類似していることが、民俗資料（岩手県二戸市浄法寺民俗資料館所蔵）との比較検討で確認された（写真22）。

一方、試料1-12の赤色系漆様塗料が先端部に付着固化した幅3.5cm×残存長さ7.5cmを測るスギ科材の柄を有する板状の木製品資料は、整理作業と報告書の作成時には赤色系漆が付着固化した用途不明の板状木製品とされていた。ところが今回の再調査で、改めて赤色系漆様塗料が付着した先端部を拡大観察したところ、直径数十μm程度の髪毛が束ねられた状態であることが確認された（写真23）。そのうえで伝統的な漆工用具の一つである漆塗刷毛（青森県田子町安比川周辺で大正期頃まで行われていた漆器碗生産に使用された各種用途別の漆塗刷毛の民俗資料：青森県田子町小山田家所蔵）と形状や寸法、製法面などを比較検討した結果、これが漆塗刷毛であることがわかった（写真24）

試料1-13a、1-13bは、漆塗り作業用の漆塗板材の破片と考えられる資料1-13の表面と側面

第Ⅱ部　輸入漆塗料の調達と使用

写真23：試料1-12が付着固化した
　　　　漆刷毛（資料1-12）先端部分

写真24：資料1-12と民俗資料の
　　　　各種漆刷毛との比較

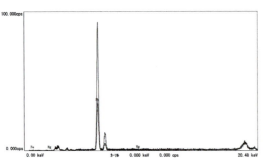

図3：試料1-12表面の赤色系漆の
　　　蛍光X線分析結果：ベンガラ漆

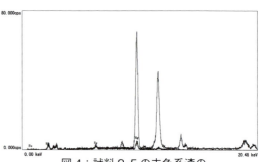

図4：試料2-5の赤色系漆の
　　　蛍光X線分析結果：朱漆

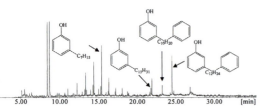

図5：試料1-1のPy-GC/MS分析結果：
　　　チチオール＋ウルシオール成分を検出

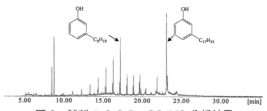

図6：試料1-2のPy-GC/MS分析結果：
　　　チチオール＋ラッコール成分を検出

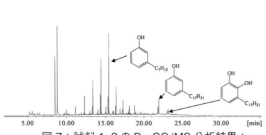

図7：試料1-3のPy-GC/MS分析結果：
　　　ウルシオール成分を検出

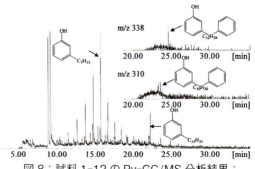

図8：試料1-12のPy-GC/MS分析結果：
　　　チチオール＋ウルシオール成分を検出

180

第3章　京都市中出土の漆工用具

に比較的厚く塗布された赤色系漆様塗料と、その裏面に付着固化した状態で観察された黒色漆様塗料である。いずれにしても本遺跡で一括出土した漆ヘラや漆塗刷毛は、これまで語られることが少なかった伝統的な各種漆工用具の形態の起源が少なくとも寛永年間（1624〜1644）には確実に遡ることを示す重要な「物的証拠」の一つであることを意味しよう。

　本章で調査を行った漆塗料の各試料は、旧柳池中学校構内遺跡出土の漆刷毛と漆塗板の表面に付着固化した赤色系漆様塗料、三条町屋跡遺跡出土の漆漉紙を除き、①艶光沢がある黒い色相が強い漆塗膜、②艶光沢があるものの前者よりはやや透明感が強い赤褐色系の色相を呈する漆塗膜、の2種類に大別された。肉眼観察では漆漉紙や漆漉布に付着固化した赤色系漆（試料2-5）を除き、いずれも「ちぢみムラ」が一部に観察される漆塗膜片であった。

　旧柳池中学校構内遺跡出土の漆刷毛と漆塗板の表面に付着固化した赤色系漆様塗料と三条町屋跡遺跡出土の漆漉紙に付着固化した赤色系漆様塗料の使用顔料をそれぞれ分析した結果、前者の試料1-12、1-13a からは鉄（Fe）の強いピークが、後者の試料2-5 からは Hg（水銀）の強いピークが検出された（図3、4）。そのため、前者はベンガラ漆、後者は朱漆と理解した。

　各試料の Py-GC/MS 分析を行った結果、漆蓋紙に付着した試料5点（試料1-1、1-4、1-5、1-6、1-7）、漆様塗料の曲物容器の底部に付着残存した試料1-8、呉須染めの肥前磁器碗に付着固化した試料1-9 からは *Melanorrhoea Usitata* のチチオール成分と日本・中国産の漆樹液に特徴的な *Rhus Vernicifera* のウルシオール成分の両方の特徴を示すピークが共存して検出された（図5）。その一方で同じ漆蓋紙と思われる試料1-2 からは *Melanorrhoea Usitata* のチチオール成分と *Rhus Succedanla* のラッコール成分の両者の特徴を示すピークが共存して検出された（図6）。また試料1-3 からは日本・中国産の漆樹液に特徴的な *Rhus Vernicifera* のウルシオール成分のみが検出された（図7）。

　形状や寸法、基本的な製法が類似する2本の漆ヘラに付着固化した漆様塗料は、試料1-10 は側鎖に芳香環を持つ *Melanorrhoea Usitata* 樹液特有のチチオール成分が検出されたが、日本・中国産漆樹液に特徴的な *Rhus Vernicifera* のウルシオール成分やベトナム産漆樹液に特徴的な *Rhus Succedanla* のラッコール成分は含まれなかった。その一方で試料1-11 からはタイやカンボジア、ミャンマー産の漆樹液に特徴的な *Melanorrhoea Usitata* のチチオール成分とベトナム産の漆樹液に特徴的な *Rhus Succedanla* のラッコール成分の両者のピークが検出された。

　さらに漆刷毛先に付着固化した試料1-12 と漆塗板の表面に塗布された試料1-13a のベンガラ漆からは、*Rhus Vernicifera* のウルシオール成分と *Melanorrhoea Usitata* のチチオール成分の両者の特徴を示すピークが共存して検出された（図8）。しかし同じ漆塗板の裏面に付着固化した試料1-13b である黒色の漆様樹脂からは *Rhus Vernicifera* のウルシオール成分のみが検出され、表裏で異なる漆塗料の結果となった。

　その一方で、三条町屋跡遺跡で一括出土した試料2-1〜2-11 の漆様塗料を Py-GC/MS 分析した結果、すべての試料から *Rhus Vernicifera* のウルシオール成分のみが検出された。

　このように、旧柳池中学校構内遺跡から一括で出土した漆工用具と三条町屋跡遺跡出土のそれとは同じ桃山文化期の京都市中町屋における漆工房関連の資料群であるものの、使用されていた漆塗料の種類と性質は大きく異なっていた。

181

第Ⅱ部　輸入漆塗料の調達と使用

4、文献史料の調査

　安永6年（1777）に長崎商館長フェイトの侍医として江戸へ旅したスウェーデン人 C. P. ツュンペリーは、著書『江戸参府随行記』のなかでオランダによる長崎交易の状況について言及している。それによると、交易開始当初は生糸・ラシャ地などの繊維製品や蘇木、鮫皮、水銀、麝香などさまざまな品目があったことを挙げ、漆塗料も含まれていた。これらの交易品により、「平戸時代、その利益は相当なものであった」と記している。その一方で、「日本で製造される漆器製品は中国やシャム（以下、現代国名であるタイと呼称する）、その他世界のどの製品をも凌駕する。それらは最上質の松や杉材を使い、ウルシノキ（*Rhus Vernix*）から採れる最高の漆を塗る」として、日本産の漆塗料が良質であるとの認識も示している。

　第Ⅱ部第1章でも言及したように、平戸から長崎に交易の場が移行する寛永年間（1624～1644）にはオランダの『商館の日記』によるとタイ・カンボジア・ベトナム（トンキン）・中国華南（交趾シナ）などから日本へ年間50～100t近くに算定される東南アジア産の輸入漆塗料の生漆原液が輸入され、国別ではカンボジアとタイからの輸入量が多かったようである。

　それではこのような漆塗料はどのような形で輸入されたのであろう。慶長19年（1614）にイギリス商館商務員リチャード・ウイッカム（しにょろ様）へ宛てた『作右衛門積荷覚書』は、「漆壺　拾二」と記録しており、漆塗料は壺単位で数えられている（史料）。またオランダ商館長の記録においても、和文翻訳ではあるが元和2年（1616）7月26日の記録に「黒漆（ナムラック）の入った壺12本を受け取った」と記している。また寛永17年（1640）8月10日には、カンボジアから平戸に入港したフライト船カストリクム号の積荷には黒色漆収納用壺1,205個（616テール14マース）が含まれていた。このように漆はピコルやカッティーなどの単位とともに、壺単位でも数えられたようである。さらに元和元年（1615）10月8日の記録は「五本の竹包に入った黒い塗料」とあるように竹包みの場合もあったようである。『南蛮図屏風』（第Ⅱ部第1章：図3）に描かれた竹籠入四耳壺と類似した形体を有する旧柳池中学校構内遺跡出土四耳壺の焼〆陶器は、輸入漆塗料を充塡した一般的な運搬容器であったといえよう。

　和文翻訳が刊行されている寛永年間の『オランダ商館の日記』によると、「漆」「黒漆」などと固有名詞が使い分けられるとともに品質差もあった輸入漆塗料であるが、長崎と京都・大坂・江戸・伏見・堺の5箇所の幕府直轄地の有力御用商人が長崎に出向いて入札で落札取引したこと、漆塗料にはオランダ側と値段交渉を行う買受人も存在しており、限定されたルートで国内流通したことを記録している。その際の東南アジア産の輸入漆塗料は、輸入時点の四耳壺容器に収納したままの壺単位で日本側の漆買受商人に売り捌かれたと考えられるが、寛永20年（1643）9月23日の記録などには「若干の漆を計量して引き渡した」とある。このことから、オランダ商館側で漆塗料を計量して量り売りする場合もあったようである。この点に関連する記述として、寛永18年（1641）のオランダ商館の『仕訳帳』は、3月2日にシンエモン（新右衛門？）を借方として黒色漆の掛販売の取引が行われたが、同年9月18日には同じシンエモン（新右衛門？）を貸方として掛売り商品である黒色漆が差し戻されたことを記帳している。ここからみえてくる輸入漆塗料の取引システムは、漆商人に一旦売り渡された輸入漆塗料であっても、年間内で売り残っ

た分はオランダ商館に買い戻させることが可能な商業システムが存在したのか、もしくはシンエモン（新右衛門？）という漆商人はオランダ商館の商品取り扱いの代理窓口であったため、売れ残り商品はその都度差し戻すことが通常であったのかのいずれかであろう。

ところで、寛永12年（1635）にオランダ商館と取引があった京都の輸出漆器の生産工房リストのなかに、蒔絵屋シエモン（Makia Siemon：新右衛門？）の名前がみえる。前記した「仕訳帳」に登場するシンエモン（新右衛門？）と蒔絵屋シエモンが同一人物であると仮定するならば、3月に引き渡された黒漆塗料は輸出漆器を作製するために現物支給された原材料であり、注文品である輸出漆器の作製終了時の半年後に余りの黒漆塗料の原材料をオランダ商館に差し戻したという考えも成り立つ。そのため、この記述は輸入漆塗料と輸出漆器を結びつける貴重な記録ともいえる。

その一方で、『オランダ商館の日記』には、輸出漆器の多くは前年にオランダ商館が京都、後に大坂も含めた蒔絵師などの漆器職人に銅金型の見本および事細かな漆の塗り方などを含めた仕様文書を添えて蒔絵漆器を注文したこと、翌年に出来上がった蒔絵漆器は最初に取り決めた値段を支払って長崎で受け取る約束としていたが、実際には出来上がった蒔絵漆器の支払い金額を巡って両者の値段交渉が改めて難航したことも多かったことなどが記録されている。このような支払金額のトラブルの原因の一つして日本の漆器職人は原材料費高騰を理由に値段のつり上げを行ったケースも多いとして、漆器の注文を出す際には予め木地や漆の原材料を用立てて職人に渡して、逐一、細工を注文する場合もあったようである。この一例として、長崎商館が丸い皮楯の素胎を東南アジアから輸入し、インド（ベンガル）総督などへの土産品とするために漆塗装と蒔絵加飾を京都の漆器職人に行わせた実例が有名である。

以上のようなシステムと作業工程を経て日本で流通したと考えられる輸入漆塗料であるが、実際にはどのような価格であったのであろう。寛永16年（1639）11月3日の記録は、「ナムラックすなわち黒漆（namracq ofte swarten lack）などが全部（入札により）人々に売り捌かれた。―中略―そしてナムラックが平均して38テール（タエル）5マースに売れたことから考えて、いずれも昨年程の高値にはならなかった」と記しており、大体の状況が垣間見える。ここでは、『オランダ商館の日記』に記録がある各年の長崎市場において値段が付いた1ピコル（約60kg）単位ごとの各種品目別の価格値段覚書から、大まかな状況を把握した（表1）。

その結果、寛永17年（1640）は中国産漆（Chinesen lack）1ピコルが13、28、30タエルの3種類、カンボジアから輸入したナムラック（漆）は25タエルであった。この時の胡椒が15タエル、ロンガンセーク（薬種）30タエル、金色の大形蠟燭30タエルであった。また寛永19年（1642）には、カンボジア産およびタイ産漆30タエルの時に、錫10タエル、胡椒12タエル、正保元年（1644）は、54艘のシナ貿易のジャンク船分として黒漆（swart lack）18タエルの時に、茶15タエル、胡椒20タエル、錫20タエル、インディゴ20タエルの値段が付いている。さらに正保2年（1645）は76艘の中国ジャンク船分として黒漆30タエルの時に、蠟22タエル、中国製油25タエルであり、正保3年（1646）には黒漆（swart lack）32タエルの時に、インディゴ20タエル、蠟20タエル、カソンバ（肉桂皮）35タエル、木香40タエル、ちなみに象牙53タエル、水銀100タエルが記録されている。このように、同じ1ピコルあたりの価格を他の品名と比較すると、輸入漆塗料が比較的高価であったとする当時の一般的な価格認識の一端が理解された。

第Ⅱ部　輸入漆塗料の調達と使用

表1：長崎交易輸入品の1ピコルあたりの品目別価格一覧（欧文表記は原史料による）

年	品目	1ピコルあたりの価格（タエル）	備考
寛永17年（1640）	中国産漆（Chinesen lack）	13,28,30	大小74艘のシナ・ジャンク船積荷
	白糸（witte rouwe sijde）	280,310,340	
	片撚糸（getweernde sijde）	230〜270	
	ボギー糸（bogij）	140,200,270	
	ポイル生糸（poolsijde）	250	
	水銀（quicksilver）	60,65	
	白蠟（錫：spiaulter）	8.5,9,9.5	
	明礬（aluijn）	1.5	
	金色の大形蠟燭（groote vergulde wasse kaersen）	30	
	網の染色に用いるタン皮（taen tot verwen van netten）	1	
	白砂糖（witte poeijersuijcker）	4.9,5.7,6	
	黒砂糖（swarte suijcker）	1.6,2.8,3.25	
	ふし糸（繭：filosel ofte huijskens van sijde）	12	トンキンからの2艘のシナ・ジャンク船
	生糸（rouwe zijde）	170,190,200	
	上等の麻（fijnen kennip）	8	
	蘇木（roothout）	1	
	カポック（capock）	4.2	
	胡椒（peper）	15	
	ナムラック（漆：namracq）	25	カンボジアからの4艘のシナ・ジャンク船積荷
	ボギー糸（bogij）	150,210	
	白糸（witte rouwe sijde）	310	
	片撚糸（getweernde sijde）	270	
	白蠟（錫：spiaulter）	8.7	
	水銀（quicksilver）	63	
	ボリボリア（椰子油の軟膏：borboria）	4	
	ロンガンセーク（薬種：ronganseeck medicine）	30	
	赤染料（roode verw）	6.5	
寛永19年（1642）	カンボジア産ならびシャム産漆（Cambodias als Siams lack）	30	3、4艘のシナ人のジャンク船積荷
	白生糸（witte rouwe zijde）	260	
	ボギー糸（bogij）	250	
	白蠟（錫：spiaulter）	10	
	ふし糸（sitow）	10	
	蘇木（sappanhout）	7	
	氷砂糖（candijsuycker）	6	
	粉砂糖（poyersuycker）	5.5	
	黒粉砂糖（swarte dito）	4	
	カポック（capock）	5	
	明礬（aluyn）	2	
	丁子（nagelen）	70	
	胡椒（peper）	12	

184

年	品　目	1ピコルあたりの 価格（タエル）	備　考
寛永19年（1642）	甘草（soethout）	12	
	木香（poetsjock）	50	
	肉桂（caneel）	15	
	土臥令（radicx China）	10	
	黒檀（ebbenhout）	5	
正保元年（1644）	黒漆（swart lack）	18	54艘のシナ貿易のジャンク船積荷
	中国産白生糸（witte rouwe Chinese zijde）	350	
	ボギー糸（bogijzijde）	450	
	シタウ（繭玉：sittouw）	20	
	黒砂糖（swarte suycker）	4	
	氷砂糖（candijsuycker）	8	
	蜂蜜（hoonich）	10	
	茶（t'siaa）	15	
	白蠟（錫：spiaulter）	7	
	蠟（was）	25	
	沈香（agurhoudt）	30	
	カソンバ（cassomba）	7	
	山帰来（radicx China）	5	
	白檀（sandelhoudt）	5	
	木香（poetsiocq）	50	
	胡椒（peper）	20	
	蘇木（sappanhoudt）	4	
	カボック（capock）	5	
	錫（thin）	20	
	黒檀（ebbenhoudt）	4	
	水銀（quicksilver）	50	
	鉱物染料（coperroot）	195	
	インディゴ（indigo）	20	
正保2年（1645）	黒漆（zwart lack）	30	76艘のシナ・ジャンク船
	生糸（rouwe zijde）	320	
	ボギー糸（bogij zijde）	320	
	白色縫糸（witte nayzijde）	300	
	ボイル糸（poilzijde）	400	
	トンキン産生糸（Tonquinse zijde）	290	
	氷砂糖（candijzuycker）	8.5	
	白砂糖（witte zuycker）	6	
	黒砂糖（zwarte zuycker）	2.3	
	蘇木（zappanhout）	4	
	胡椒（peper）	12	
	麝香（mnscus）	30	
	明礬（alluyn）	2.1	
	鉱物染料（coperroot）	6	
	シタウ（繭玉：zittouw）	16	
	糖蜜（zijroop）	3	

第Ⅱ部　輸入漆塗料の調達と使用

年	品　目	1ピコルあたりの価格(タエル)	備　考
正保2年(1645)	中国産茶(Chinese thee)	15	
	蠟(wasch)	22	
	辰砂(varmilioen)	130	
	亜鉛(spiauter)	6	
	染料各種(alderhande verwe)	30	
	中国製油(Chinese olij)	25	
	象牙(eliphantstanden)	80	
正保3年(1646)	黒漆(swart lack)	32	54艘のジャンク船積荷
	白色生糸(witte rouwe sijde)	300	
	ボギー糸(boghijzijde)	320	
	縫糸(naayzijde)	300	
	ポイル糸(poolzijde)	360	
	トンキン産生糸(Toncquynsche rouwe zijde)	280	
	真綿(floszijde)	200	
	シタウ(粗製の生糸：sitouwe ofte groffwerck van sijde)	18	
	胡椒(peeper)	12	
	象牙(oliphantstanden)	53	
	錫(tin)	12	
	木香(poetsiock)	40	
	白色粉砂糖(witte poeyersuycker)	3.5	
	氷砂糖(candijsuycker)	3.5	
	黒砂糖(swartte ditto)	2	
	明礬(aluyn)	2	
	鉱物染料(cooperroot)	6	
	白檀(sandelhout)	20	
	沈香(agerhout)	200	
	麻(kennip)	20	
	木油(houtolij)	25	
	蠟(wasch)	20	
	水銀(quicksilver)	100	
	蘇木(sappanhout)	4	
	白蠟(錫：spiaulter)	24?	
	山帰来(radixs China)	15	
	肉桂(caneel)	20	
	カソンバ(桂皮：casomba)	35	
	木綿糸(catoene gaaren)	15	
	ホミカ(craenoogen)	14	
	カンボジア産胡桃(Combodische nootgens)	3	
	ボレボリ(borriborrij)	6	
	ガリガ(galijgaa)	15	
	インディゴ(indigo)	20	

5、結　論

　本章では、まず、京都市中の旧柳池中学校構内遺跡において東南アジア産の漆塗料が付着固化したタイ産と推定される四耳壺片やベトナム産と推定される施釉陶器蓋片と同じ遺構から一括出土した漆工用具に付着固化していた漆様塗料の試料群について、Py-GC/MS分析などの分析調査を行った。

　その結果、一括で出土した資料群に付着固化した漆様塗料は、四耳壺に付着固化していた漆様塗料と同様のタイ・カンボジア・ミャンマー産の漆樹液に特徴的なチチオール成分、ベトナム産の漆樹液に特徴的なラッコール成分、日本・中国産の漆樹液に特徴的なウルシオール成分など、3種類の異なる種類の漆がそれぞれ確認された。すなわち京都市中の中心地に所在する町屋跡の同じゴミ廃棄土坑からは、東南アジア産や日本産など、さまざまな産地や由来が異なる生漆塗料の原液資料が混在して出土していた。この中で、漆を移し変えるために使用したと考えられる漆ヘラと漆蓋紙付着の漆塗料からは、チチオール単独やウルシオール単独、チチオールとラッコールの両者の特徴を有する漆塗料がそれぞれ検出された。また、漆器生産との関連性が直接的に理解される漆刷毛からはウルシオールとチチオールの両者の特徴を有する漆塗料が確認された。このことから、それぞれの漆塗料の性質を当時の漆工職人が熟知した上でブレンド（混合）作業を周辺地域で行っていた可能性が指摘されるとともに、搬入されたタイ産四耳壺に充塡されていた輸入漆塗料を小分けするための工程として、日本産の小型曲物容器に漆ヘラを用いて移し替え、この漆塗料が空気に触れて固化しないように蓋紙で密封梱包してストックする作業工程を具体的に示す「物的証拠」が確認された。今後、輸入漆塗料の流通や使用のあり方を考える上で重要な参考資料となろう。

　一方、同じ御池通沿いで旧柳池中学校構内遺跡の近隣に所在する三条町屋跡遺跡のゴミ廃棄土坑からも、ほぼ同年代（寛永年間を想定）の漆器生産工房に関連する漆工用具と考えられる遺物が一括で出土した。これらは、漆塗料を汲み溜めた曲物容器、漆蓋紙、漆漉布、漆様塗料を一旦汲みいれたために漆様塗料が付着した唐津碗・志野織部皿などであり、付着固化した漆様塗料についても同様の分析調査を行った。その結果、これらからはいずれも日本・中国産の漆樹液に特徴的なウルシオールのみが検出された。また同じ赤色系漆の使用顔料でも、三条町屋跡の出土資料では水銀（Hg）のピークが検出された朱漆のみ、旧柳池中学校構内遺跡の出土資料からは鉄（Fe）のピークが顕著に検出されたベンガラ漆のみであり、それぞれの時と状況に応じた赤色顔料の使い分けも為されていたようである。

　以上のように、本章の調査対象資料からは、同じ京都市中においても状況や塗装対象製品によって輸入漆と日本産漆のそれぞれの漆塗料の性質を考慮に入れた使い分けやブレンド作業などが行われていた可能性が指摘された。いずれにしても、安土桃山～江戸時代前期頃の桃山文化期は、国内で大量の漆塗料の需要があった時代である。このような時代背景のなかで、本章で明らかとなった輸入漆塗料の使用を裏付ける漆工用具の資料群の存在は、本書が取り上げる漆工の分野のみならず当時の社会のなかでも重要な意味を占めたものと考える。

第Ⅱ部　輸入漆塗料の調達と使用

（文献史料）

「作右衛門積荷覚書　　　　　　つつミ申覚之事
　一、すおふ木（蘇芳木）　　　請取申候　　　三百弐十本　　作右衛門
　一、からかわに（唐革荷）　　拾まる（丸）
　一、ゆたん須つミ（油単包）　三まる
　一、むしろ須つミ（莚包）　　三まる
　一、けかわニ（毛皮荷）　　　拾五まる
　一、うるしつぼ（漆壺）　　　拾二
　一、ビスコつぼ（ビスコ壺）　四つ
　　　以上七つ
　　　八月廿二日」　　　　　　しにょろ殿　参　　　　　　　作右衛門（印)」

（参考文献）

北野信彦・小檜山一良・竜子正彦・高妻洋成・宮腰哲雄：「桃山文化期における輸入漆塗料の流通と使用に関する調査」『保存科学』vol.47、東京文化財研究所（2008）

北野信彦・小檜山一良・木下保明・竜子正彦・本多貴之・宮腰哲雄：「桃山文化期における輸入漆塗料の流通と使用に関する調査（Ⅱ)」『保存科学』vol.48、東京文化財研究所（2009）

京都市埋蔵文化財研究所：『平安京左京三条四坊十町（柳池中学校構内遺跡）跡』（2007）

京都市埋蔵文化財研究所：『平安京左京三条三坊十町（押小路殿・二条殿）跡』（2007）

東京大学史料編纂所編：『大日本史料』第12編1-43巻（後陽成天皇・後水尾天皇）、東京大学出版会（1968～1975）

東京大学史料編纂所編：『日本関係海外史料・イギリス商館の日記』原文編3巻、訳文編4巻、東京大学出版会（1978～1982）

東京大学史料編纂所編：『日本関係海外史料・オランダ商館の日記』原文編9巻、訳文編9巻、東京大学出版会（1978～2001）

日蘭学会編・日蘭交渉史研究会訳注：『長崎オランダ商館の日記』1-10巻、雄松堂（1989～1999）

永積洋子 訳：『平戸オランダ商館の日記』全4巻、岩波書店（1969、1969、1969、1970）

村上直次郎 訳：『長崎オランダ商館の日記』全3巻、岩波書店（1956、1957、1958）

山崎剛：『日本の美術　海を渡った日本漆器Ⅰ（16・17世紀)』No.426、至文堂（2002）

C.P.ツェンペリー：『江戸参府随行記　東洋文庫』平凡社（1982）

Kamiya Yukio and Miyakoshi Tetsuo：「The Analysis of Urushi by Pyrolysis-Gas Chromatography and Mass Spectrometry」『International Course on Conservation of Urushi 1999』, TNRICP（1999）

Noriyasu Niimura, Tetsuo Miyakoshi, Jun Onodera, Tetsuo Higuchi：「Characterization of *Rhus Vernicifera* and *Rhus Succedanea* lacquer films and their pyrolysis mechanisms studied using two-stage pyrolysis-gas chromatography/mass spectrometry」『Journal of Analytical and Applied Pyrolysis』37（1996）

第4章　出土漆器における輸入漆塗料の使用事例

1、諸　言

　桃山文化期にはタイ・カンボジア・ベトナム・中国の華南などから大量の漆塗料が日本に輸入されたことを、オランダやイギリスの『平戸・長崎商館の日記』などの文献史料は記している。

　本書の第Ⅱ部第1章では、この物的証拠に相当する東南アジア産の漆塗料が、京都・大坂・長崎市中の3遺跡から出土していることを報告した。同第3章では、このうち京都市中において東南アジア産の漆塗料が付着固化した漆工用具なども一括で出土しており、当時の遺跡周辺では何らかの輸入漆による漆工の産業が存在した可能性を指摘した。ところがこの時点では輸入漆が何に使用されたかは不明であった。

　その後、筆者らの一連の研究を受けてイギリスのビクトリア＆アルバート美術館、フランスのルーブル美術館、アメリカのゲティー財団美術館などの海外の研究者は、各館所蔵の輸出漆器の分析調査を実施して東南アジア産漆に特徴的なチチオール成分を検出したという報告を活発に行うようになった。そして結論として、輸入漆塗料は輸出漆器に使用されたという解釈が提示された。しかしこれらはいずれも一回は日本から海外に将来された伝世漆器の資料群である。すなわち厳密にはヨーロッパで東南アジア産漆塗料を使用した塗装修理が行われた可能性を否定しがたい資料群でもある。そのためこの結論は極めて示唆的ではあるが、確実であるとは言い難い結論であるともいえる。

　本章は、輸入漆の使用を裏付ける文献史料の記述とともに、新たに東南アジア産の漆塗料を使用した出土漆器を幾例か確認したのでその内容を報告する。そのうえで、ここから導き出される桃山文化期における輸入漆の使用に関する一つの可能性について言及する。

2、出土漆器に関する観察と分析

2.1　調査対象資料

　本章では、旧柳池中学校構内遺跡においてタイ産と推定される焼〆陶器の四耳壺と同じゴミ廃棄土坑から一括出土した200個体強の漆器資料群のうち、輸入漆塗料との関連性が想定された下記の資料1〜5の出土漆器を抽出し、その漆塗料に関する分析調査を実施した。

　　資料1：黒色漆塗曲物板未製品①（写真1-1、1-2）

　　資料2：黒色漆塗曲物板未製品②（写真2-1、2-2）

　　資料3：黒色漆塗耳盥の把手部材（写真3-1、参考資料：写真3-2）

　　資料4：鶴亀文様朱漆器椀（写真4-1、4-2）

　　資料5：鶴文様朱漆器椀（写真5-1、5-2）

　多数ある出土漆器の中からこの5資料を調査対象とした理由は、これまでの筆者らの基礎調査では、(**a**)タイ・カンボジア産の輸入漆は日本産漆に比較して艶光沢があり黒い色調が強く肉持ちが良い固化塗装膜を有するものが多いこと、(**b**)共伴した出土漆工用具には、チチオール成分

第Ⅱ部　輸入漆塗料の調達と使用

写真1-1：出土未製品である黒色漆塗曲物板①
　　　　（資料1）外面

写真1-2：同　内面

写真2-1：出土未製品である黒色漆塗曲物板②
　　　　（資料2）外面

写真2-2：同　内面

写真3-1：黒色漆塗耳盥の把手部材（資料3）

写真3-2：耳盥の一例（伝世品：参考例）

写真4-1：鶴亀文様朱漆器椀（資料4）

写真4-2：同　鶴亀文様部分の拡大

第 4 章　出土漆器における輸入漆塗料の使用事例

写真 5-1：鶴文様朱漆器椀（資料 5）　　写真 5-2：同　鶴文様部分の拡大

が検出された漆塗刷毛と漆塗作業台である塗り定盤と推測される板物片には朱漆塗料が付着していたこと、(c) 共伴した出土木製品の中には、高台底に轆轤爪跡痕跡を残した椀未製品の白木椀が含まれていた。通常、白木の木地椀を作製する作業は木地師が担当するが、最終製品である轆轤挽き工程は漆器生産工房の近隣地区で行われることが一般的である。そのためこの遺跡周辺で輸入漆と関連した漆器椀の生産が行われていた可能性が高いこと、などを考慮に入れたためである。本章では対象となる一括資料全点の悉皆調査を行い、上記の黒色および赤色の漆塗料と類似した色相を呈する資料を目視観察で抽出して最終的にこれらを調査対象資料とした。これら資料 1～5 は、漆器の塗装表面の状態を目視観察した後、塗装膜試料の採取が可能な剥離断面が見出された箇所から数 mm 角程度の小破片を注意深く採取してそれぞれ調査対象の試料 1～5 として分析に供した。

2.2　観察および分析方法
①樹種同定
②漆塗装および加飾の表面状態の観察
③漆塗り構造の分類（断面構造の観察）
④赤色系漆の使用顔料の定性分析
⑤漆塗料の主要脂質成分の分析

3、調査結果

資料 1 と資料 2 の木胎は、いずれも針葉樹スギ材であった。これらは調査対象資料を選別した理由である (a) と共通する艶光沢がある黒色漆が塗装されていたが、塗装膜固化時の「ちぢみムラ」現象が膜表面に顕著に観察された（写真 1-1、2-1）。両者の塗装膜の断面観察を行った結果、木胎の上に細かい粘土や珪藻土と糊もしくは膠を混ぜた淡い茶褐色を呈する泥系のサビ下地（生漆を用いた堅下地・本下地より堅牢性に欠ける）が 1 層施されていた。ただし本調査では分析試料が微細なため、下地に混和されていると推定される膠・糊もしくは生漆の分析を行っていない。そのため、炭粉を使用した下地の総称である「炭粉下地」との対比用語である粘土鉱物を使用した下地の総称である「サビ下地」という表現を用いる。そしてこの上に「ちぢみムラ」による緩

第Ⅱ部　輸入漆塗料の調達と使用

写真6：試料1の塗装断面構造の観察

写真7：試料3の塗装断面構造の観察

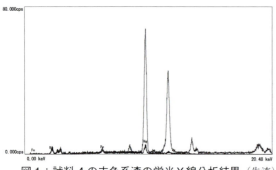

図1：試料4の赤色系漆の蛍光X線分析結果（朱漆）

写真8-1：試料4の塗膜断面構造の観察

写真8-2：試料4の塗膜断面構造の観察
（朱顔料粒子の拡大）

写真9：試料5の塗膜断面構造の観察

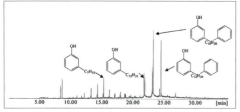

図2：Py-GC/MS分析による試料4の
　　　主要脂質成分の同定結果
（チチオール＋ウルシオールを検出）

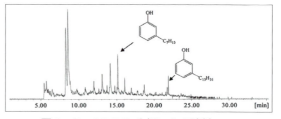

図3：Py-GC/MS分析による試料5の
　　　主要脂質成分の同定結果
（ウルシオールのみを検出）

慢な波打ち凹凸を有する黒い色調が強い上塗り黒色漆層が1層観察された（写真6）。

試料3は、参考例である伝世品の耳盞の形態（写真3-2）と同じ器型の把手部材の黒色漆塗装膜である。この塗装膜の断面構造の観察を行った結果、木胎の上に布着せ補強の痕跡である布繊維が観察された。その上に試料1、試料2とは異なる細かい粘土鉱物や珪藻土などを生漆に混ぜて作る堅牢なサビ下地の上に黒い色調が強い上塗りの黒色漆層が1層観察された（写真7）。

試料4と試料5は、黒色漆で鶴亀文様や鶴文様の漆絵が肉筆加飾された赤色系漆器椀である。上塗りの赤色系漆の使用顔料を分析した結果、いずれも水銀（Hg）の強いピークが検出された（図1）。そしていずれも塗膜内には朱顔料（赤色硫化水銀：HgS）の比較的荒い粒子の混入が顕著に観察された。これらの塗装膜の断面観察を行った結果、試料No.4は木胎の上に若干組成が異なる堅牢なサビ下地が2層施され、その上に上塗りの朱漆層が1層観察された（写真8-1、8-2）。試料5は、本章が調査対象とした他の試料とは異なり炭粉を膠もしくは柿渋などに混入して作製される炭粉下地が観察され、その上に上塗りの朱漆層が1層観察された（写真9）。

次に各試料に使用された漆塗料の産地を知る上で有効となる主要脂質成分を同定した。その結果、試料1、試料2、試料3、試料4からは日本もしくは中国産漆（*Rhus Vernicifera*）に特徴的なウルシオール成分とタイ・カンボジア・ミャンマー産漆（*Melanorrhoea Usitata*）に特徴的な側鎖に芳香環を持つチチオール成分の両者の特徴を示すピークが共存した状態で検出された（図2）。一方、試料5からは日本もしくは中国産漆（*Rhus Vernicifera*）に特徴的なウルシオール成分のみが検出された（図3）。

4、文献史料の調査

漆工史の分野では基本的に日本産漆塗料の品質の良さが強調される。そのため、常に東南アジア産の漆塗料の品質評価は低く見積もられてきた。事実、今日の漆工産業界では希少な日本産漆は高価であるため、廉価な中国産などの輸入漆の需要が大半を占めている。そのため本書の調査結果で明らかになった桃山文化期における東南アジア産の輸入漆の存在は、あくまでも日本産漆の補塡のために調達された粗悪な漆塗料（安価な外来漆）であったとする意見が根強い。

しかし日本産漆と輸入漆の価格を明確に比較した文献史料は少ないため、当時の人々が実際持っていた両者の漆塗料に対する認識には不明な点が多い。そのなかで慶長10年（1605）『宇都宮大明神御建立御勘定目録』には、宇都宮大明神本殿の造営に際し、朱663匁を銭4貫770文、漆5,320匁を銭5貫480文（すなわち朱1匁＝銭7.2文、漆1匁＝銭1.03文）で調達したと記録されていた。また年代は下るが正保2年（1645）の『長崎オランダ商館の日記』によると、輸入漆は1ピコル当り30テールであるが、同時に辰砂（天然朱）は1ピコル当り130テールであった。ちなみに江戸時代中期以降、人造の量産化が確立したベンガラに比較して朱や辰砂は高価であったため、幕府は堺朱座で統制を図ったことが知られている。もちろん両者の文献史料の記録は条件が異なる。そのため単純な価格比較は困難であるが、前者における朱の価格は日本産漆の約7倍、後者の場合、天然辰砂の値段は輸入漆の4.3倍の価格比率で算定される。そのため輸入漆と日本産漆の価格認識にはそれほど大きな隔たりを持っていたとは思えない。

さらに寛永13年（1636）～寛永18年（1641）に記録された平戸オランダ商館の『輸出入物資

第Ⅱ部　輸入漆塗料の調達と使用

表1：漆塗料と他の物資との価格比較（『平戸オランダ商館輸出入物資仕訳帳』より）

平戸商館買い価格	品　目	1ピコルあたりの価格	総点数	総額	備考：その他
1637年11月26日	日本の漆（80テール＝800斤）	1.43	800斤	11.43	
	日本の漆（40テール＝400斤）	1.41	400斤	5.63	
1638年8月18日	黒漆（1ピコル＝100斤）	10	3800斤		
	黒漆（1ピコル＝100斤）	12	1100斤		
	壺と密封用樹脂			3.14	
1640年8月7日	特上品	25		420	トンキンより
	上等品	20.8			
	中等品	18.6			
1641年1月3日	最上級品	16.13			
	下級品	3.57			
1641年10月27日	カンボジア産漆	6.11			
	タイ（シャム）産漆	8.98			
同　売り価格					
1637年12月5日	カンボジア産漆	59.3（銀593匁）			大坂商人　ゴロベエ宛
	タイ（シャム）産漆	43.5（銀435匁）			
	油と水の混じった不純品漆	40			
1638年10月28日	カンボジア産漆	79.56			サカタ　ソージロウ宛
	タイ（シャム）産漆	66.66			
1639年11月16日	タイ（シャム）産漆	38.26			大坂商人　マチヤ　ゴロベエ　宛

比較：米の買い入れ価格

日付け	品　目	1俵の価格（テール）	総点数	総額	備考：その他
1635年11月12日	米　1俵（80斤入り）	1.6、1.48	25	40	
1635年12月31日	米　1俵	1.48（銀14匁8分）	574		
	米　1俵	1.56	2430		
	米　1俵	1.64	996		
1636年11月2日	未脱穀米　1俵（54マート：108斤入り）	3.56			
	未脱穀米　1俵（54マート：108斤入り）	2.2			
	精白米　1俵（40マート：80斤入り）	2.58			
1641年10月24日	小麦粉　1俵	1			
1641年1月13日	精白米　1俵（40マート：80斤入り）	2.05	800	1640	

仕訳帳』を参照にした価格対比を行った。その結果、寛永 14 年（1637）11 月 26 日に日本の漆
80 テール（800 斤）を 11.43 テール、同 40 テール（400 斤）を 5.63 テール、すなわち当時の米 1 俵に
近い 1 ピコル（100 斤）当たり 1.41〜1.43 テールで買い付けている。その一方で、同年の 12 月 5 日
には大坂商人ゴロベエにカンボジア産漆 1 ピコル当たり 59.3 テール（銀 593 匁）、タイ（シャム）産
漆 1 ピコル当たり 43.5 テール（銀 435 匁）、さらには油と水の混じった不純品漆を 1 ピコル当たり
40 テールで売却している。もちろん買値と売値は異なるため平戸オランダ商館は輸入漆をそれ
よりかなり安く買い付けていたとしても、輸入漆は日本産漆に比較して高価品であるとの認識が
国内の漆工業者間にあったことは十分に考えられる（表 1）。

　本章における調査結果を基にすると、ウルシオール成分を基本的に日本産漆由来と想定するな
らばサビ下地や布着せ補強を施すなどの優品資料には東南アジア産の輸入漆と日本産漆とのブレ
ンド漆が、炭粉下地を施したやや一般的な資料には日本産漆が単独で使用されていた。ウルシオー
ル成分を持つ日本産漆はその特徴として透きが良いため、黒色漆を作製するには良質で微細な墨
粉を混入するか、鉄キレートにより黒色化させる必要がある。その一方で、チチオール成分を持
つタイ・カンボジア・ミャンマー原産の漆塗料はブラックツリーとも評されるように、固化被膜
は黒艶が強いため、そのままで艶の良い黒色漆となる。この点を考慮に入れると桃山文化期の人々
は、決して東南アジア産の輸入漆を安価な代替塗料という認識の下で高価で調達が困難な日本産
漆の増量のために両者をブレンドしたわけではなく、目的に応じて比較的優品の漆器生産に使用
したことを示唆していよう。

　ところがその一方で、高温多湿の地域で使用される東南アジア産の漆塗料は日本の気候風土で
は固化しづらい、端的に言うと東南アジア産の漆塗料は日本国内における漆工品の作製には不向
きであるという漆工技術者の意見が根強くあることも事実である。通常このような欠点を解消す
るには、塗装した漆塗料を固化（乾燥）させるための漆風呂内の湿度を上げる（高温多湿条件を長
時間維持する）ことがまず考えられるが、コスト的にも労力的にも大変である。それ以外の伝統
的な漆工技術としては、固化し難い（乾燥の悪い）漆塗料を使用する場合はあえて異なる種類の
漆塗料、とりわけ固化し易い（乾燥の良い）漆塗料とブレンド（混和）して塗装するという方法
が経験的に広く採用されてきたようである。このような異なる種類と性質の漆塗料をブレンドし
て使用するという技術的な観点から調査結果を検討すると、前章の第Ⅱ部第 3 章で調査対象とし
た漆塗刷毛に付着固化していた漆塗料からはウルシオール成分とチチオール成分が同時に検出さ
れた。本章で調査対象とした漆器資料においてもチチオール成分とウルシオール成分が同時に検
出されている。このことは、今日の伝統的な漆工技術と同様、当時の漆職人も経験則に基づき日
本産漆と輸入漆をブレンドして固化を促進していた可能性も想定され、技術的系譜を考えると極
めて示唆的であるといえよう。

　このような東南アジア産の輸入漆塗料の使用を具体的に示す文献史料の一つに、前記した平戸
オランダ商館の『輸出入物資仕訳帳』がある。それによると平戸のオランダ商館は、寛永 12 年
（1635）12 月 21 日に京都のマキヤ（蒔屋）シエモンから漆器を 94 個購入し、同 12 月 28 日に黒
漆を 95 斤販売した。その他の漆塗料は、京都・大坂の商人への専売であった。この記述からは、
平戸のオランダ商館は東南アジア産の輸入漆塗料を一括して京都の蒔絵工房に現物支給して南蛮

第Ⅱ部　輸入漆塗料の調達と使用

様式の初期輸出漆器の生産にあたらせ、その後、平戸や長崎から東南アジアやヨーロッパ諸国に漆器を輸出したようである。

　さらにマキヤ（蒔屋）シエモンから平戸オランダ商館が購入した漆器には、南蛮様式の初期輸出漆器の形態を呈する櫃・箪笥・書見台・机などとともに、これよりは廉価な一般什器である一括揃いの朱塗椀や膳、重箱・耳盥なども含まれていたようである。

5、結　論

　本章ではこれまで国内では東南アジア交易を介した輸入漆の使用に関する実態が不明であった点に注目して、出土漆器の調査を実施した。桃山文化期における輸入漆塗料の使用状況を理解するには海外に将来された伝世漆器ではなく、日本国内において考古学的に正当な方法で発掘調査が為されるとともに、年代観が明確な出土漆器の漆塗膜層から輸入漆の使用痕跡を確認することが必要である。

　この考えの学問的背景は、以下の通りである。確かに筆者らが輸入漆塗料に関する一連の調査を行う以前にも Py-GC/MS 分析法を用いて南蛮様式の初期輸出漆器にチチオール成分を検出した先行調査は幾つかあった。しかし、当時は、あくまでも和製漆器には日本産の漆塗料が使用されることが大前提であると考えられていたため、東南アジア産漆成分の検出は、その漆器自体が和製漆器を摸した近・現代の東南アジアもしくは中国製品であるという結論、すなわち南蛮様式の初期輸出漆器の真贋鑑定に応用されてきたという経緯があった。ところが近年の研究では、和製漆器を摸した精緻な擬似漆器が桃山文化期から江戸時代にも中国・東南アジア、さらにはヨーロッパでも作製されていたことが確認されており、今後の初期輸出漆器の重要な調査課題となっている。

　以上のような背景を踏まえ、本章では、第Ⅱ部第1章と同第3章で調査を実施した出土資料群と同じ遺構から一括出土した漆器資料の悉皆再調査を実施し、5資料を調査対象として抽出した。

　このうちの資料1と資料2は内面の一端に円型のカット痕跡が観察されるので、筒状漆器の底板もしくは蓋板の破片と考えられる。この上塗り漆の表面には漆塗料の固化（乾燥）によるちぢみムラが顕著に観察されたため、作製途中の未製品として廃棄された資料群であると理解した。このような筒状容器は、身と蓋からなる蒔絵螺鈿聖餅箱に代表される南蛮様式の初期輸出漆器とも共通する器型である。これらの塗装膜試料にはいずれも泥系のサビ下地（生漆を用いた堅下地・本下地より堅牢性に欠ける）が施されていた。この技法は、先行研究で報告されたフランス・ギメ美術館所蔵のそれとも類似する南蛮様式の初期輸出漆器では汎用性が高い下地技法である。もちろん試料1、試料2が初期輸出漆器の未製品の破片資料であるかどうかは、現時点では不明である。しかし平戸のイギリスやオランダ商館の日記などの文献史料の記述から、京都市中に南蛮様式の初期輸出漆器の生産工房が存在したことは知られるものの、工房の場所自体は特定されていない。その跡地を考える上では注目したい出土資料群である。

　資料3も同様の黒色漆塗りの漆器資料であるが、形態から耳盥の把手部材、資料4と資料5は鶴亀などの日本独自の吉祥図様を漆絵加飾した朱漆器椀である。いずれも南蛮様式の初期輸出漆器とは異なり、当時の日常生活で広く使用された生活什器の器型を有している。

筆者によるこれまでの研究では、材質・技法面からみた日常生活什器である近世出土漆器の場合、細かい珪藻土や粘土鉱物を用いるサビ下地の資料群は希少であり、全体の80％強の大多数は柿渋や膠に炭粉を混入して作製する簡便な技法からなる炭粉下地の資料群である。本遺跡出土の漆器資料群も、目視観察による全点悉皆調査では炭粉下地が施された漆器資料の占有率が圧倒的に高かった。そのなかで本章が調査対象とした出土漆器資料は、資料5のみは炭粉下地であるが、その他はいずれもサビ下地であった。さらに資料3は堅牢性を重視した布着せ補強の痕跡も確認された。そして各試料のPy-GC/MS分析結果では、サビ下地が施された試料1～試料4からは日本もしくは中国産漆に特徴的なウルシオールとタイ・カンボジア・ミャンマー産の漆塗料に特徴的なチチオール成分が同時に検出された。その一方で、炭粉下地が施された試料5はウルシオール成分のみが検出された。これは海外に一旦は将来された伝世漆器ではなく、たとえ数例とはいえ国内の遺跡から出土した製品もしくは未製品の漆器の漆塗装膜から東南アジア産の輸入漆の成分が検出されたという結果である。

　これまでの文献史学の分野では、東南アジア産の漆塗料が数多く国内に輸入されたこと自体は知られていた。しかしその調達や使用方法についてはほとんど注目されてこなかった。そして輸入漆に対する認識も、現代の漆工技術の認識に準じており、あくまでも不足しがちな日本産漆塗料の補填のためにのみ使用された安価な代替漆塗料であったとする意見が根強い。さらにはそもそも日本の気候風土では東南アジア産の漆塗料は使用に耐えないため「漆」という固有名詞の翻訳自体を否定する意見も根強く存在していた。

　一方、海外の研究者からは、輸入漆は南蛮様式の初期輸出漆器の生産に積極的に使用されたとする意見も出されるなど、輸入漆の存在と使用を巡っての議論はやや渾沌とした状況にあった。その意味では、本章が取り上げた内容は少なくとも海外に一旦は将来された伝世品の漆器資料ではなく、たとえ数例とはいえ東南アジア産の輸入漆が桃山文化期の日本国内で確実に使用されたことが確認された最初の事例報告である。さらに東南アジア産の漆塗料の成分が検出された出土漆器は、サビ下地を施すなど出土漆器の中では比較的優品に属していた。そのため当時の人々は、決して東南アジア産の輸入漆塗料は日本産漆塗料の単なる代替塗料と認識していたわけではなく、これらを比較的優品の漆器生産にも使用していた可能性が指摘された。このことは、文献史料からみた日本産漆と輸入漆の価格比較の記録を裏付ける物的証拠であるといえよう。

　確かに東南アジア産の漆塗料は日本の気候風土では固化しづらい性質はあるものの、この欠点を補完する目的で日本産漆と輸入漆をブレンドして固化を促していた可能性も調査結果からは同時に指摘された。すなわちこの結果は、従来の漆工史の考えに従って単純に東南アジア産の輸入漆を日本産漆充当の増量目的でブレンドしたと理解するよりは、当時の漆器生産職人の経験則に裏付けられた技術力の高さを示す内容であると考える。

　いずれにしても本章が調査対象とした出土漆器は、螺鈿や蒔絵加飾を多用した南蛮様式の初期輸出漆器とは異なる椀や耳盥、筒状容器などの一般什器の形態を呈する近世出土漆器である。これらにも日本産漆だけではなく、東南アジアから輸入された漆塗料が使用されていた。このことは本章で調査対象とした出土漆器の性格が、あくまでも国内向けに生産された什器類であるのか、それとも文献史料に登場する南蛮様式以外の日常生活什器の形態を有する朱漆器椀や膳・耳盥な

第Ⅱ部　輸入漆塗料の調達と使用

どの初期輸出漆器に相当するのか、現段階では双方の可能性があるものの、この点に関する検討も今後の重要な調査課題であろう。

（参考文献）

荒川浩和 編著：『南蛮漆藝』美術出版社（1971）

加藤寛：『日本の美術Ⅰ　海を渡った日本漆器Ⅲ（技法と表現)』428、至文堂（2002）

北野信彦：『近世漆器の産業技術と構造』雄山閣（2005）

北野信彦：『ベンガラ塗装史の研究』雄山閣（2013）

北野信彦・小檜山一良・竜子正彦・高妻洋成・宮腰哲雄：「桃山文化期における輸入漆塗料の流通と使用に関する調査」『保存科学』vol.47（2008）

北野信彦・小檜山一良・木下保明・竜子正彦・本多貴之・宮腰哲雄：「桃山文化期における輸入漆塗料の流通と使用に関する調査（Ⅱ）」『保存科学』vol.48（2009）

北野信彦・竜子正彦・川口洋平・川村紀子・本多貴之・宮腰哲雄：桃山文化期における輸入漆の調達と使用に関する調査」『日本文化財科学会第27回大会発表研究発表要旨集』関西大学（2010）

北野信彦・小檜山一良・木下保明・竜子正彦・本多貴之・宮腰哲雄：「桃山文化期における輸入漆塗料の流通と使用に関する調査（Ⅲ）」『保存科学』vol.53（2014）

京都市埋蔵文化財研究所：『平安京左京三条四坊十町（柳池中学校構内遺跡）跡』（2007）

沢口悟一：『日本漆工の研究』美術出版社（1965）

永島明子：「18世紀フランスの蒔絵熱—蒔絵層の剝ぎ取りと高度な模造の実例集—」『学叢』第35号、京都国立博物館（2013）

永積洋子 訳：『平戸オランダ商館の日記』全4巻、岩波書店（1969、1969、1969、1970）

平戸市史編さん委員会：『平戸市史　海外史料編Ⅰ、Ⅱ、Ⅲ』平戸市（2004、2010、2012）

松田権六：『うるしの話　岩波新書 青版』542、岩波書店（1964）

村上直次郎 訳：『長崎オランダ商館の日記』全3巻、岩波書店（1956、1957、1958）

村木二郎 編：「南蛮漆器の製作背景」『時代を作った技—中世の生産革命』国立歴史民俗博物館（2013）

山崎剛：『日本の美術Ⅱ　海を渡った日本漆器Ⅰ（16・17世紀)』426、至文堂（2002）

Arlen Heginbotham, H.Khanjian, R.Rivenc and M.Schilling：『Preprints of Icom-CC 15th Triennial Conference』New Delhi, India.（2008）

Anne-Solenn Le Ho, Martine Regert, Oliver Marescot, Chloe Duhamel, Julette Langlois, Tetsuo Miyakoshi, Christophe Genty and Michel Sabllier：「Molecular criteria for discriminating museum Asian lacquerware from different vegetal origins by pyrolysis gas chromatography/mass spectrometry」『Analytical Chimica Acta』710（2012）

N.Niimura, T.Miyakoshi：「Japanese and European Laquerware」『Arbeitsheft dea Bayerischen Landesamtes fur Denkmalpflege』（2004）

第5章　南蛮様式の初期輸出漆器（いわゆる南蛮漆器）の材質・技法

1、諸　言

　本章では、桃山文化期頃に生産されてヨーロッパに数多く輸出された「南蛮漆器」と呼称される輸出を目的とした漆器資料（以下、南蛮様式の初期輸出漆器と称す）に焦点をあてる。これらは京都市中の蒔絵工房集団を中心に生産されたことが、平戸や長崎のオランダ商館の日記などに記録されている。漆工史の分野ではこのような南蛮様式の初期輸出漆器について比較的多くの先行研究があり、我が国の漆工品としての位置づけもある程度確定している。ところがこれらの具体的な生産体制や個々の資料の生産技術に関する詳細な理化学的な調査はあまり行われてこなかった。その大きな理由は、初期輸出漆器に関する調査はあくまでも漆工史分野の研究者による目視観察が中心であり、分析調査の機会は個々の漆器資料の修復作業に伴う調査に限定される場合が多かったためである。そのため一連の初期輸出漆器が、どのような職人集団による生産体制の下、どのような材質・技法（原材料と生産技術）で生産されたかについては不明な点が多かった。

　この点を考慮に入れて、本章では6資料の初期輸出漆器と、やや年代が下る1資料の輸出漆器の合計7資料について材質・技法に関する調査を行ったので、結果を報告する。

2、南蛮様式の初期輸出漆器の概要

　南蛮様式の初期輸出漆器が登場するそもそもの発端は、初めて日本人がヨーロッパ人と接触を持った天文12年（1543）であるといえる。これはポルトガル商人が便乗していた中国船が薩摩の種子島に漂着し、携帯していた鉄砲が日本社会にもたらされた、いわゆる「鉄砲伝来」の出来事である。それから6年後の天文18年（1549）には早くもイエズス会宣教師フランシスコ・ザビエルがインドのゴアから鹿児島に上陸して、キリスト教の布教が日本国内で始まった。ほぼ同時期に日本とヨーロッパとの交易も開始されたようである。

　天正4年（1576）に桃山文化期の幕開けを象徴する安土城を築城した織田信長も、ルイス・フロイスらのイエズス会宣教師らとの接触をきっかけにキリスト教およびヨーロッパ（南蛮）の文物に強く興味を示したといわれる。この頃にはキリスト教の布教活動の拠点として、安土城下町や京都市中などの各地で、南蛮寺などのキリスト教会やセミナリヨの建設が行われるようになった。

　キリスト教の布教活動には聖画や祭儀具が必要である。当初は彼らがヨーロッパから持参した渡来品が使用されていたようであるが、布教の拡大に伴いこれらの使用頻度は増加していった。そのためこれらの補填を目的として、ヨーロッパ風の聖画や祭儀具が日本国内でも作製されるようになったようである。『耶蘇会士日本通信』の1577年9月19日の書簡には、「ジョルジ未だ岡山。摂津東成郡生野村と称する彼の町に会堂を造らざりし時、葬儀の為め甚だ善き絹の旗八又は十を作らしめ、彼地方全体に於て最も善き画工に受難の絵を描かしめ、又朱漆を塗りたる棺車及

第Ⅱ部

写真1-1：聖画を入れる蒔絵螺鈿聖龕　　　　　写真1-2：聖画を入れる蒔絵螺鈿聖龕
　　　　　祭儀具の一例①［南蛮文化館所蔵］　　　　　　　　　祭儀具の一例②［南蛮文化館所蔵］

び十字架其他一切の道具を作らしめたり」という記述があり、日本人の漆工職人に祭儀具を作製させたことが記録されている。この物的証拠が、現存するイエズス会標章入の聖龕・聖餅箱・書見台などのキリスト教祭儀具に蒔絵や螺鈿技法を施した一連の漆器類である（写真1-1、1-2）。

　このように、当初はポルトガルやスペイン教団によるキリスト教布教活動を目的とした祭儀具の生産から始まった南蛮様式の漆器資料群であるが、その後、これらはイギリスやオランダ商人たちの日本土産やベンガル・ヨーロッパ諸侯への贈答品として注目を集めるようになった。そして、京都市中の漆器職人に彼らの家具や什器である洋箪笥や洋櫃に漆塗装させ、器物表面にヨーロッパ風もしくはイスラム風の幾何学文様で充塡した漆工品を注文して、これらを東南アジアやヨーロッパ向けに輸出するようになった。このような南蛮様式の初期輸出漆器の生産について、1617年11月（元和3年10月頃）の『ウイリアム・アダムスより平戸のリチャード・ウイッカム宛書簡』は、「都に行きて蒔絵師と会談せしが、彼は近々作り上ぐべき事を約したり、彼は昼夜働く職工50人を有し、予の見し所にては、彼は其力を尽せるが如し」と記しており、京都の蒔絵生産工房が平戸商館の注文を受けてシステマティックな作業を行っていたことがわかる。この間の状況は本書の第Ⅱ部第1章～第4章でも言及している。

　年代観が明確で著名な南蛮様式の初期輸出漆器は、「花鳥蒔絵螺鈿箪笥（現在　オーストリア・ウィーン美術史博物館所蔵）」であろう。この漆器は、神聖ローマ帝国皇帝のフェルナンド1世の子息でチロル大公であったフェルナンド2世の所有品として1596年のインスブルック・アンブラス城所蔵品目録にも記録があり、年代観の指標資料となっている。

　このような16世紀末～17世紀前期頃に生産された第Ⅰ期の南蛮様式の初期輸出漆器の器種は、内部に引出しを多く納めた前蓋付き洋箪笥やカマボコ型の洋櫃類が最も多い。そして平蒔絵と螺鈿の加飾技法を併用して桃山文化期を代表する蒔絵図様（いわゆる高台寺蒔絵図様）である蔦唐草のみならず、幾何学文様の菱繋文・花菱亀甲文・山形文・石畳文・七宝繋文や南蛮唐草の縁取り図様を併用して隙間なく表面を埋める、南蛮様式と呼称される画面構成で加飾する特徴がある。後には鮫皮貼りのもの、幾何学文様の縁取りの中に窓枠を設けてその中に日本の蒔絵図様ではあまり見られない鳥獣図様を描くもの、ヨーロッパ風やイスラム風の幾何学文様で隙間なく加飾するのみならず、和風の大胆で豪放な図様も併用して、いわゆる南蛮様式の図様や使用材料は多様化したようである。

その後の幕府による寛永11年（1634）の海外からの往来や通商の制限、翌 寛永12年（1635）の日本人による海外交易の禁止、寛永19年（1642）のポルトガル船来航の禁止などの一連の海外交易を制限する要綱（条目）の発布以降、輸出漆器の取り扱いは一元的にオランダ商館が行うようになった。そして17世紀中期以降には、それまでの南蛮様式のデザインから、空間を重視した和風の図様や高蒔絵・金貝などの高度な加飾技法を用いた第Ⅱ期の漆工品へと形態は大きく変化した。この代表例としてはイギリスのビクトリア＆アルバート美術館所蔵の「ファンデーメンの箱」や「マゼランの櫃」などが著名である。

3、調査対象資料の概要

3.1 資料1：鳥獣草花蒔絵螺鈿大櫃（南蛮文化館所蔵）

ロンドンから逆輸入された鳥獣草花蒔絵螺鈿大櫃は、南蛮様式の初期輸出漆器では典型的な湾曲したカマボコ型の蓋付き洋櫃である（写真2-1、2-2）。この資料の身の正面の長辺には唐獅子が描かれ（写真2-3）、周囲は隙間なく桜と牡丹の花樹木や土坡、草の図様が蒔絵と螺鈿で加飾されている。また背面と蓋上面には金・銀蒔絵と螺鈿で朝顔の花・葉・蔓が一体のデザインで密集して描かれており、蓋上面には藤の花・葉のデザインとともに和製漆器では見慣れないエキゾチックな孔雀の図様がさらに加わって配されている（写真2-4、2-5）。本資料の身の短辺と蓋側面には鉄漿などの花樹木の図様が金・銀の平蒔絵と螺鈿で密集して加飾されているが、身外面の漆塗装の劣化が進んでいたためか西洋シェラック塗料による後世の修理痕跡が顕著であり、補修箇所

写真2-1：鳥獣草花蒔絵螺鈿大櫃［南蛮文化館所蔵］

写真2-2：同　左側面

写真2-3：同　蒔絵螺鈿加飾の拡大観察①

写真2-4：同　蒔絵螺鈿加飾の拡大観察②

第Ⅱ部

写真 2-5：同　蒔絵螺鈿加飾の拡大観察③

写真 2-6：同　蒔絵螺鈿加飾の拡大観察④

写真 3-1：花樹鳥獣蒔絵螺鈿箪笥［南蛮文化館所蔵］

写真 3-2：同　蒔絵螺鈿加飾の様子

写真 3-3：同　上面の蒔絵螺鈿図様

写真 3-4：同　右側面の蒔絵螺鈿図様

写真 3-5：同　左側面の蒔絵螺鈿図様

の変色も著しかった。身外面の地の上塗り漆層の剥落損傷が随所で観察される。本調査ではすでに回収されていた漆塗装膜の剥落小破片のうちの３点を先方の許可を得て分析試料とした。

一方、身外面とは対照的に蓋裏の残存状態は極めて良好であり、この蓋裏には十分な余白を取った藤の花の図様が蒔絵と螺鈿で加飾されていた（写真2-6）。

3.2 資料２：花樹鳥獣蒔絵螺鈿簞笥（南蛮文化館所蔵）

資料２は、大型の蒔絵螺鈿簞笥である。身の正面は蝶番で前面扉が前に倒れる形式であり、上側面四隅角に飾金具、左右側面には持ち手用の金具が取り付いている（写真3-1）。正面、背面、上面、左右側面は基本的に黒色漆で地塗りされており、周囲は幾何学模様で区画してある。それぞれの内部は螺鈿で雲窓状に区切られており、その内側は南蛮様式の特徴の一つである桐・松・桜・楓・女郎花などの花樹木と鶴や尾長鳥などの鳥獣や蔦唐草花樹木、やや中国風の楼閣と人物などの図様が平蒔絵と螺鈿を併用して加飾されていた（写真3-2～3-5）。区画された縁辺部と中央の図様加飾の間の空間は七宝繋の幾何学文様で隙間なく埋めている。すでに回収されていた漆塗装膜の剥落小破片１点を先方の許可を得て分析試料とした。

3.3 資料３：丸紋螺鈿蒔絵洋簞笥（南蛮文化館所蔵）

丸紋螺鈿蒔絵洋簞笥は、西洋風の四脚足を有する洋机の上に前面扉が観音開きとなった机簞笥である（写真4-1～4-3）。この資料は上面と背面は南蛮様式の特徴の一つである蔦唐草が平蒔絵と螺鈿で加飾されているが、正面と側面は周囲との区切りを七宝繋の幾何学文様で区画し、その中に家紋をモチーフとした丸文様が一つずつ配されている。やや灰白色を呈する下地は脆弱であ

写真 4-1：丸紋螺鈿蒔絵洋簞笥［南蛮文化館所蔵］

写真 4-2：同　側面

写真 4-3：同　上面

第Ⅱ部

写真 5-1：秋草蒔絵螺鈿箪笥［平戸市所蔵］

写真 5-2：同　側面

写真 5-3：同　前面扉における
　　　　　蒔絵螺鈿加飾と飾金具

るためか地の上塗り漆層の劣化が著しく、随所に剝離の痕跡が観察された。本体周辺に於いて原位置が推察される幾つかの漆塗装膜の剝落小破片を発見した。そのため先方の許可を得てこの剝落小破片3点を注意深く回収して分析試料とした。

3.4　資料4：秋草蒔絵螺鈿箪笥（平戸市所蔵）

秋草蒔絵螺鈿箪笥は、現在、平戸オランダ商館で保管展示されている。16世紀末～17世紀初期にイギリスに輸出された典型的な南蛮様式の初期輸出漆器の蒔絵螺鈿箪笥である（写真5-1～5-3）。地の黒色漆の上を南蛮唐草と幾何学文様で縁取りし、そのなかに蔦唐草が平蒔絵と螺鈿加飾されている。蝶番で前面扉が前に倒れる形式の箪笥であり、内部には中央アーチ型の引出しを中心に7個の引出しを納めている。本調査では先方担当者の了承を得て細部の観察を行った。この現地調査の際、本資料の梱包紙材の中から原位置自体は不明な剝落小破片1点を発見した。先方の許可を得てこれを注意深く回収して分析試料とした。

3.5　資料5：花鳥蒔絵螺鈿箪笥（イギリス・アシュモリアン美術館所蔵）

イギリス・アシュモリアン美術館所蔵の花鳥蒔絵螺鈿箪笥は1596年のインスブルック・アンブラス城所蔵品目録に記録されている「花鳥蒔絵螺鈿箪笥」（現在オーストリア・ウイーン美術史博物館所蔵）と同一の形態を有する蒔絵螺鈿箪笥である（写真6）。その意味では、初期輸出漆器の年代観を示す指標資料として重要な意味合いを持つ。本資料は資料4の蒔絵螺鈿箪笥とは異なり前面扉を持たない。本資料は、典型的な南蛮様式の近世初期輸出漆器であるが、ほぼ全面に西洋塗料が塗布されるとともに欠損部分には文様が描き足されるなど、後世の西洋修復の手がかなり入っていた。

平成22年（2010）度の東京文化財研究所による在外古美術修理事業の一環として行われた山

第 5 章　南蛮様式の初期輸出漆器（いわゆる南蛮漆器）の材質・技法

下好彦氏の塗装修復作業では、作業の都合上、隅金具が一旦取り外された。その際、隅金具の下部からオリジナルの蒔絵塗装膜が確認された。木胎の上に施された下地が脆弱であったためか損傷が著しく剥落小破片が幾つかみられた。本調査では先方美術館の担当者の了承を予め得て、接合部分が明確でない塗装膜の剥落小破片 2 点を注意深く回収して分析試料とした。

写真 6：花鳥蒔絵螺鈿箪笥
［アシュモリアン美術館所蔵］

3.6　資料 6：花樹鳥獣蒔絵螺鈿洋櫃（ドイツ・ケルン東洋美術館所蔵）

花樹鳥獣蒔絵螺鈿洋櫃は、スギ材を用いて作製された典型的な南蛮様式の初期輸出漆器の器型である湾曲したカマボコ型の蓋付き洋櫃である（写真 7-1）。幾何学文様の菱繋文や山形文、半車輪文の蒔絵縁取りと螺鈿加飾の枠の中に窓枠を設け、その中に唐獅子、鶴、尾長鳥、鹿、鶉などの鳥獣図様が金・銀の平蒔絵と螺鈿を併用して加飾されている（写真 7-2～7-7）。とりわけ窓枠内に茅葺民家の中に髷を結った日本人の人物を描く洋櫃資料は類例が少ないため、希少な資料であるといえる（写真 7-8）。

平成 20～21 年（2008～2009）度の東京文化財研究所による在外古美術修理事業の一環として、

写真 7-1：花樹鳥獣蒔絵螺鈿洋櫃
［ケルン東洋美術館所蔵］

写真 7-2：同　側面の蒔絵螺鈿加飾の様子

写真 7-3：同　蓋上面の蒔絵螺鈿加飾の様子①

写真 7-4：同　蓋上面の蒔絵螺鈿加飾の様子②

第Ⅱ部

写真 7-5：同　蓋上面の蒔絵螺鈿加飾の様子③

写真 7-6：同　身正面の蒔絵螺鈿加飾の様子①

写真 7-7：同　身正面の蒔絵螺鈿加飾の様子②

写真 7-8：同　身正面の蒔絵螺鈿加飾の様子③

写真 8-1：紋章花鳥蒔絵皮盾表面の調査風景
［アシュモリアン美術館所蔵］

写真 8-2：同　内（裏）面

写真 9-1：蒔絵粉材料の蛍光Ｘ線分析風景

写真 9-2：同　分析箇所の確認風景

ケルン東洋美術館内の修理アトリエでは、松本達弥・北村繁両氏による本資料の塗装修復作業が実施された。この作業時に、塗装膜の剥落小破片が幾つか回収された。本調査では先方美術館の担当者の了承を予め得て、接合部分が明確でない剥落小破片 3 点を分析試料とした。

3.7 資料 7：紋章花鳥蒔絵皮盾（イギリス・アシュモリアン美術館所蔵）

紋章花鳥蒔絵皮盾は、中央に描かれた蒔絵加飾の紋章から 1667 年〜1668 年にかけて長崎商館長を務めたコンスタンティン・ランスト、あるいは 1686 年〜1687 年にかけて同じく長崎商館長を務めたコンスタンティン・ランスト 2 世の所持品であったとされる典型的な 17 世紀後期頃の輸出用の蒔絵皮盾である。本章が調査対象とする南蛮様式の初期輸出漆器よりは一年代時代が下った第 II 期の輸出漆器である。丸い皮盾の縁取りには高蒔絵が加飾され、内（裏）面にはやや粗い梨子地加飾が全面的に施されている（写真 8-1、8-2）。オランダの東インド会社は、このような漆皮盾の素地をインドのベンガルから輸入して京都の蒔絵職人に漆塗装と蒔絵加飾を行わせ、再び長崎からベンガルやヨーロッパに輸出していたようである。初期の漆器資料としては、1647 年〜1648 年にオランダ長崎商館長を務めたコイエットの紋章が蒔絵加飾された紋章花鳥蒔絵皮盾（スウェーデン・ストックホルム東洋美術館所蔵）が著名である。ハーグ国立公文書館の『日本商館文書』によると、1670 年代〜18 世紀初頭頃がこのような蒔絵皮盾の輸出量が最も多かったようである。平成 19 年（2007）度の東京文化財研究所による在外古美術修理事業では、松本達弥氏により本資料の塗装修復作業が実施された。本調査では先方美術館の担当者の了承を予め得て、塗装修復作業の際に回収された接合部分が明確でない塗装膜の剥落小破片 3 点を分析試料とした。

4、調査方法

①漆塗り表面や下地の状態、蒔絵や螺鈿加飾の拡大観察
②漆塗り構造の分類（断面構造の観察）
③蒔絵粉材料や色絵漆の非破壊分析（写真 9-1、9-2）
④漆塗装膜の主要脂質成分の同定

5、調査結果

5.1 資料 1：鳥獣草花蒔絵螺鈿大櫃（南蛮文化館所蔵）

資料 1 の表面は後補のシェラックなどの西洋塗料が厚く上面に塗布されており、劣化による変・退色が著しかった。その一方で洋櫃の蓋内面は表面に比較して残存状態は良好であり、藤の花・葉・蔓が金・銀の平蒔絵と螺鈿で加飾されていた。さらにアクセントとして銀蒔絵と螺鈿の葉の葉脈は金付描で表現されていた。加飾箇所を拡大観察した結果、金平蒔絵粉の発色は良好であり、花弁や葉脈は針描で表現していた（写真 10-1、10-2）。銀蒔絵箇所は銀粉の錆化により黒化が著しいものの表面状態を拡大観察した結果、本来は銀梨子地粉を蒔いた上に飴色を呈する梨子地漆を塗布しており、見た目効果で金加飾の色相を表現していたことが確認された（写真 10-3）。図様も肉筆で下絵を付けた状態が筆跡の刷毛目からよくわかる（写真 10-4）。

第Ⅱ部

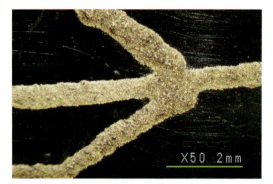
写真10-1：金蒔絵加飾箇所の拡大観察

写真10-2：蒔絵加飾箇所の拡大観察（針描）

写真10-3：銀蒔絵梨子地加飾箇所の拡大観察

写真10-4：蒔絵螺鈿加飾箇所の拡大観察

写真11-1：布着せ補強箇所の拡大観察

写真11-2：蒔絵螺鈿剥離箇所からみた下地拡大観察

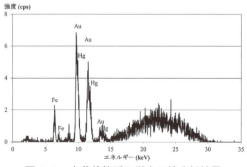
図1-1：金蒔絵箇所の蛍光X線分析結果

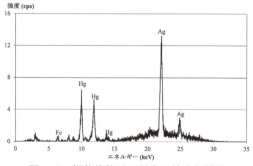
図1-2：銀蒔絵箇所の蛍光X線分析結果

208

第5章　南蛮様式の初期輸出漆器（いわゆる南蛮漆器）の材質・技法

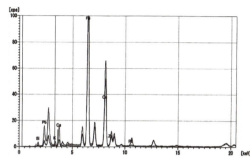

図1-3：後補の真鍮蒔絵箇所の蛍光X線分析結果

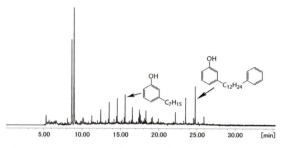

図2：資料1の漆塗膜破片試料におけるPy-GC/MS分析結果：チチオール成分を検出

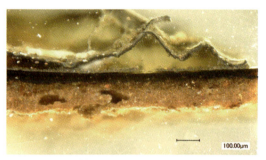

写真12：後補と考えられる蒔絵加飾塗装の断面構造の観察

漆工技術は、要所に布着せ補強が施してある（写真11-1）。螺鈿加飾は、まず木地の上の薄い下地層の上に貝殻薄片を直接貼り付けてあった。それを埋める形で泥サビ系の下地を再度施し、全体的に地塗りの黒色漆を施したうえで全体を研いで螺鈿の上に乗った漆塗装を薄くしてから、余分な漆膜を剥がして螺鈿の表面をむき出しにする技術が確認された（写真11-2）。

可搬型蛍光X線分析装置を用いて蒔絵加飾が施された箇所を分析した結果、金（Au）のピークが強く検出される箇所、銀（Ag）のピークが強く検出される箇所などが要所で確認され、これらは金・銀の蒔絵粉を用いたオリジナルの図様であることを認識した（図1-1、1-2）。

ところが、エキゾチックな孔雀が加飾された周辺から回収した金蒔絵の加飾が確認される小破片試料について分析した結果、試料によっては金（Au）は検出されずに銅（Cu）とスズ（Zn）のピークが顕著に検出されることを確認した（図1-3）。この試料の漆塗装膜の断面構造の観察を行った結果、泥サビ系の下地の上に薄い灰スミ系の下地を付けてから上塗りの黒色漆が地塗りされているが、その上に有機溶剤に溶解しやすい乾性油系塗料を膠着材料として用いた蒔絵の加飾が為されていることがわかった（写真12）。これは試料小破片を包埋して断面観察を行うために使用したエポキシ系合成樹脂と蒔絵加飾箇所の乾性油系の膠着塗料が反応して剥離変形が観察されたためであろう。

以上の結果から、この孔雀の図様箇所はオリジナルではなく、後補の際に描き足した真鍮蒔絵であると認識した。

一方、オリジナルと考えられるこの資料の漆塗装膜をPy-GC/MS分析した結果、タイ・カンボジア・ミャンマー産の漆塗料である側鎖に芳香環を持つ *Melanorrhoea Usitata* 樹液特有のチチオール成分が検出され、日本もしくは中国産の漆塗料に特徴的な *Rhus Vernicifera* のウルシオール成分やベトナム産漆塗料に特徴的な *Rhus Succedanla* のラッコール成分は検出されなかった（図2）。

第Ⅱ部

5.2 資料2：花樹鳥獣蒔絵螺鈿箪笥（南蛮文化館所蔵）

資料2も後補のシェラックなどの西洋塗料が厚く上面に塗布されているものの、資料表面の漆塗装および加飾箇所の保存状態は比較的良好であった。これらの加飾箇所を拡大観察した結果、螺鈿と地の漆塗り層との境界部は資料1と共通した螺鈿細工の作業が為されていた（写真13-1）。図様の表現も肉筆で下絵を付けていた状態がよくわかる（写真13-2）。これらの金蒔絵の加飾箇所からは金（Au）のピークと水銀（Hg）のピークが検出されるとともに、拡大観察においても図様下絵の朱漆の線描が明確に確認された（写真13-3）。

漆塗膜の断面構造の観察を行った結果、極めて荒い石英の鉱物粒子を含むサビ下地の上に薄い灰スミ系の下地を付けてから比較的薄い地塗りの黒色漆が塗装されていた。地の上塗り黒色漆層の上には図様下絵の朱漆層があり、その上に金蒔絵粉を蒔き放つ平蒔絵技法であった。そして、この当初のオリジナルの平蒔絵層の上には後補の西洋塗料が厚く塗装されている状況も同時に観察された（写真14）。

この資料の漆塗装膜を Py-GC/MS 分析した結果、資料1の分析結果と同様にタイ・カンボジア・ミャンマー産の漆塗料である側鎖に芳香環を持つ *Melanorrhoea Usitata* 樹液特有のチチオール成分のみが検出され、日本もしくは中国産の漆塗料に特徴的な *Rhus Vernicifera* のウルシオール成分やベトナム産の漆塗料に特徴的な *Rhus Succedanla* のラッコール成分は検出されなかった。

写真 13-1：蒔絵螺鈿加飾箇所の拡大観察

写真 13-2：蒔絵加飾箇所の拡大観察①

写真 13-3：蒔絵加飾箇所の拡大観察②（下絵漆）

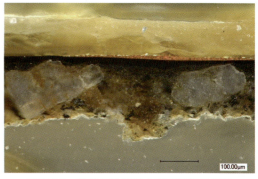

写真 14：蒔絵加飾塗装の断面構造の観察

第5章　南蛮様式の初期輸出漆器（いわゆる南蛮漆器）の材質・技法

5.3　資料3：丸紋螺鈿蒔絵洋箪笥（南蛮文化館所蔵）

資料3は蒔絵と螺鈿で加飾された家紋をモチーフとした丸文様のデザイン内部の余白部分には黒色漆、丸文様のデザイン自体が配される平蒔絵と螺鈿の四角い枠内は赤褐色系漆と目視観察される絵梨子地風の漆塗装が配色を変えて塗り分けられていた（写真15-1）。丸紋は正円形であるが、注意深く観察してみると、丸円の中心部にコンパスの芯を当てた痕跡が拡大観察で確認された（写真15-2）。貝殻螺鈿は木地の上に薄片の貝殻を直接貼り付け、それを埋める形で泥サビ系の下地が再度施してあった（写真15-3）。この資料の金蒔絵加飾部分と丸文様のデザインが配された四角い余白部分の絵梨子地と考えられる赤褐色系漆を分析した結果、前者からは金（Au）のピークと水銀（Hg）のピークが、後者からは銀（Ag）のピークが強く検出された。拡大観察してみると、

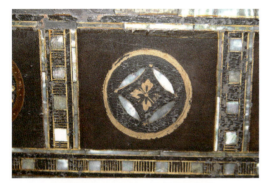

写真15-1：家紋の蒔絵螺鈿加飾

写真15-2：蒔絵加飾箇所（家紋中央）の拡大観察①

写真15-3：螺鈿加飾箇所の拡大観察

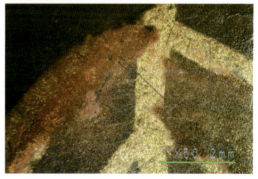

写真15-4：蒔絵加飾箇所の拡大観察②

写真15-5：蒔絵加飾箇所の拡大観察③

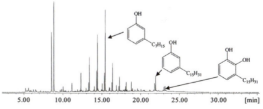

図3：資料3の漆塗膜破片試料におけるPy-GC/MS
　　　分析結果：ウルシオール成分を検出

211

第Ⅱ部

金蒔絵の加飾箇所は灰スミ系を呈するやや脆弱な泥サビ系下地の上に黒色漆を地塗りし、置目の朱漆で下絵図様を描き蒔き放してから金平蒔絵粉が蒔かれていた（写真15-4）。一方、余白部分の赤褐色系漆は、同じ灰黒色のやや脆弱な泥サビ系下地の上を黒色漆で地塗りし、その上に錆化が見られる粗い銀梨子地粉を蒔き入れて飴色を呈する梨子地漆を塗布していることがわかった（写真15-5）。

この資料の漆塗装膜をPy-GC/MS分析した結果、資料1や資料2とは異なり日本もしくは中国産の漆塗料に特徴的な*Rhus Vernicifera*のウルシオール成分のピークは検出されるものの、タイ・カンボジア・ミャンマー産の漆塗料である側鎖に芳香環を持つ*Melanorrhoea Usitata*樹液特有のチチオール成分やベトナム産の漆塗料に特徴的な*Rhus Succedanla*のラッコール成分は検出されなかった（図3）。

5.4　資料4：秋草蒔絵螺鈿箪笥（平戸市所蔵）

資料4の漆塗装および蒔絵や螺鈿の加飾箇所を目視観察した結果、蔦の葉は輪郭と葉脈を金付描で行い、その中を金もしくは銀平蒔絵、さらには絵梨子地が施されているようにみえる。これらを拡大観察した結果、絵梨子地と思われた葉の加飾箇所はベンガラ漆で塗りつぶす比較的簡便な技法が用いられていた（写真16-1、図4）。螺鈿の葉部分は貝パーツの表面1層まで地塗りの黒色漆を一体として上塗りした上で螺鈿の上に乗った余分な漆層を研いで薄くさせ、そのうえで境界部の余分な黒色漆膜を剥がして螺鈿の表面をむき出しにする作業の痕跡が明確に観察された（写真16-2）。

一方、蒔絵加飾は一部に筆の刷毛目も観察された（写真16-3）。この箇所の拡大観察をさらに行った結果、蒔絵粉の粒度はやや粗い粉と微細粉が混在した不均一な状態であった（写真16-4、16-5）。金・銀の蒔絵加飾は目視観察でも推測されたように、金（Au）が検出される箇所と銀（Ag）が検出される箇所の両方があった（図5-1、5-2）。

現地で採取した小破片試料の拡大観察を行った結果、泥サビ系の下地と黒色の灰スミ系の下地を施した上に上塗りの黒褐色系漆が地塗りしてあった（写真17）。そのうえで金平蒔絵粉は、置目のベンガラ下絵漆で図様を描いた上に蒔き放されていた。

この資料の漆塗装膜をPy-GC/MS分析した結果、側鎖に芳香環を持つタイ・カンボジア・ミャ

写真16-1：疑似絵梨子地・蒔絵加飾箇所の拡大観察

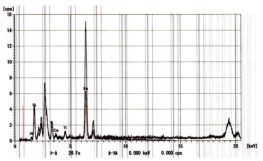

図4：資料4の赤色系漆の蛍光Ｘ線分析結果（ベンガラ漆）

第 5 章　南蛮様式の初期輸出漆器（いわゆる南蛮漆器）の材質・技法

写真 16-2：蒔絵螺鈿加飾箇所の拡大観察

写真 16-3：蒔絵加飾箇所の拡大観察①

写真 16-4：蒔絵加飾箇所の拡大観察②

写真 16-5：蒔絵粉の金属顕微鏡拡大観察

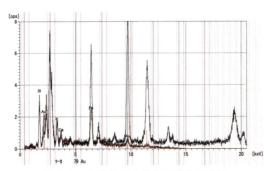

図 5-1：金蒔絵粉の蛍光 X 線分析結果

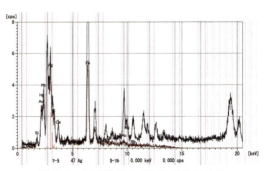

図 5-2：銀蒔絵粉の蛍光 X 線分析結果

写真 17：下地箇所の塗装状態の拡大観察

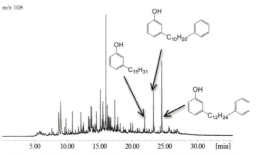

図 6：資料 4 の金蒔絵加飾部分の塗膜破片試料における Py-GC/MS 分析結果：チチオール成分を検出

213

ンマー産の漆塗料である *Melanorrhoea Usitata* 樹液特有のチチオール成分のみが検出され、日本もしくは中国産の漆塗料に特徴的な *Rhus Vernicifera* のウルシオール成分やベトナム産の漆塗料に特徴的な *Rhus Succedanla* のラッコール成分は検出されなかった（図6）。

5.5　資料5：花鳥蒔絵螺鈿箪笥（イギリス・アシュモリアン美術館所蔵）

資料5は、16世紀から17世紀初頭期のイギリスに輸出された典型的な蒔絵螺鈿箪笥の形態を呈する南蛮様式の初期輸出漆器である。ほぼ全面的に西洋塗料が塗布されるとともに欠損部には明らかに後補と思われる均一で微細な金色を呈する蒔絵粉の加飾が散見された。この金蒔絵の加飾箇所を分析した結果、金（Au）のピークは検出されず銅（Cu）と亜鉛（Zn）のピークが検出された。筆者のこれまでの近世漆器に関する基礎調査では、銅と亜鉛の合金である黄銅（真鍮）の粉末粉が金蒔絵粉の代用蒔絵粉として一般化するのは明治期の近代以降である。

一方、本資料では隅金具に隠蔽された部分の下にはオリジナルと考えられる漆塗装面が見出された。この箇所の金蒔絵粉を分析した結果、金(Au)の強いピーととともにわずかの銀(Ag)のピーク、さらには水銀（Hg）の強いピークが同時に検出された（図7）。このオリジナル当初の金蒔絵粉を拡大観察した結果、粒度がやや粗い粉と微細粉が混在した不均一な状態であったため、この金蒔絵粉は青金の蒔絵粉であると認識した（写真18）。漆塗装膜の断面構造の観察においても、泥サビ系の下地に黒色の灰スミ系の下地を薄く施し、その上にやや透明感がある赤褐色系の上塗り漆が地塗りしてあった。さらにそのうえには置目の朱下絵漆で図様を描き、青金粉を蒔き放つ平蒔絵技法が明確に観察された（写真19）。

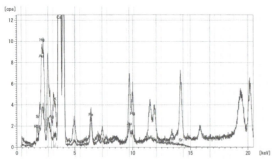

図7：蒔絵粉の蛍光X線分析結果

写真18：上塗り漆と蒔絵螺鈿加飾箇所の拡大観察

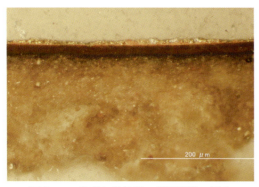

写真19：蒔絵加飾塗装の断面構造の観察

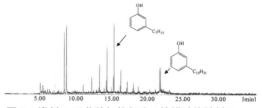

図8：資料5の蒔絵加飾部分の塗膜破片試料におけるPy-GC/MS分析結果：ウルシオール成分を検出

第 5 章　南蛮様式の初期輸出漆器（いわゆる南蛮漆器）の材質・技法

　この資料の漆塗装膜を Py-GC/MS 分析した結果、日本もしくは中国産の漆塗料に特徴的な *Rhus Vernicifera* のウルシオール成分のピークのみが検出され、タイ・カンボジア・ミャンマー産の漆塗料で側鎖に芳香環を持つ *Melanorrhoea Usitata* 樹液特有のチチオール成分やベトナム産の漆塗料に特徴的な *Rhus Succedanla* のラッコール成分は検出されなかった（図 8）。

5.6　資料 6：花樹鳥獣蒔絵螺鈿洋櫃（ドイツ・ケルン東洋美術館所蔵）

　資料 6 は、資料 1 と同じく典型的なカマボコ型の洋櫃の形態を呈する南蛮様式の初期輸出漆器である。金・銀の平蒔絵と螺鈿の加飾技法を併用して南蛮様式の図様の特徴である幾何学文様の菱繋文や山形文、半車輪文の窓枠を設け、その中に唐獅子、鹿、鶴、尾長鳥、鶉などの鳥獣の図様をモチーフとする一方で、茅葺き屋根の日本家屋に髷を結った人物が描かれるなど、より日本的な図様も採用している特徴を持つ。この資料の貝殻螺鈿はスギ材の板物木地の上に薄片の貝殻を直接貼り付け、それを埋める形で泥サビ系の下地を施し、全体的に地塗りの黒色漆が施されていた（写真 20-1）。金平蒔絵の加飾箇所は置目の朱下絵漆で図様を描いた上に粒度の細かい金蒔絵粉が蒔き放たれているが、絵梨子地と思われる銀平蒔絵の加飾箇所はベンガラ漆で図様内を塗りつぶした上に銀蒔絵粉が塗り込めてあり、一部錆化も確認される比較的簡便な技法が用いられていた（写真 20-2）。

　漆塗装膜の断面構造を観察した結果、泥サビ系の下地の上に灰スミ系の下地を施し、その上に劣化による細かい亀裂がみられる上塗りの黒色漆が地塗りされていた（写真 21-1）。蒔絵加飾部分は、

写真 20-1：螺鈿加飾の拡大観察

写真 20-2：蒔絵加飾の拡大観察

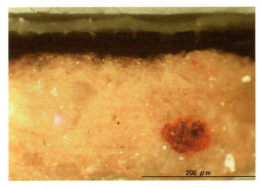

写真 21-1：地の黒漆塗装断面構造の観察

写真 21-2：蒔絵加飾塗装断面構造の観察

第Ⅱ部

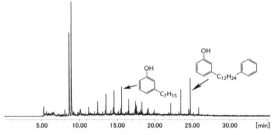

図9：資料6の金蒔絵加飾部分の塗膜破片試料におけるPy-GC/MS分析結果：チチオール成分を検出

泥サビ系の下地の上に2層の黒色漆を地塗りし、その上に置目の朱漆を塗った上に比較的均一な金及び銀粉による蒔絵粉が蒔き放しの平蒔絵技法で加飾されていた（写真21-2）。そしてこの当初のオリジナル層の上には、後補の西洋塗料が厚く塗装されている状況も同時に観察された。

この資料の漆塗装膜をPy-GC/MS分析した結果、側鎖に芳香環を持つタイ・カンボジア・ミャンマー産の漆塗料である *Melanorrhoea Usitata* 樹液特有のチチオール成分のみが検出され、日本もしくは中国産の漆塗料に特徴的な *Rhus Vernicifera* のウルシオール成分やベトナム産の漆塗料に特徴的な *Rhus Succedanla* のラッコール成分は検出されなかった（図9）。

5.7　資料7：紋章花鳥蒔絵皮盾（イギリス・アシュモリアン美術館所蔵）

資料7は、資料1〜資料6に比較して年代的には一時代後に位置する第Ⅱ期の輸出漆器である。この資料の丸い漆皮盾表面の縁取り部分は、平蒔絵のみならず高蒔絵もしくは付描表現も併用されていた。さらに皮盾表面の中央部に配置された鳥獣や紋章図様の蒔絵加飾は、初期輸出漆器の大胆な肉筆描き表現とは異なり繊細で丁寧であった（写真22-1〜22-8）。

この資料の内面は、100μm〜200μm程度の極めて荒い梨子地粉を全面に蒔いた梨子地加飾が用いられていた（写真23-1）。この梨子地粉からは銀（Ag）のみのピークが強く検出され、拡大観察でも比較的荒い銀梨子地粉が使用されていた。この銀梨子地粉は透明感がある飴色の絵梨子地漆で塗り固めているため、肉眼観察では金梨子地加飾と認識される状態が顕著に観察された（写真23-2）。この状態は漆塗装膜の断面構造の観察でも十分確認され、日本独自の梨子地技法である（写真24-1、24-2）。なお筆者のこれまでの基礎研究では、このような銀梨子地が近世漆器に多用されるのは17世紀代後半〜18世紀初頭期の元禄期頃である。この点は、本資料の作製年代観と齟齬がない結果である。そしてこの当初の銀梨子地のオリジナル層の上には後補の西洋塗料が厚く塗装されている状況も同時に観察された。

写真22-1：金蒔絵加飾の様子①

写真22-2：同　拡大観察

第 5 章　南蛮様式の初期輸出漆器（いわゆる南蛮漆器）の材質・技法

写真 22-3：金蒔絵加飾の様子②

写真 22-4：金蒔絵加飾の様子③

写真 22-5：金蒔絵加飾の様子④

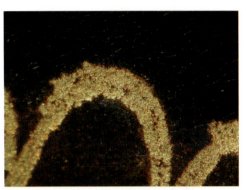
写真 22-6：同　拡大観察

写真 22-7：色漆（朱漆）の様子

写真 22-8：銀蒔絵加飾の様子

写真 23-1：蒔絵盾内（裏）面の梨子地加飾の様子

写真 23-2：同　拡大観察

第Ⅱ部

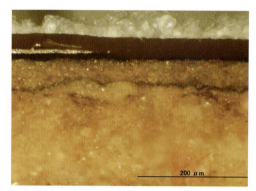
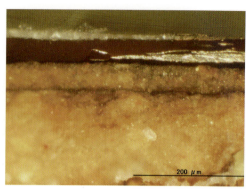

写真24-1：銀梨子地加飾塗装断面の拡大観察①　　写真24-2：銀梨子地加飾塗装断面の拡大観察②

この資料の漆塗装膜を Py-GC/MS 分析した結果、側鎖に芳香環を持つタイ・カンボジア・ミャンマー産の漆塗料である *Melanorrhoea Usitata* 樹液特有のチチオール成分のみが検出され、日本もしくは中国産の漆塗料に特徴的な *Rhus Vernicifera* のウルシオール成分やベトナム産の漆塗料に特徴的な *Rhus Succedanla* のラッコール成分は検出されなかった（図10）。

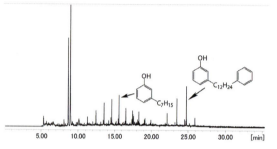

図10：資料7の梨子地加飾部分の漆塗膜破片試料における PY-GC/MS 分析結果：チチオール成分を検出

6、結　論

　本章では調査する機会に恵まれた南蛮様式の初期輸出漆器の資料群の材質・技法に関する分析調査を実施した。調査事例は決して多くはないものの、これらは基本的には比較的類似した材質・技法で作製されていることがわかった。すなわち下地はどの資料においても、細かい粘土や珪藻土と糊もしくは膠を混ぜた淡茶褐色系の色相を呈する泥下地（生漆を用いた堅下地・本下地より堅牢性に欠ける）の可能性が高いものと理解した。これは先行研究でも報告されているフランス・ギメ美術館所蔵のそれとも類似する下地技法であり、比較的汎用性が高いと理解した。ただし本章では分析試料が微細であるため下地に混和されていると推定される膠・糊や生漆の識別分析を行っていない。そのためここでは炭粉を使用した下地の総称である「炭粉下地」や粘土鉱物を生漆と混和して堅牢な下地とする「サビ下地」などとの対比用語として、「泥サビ系の下地」という表現記載を用いた。

　次に南蛮様式の初期輸出漆器に用いられた加飾技法についてみてみる。まず螺鈿の技法は、①貝のパーツを直接木胎に接着する、もしくは薄く下地を施した上に接着する→②サビ下地を貝の厚みまで付ける→③螺鈿の貝と下地の表面を平滑になるよう研ぐ→④若干下地部分のみを塗り厚み分下げた上で地の黒色漆を塗装する→⑤全体を研いで螺鈿の上に乗った余分な漆層を薄くさせた上で剥がして螺鈿の表面をむき出しにする→⑥螺鈿貝の上に葉脈などの表現を付描表現で金蒔絵して仕上げる、という作業工程を経ていた。

第 5 章　南蛮様式の初期輸出漆器（いわゆる南蛮漆器）の材質・技法

写真 25-1：蒔絵加飾の拡大観察①（付描）

写真 25-2：蒔絵加飾の拡大観察②（針描）

　次に平蒔絵の技法は、①木胎の上に泥サビ系の下地層を施す→②この泥サビ系のサビ下地の上に黒い灰スミ系の下地層を薄く1層塗り下地の色相を黒色とする→③この下地の上に上塗りの赤褐色系もしくは黒色漆を1層塗装して地塗りである上塗りの黒色漆層を完成させる→④この地の黒色漆の上に、接着材料でもある下絵の朱漆もしくは下絵のベンガラ漆で置目のデザイン線を付ける→⑤蒔絵粉を蒔き放して平蒔絵加飾とする、という作業工程を経ていた。この金・銀平蒔絵の加飾技法には、桃山文化期の漆工技術の特徴の一つである付描や針描表現も多用されていた（写真 25-1、25-2）。いずれにしてもこのような蒔絵や螺鈿の加飾技法は汎用性もしくは共通性が高い日本独自の漆工技術である。この点は、前記したように『ウイリアム・アダムスより平戸のリチャード・ウイッカム宛書簡』が漆器を注文した京都市中には 50 人余りの職人が分業で作業して多くの同じタイプの漆器生産を行っていたと記していることを裏付ける内容かもしれない。

　その一方で、分析調査を実施した7資料のうち5資料からはタイ・カンボジア・ミャンマー産の漆塗料に特徴的なチチオール成分が検出され、2資料からは日本産もしくは中国産の漆塗料に特徴的なウルシオールが検出された。その一方で、ベトナム産の漆塗料に特徴的なラッコール成分は検出されなかった。いずれの資料も漆塗装膜の断面構造の観察結果からは、基本的な漆塗り技術および蒔絵や梨子地・螺鈿の加飾技法は、日本の伝統的な漆工技術を用いて作製されていた。ところが本章の調査結果からは、このような南蛮様式の初期輸出漆器は、オリジナルと考えられる地塗りの上塗り漆塗料として、日本産漆のみならず東南アジア産の輸入漆塗料が用いられる資料も少なからず存在していた。

　本書の第Ⅱ部では、第1章から第4章にかけて東南アジア産漆塗料の生漆原液が日本国内ではモノ作りの中心地であった京都市中において調達され、これを使用した漆工技術と漆器生産が確実に存在したことを述べてきた。このような筆者らの一連の調査成果を受けて、欧米の研究者には南蛮様式の初期輸出漆器のみならず、それ以降の日本からの輸出漆器においても東南アジア産の輸入漆塗料は輸出漆器に使用されたという解釈を彼らの分析結果から提示している。もちろん前章の第Ⅱ部第4章でも述べたように、これらはいずれも1回は日本から海外に将来された伝世漆器の資料群である。そのため、厳密にはこの結論は極めて示唆的ではあるが確実であるとは言い難い結論とも言える。

　ただし平戸や長崎のオランダ商館の仕訳帳には、京都の蒔絵工房に輸出漆器の生産を纏まった

219

第Ⅱ部

数量発注する際にあらかじめ木地や原材料を蒔絵職人に渡して細工を注文したことや、皮盾の皮素地を輸入して京都で蒔絵加工させてその後輸出したことなどが記されている。このようなシステムは当時一般的な状況を示している可能性もある。さらに本章の調査結果においても、これら欧米の先行研究の結果と一致する結果を一部の資料では確認することができた。

　以上の点から導き出される本章の結論は、桃山文化期における東南アジア産の輸入漆塗料と南蛮様式の初期輸出漆器の間には少なくとも状況によっては密接な関連性が存在した可能性は十分にあるという事である。

（参考文献）

荒川浩和 編著：『南蛮漆藝』美術出版社（1971）

荒川浩和・小松大秀・灰野昭郎：『日本の漆芸3』蒔絵Ⅲ、中央公論社（1978）

加藤寛：『日本の美術Ⅰ　海を渡った日本漆器Ⅲ（技法と表現）』No.428、至文堂（2002）

北野信彦 編：『桃山文化期おける建造物蒔絵塗装に関する保存修復科学的研究 − 公益財団法人文化財保護・芸術研究助成財団：平成23年度研究助成事業の成果報告書 −』東京文化財研究所（2011）

北野信彦 編『桃山文化期における漆文化の実態に関する文化財科学的研究』東京文化財研究所（2011）

北野信彦・小檜山一良・竜子正彦・高妻洋成・宮腰哲雄：「桃山文化期における輸入漆塗料の流通と使用に関する調査」『保存科学』vol.47（2008）

北野信彦・小檜山一良・木下保明・竜子正彦・本多貴之・宮腰哲雄：「桃山文化期における輸入漆塗料の流通と使用に関する調査（Ⅱ）」『保存科学』vol.48（2009）

北野信彦・竜子正彦・川口洋平・川村紀子・本多貴之・宮腰哲雄：「桃山文化期における輸入漆の調達と使用に関する調査」『日本文化財科学会第27回大会研究発表要旨集』80-81、関西大学（2010）

北野信彦・小檜山一良・木下保明・竜子正彦・本多貴之・宮腰哲雄：「桃山文化期における輸入漆塗料の流通と使用に関する調査（Ⅲ）」『保存科学』vol.53（2014）

京都国立博物館 編：『桃山時代の漆芸』淡交社（1977）

京都国立博物館 編：『高台寺蒔絵と南蛮漆器』（1989）

東京大学史料編纂所 編：『日本関係海外史料・イギリス商館日記』原文編3巻、訳文編4巻、東京大学出版会（1978〜1982）

特別展「変革のとき 桃山」実行委員会：『名古屋開府四〇〇年 記念特別展　変革のとき 桃山』名古屋市博物館・中日新聞社（2010）

永積洋子 訳：『平戸オランダ商館の日記』全4巻、岩波書店（1969、1969、1969、1970）

日蘭学会 編・日蘭交渉史研究会 訳注：『長崎オランダ商館日記』1-10、雄松堂（1989〜1999）

平戸市史編さん委員会：『平戸市史　海外史料編』Ⅰ、Ⅱ、Ⅲ、平戸市（2004、2010、2012）

村上直次郎 訳：『長崎オランダ商館の日記』全3巻、岩波書店（1956、1957、1958）

山崎剛：『日本の美術　海を渡った日本漆器Ⅰ（16・17世紀）』No.426、至文堂（2002）

Anne-Solenn, Le Ho, Martine Regert, Oliver Marescot, Chloe Duhamel, Julette Langlois, Michel Sabllier and Tetsuo Miyakoshi, Christophe Genty：「Molecular criteria for discriminating museum Asian lacquerware from different vegetal origins by pyrolysis gas chromatography/mass spectrometry」『Analytical Chimica Acta』710（2012）

Arlen Heginbotham, H.Khanjian, R.Rivenc and M.Schilling：「Preprints of Icom-CC 15th Triennial Conference」New Delhi, India（2008）

第Ⅲ部　御殿建造物の蒔絵塗装

第1章　都久夫須麻神社本殿内の蒔絵塗装

1、諸　言

　琵琶湖の竹生島に所在する都久夫須麻神社本殿の身舎内部には、飾金具や蒔絵で荘厳された御殿形式の部屋が組み込まれている。神社本殿内の神域として宮殿（くうでん）が安置されるこの部屋を構成する柱や長押部材に加飾された蒔絵塗装は、高台寺霊屋須弥壇廻り部材、大覚寺客殿帳台構部材、醍醐寺白書院床框部材の蒔絵塗装とともに、桃山文化期における御殿建造物を荘厳する蒔絵塗装としては希少な物的証拠である。ところが基本的には部屋内が神域であるため、これまで断片的な先行研究はあるものの総合的な悉皆調査は行われてこなかった。

　平成21年（2009）に滋賀県を直撃した台風では、都久夫須麻神社本殿屋根が破損し、雨漏り被害の危険性が懸念された。そのため緊急に屋根雨漏り修理を行う必要が生じ、平成22～23年（2010～2011）度にかけて、都久夫須麻神社・滋賀県教育委員会・文化庁の3者によって屋根修理を行うこととなった。その際、桃山文化期を代表する本殿内の金碧障壁画や天井板の金地彩色、木彫彩色や部材の蒔絵塗装などは昭和初期に実施された昭和期修理以降、約70年が経過しており経年劣化も著しい状態であったため、併せてこれらの保存修理作業も実施された。このうちの蒔絵塗装の保存修理は、筆者が主体となった事前調査を経て、錆化が著しい蒔絵加飾箇所のクリーニング作業と塗装修理作業が行われた。この事前調査とクリーニング作業の結果、これまで黒変色と汚れのために不鮮明であった蒔絵加飾の全貌が明らかになった。さらに昭和期修理で取外されて本殿小屋裏で保管されていた本殿正面の蔀戸取り付きの取り外し蒔絵部材2資料についても同様の調査を行い、これまで未発表の蒔絵図様を確認した。本章ではこの内容を報告するとともに、漆工品修理技術者である山下好彦氏によって実施された塗装修理の概要にも言及する。

　都久夫須麻神社本殿内の蒔絵塗装は、桃山文化期における建造物蒔絵部材としては最大規模であるが、劣化による黒変色と汚れが著しかったためこれまで蒔絵図様の詳細は不明であった。今回、この点を考慮して、蒔絵塗装の全貌を網羅的に記録するために元興寺文化財研究所・保存科学センターに委託して同　職員の大久保治氏による全体および部分の写真撮影作業を実施した。本書の末尾に付章（資料一覧）として、平成期修理前・後の蒔絵図様の全写真記録画像を掲載する。

2、都久夫須麻神社本殿の概要

　竹生島は、琵琶湖北端の葛籠尾崎沖の約2km、長浜から北西に約12kmに所在する小島である。周囲2km、面積0.14km²、最高点198mの石英斑岩から成り、昭和5年（1930）に国の名勝・史跡に指定された。この島は古来、交通の要衝であるとともに、重要な琵琶湖信仰の対象であったため、豊臣家縁の御殿建造物の遺構である都久夫須麻神社本殿と宝厳寺唐門（いずれも国宝）、両建造物が取り付く宝厳寺観音堂と船廊下（いずれも重要文化財）が慶長年間に豊国社などから移築された。

　竹生島の聖地としての起源は、湖岸から人々が島を拝んだことに始まり、名称は神がいつく（斎）島に由来するといわれる。寺院としては、天平3年（731）僧行基が来島して小堂を建て、四天

第Ⅲ部　御殿建造物の蒔絵塗装

王像を安置したのに始まり、天平勝宝5年（753）元興寺僧泰平、東大寺僧賢円が千手観音を祀ったといわれている。平安時代には延暦寺の僧も修行しており、宇多法皇などの庇護を受け、平安時代後期には観音霊場三十三所巡礼の一つとして数えられた。島内の建造物は、永禄元年（1558）の大火後、豊臣秀頼により慶長期（1596～1615）に復興整備されている。

都久夫須麻神社は、「延喜式」神名帳に「都久夫須麻神社」と記されている古社であり、天平神護元年（765）には従五位が授けられ、平安時代末期以来弁財天を祀り、安芸の厳島神社・鎌倉の江ノ島神社とともに日本三弁財天の霊場として知られる。神仏習合が常であった江戸時代までは真言宗宝厳寺と一体の建造物であった。

都久夫須麻神社本殿は、入母屋造の前後に軒唐破風を付けた檜皮葺屋根を持つ桁行三間、梁間三間の大面取角柱の身舎を有し、周囲に丸柱で構成された桁行五間、梁間四間の庇が取り付いた建造物である（写真1-1、1-2）。

慶長7年（1602）、豊臣秀頼は片桐且元を奉行として島内諸建築を復興するにあたり、永禄10年（1567）に建てられた旧本殿の外廻りを残した上で背面を一間通り拡張して、伏見城もしくは豊国社から移築されたとの伝承を有する角柱の建築部材を旧本殿内に納めて現在の姿に整えた。

身舎の内部は、折上格天井の金地彩色の天井板や金碧障壁画の襖で荘厳されている。特に身舎外部と庇の柱間や身舎正面桟唐戸などは、随所に金箔と極彩色を施した木彫を嵌め込み、蒔絵塗装された部材と鍍金釘隠金具で構成された、三間四方の御殿建造物である（写真2-1①～2-2②）。

3、文献史料の調査

都久夫須麻神社本殿の前回の解体修理（以下、昭和期修理と称する）は、昭和11年（1936）に滋賀県によって行われ、その際に飛檐垂木などの部材には、幾つかの墨書が確認された（写真3）。以下、その内容を記す。

「①身舎右側面前より9本目飛檐垂木上端墨書：盛阿弥　　與左衛門
　②同上13本目同上：盛阿弥　夫下始作内吉蔵也　此　塗物は大佛にてぬり申候也、
　　　　　　　　　盛阿弥　　婦斎　御塗師　　御塗師
　　　同上：側面　御塗師　　婦斎内小左衛門　御塗師婦斎」

蒔絵師集団である幸阿弥家は、初代幸阿弥道長が室町幕府8代将軍足利義政の御用蒔絵師として漆工品の作製に当たった。その後の桃山文化期には豊臣秀吉、江戸期以降は徳川将軍家の御用蒔絵師となり、数多くの皇室や大名諸道具などの什器を作製した。本書の第Ⅲ部が取り上げる御殿建造物の蒔絵塗装についても、本資料の類例である高台寺霊廟内陣に所在する建造物部材の蒔絵塗装に工房集団として関わっていたことが針書から明白である。

垂木に墨書記載された人物名と幸阿弥家の蒔絵工房集団との関わりあいを調査する目的で、東京文化財研究所・資料室所蔵の文献史料調査を行った。その結果、『幸阿弥家傳書』の写し（柴田是富 所蔵）に、天正・慶長期に豊臣秀吉の御用蒔絵師として活躍した幸阿弥家7代の幸阿弥長安の弟として、飛檐垂木部材に墨書銘がある「吉蔵」と同名の「吉蔵 入道法橋（幸阿弥長玄：元亀2年：1571～慶長12年：1607）の名前がみえる。また、幸阿弥家文書のうち『蒔絵人名録』の写しにも、天正期の蒔絵師として「三代目に名有り」という注記入りで「盛阿弥」の名がみえる。この人

第1章　都久夫須麻神社本殿内の蒔絵塗装

写真1-1：昭和期修理後の都久夫須麻神社本殿
（奈良文化財研究所所蔵ガラス乾板より）

写真1-2：平成期修理後の都久夫須麻神社本殿の現況

写真2-1①：都久夫須麻神社本殿内部内陣
（昭和期修理前）の様子
（奈良文化財研究所所蔵ガラス乾板より）

写真2-1②：都久夫須麻神社本殿内部内陣
（昭和期修理前）の様子
（奈良文化財研究所所蔵ガラス乾板より）

写真2-2①：都久夫須麻神社本殿内部内陣
（昭和期修理後）の様子
（奈良文化財研究所所蔵ガラス乾板より）

写真2-2②：都久夫須麻神社本殿内部内陣
（昭和期修理後）の様子
（奈良文化財研究所所蔵ガラス乾板より）

写真3：飛檐垂木に記載された墨書痕跡（昭和期修理報告書より）

第Ⅲ部　御殿建造物の蒔絵塗装

図1：『豊国祭礼図屏風』に描かれた豊国社社殿
［豊国神社宝物館所蔵］

物と都久夫須麻神社本殿の部材の墨書の人物名が同じであり、活躍年代も齟齬がないため基本的には同一人物であると考えられる。すなわち都久夫須麻神社蒔絵の作製には、幸阿弥家の直流ではないものの、最も近しい幸阿弥一門の蒔絵工房（すなわち幸阿弥長玄率いる盛阿弥らの蒔絵師集団）がかかわった可能性が指摘された。さらに垂木墨書は、「此　塗物は大佛にてぬり申候也」と続いている。この「大佛」とは、豊臣家縁の東山七条に所在した方広寺や豊国社の霊廟建造物の造営に関わった漆工技術集団であろう（図1）。

なお都久夫須麻神社本殿内部内陣の隅柱の蒔絵の図柄は「桐唐草文様」である。第Ⅲ部第4章で後述するが、豊国神社所蔵の蒔絵唐櫃や洛中洛外図屏風に描かれる豊国社や方広寺大佛殿のモチーフとも共通する図様である。この点と関連する文献史料として、方広寺大仏殿作事の大工棟梁であった中井家文書のなかに『大佛奉行衆之覚』がある。ここには材木、大工、鍛冶、瓦、釣鐘などとともに、漆、塗師、箔などの各分野の勘定や改、立合などを行った奉行衆の名前が記録されている。なお現在は妙法院所蔵となっているが、本来豊国社に寄進された慶長19年（1614）狩野山楽筆の「繋馬図衝立」にも、方広寺大佛殿造営時の漆奉行であった安養寺喜兵衛尉氏親の名前が願主としてみられ、当時の東山七条の地と漆工工房との関連性が推察される。

4、蒔絵塗装の理化学的な調査

都久夫須麻神社本殿内における平成期の蒔絵塗装修理の事前調査として、以下の理化学的な調査を実施した。

　①漆塗装や蒔絵加飾の目視調査（写真4-1、4-2）
　②漆塗装や蒔絵加飾の拡大観察（写真5-1、5-2）
　③蒔絵・梨子地粉材料の非破壊機器による定性分析（写真6-1、6-2）
　④漆塗装膜における断面構造の観察
　⑤漆塗装膜中に含まれる主要脂質成分の分析

5、調査結果

5.1　蒔絵・梨子地の材質・技法

現地において蒔絵技法や下地の状態、蒔絵や梨子地の粉形態、蒔絵加飾の銹化状態や漆塗装膜の劣化状態の観察を行った。その結果、一部の柱部材では、飾金具に隠れる箇所や絵梨子地の図様縁取り箇所などで、フリーハンドの朱漆による下描線が所々で確認された（写真7-1、7-2）。

また、上塗り漆の塗装や蒔絵粉接着用の漆を塗るために使用した漆刷毛の刷毛目幅が顕著に残る箇所も随所で観察された（写真8-1）。この刷毛目痕跡の状態からは、現在、日光社寺文化財

第 1 章　都久夫須麻神社本殿内の蒔絵塗装

写真 4-1：塗装彩色箇所の目視観察

写真 4-2：蒔絵箇所における劣化状態の観察

写真 5-1：本殿内部内陣の現地調査

写真 5-2：デジタル顕微鏡による拡大観察調査

写真 6-1：可搬型蛍光 X 線分析による現地調査①

写真 6-2：同②

写真 7-1：菊紋蒔絵下絵の朱描線の様子

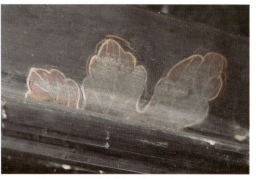

写真 7-2：蒔絵図様下絵の朱描線の様子

第Ⅲ部　御殿建造物の蒔絵塗装

写真8-1：漆塗り刷毛目の様子①

写真8-2：同②

写真9-1：内陣蒔絵長押部材の組み合わせ状態

写真9-2：外陣蒔絵長押部材の組み合わせ状態

写真10-1：外陣蒔絵柱部材の金具痕跡

写真10-2：外陣蒔絵長押部材の金具痕跡

写真11-1：漆塗料を用いた過去の修理痕跡①

写真11-2：同②

第1章　都久夫須麻神社本殿内の蒔絵塗装

写真12-1：蒔絵加飾の拡大観察①

写真12-2：同②

写真12-3：同③

写真12-4：同④

保存会などで使用している幅広の建造物塗装用の漆刷毛ではなく、刷毛幅約3cm（1寸）ほどの箱物や膳・折敷塗装用の漆刷毛が使用されていたことが想定された。さらに梨子地粉を蒔いた上に粉固めを行った際に使用した漆刷毛の毛先の断片が僅かながら付着した箇所も確認された（写真8-2）。

　これらの蒔絵塗装が加飾された部材の組み合わせの状態は、蒔絵長押部材は内陣、外陣ともに柱材に貼り付けられているが、内陣側は井桁組み、外陣側は四隅方貼り合わせ構造で、両者異なっていた（写真9-1、9-2）。この外陣長押の両端部は、蒔絵塗装がない簡素な黒色漆の地塗りのみの後補部材が付け足されており、当初の蒔絵塗装部材の寸法を現在の建造物の寸法に併せるために付け足されたのであろう。

　外陣柱の飾金具を外した下部には、少なくとも2種類の形態が若干異なる金具痕跡が確認された（写真10-1）。特に当初と考えられる金具痕跡の下の海松貝海藻の蒔絵図様は、金具で覆われることを初めから意識したためか、蒔絵加飾を意識的に省いた痕跡も確認された（写真10-2）。また外陣側を中心に、随所で後世のやや稚拙なタッチアップ方式による漆塗料を用いた修理痕跡も確認された（写真11-1）。その一方で、オリジナルの蒔絵図様の輪郭線を一旦消して現状の蒔絵図様を描くために漆塗料を使用した箇所も、長押の一部で確認された（写真11-2）

　蒔絵加飾は、数μm程度の微細粉とそれよりやや粗い粉による不均一な蒔絵粉で平蒔絵されており、桃山文化期漆工の特徴の一つである描割や針描表現も多用されていた（写真12-1～12-4）。また250μm以上の粗く扁平な梨子地粉なども交え、加飾箇所によって仕上がりの色味や質感を意

第Ⅲ部　御殿建造物の蒔絵塗装

写真 13-1：蒔絵粉の拡大観察

写真 13-2：蒔絵粉と梨子地粉の拡大観察

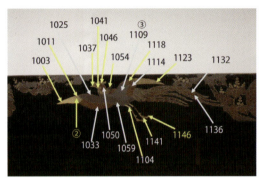

写真 14-1：内陣長押 1-6 の XRF 測定箇所

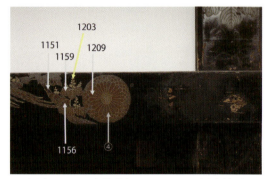

写真 14-2：内陣長押 1-7 の XRF 測定箇所

写真 14-3：内陣長押 1-1 の XRF 測定箇所

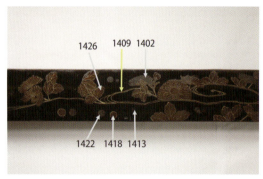

写真 14-4：内陣長押 1-9 の XRF 測定箇所

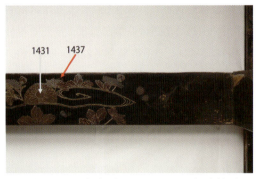

写真 14-5：内陣長押 1-10 の XRF 測定箇所

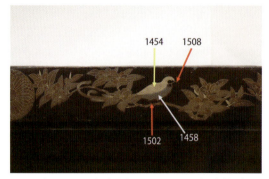

写真 14-6：内陣長押 3-4 の XRF 測定箇所

第1章　都久夫須麻神社本殿内の蒔絵塗装

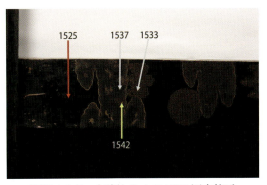

写真14-7：内陣柱6-4のXRF測定箇所

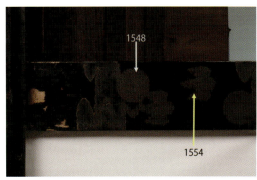

写真14-8：内陣柱7-4のXRF測定箇所

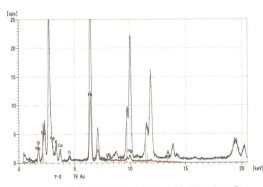

図2：剥落小破片試料の蛍光X線分析結果①

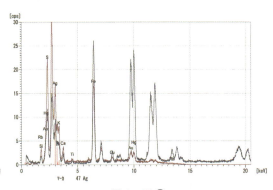

図3：同②

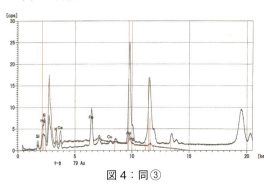

図4：同③

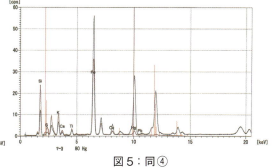

図5：同④

識した粗・中・細・微細などの粉粒度や材質の使い分けが為されていた（写真13-1、13-2）。

　これら蒔絵粉と梨子地粉の材質分析を行った結果、蒔絵粉箇所からは金（Au）の強いピークが検出される箇所と、金（Au）に若干の銀（Ag）が混在する箇所が確認された。また梨子地粉箇所からは銀（Ag）のみのピークが検出された（写真14-1～14-9、表1、図2、3、4）。また、蒔絵図様の下絵である置目漆の朱描線からは水銀（Hg）のピークが検出された（図5）。このことから、蒔絵粉は金蒔絵粉、梨子地粉は銀梨子地粉、朱描線は朱漆であるが、赤褐色系で透明感が強い絵梨子地漆の膜面層内に薄層の梨子地粉が封入固定されているため、目視では金絵梨子地と認識されていることがわかった。

231

第Ⅲ部　御殿建造物の蒔絵塗装

表1：内陣の XRF 測定結果一覧 （写真 14-1〜14-4 と対応）

番号	測定箇所	彩色	検出元素	推定される成分	備考 (R100-)
1003	長押 1-6 鳳凰 翼羽先	金	Ti, Fe, Ag, Au, Hg	金	8871,72
1011	長押 1-6 鳳凰 翼羽元	金	Ti, Fe, Ag, Au, Hg	金	8873,74
1025	長押 1-6 鳳凰 翼元	黒	S, Ti, Fe, Cu, Ag, Au, Hg	ベンガラ、銀、金、朱	8875,76
1033	長押 1-6 鳳凰 翼羽 梨地（金線あり）	赤茶	S, Ti, Fe, Cu, Ag, Au, Hg	ベンガラ、銀、金、朱	8877,78
1037	長押 1-6 鳳凰 口ばし	金	Ti, Fe, Ag, Au, Hg	金	8886,87
1041	長押 1-6 鳳凰 頬	金	Ti, Fe, Ag, Au, Hg	金	8888,89
1046	長押 1-6 鳳凰 鶏冠	金	Ti, Fe, Ag, Au, Hg	金	8890,91
1050	長押 1-6 鳳凰 首 梨地	赤茶	S, Ti, Fe, Cu, Ag, Hg	ベンガラ、銀、金、朱	8892,93
1054	長押 1-6 鳳凰 首羽毛 金線	金	Ca, Ti, Fe, Au	ベンガラ、金	8894,95
1059	長押 1-6 鳳凰 体部	黒	S, Ti, Fe, Cu, Ag, Au, Hg	ベンガラ、銀、朱	8898,99
1104	長押 1-6 鳳凰 脚付根	金	Ca, Fe, Ag, Au	ベンガラ	8900,01
1109	長押 1-6 鳳凰 右肩	黒	S, Ti, Fe, Cu, Ag, Au, Hg	ベンガラ、銀、金、朱	8902,03
1114	長押 1-6 鳳凰 右羽1	赤茶	S, Ti, Fe, Cu, Ag, Au, Hg	ベンガラ、銀、金、朱	8904,05
1118	長押 1-6 鳳凰 右羽2（羽元の金影響）	黒	Ti, Fe, Cu, Ag, Au, Hg	ベンガラ、金	8906,07
1123	長押 1-6 鳳凰 右羽先	金	Ti, Fe, Ag, Au, Hg	金	8908,09
1132	長押 1-6 鳳凰 尾羽2本目（金線あり）	赤茶	S, Ti, Fe, Cu, Ag, Au, Hg	ベンガラ、金	8910,11
1136	長押 1-6 鳳凰 尾羽2本目（金線あり）	赤茶	S, Ti, Fe, Cu, Ag, Au, Hg	ベンガラ、銀、金、朱	8912,13
1141	長押 1-6 鳳凰 趾（あしゆび）	金	Ti, Fe, Cu, Ag, Au, Hg	ベンガラ、金	8914,15
1146	長押 1-6 鳳凰 趾（あしゆび）先	金	Ti, Fe, Ag, Au, Hg	ベンガラ、金	8916,17
1151	長押 1-7 桐 幹	黒	Ti, Fe, Ag, Hg	ベンガラ、銀、朱	8018,19
1156	長押 1-7 桐 葉 梨地（金線あり）	赤茶	Fe, Cu, Ag, Au, Hg	ベンガラ、銀、金、朱	8020-23
1159	長押 1-7 桐 葉 梨地（金線あり）	赤茶	S, Ti, Fe, Cu, Ag, Au, Hg	ベンガラ、銀、金、朱	8024-26
1203	長押 1-7 桐 花	金	Ti, Fe, Cu, Ag, Au, Hg	ベンガラ、金	8027,28
1209	長押 1-7 菊御紋 花弁	緑	Ti, Fe, Cu, Ag, Hg	ベンガラ、銀、朱	8029,30
1329	長押 1-1 菊 葉	金	Fe, Ag, Au, Hg	金	8931-33
1335	長押 1-1 菊 葉 梨地（金線あり）	赤茶	S, Fe, Cu, Ag, Au, Hg	ベンガラ、銀、金、朱	8934,35
1346	長押 1-1 菊 花	金	Fe, Ag, Au, Hg	ベンガラ、金	8936,37
1351	長押 1-1 菊 花	黒	Ti, Fe, Cu, Ag, Hg	ベンガラ、銀、朱	8938,39
1402	長押 1-9 菊 花	黒	Fe, Cu, Ag, Au, Hg	ベンガラ、銀、金、朱	8940,41
1409	長押 1-9 金線	金	Ti, Fe, Ag, Hg	ベンガラ、（銀、金）	8942,43
1413	長押 1-9 玉1	黒	Ti, Fe, Ag, Au, Hg	ベンガラ	8944,45
1418	長押 1-9 玉2 梨地	赤茶	S, Ti, Fe, Cu, Ag, Hg	ベンガラ、銀、朱	8951,52
1422	長押 1-9 玉3	黒	Ti, Fe, Ag, Au, Hg	ベンガラ	8953,54

第1章 都久夫須麻神社本殿内の蒔絵塗装

表2：外陣のXRF測定結果一覧

番号	測定箇所	彩色	検出元素	推定される成分	備考 (P1060-)
15	入口柱1-4 茎	金	Fe, Ag, Au, Hg	銀、金、朱	207,208
16	入口柱1-4 葉	赤茶	Fe, Ag, Hg	銀、朱	207,209
17	入口柱1-4 葉	黒	Fe, Ag, Au, Hg	銀、金、朱	207,210
18	外長押3-1 貝（金具下オリジナル）	赤茶	Fe, Ag, Hg	銀、朱	212,215
19	外長押3-1 貝	赤茶	Fe, Ag, Hg	銀、朱	212,216
20	外長押3-1 貝口	黒	Fe, Cu, Ag, Au, Hg	銀、金、朱	212,217
21	外長押3-1 貝 金線	金	Fe, Cu, Ag, Au, Hg	銀、金、朱	212,218
22	外長押4-4 貝	赤茶	Fe, Ag, Hg	銀、朱	220,221
23	外長押4-3 貝	黒	Fe, Cu, Ag, Hg	銀、朱	220,222
24	外長押4-3 桐 茎	金	Fe, Cu, Ag, Au, Hg	銀、金、朱	220,223
25	外長押4-4 模様なし	地	Fe	（強度5cps）	220,224
26	外長押3-7 貝	金	Fe, Ag, Au	銀、金	225,226
27	外長押3-7 貝	黒	Fe, Ag, Hg	銀、朱	225,227
29	外陣柱7-2 赤線（金具下）	赤	Fe, Hg	ベンガラ？、朱	228,229
30	外陣柱7-2 赤線（金具下）	赤	Fe, Hg	ベンガラ	228,230
31	外長押4-13 赤線	赤	Fe, Ag, Hg	ベンガラ、銀、朱	231,232
32	外長押4-13 赤線	赤	Fe, Ag, Hg	ベンガラ、銀、朱	231,234
33	外長押4-11 赤線	赤	Fe, Hg	ベンガラ？、朱	236
34	外長押4-13 梨地	赤茶	Fe, Ag, Au, Hg	銀、金、朱	237
35	外長押1-1 貝 梨地	赤茶	Fe, Ag, Hg	銀、朱	238
36	外長押1-3	赤茶	Fe, Ag, Hg	銀、朱	239
37	外長押2-3 星形	赤茶	Fe, Ag, Hg	銀、朱	240,242
38	外長押2-3 巻貝	赤茶	Fe, Ag, Au, Hg	銀、金、朱	240,242
39	入口柱12-2 岩	金	Fe, Ag, Au	銀、金	244,245
40	入口柱12-2 枝	金	Fe, Ag, Au, Hg	銀、金	244,246
41	入口柱12-2 葉	赤茶	Fe, Ag, Au, Hg	銀、金、朱	244,247
42	入口柱12-2 葉	黒	Fe, Ag, Au, Hg	銀、金、朱	244,248

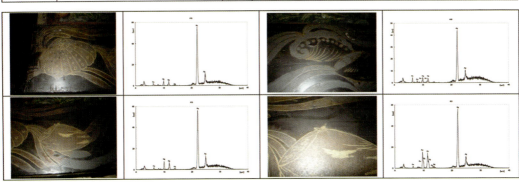

外陣のXRF測定の一例

5.2 蒔絵・梨子地の劣化状態

　蒔絵・梨子地加飾や表面の漆塗装膜の劣化状態に関する観察を行った。昭和期修理の報告書では、内陣の蒔絵や梨子地加飾は極めて良好な状態を保っているため、特に修理の手を加えなかったと報告されている。ところがこれらの蒔絵や梨子地加飾は、その後の75年間に蒔絵や梨子地加飾部分の表面に著しい黒変色や汚れによる深刻な劣化が急速に進行していることが目視観察された（写真15-1、15-2）。

　とりわけ絵梨子地の加飾箇所の黒変色による劣化現象が著しい。そのため、これらの箇所の拡大観察を詳細に行った。その結果、当初、この黒変色による劣化現象は加飾表面に付着した黒粉末状の埃塵汚れによるものと考えられたが、蒔絵粉や梨子地粉の錆化の進行が原因であることが確認された（写真16-1、16-2）。この状況は、現地調査の際に床上で注意深く回収した数mm角程度の漆塗装膜の小破片試料の断面観察においても追加確認された。その内容は、①粘土系のサビ下地は2層が施されている、②上塗りの漆塗膜層は2層分ある、③銀梨子地粉の黒色の錆化現象が著しく進行しており、この錆が金蒔絵粉の表面も覆っている、④錆化の進行による体積膨張に伴うサビ膨れにより蒔絵や梨子地加飾を固定している漆層の破壊が発生している、⑤これがさらに進行すると物理的に加飾部分の剥落→消滅現象が発生する危険性がある、という劣化現象の現状が確認された（写真16-3、16-4）。

　通常、金粉自体を使用した蒔絵加飾であれば長年の汚れ以外の劣化はないが、今回の事例は、メタル（金属）である銀梨子地粉が、環境変化により塩化銀もしくは硫化銀に錆化変質したものである。さらに絵柄の加飾部分を詳細に目視観察した結果、絵柄部分を意識的になぞったような不自然な錆化のムラがみられる箇所が随所で観察された（写真17-1、17-2）。

　次に、現地において非接触・非破壊の蛍光X線分析を行った結果、蒔絵・梨子地粉のうちで錆化が少ない箇所は金粉であったが、錆化が著しい加飾部分は銀梨子粉や銀蒔絵粉であった。さらに錆化の進行が著しい箇所では、硫黄（S）と鉄（Fe）のピークも強く検出された。これはメタルの銀（Ag）表面に硫黄（S）物質が存在し、さらに竹生島特有の多湿な環境下（平均湿度80％以上）に長期間さらされたために硫化銀による錆化が進行したものであると理解した。

　加飾部分をなぞったような不自然な錆化現象の発生や、これまで約400年近く良好な状態を保ってきたとされる蒔絵加飾が昭和期修理以降の75年の間に急速に錆化現象が進行した事実が

写真15-1：蒔絵加飾の劣化状態①

写真15-2：同②

第 1 章　都久夫須麻神社本殿内の蒔絵塗装

写真 16-1：蒔絵粉における錆化状態の表面観察

写真 16-2：梨子地粉における錆化状態の表面観察

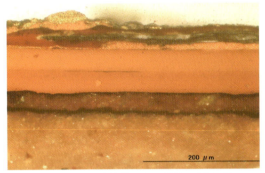

写真 16-3：塗装膜の断面構造の観察①

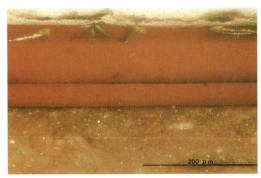

写真 16-4：同②

写真 17-1：不自然な図様の上の
　　　　　錆化ムラの様子①

写真 17-2：同②

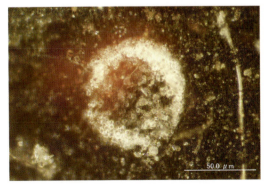

写真 18：明礬結晶の付着状態

写真 19：クリーニング前（右部）後（左部）の
　　　　蒔絵加飾箇所の表面状態

あり、蛍光Ｘ線分析で硫黄（S）と鉄（Fe）が多く検出（すなわち硫黄物質の附着）された点について、昭和期修理の際に報告書には触れられていない。しかし、絵画修理では通常一般的に行われる膠＋明礬＝ドーサを用いた絵画表面の劣化部分をコーティング強化する修復技法が、当時の技術者の好意として蒔絵加飾部分にも施工された可能性を示唆するものと理解した。なお回収試料が微量のためＸ線回折分析は実施できなかったが、地塗りの黒色漆塗装表面の拡大観察では明礬（硫黄物質）結晶特有の透明感が強いガラス質の微粒子結晶の析出の集合体を確認した（写真18）。

　日本画材料として多用される明礬は透明感が強い立方晶系のガラス質鉱物粒子を構成する可溶物質であるが、通常のカリ明礬はカリウム（K）と硫黄（S）に微量のアルミニウム（Al）を含む純度が高い物質である。伝統的な日本画材では、膠に溶かして絵画を描く際の和紙の滲み止めの下塗り材料として一般的に使用（ドーサ引き）される。なお、板絵材料としては、通常より大量の明礬を膠に溶かして明礬濃度を高くし、表面艶出し（光沢効果）と水弾き（耐水・防水効果）をねらった技法も存在する。

　この灰白色物質の構成無機元素で顕著に検出された鉄（Fe）成分に相当する鉱物結晶相は、上記の物質には含まれていない。そのため、一見、構成無機元素と鉱物結晶相には不整合性があるかのように思える。しかしこの点については、以下の化学的な条件で説明が可能である。

　検出された主要な鉱物結晶相のなかで、可溶物質のカリ明礬（Potassiumalum：$KAl(SO_4)_2 \cdot 12H_2O$）のみは固溶体を作る化学的な性質を有する。すなわちカリ明礬は、Al部分が三価鉄（Fe^{3+}）やNH^+と置換して固溶体を作ると、鉄明礬（Jarocite：$KFe(SO_4)_2 \cdot 12H_2O$）やローンクリーカイト（Lonecreekite：$NH_4Fe(SO_4)_2 \cdot 12H_2O$）に速やかに変化して鉄（Fe）を含む化合物となる。そのためこの試料で検出された鉄（Fe）成分の由来は、長年の大気曝露（風雨に曝された）の結果、明礬物質に選択的に吸着された非晶質（アモルファス状態）の鉄（Fe）イオンであると想定された。

　以上の点を考慮に入れると、不自然な絵柄をなぞったような銀梨子地箇所の錆化の原因は、膠＋明礬＝ドーサを使用した（絵画修理では一般的な技法）蒔絵加飾部分のコーティングと、高湿度下の環境条件に長期間晒されたことが関係しよう。このような条件下では銀粉は著しく錆化が進行する。このことが都久夫須麻神社本殿の蒔絵加飾、とりわけ銀梨子地加飾箇所にみられる銀錆化に伴う著しい劣化現象の進行の一要因であると理解した。

6、蒔絵塗装の修理作業

　以上のような調査を踏まえて、都久夫須麻神社本殿における蒔絵加飾の修理施工が実施された。現状のように蒔絵加飾の上に明礬のような硫黄物質が存在すると、今後さらに銀梨子地加飾の錆化が加速度的に進行し、最終的には加飾箇所のオリジナル蒔絵粉材料および漆塗装膜の剥落→消滅現象が発生する危険が懸念される。このような劣化現象の進行を食い止めるには、現状で存在する硫黄物質を多く含む粉状化した有害錆を注意深く除去することが必要である。そのため、実際の蒔絵加飾部分や上塗り漆塗装の一部を対象としたクリーニングの方法と材料の検討を行った。漆工文化財修理技術者である山下好彦氏の協力により、硫黄物質による汚損の除去に何が適するかを現地で試験施工した。その結果、リグロイン、トルエン、メタノール、エタノール、アセトンなどの溶液のうちではアセトンが最も適していることが判明した。実際のクリーニング作業は、

写真 20-1：長押上の五七桐蒔絵加飾（処理前）

写真 20-2：長押上の五七桐蒔絵加飾（処理後）

やわらかいメリヤス布や綿棒、竹ヘラなどを使用すること、アセトン溶液による蒔絵加飾部分の錆の除去と、エタノール溶液（ただし、漆塗膜表面の汚れ付着が著しい場合は純水＋エタノール70％水溶液を使用）を用いた漆塗装膜表面の汚れ除去が有効であることなどが確認された（写真19）。

次に、蒔絵加飾の表面を覆っている錆と硫黄物質を除去するだけでは、表面に露出した蒔絵・梨子地の金属（メタル）は、その後も多湿の環境下に長時間曝露された状態が続けば、早晩新たな銀の錆化が進行する危険性が高い。そのため次の処置として、通常の漆工品修理で実施される蒔絵粉固めと同じ要領で、クリーニング終了後の蒔絵加飾部分のコーティングや表面の断紋亀裂による劣化がみられる上塗り漆塗膜の保護強化を目的とした摺漆もしくは漆固めの作業を行うこととなった。

床面で注意深く回収した漆塗装の剥落小破片のうちの3試料について Py-GC/MS 分析を行った。その結果、いずれもウルシオール成分と乾性油成分が検出された。そのため漆塗料を使用した作業では、日本産漆（岩手県二戸市浄法寺産）のみを使用することとした。また実務的な作業の施工方針は、(a) 国指定文化財をはじめとする工芸品の伝統的な蒔絵修理の方法を踏襲すること、(b) アクリル樹脂などの合成樹脂の使用は行わず、伝統的な修復材料を使用することとした。

蒔絵塗装の修理作業は、滋賀県教育委員会文化財保護課・都久夫須麻神社・文化庁文化財部参事官（建造物担当）の3者が協議の上、山下氏の意見を受けて現状維持を原則とした。そのため、塗り直し塗装や補筆は一切行わず、クリーニングと剥落止め、漆固めの劣化防止作業が実施された。

蒔絵塗装の修理作業は、①修理前の写真撮影→②蒔絵加飾部分および漆塗膜のクリーニング作業→③一部の脆弱な蒔絵部分の蒔絵固め→④一部の脆弱な漆塗膜の剥落止め→⑤漆固めもしくは紫外線劣化の著しい箇所は摺漆作業→⑥修理終了後の写真撮影、の工程である。

表面クリーニングの作業は、内陣部分から開始し、これが終了した後に外陣部分も同様の方法で実施された。特に内陣・外陣の長押のデザインのメイン部分を構成する鳳凰・尾長鳥・鶴の蒔絵加飾および柱7、8の外陣および内陣脇の蒔絵加飾、外陣長押の南面部分、全体のクリーニングの最終仕上げはいずれも山下氏に直接施工作業を委託して実施した。その結果、錆物質の除去を良好に終了させることができた（写真20-1〜28-2）。以下、具体的な作業手順を記す。

（1）汚損のクリーニングは、綿棒または綿布を巻いた竹箆にアセトンまたはエタノールをしみ込ませ斑の無いように丁寧に汚れを除去した。この際、漆塗膜の剥離が懸念される脆弱な塗膜箇

第Ⅲ部　御殿建造物の蒔絵塗装

写真21-1：内陣北面長押の菊花・葉蒔絵加飾（処理前）

写真21-2：内陣北面長押の菊花・葉蒔絵加飾（処理後）

写真22-1：内陣南面柱の菊花蒔絵加飾（処理前）

写真22-2：内陣南面柱の菊花蒔絵加飾（処理後）

写真23-1：内陣東隅柱の桐唐草紋（処理前）

写真23-2：内陣東隅柱の桐唐草紋（処理後）

写真24-1：内陣西隅柱の桔梗唐草紋（処理前）

写真24-2：内陣西隅柱の桔梗唐草紋（処理後）

第1章 都久夫須麻神社本殿内の蒔絵塗装

写真 25-1：内陣西隅柱の牡丹唐草紋（処理前）

写真 25-2：内陣西隅柱の牡丹唐草紋（処理後）

写真 26-1：内陣東隅柱の蔦唐草紋（処理前）

写真 26-2：内陣東隅柱の蔦唐草紋（処理後）

写真 27-1：外陣西面柱の菊紋蒔絵加飾（処理前）

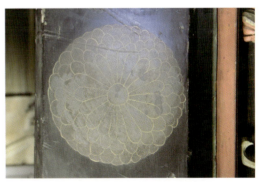
写真 27-2：外陣西面柱の菊紋蒔絵加飾（処理後）

写真 28-1：外陣北面長押の海松貝蒔絵加飾
（処理前）

写真 28-2：外陣北面長押の海松貝蒔絵加飾
（処理後）

第Ⅲ部　御殿建造物の蒔絵塗装

写真29：レーヨン紙を用いた脆弱な漆塗装膜の養生

写真30：脆弱な金蒔絵線の蒔絵固め

写真31-1：クリップによる剥落止め後の圧着固定

写真31-2：竹ヒゴによる剥落止め後の圧着固定

所には、短冊状に細く切ったレーヨン和紙を澱粉糊で養生するなどの配慮を行った（写真29）。

（2）このうち、蒔き放ちの平蒔絵の金加飾が粉状化して定着力が低下している流水文の金線部分は、クリーンソルGで希釈した透漆による金粉の固定作業を、蒔絵筆を用いて実施した（写真30）。その後、余分な漆塗料はナイロン紙で拭き取った。蒔絵粉の剥落止めを終了して、漆塗料の固化で脆弱な金線の蒔絵部分の固定が終了した後、金線の周辺のクリーニングを慎重に行った。

（3）傷などが原因で漆の塗装膜が剥離しかけている箇所は、油煙を加えた麦漆を含浸させて剥離部分の剥落止め接着と色味の調整を行った。その後、養生板を当てた上で竹ヒゴを用いて3日間程度圧着を行い脆弱な塗装膜を強化固定した上でクリーニング作業を実施した（写真31-1、31-2）。

（4）全てのクリーニングが終了した後、石油系溶剤（クリーンソルG）で6倍に希釈した透漆を全体に刷毛塗りし、次にナイロン紙と吸取紙を用いて透漆を押し拭きし、劣化防止と摺漆の工程を完了した。日本産漆塗料を使用した(2)～(4)の修理作業は、山下氏が作業を担当した。なお、漆塗装および蒔絵修理における摺漆の回数と部位は、以下の通りである。

　①摺漆1回…透漆＋クリーンソルG4倍、対象箇所：内陣柱および長押のすべて
　②摺漆2回…透漆＋クリーンソルG5倍、透漆＋クリーンソルG4倍、対象箇所：外陣柱1、
　　　　　　2a、6、7、8　入口柱6、7　外陣柱長押上1、6、7、12　外陣長押ろ、は、に、ほ、へ
　③摺漆3回…透漆＋クリーンソルG5倍、透漆＋クリーンソルG4倍、透漆＋クリーンソル
　　　　　　G4倍

7、取り外し蒔絵部材の調査

　都久夫須麻神社本殿は、本殿正面左右の開放部に取り付きの蔀戸（格子戸）が嵌められていたが、昭和期修理の際に取り外して板壁に変更していることが修理作業時の写真から確認できる（写真32-1〜32-3）。この修理の際には、長押下の部材も同時に取り外され、本殿小屋裏で長年保管されていた。

　筆者らによる現地調査の際、この本殿正面の蔀戸取り付き箇所の昭和期修理で取り外した部材2資料を小屋裏において回収した。この取り外し部材は、長120.5㎝×幅30.0㎝×厚8.5㎝を測る。これらの表面と片側面には、地塗りの黒色漆が塗装され、長押下に取り付く裏面は剝ぎ取りの素木であるが、表面の2箇所に蔀戸を装着する鉄金具が嵌められていた（写真33-1、33-2）。いずれの資料も紫外線による漆塗装表面の劣化が著しく、残存状態は悪いが、上面と片側面の黒色漆の上には葡萄の実と蔓、葉の図様が連続して平蒔絵・絵梨地子加飾されているのが目視確認できた。この図様は、内陣側面入口の金碧障壁画が取り付く長押下部材の図様とモチーフが同じであるため、一連の取り付き部材であることが理解された（写真33-3、33-4）。

　これらの取り外し蒔絵部材は、両端が鋭い鋸で切断されて蒔絵図様の連続性が途切れていた。さらに2本のうちの1本の部材側面は、足りない幅の寸法を補うために、別の蒔絵部材から細い幅の部材を剝ぎ取りして和釘で貼り合わされていた。この貼り合わせの細い蒔絵部材は、取り外し部材とは異なる萩の花と蔓、葉の蒔絵の図様が確認された（写真34-1〜34-4）。

　この蒔絵部材は、いずれも木地の上に黄褐色を呈するやや脆弱な泥サビ状の下地を施し、その上に地塗りの黒色漆が塗装されていた。その上の蒔絵図様を描くための置目の下絵漆は、蛍光X線分析の結果、鉄（Fe）の強いピークは検出されるものの水銀（Hg）や鉛（Pb）のピークは検出されなかったため、ベンガラ漆であると同定した。平蒔絵粉を拡大観察した結果、十数μm程度のやや粗い不均一な金（Au）の強いピークが検出される金蒔絵粉が比較的疎に平蒔絵されていた（写真35-1、35-2）。また桃山文化期漆工の特徴の一つである描割や針描表現も同時に確認さ

写真32-1：昭和期修理時の様子①

写真32-2：同②

写真32-3：同③

（写真32-1：国宝都久夫須麻神社境内出張所編『国宝都久夫須麻神社本殿修理工事報告書』より転載、
　写真32-2・32-3：奈良文化財研究所所蔵ガラス原板より）

第Ⅲ部　御殿建造物の蒔絵塗装

写真 33-1：取り外し部材①

写真 33-2：取り外し部材②

写真 33-3：本殿内部内陣長押下の蒔絵加飾写真

写真 33-4：同　一部拡大

写真 34-1：貼り付け別材の蒔絵加飾①

写真 34-2：同　萩文様の拡大

写真 34-3：貼り付け別材の蒔絵加飾②

写真 34-4：同　葉・蔓文様の拡大

第1章　都久夫須麻神社本殿内の蒔絵塗装

写真 35-1：金蒔絵加飾の拡大①

写真 35-2：金蒔絵加飾の拡大②

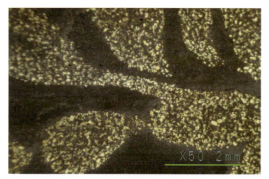
写真 35-3：金蒔絵の描割の拡大

写真 35-4：金蒔絵の描割・針描の拡大

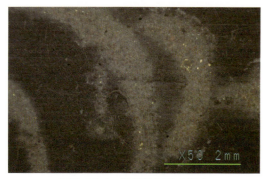
写真 36-1：銀蒔絵加飾の拡大

写真 36-2：銀蒔絵の針描の拡大

れた（写真 35-3、35-4）。さらに銀（Ag）のピークが検出されるものの錆化がやや進行して灰銀色を呈する銀蒔絵粉による銀平蒔絵も同じ図様の中で確認された（写真 36-1、36-2）。

　さてこの取り外し部材に貼りつけられた別材の蒔絵部材は、細い剥ぎ取り部材である。この別材に加飾されていた建造物部材における金銀平蒔絵の図様はこれまで漆工史の分野では類例報告がない。そのため未発表資料といえる。いずれにしても、本資料自体が所在する都久夫須麻神社本殿の移築部材との関連性が想定される豊国社霊廟建造物もしくは伝承が述べる伏見城内の御殿建造物など、桃山文化期に造営された建造物内にはこの蒔絵図様を含めた多くの蒔絵加飾部材が取り付き、建造物を荘厳していたのであろう。このことは、桃山文化期漆工の大きな特徴の一つである。

243

第Ⅲ部　御殿建造物の蒔絵塗装

（文献史料）
「大佛奉行衆のさん用奉行のかきつけ
一、うるし奉行　秀頼様御奉行として伏屋飛騨・松井藤介、片桐市正奉行として安養寺喜兵衛・恒屋五左衛門、右之うるし直之御奉行衆片桐市正奉行衆御うけとり候而則ねたん御きわめ金銀御渡し候事
一、ぬし屋奉行　秀頼様御奉行として水原石見・友松次右衛門、片桐市正奉行として安藤寺孫兵衛・恒屋五左衛門・中井大和手代　右之日帳直之御奉行衆う片桐市正奉行衆日々に御改候而御つけ被成、その以日帳作料御定かん定被成米御渡し候事
一、はく奉行　秀頼様御奉行として遠藤十太郎・伊木七郎右衛門、片桐市正奉行として安藤寺孫兵衛・長田久左衛門、右之はくのねたん直の御奉行衆片桐市正奉行御きわめ候て、則はく御請とり金子御渡事
右金銀八木材木屋いつれも諸職人へ相渡申候事ハ片桐市正殿より被仰付直談に以手形御渡被成候事右之材木ねたんあいきわまり候折ふしハ大坂へ我等も罷下やうすうけたまハり候事そのほかハいつれも御奉行衆大佛にて御きわめ候事　　中井大和守　　花押　」

（参考文献）
国宝都久夫須麻神社境内出張所編『国宝都久夫須麻神社本殿修理工事報告書』（1937）
滋賀県百科事典刊行会編『滋賀県百科事典』発行者・大和岩雄　発行所・大和書房（1984）
平凡社地方資料センター編『滋賀県の地名（日本歴史地名大系二五）』平凡社（1991）

第2章　醍醐寺三宝院白書院の蒔絵床框

1，諸　言

　伝世した文化財一般に言えることであるが、これらは今日に至るまで幾度かの修理や改変が行われた場合が多く、厳密には作製時そのものの状況ではない。そのなかで、本書の第Ⅲ部が対象とする「桃山文化期における御殿建造物部材の蒔絵塗装」の一つである醍醐寺三宝院白書院（指定名称では「庫裏」となっているが、以下、通称名の「白書院」と称する）の蒔絵床框は、若干の構造改変（寸法の変更）は認められるものの、蒔絵塗装には修理の痕跡はほとんど観察されない。

　この床框の正面には、特徴的な平蒔絵による秋草文様の図様が配されている。この菊・萩・桔梗などの秋草文様を平蒔絵・梨子地加飾したいわゆる「高台寺蒔絵」と呼称される桃山文化期漆工を代表する蒔絵の伝世品は比較的多い。しかしこれらの多くは什器類であり、今日までに修理が行われた可能性が高いとともに、作製年代を示す紀年銘が明記されていない。そのため、厳密には指標資料としての位置づけに若干の不安を残す。このような状況の中、桃山文化期に登場した平蒔絵技法の通称名ともなっている「高台寺蒔絵」の典型的な秋草文様の図様が確認されるとともに、年代観が明確な蒔絵資料として、岡山城二の丸跡出土蒔絵漆耳盥、余市入舟遺跡出土蒔絵椀の2資料が存在しており、本章の資料を考える上で参考となる。

　本章では、このような桃山文化期以降に修理などの手がほとんど加えられていないと想定される醍醐寺三宝院白書院の蒔絵床框と、参考資料である上記2資料の基本的な材質・技法に関する調査を行なったので、この内容の検証を加える。

2，調査対象資料の概要

2.1　醍醐寺三宝院白書院の蒔絵床框

　現在、世界文化遺産に登録されている真言宗醍醐寺派総本山の醍醐寺は、貞観16年（874）に空海の孫弟子である理源大師聖宝が、京都市南東部の笠取山の山頂（山頂付近は醍醐山と命名）に准胝観音と如意輪観音を迎えて開山したことに始まる。その後、醍醐天皇から祈願寺として手厚い保護を受け、山頂から山麓に至るまで広大な寺域に伽藍群の整備が行われた。しかし中世以降は、応仁の乱やその後の天文・法華の乱などにより京都市中は兵火に包まれ、醍醐寺境内も五重塔を残すのみになるまで荒廃した。

　醍醐寺が復興するきっかけは、豊臣秀吉が豊臣政権の本拠地として醍醐寺の近くに所在する伏見指月山（のちに木幡山に移転）の丘陵地に伏見城の大規模城郭と城下町の整備を開始したことに始まる。醍醐寺の寺域では、秀吉最晩年の慶長3年（1598）に「醍醐の花見」が挙行された。その際、秀吉は親交が深かった醍醐寺80世座主職義演准后に醍醐寺諸堂の建立充実を約束し、翌年の慶長4年（1599）から、三宝院唐門・表書院・寝殿・常御殿（本章が取り上げる白書院の前身）などの建造物や庭園が整備された。秀吉亡き後も、息子の秀頼は、紀州湯浅から金堂を移築するとともに、上醍醐に如意輪堂や開山堂などの整備を行うなど、醍醐寺と豊臣家との関係は深かっ

245

第Ⅲ部　御殿建造物の蒔絵塗装

写真1：醍醐寺三宝院の庭園と御殿の現況

写真2：三宝院庫裏建造物の現況

写真3：三宝院白書院の蒔絵床框の現況

たようである。

　三宝院は、永久3年（1115）に第14世座主であった勝覚僧正により創建された金剛輪院を起源とし、今日に至るまで醍醐寺の歴代座主が居住する本坊的な存在である（写真1、2）。歴代座主が日常生活を行う空間として今日まで機能している白書院は、表書院と中庭を挟んで対置するとともに、内部は田の字に区切られている。

　本章が取り上げる蒔絵床框は、白書院内東南部屋の書院床の間部材であり、長281.5cm×高12.3cm×奥行6.4cmを測る（写真3）。この床框正面には極めて繊細華麗で典型的な高台寺蒔絵の意匠がみられる。この床框部材の上面両端には、蒔きぼかしの技法で山容を描いた図様が確認されるため、何らかの蒔絵加飾が施されていたことが理解されるが、長年の拭き掃除などにより中央部分は摩耗しており、全体の図様は不明である。いずれにしても、このような蒔絵床框を有する書院自体の機能は、醍醐寺座主の居住空間における中心的な場の一つと位置づけられている。

　白書院の前身は、慶長4年（1599）4月に興福寺楽屋から移築された常御所であり、この蒔絵床框が所在する床の間部分は慶長期の当初の状況を良好に残しているとされている。ところが蒔絵床框部材には、両端の内側数cmの箇所で切り縮めた改変の痕跡がみられる。そのため漆工史の分野からこの蒔絵床框を調査した河田貞（2002）は『醍醐寺大観』の中で、「蒔絵意匠からは白書院が移築された慶長4年（1599）前後に比定しても不自然ではない。そのため、興福寺楽屋から移築された可能性もあるが、その絢爛華麗な意匠からは、それ以外の建造物から転用した可能性もあるし、加飾のない黒漆の地塗のみの床框に、転用に際して新たに蒔絵を施したことも考えられる」という見解を示している。

さて、醍醐寺座主であった義演准后は『義演准后記』の慶長11年（1606）10月29日の条として「塗師灌頂院壇、脇机等塗之」と記しており、大工による御殿建造物の部材組みが終了した後に、塗師が漆塗装を行ったようである。

2.2　岡山城二の丸跡出土の蒔絵漆耳盥（参考資料①）

岡山城二の丸跡は、岡山城本丸南西に所在する大手門の東側、現在の岡山市山下１丁目11番地101号地周辺に位置する。ここは、江戸時代には家老職などの上級武家屋敷が一貫して占有した地区に相当する。平成６年（1994）度に中国電力・岡山県教育委員会・岡山市教育委員会の三者で組織された中国電力内山下変電所建設事業発掘調査委員会が、当該地において変電所の新築建設に伴う事前の発掘調査を実施した。

発掘調査の結果、中世～近世にかけての各年代の遺構と遺物が多数検出された（図１）。遺構面は、『池田家履歴略記』などの文献史料にも記録されている承応３年（1654）の洪水堆積砂層を基準にして、４時期に大別される。このうちの洪水堆積砂で埋没する直前の二の丸跡造成土に相当する近世Ⅲ期層から、蒔絵漆耳盥が検出された。この蒔絵漆耳盥は、口径27.6cm×器高12.8cm×高台径18.2cmを測り、黒色漆の地塗りの上に菊・萩・桔梗の典型的な高台寺蒔絵の秋草文様が平蒔絵と梨子地で加飾されている（写真4-1、4-2）。把手自体は欠損しているものの、胴部のほぼ中央部に把手の剥離痕跡が認められるため、把手付の化粧用漆耳盥であることがわかる。さらに、漆による破損箇所の補修痕跡も明確に確認された。

本資料が出土した岡山城は、天正18年（1590）に豊臣秀吉の命により宇喜多秀家が築城に着手し、

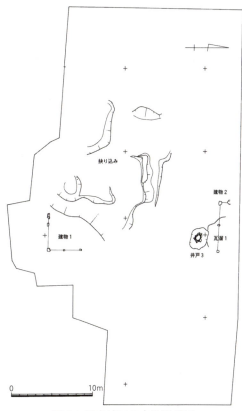

図１：岡山城二の丸跡遺構図

写真 4-1：岡山城二の丸跡出土の蒔絵漆耳盥（側面①）
　［岡山県古代吉備文化財センター所蔵］

写真 4-2：同（側面②）

第Ⅲ部　御殿建造物の蒔絵塗装

小早川秀秋の城主期を経て、慶長8年（1603）以降は幕末まで一貫して池田家が備前・美作28万石の領主として在城した。

　本資料の年代観は、上限は宇喜多氏による初期城下町整備に伴う16世紀末、下限は承応3年（1654）の間の時期に限定されるが、出土状況や他の共伴する国産磁器編年、さらには本資料が漆補修されて大切に使用されていた（ある程度の伝世年代が存在した可能性が高い）点などを考慮すると、池田氏が岡山城に入城した慶長8年（1603）から年代があまり経っていない慶長・元和年間（17世紀前期）頃の桃山文化期漆工を象徴する高台寺蒔絵の指標資料と考えられる。

2.3　余市入舟遺跡出土の蒔絵漆器椀（参考資料②）

　北海道余市町の入舟遺跡は、余市川河口左岸の川筋平地に所在する。左岸河口は、キモレ岬の海崖が迫るやや偏狭な土地であるが、中世期には東北や北陸地域からの和人渡党の居住地であったことが考古学調査で明らかになっている。そして江戸時代の中期以降は、余市場所（運上屋）の物資集積や港湾関連施設、余市川を遡上するサケ漁や日本海のニシン漁に関連する漁場関連施設など、和人とアイヌの人々が混在して居住する生業空間であったと考えられている。

　平成7年〜9年（1995〜1997）度には、余市町教育委員会により余市川改修事業に伴う事前の発掘調査が行われた。調査の結果、縄文後期以降の各年代の生活関連遺構や近世以降の港湾施設関連遺構とともに、残存状態が良好な19基の墓坑が検出された。このうちの2基は、続縄文期、中世期の墓坑であるが、それ以外の17基は17世紀初期〜前期頃の桃山文化期に並行する時期の近世アイヌ墓地であると比定されている。これらの近世アイヌ墓からは、太刀や和鏡、キセル、ガラスや金属製の装飾品、鉄鍋、イカヨプ（矢筒）などとともに、椀や膳、シントコ（行器）などの和製漆器資料が多数副葬品として出土した。

　このうちのGP-21墓からは、太刀・キセル・刀装具・イカヨプ・漆膳や漆器椀などとともに、本章がとりあげる法量：器径12.0cm×器高7.8cmを測る蒔絵椀が1点出土した（図2）。この蒔絵椀の木胎は失われているが、漆膜面の残存状況は良好であり、黒色漆の地塗り表面に、萩・女郎花・薄などの秋草文様が蒔絵・梨子地加飾されている（写真5-1、5-2）。また、椀の高台底部には、アイヌの所有を示す「シロシ」の刻印も確認される（写真5-3）。そのため、この典型的な高台寺蒔絵の図様が加飾された本資料は、近世初頭期のアイヌ副葬品であると考えられている。

　なおこの発掘調査では、GP-8墓からもアイヌの所有を示すシロシの刻印が確認される大名諸道具ともいえる華麗な金銀蒔絵椀も1点出土している（写真6）。いずれにしても入舟遺跡の発掘調査の成果からは、本資料のような蒔絵漆器を和人社会から入手した17世紀初頭〜前期頃の桃山文化並行期における余市アイヌの政治・経済力の大きさの一端が理解される。

3、蒔絵塗装の材質・技法に関する調査方法

　①蒔絵塗装の状態や蒔絵粉・梨子地粉の粒子形態の拡大観察

　②蒔絵粉材料の定性分析

　③蒔絵加飾の断面構造の観察（参考資料①、②）

第2章　醍醐寺三宝院白書院の蒔絵床框

入舟遺跡ＧＰ－21検出状況

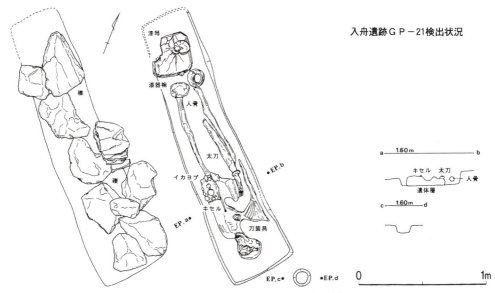

図２：入舟遺跡蒔絵漆器椀の出土遺構図

写真 5-1：入舟遺跡出土蒔絵椀（側面①）
　　　　　［余市町教育委員会所蔵］

写真 5-2：同（側面②）

写真 5-3：同（高台底）

写真 6：入舟遺跡出土金銀蒔絵椀
　　　　　［余市町教育委員会所蔵］

4、調査結果

4.1 醍醐寺三宝院白書院の蒔絵床框

本資料の長細い床框の正面は、黒色漆を地塗りの塗装とし、その上に菊・萩・桔梗・薄・撫子・女郎花などの秋草文様を交互に連続して帯状に配する画面構成となっている。そして所々に蜻蛉・蝶なども配置されていた（写真7-1～7-4、8-1～8-4）。加飾は、平蒔絵・付描・描割・針描技法、さらには幾つかの輪郭線内には梨子地粉を蒔いた梨子地加飾も併用されていた（写真9-1、9-2）。

現地調査は、非接触・非破壊の分析および観察に徹した。現地ではハンディ型のデジタルマイ

写真7-1：蒔絵床框の現況と蛍光X線分析箇所①

写真7-2：同②

写真7-3：同③

写真7-4：同④

クロスコープを使用して、塗装破断面の部分から、使用されている樹種と下地の調整に関する細部の拡大観察を行った。その結果、この床框は、割れや木の節などを含まない通直の針葉樹材が使用されており、木地に直接上塗りの漆塗装が施されるのではなく、粘土鉱物に生漆などを混ぜた堅牢なサビ下地が施されていることがわかった（写真10-1、10-2）。ただし今回の調査では、要所に麻や木綿などによる布着せ補強が行われているかどうかは確認できなかった。

これらの蒔絵塗装の状態や蒔絵粉・梨子地粉の粒子形態の拡大観察を行った。その結果、オリジナルと考えられる平蒔絵の蒔絵粉は、集合体としては若干バラツキがあるものの数μm程度のやや角ばった形態を呈していた（写真11-1）。この平蒔絵は、桔梗や撫子の花弁部分などで蒔絵

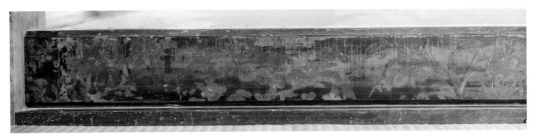

写真8-1：昭和初期の蒔絵床框の状態①
（写真8-1〜8-4：奈良文化財研究所所蔵のガラス乾板より）

写真8-2：同②

写真8-3：同③

写真8-4：同④

第Ⅲ部　御殿建造物の蒔絵塗装

写真 9-1：蒔絵床框正面の萩の花と葉の図様

写真 9-2：蒔絵床框正面の女郎花の花と葉の図様

写真 10-1：漆塗装の破損箇所で
　　　　　観察されるサビ下地の様子①

写真 10-2：同②

写真 11-1：蒔絵粉と描割表現

写真 11-2：蒔絵粉と付描表現

写真 11-3：梨子地加飾と縁取りの蒔絵粉

写真 11-4：蒔絵粉と針描表現

粉の蒔き方を微妙に疎密交互に蒔き分ける状況も観察された。そして図様を縁取る付描の蒔絵粉は、平蒔絵のそれとほぼ同じ蒔絵粉であるが、平蒔絵が全体的にやや疎らに蒔かれている点とは異なり、極めて密に盛り上げて蒔かれていた（写真11-2）。このような平蒔絵、付描の蒔絵粉の蒔き方の違いは、加飾表現のアクセントとなっている。梨子地粉は、数十μm程度の粗い粉形態のものと、それよりは小さい十数μm程度の不均一な鑢粉状の粉が疎らに蒔かれていた（写真11-3）。また一部の梨子地粉は、明らかに秋草文様の輪郭線である蒔絵粉の上部に乗った状態で観察された。この梨子地加飾の接着材料である置目の下絵漆は、朱漆やベンガラ漆由来の赤い色相は確認されず、透明感がある梨子地漆が使用されていた。描割も繊細に表現されていた。桃山文化期における表現技術の特徴の一つである針描技法は、針描線の端部に筆溜が確認されるとともに、針描線の筆跡が滑らかであった（写真11-4）。このことから、接着材料の下絵漆が固化するより前に作業が行われたと考えられる。

次に、蒔絵粉と梨子地粉の材質分析を行った。その結果、基本的には蒔絵粉・梨子地粉ともに銀（Ag）や銅（Cu）は検出されず、金（Au）のみのピークが強く検出された（図3）。また、測定箇所③の床框の上方面取り部分に近接した萩の葉のやや粗い平蒔絵の加飾箇所では、朱漆由来の水銀（Hg）のピークも検出された。これは下絵漆に朱漆を使用したと理解するよりは、測定箇所と同じ床框の面取り部分に塗装された朱漆のピーク（測定箇所⑧の一連）を拾ったものであると認識した（図4）。

前記したように、この床框には両端を切り縮めた改変の痕跡が確認される。このことから、先

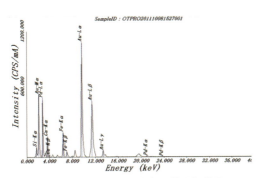

図3：金蒔絵箇所の蛍光X線分析結果

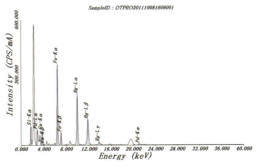

図4：朱漆箇所の蛍光X線分析結果

写真12-1：蒔絵床框の右端部の不連続の改変箇所

写真12-2：蒔絵床框の左端部の連続した改変箇所

第Ⅲ部　御殿建造物の蒔絵塗装

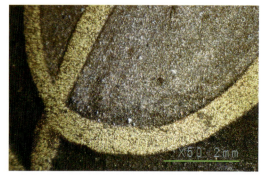
写真13-1：左端部の蒔絵粉

写真13-2：左端部の梨子地粉と
　　　　　縁取りの蒔絵粉

写真14-1：上部左端部に見られる蒔絵加飾

写真14-2：上部右端部に見られる蒔絵加飾

写真15-1：蒔絵床框上面の蒔絵と
　　　　　縁取りの拡大観察①

写真15-2：同②

写真16-1：床框の蒔絵塗装を保護している
　　　　　木製春慶塗の保護カバー①

写真16-2：同②

行研究では他の建造物の部材を移築・転用したものであるとしている。今回、改めてこの端部の蒔絵加飾の状況とオリジナルと考えられる中央部分の蒔絵加飾における材質・技法の状況を比較観察した。その結果、正面右手端部の蒔絵加飾とそれと接するオリジナルの蒔絵加飾を比較すると、蒔絵粉や梨子地粉、地の漆塗りは両者同一であった。ただし、図様のデザイン自体は一連の秋草文様であるが、僅かのずれや欠損が生じていた（写真12-1）。そのため、これは何らかの修理に伴う床框寸法の調整の関係からおそらく1cm弱程度を切り縮めた痕跡であると理解した。一方、これと反対側の床框正面左端部では、図様のデザイン自体は一連の秋草文様が連続している。ところが、地の漆塗りの色調や劣化状態は両者異なり、床柱と接する部分の方がオリジナルの中央部分に比較して透けや残存状況は良好であった（写真12-2）。この床柱と接する端部箇所の蒔絵粉・梨子地粉においても、銀（Ag）や銅（Cu）は検出されず、金（Au）のみのピークが強く検出され材質上の違いは見出されなかった（写真13-1）。しかし床柱と接する部分の梨子地粉は、数十μm程度の扁平な平目粉が極めて疎らに蒔かれていると同時に、図様の縁取りの蒔絵粉は極めて微細な0.数μm程度の丸粉であった（写真13-2）。また女郎花や萩の葉の梨子地加飾箇所からは、赤い色相が確認されるとともに測定箇所⑦では強い鉄（Fe）のピークが検出された。そのためこの床框正面の左端部は、ベンガラ漆による絵梨子地漆が接着材料の下絵漆として使用されていると理解した。さらに一部の葉部分では葉脈を表現するために、針描技法が用いられていた。この部分を拡大観察した結果、周りの蒔絵粉を掻き取る形で線が描かれていた。そのため、この部分の針描技法は、ある程度、接着材料の下絵漆が固化した後に作業が行われたものであろう。

なお、この床框上面にも両端に蒔きぼかしの技法で山容を描いた図様が確認された（写真14-1）。また床框上面の中央部分でも、所々にごくわずかではあるが蒔絵粉や梨子地粉の痕跡が確認された。そのため床框上面の全体にも蒔絵および梨子地加飾が存在していることはわかるが、図様自体は不明であった。この上面端部の加飾箇所を拡大観察すると、正面部分よりやや粒度が細かい鑢粉状の梨子地粉が蒔かれており、山際の蒔絵粉の下絵漆には朱線が確認された（写真14-2）。しかし、所々でごくわずかに観察される蒔絵粉や梨子地粉の痕跡箇所では、朱漆やベンガラ漆由来の赤い色相は確認されなかった（写真15-1、15-2）。そのため、框正面と同じ透明感がある梨子地漆が使用されていたと理解した。

さて、本資料は建造物の床框部材である。そのため什器類のように箱や棚などに収納されることがなく、常時、紫外線劣化の影響を受け易い環境にある。いうまでもなく、漆工資料の最大の劣化要因は紫外線曝露によるものである。本資料の場合、所有者の配慮から、通常は床框の蒔絵塗装を保護するために裏面にフェルト布を貼った木製春慶塗の保護カバーで覆う対策が講じられていた（写真16-1、16-2）。このような建造物漆塗装部材の管理方法は、資料保存を考える上で有効な手段の一つといえる。

4.2　岡山城二の丸跡出土の蒔絵漆耳盥（参考資料①）

本資料は、承応3年（1654）の洪水堆積以前の層から出土しており、漆を用いた修理の痕跡が確認される。この修理痕跡からは、耳盥胴部の破損箇所を接着した際に蒔絵加飾部分もある程度オーバーラップして幅広で薄く接着する修理方法が確認された（写真17）。桃山文化期におけ

第Ⅲ部　御殿建造物の蒔絵塗装

る漆を接着材料として使用した修理方法を知る上で重要な物的証拠の一つである。菊・萩・桔梗の秋草文様の蒔絵および梨子地加飾のタッチは極めて繊細であり、銀（Ag）や銅（Cu）をほとんど含まない金（Au）のピークと、同時に朱漆に由来する水銀（Hg）のピークが検出された。拡大観察の結果、平蒔絵や付描に使用されている蒔絵粉は数μm程度の細粉が密に蒔かれていた（写真18-1、18-2）。醍醐寺三宝院白書院の蒔絵床框のそれと比較してやや細かい梨子地粉は、朱漆を用いた絵梨子地漆の上にこれも比較的密に蒔かれていた（写真18-3、18-4）。多用されている描割表現も繊細で丁寧であり、針描技法における針描線の筆跡も滑らかであった（写真18-5）。そのため接着材料の下絵漆が固化するより前に作業が行われたと理解した。

写真17：漆塗料を用いた修理箇所の拡大

写真18-1：蒔絵粉と描割表現の拡大観察

写真18-2：蒔絵粉と付描表現の拡大

写真18-3：梨子地蒔絵粉と縁取りの蒔絵粉の拡大観察

写真18-4：絵梨子地と描割・針描表現の拡大観察

写真18-5 蒔絵粉と針描表現の拡大観察

4.3 余市入舟遺跡出土の蒔絵漆器椀（参考資料②）

本資料も、椀の外面に萩・薄・撫子などのいわゆる高台寺蒔絵の典型的な図様である秋草文様が、蒔絵および絵梨子地加飾されていた（写真19-1、19-2）。このうちの薄や萩の葉や縁取り線には、密に数μm程度の細かい金（Au）蒔絵粉が蒔かれていた（写真20-1）。そして、一部には針描技法も確認された（写真20-2）。また、撫子の花弁や葉、萩の葉の一部には、密に数μm程度の細かい銀（Ag）蒔絵粉が、蒔かれていた（写真21-1）。そして、一部には針描技法も確認された（写真21-2）。さらに、撫子や萩の葉の一部には朱漆由来の水銀（Hg）のピークが同時に検出される絵梨子地の上に、金（Au）に若干の銀（Ag）が混ざる十数μm程度の青金（Au＋Ag）梨子地粉がやや疎らに蒔かれていた（写真22-1～22-3）。漆塗装の断面観察では、サビ下地の上に赤褐色

写真19-1：側面①の萩の花と葉の図様

写真19-2：側面②の撫子の花と葉の図様

写真20-1：金蒔絵の拡大観察

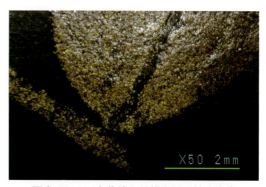
写真20-2：金蒔絵と針描表現の拡大観察

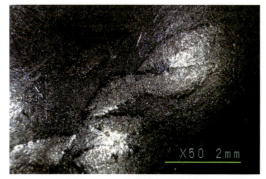
写真21-1：銀蒔絵の拡大観察

写真21-2：銀蒔絵と針描表現の拡大観察

第Ⅲ部　御殿建造物の蒔絵塗装

写真22-1：絵梨子地と縁取りの金蒔絵の拡大観察①

写真22-2：同②

写真22-3　同③

写真23：青金梨子地と金蒔絵塗装の断面構造の観察

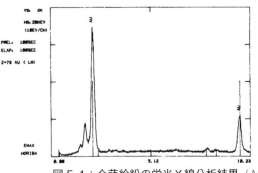
図5-1：金蒔絵粉の蛍光X線分析結果（Au）

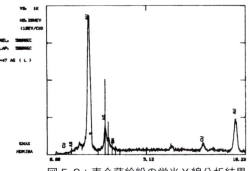
図5-2：青金蒔絵粉の蛍光X線分析結果（Au＋Ag）

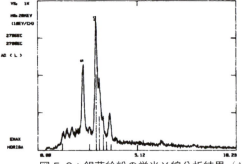
図5-3：銀蒔絵粉の蛍光X線分析結果（Ag）

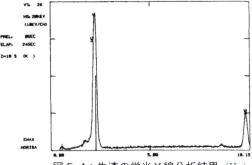
図5-4：朱漆の蛍光X線分析結果（Hg）

系漆や黒色漆を塗り重ね、朱漆の上に青金梨子地粉、金蒔絵粉が蒔かれている状況が確認された（写真23）。このような銀（Ag）や青金（Au＋Ag）を材料とした蒔絵粉や梨子地粉の使用は、前二者の蒔絵資料とは異なる点である（図5-1〜5-4）。

5、結　論

　本章では、慶長4年（1599）頃に興福寺楽屋を移築して造営されたという伝承をもつ醍醐寺三宝院白書院の蒔絵床框と、それと類似した秋草文様の図様が加飾された出土蒔絵漆器2資料を参考資料として取り上げた。いずれも桃山文化期に作製年代が求められる、いわゆる「高台寺蒔絵」と呼称される資料群である。このうちの三宝院白書院の蒔絵床框は、第Ⅲ部第1章で取り上げた都久夫須麻神社本殿と同じく豊臣秀吉との関係が深い建造物の蒔絵塗装部材であるとされている。

　調査の結果、床框の正面は、地塗りの黒色漆の上に平蒔絵加飾と付描・描割・針描表現、さらには幾つかの輪郭線内には梨子地粉を蒔いた梨子地加飾も併用して用いられていた。この点からは、極めて繊細華麗で桃山文化期における、いわゆる「高台寺蒔絵」と呼称される意匠と技法の典型的な特徴を有していることがわかった。このうちの梨子地加飾は、粒度が不均一で荒い金（Au）自体を使用した梨子地粉が疎らに蒔かれていた。第Ⅲ部第1章で取り上げた都久夫須麻神社本殿の蒔絵塗装が、銀（Ag）を使用した梨子地粉であった点とは異なる特徴である。また、都久夫須麻神社本殿の蒔絵塗装では下絵の朱描線などの痕跡も確認されており、当時の突貫作業的な状況を反映していると考えられるが、本資料では、そのような造作は認められなかった。そのため、この蒔絵床框は、特注品的に丁寧な作業が行われた可能性が想定される。

　なお、この蒔絵床框の両端は切り縮められたような痕跡があった。そのため興福寺楽屋もしくはその他の建造物から移築された可能性が、従来から指摘されてきた。本章における調査の結果、同一部材を切り縮めたような痕跡を有する右端部とは異なり、床柱と接する左端部の部材とオリジナルと考えられる中央箇所のそれとは、蒔絵粉や梨子地粉の形態、下絵漆である絵梨子地の材質、針描技法の線描の方法などが大きく異なっていた。そのため、この左端部の作製は、慶長年間よりは年代が下る江戸時代以降の後補である可能性が指摘される。すなわちこの床框部材の右端部は、単に寸法が長い他の建造物の部材を慶長年間頃に移築するために端を切り縮めた可能性を残すが、左端部は、痛んだ端部を後年に補修するため、オリジナルの図様に併せて作製した蒔絵加飾の部材を付け足したという推測も成り立とう。

　次に、岡山城二の丸跡出土の蒔絵漆耳盥と余市入舟遺跡における近世初頭のアイヌ土坑墓の副葬品である蒔絵椀の材質・技法を調査した。その結果、いずれの出土資料も朱漆を用いた絵梨子地漆が用いられていた。この点は、三宝院白書院の蒔絵床框のそれとは異なる点であるが、三者ともに加飾作業自体は繊細で丁寧であった。とりわけこの2資料の出土蒔絵漆器は、什器として大切に使用された痕跡を有するとともに、桃山文化期の京都市中における蒔絵工房で生産された可能性が高い資料群である。そのため、これらは当時の蒔絵加飾の姿を知るための比較標準資料として重要であると再認識した。

第Ⅲ部　御殿建造物の蒔絵塗装

（参考文献）

北野信彦：『近世出土漆器の研究』吉川弘文館（2005）

京都府教育委員会文化財保護課編：『国宝・重要文化財三宝院殿堂修理工事報告書』京都府教育委員会
　　　　（1970）

西川新次・山根有三 監修：『醍醐寺大観　第1巻（建造物・工芸)』岩波書店（2002）

北海道余市町教育委員会編：『入舟遺跡における考古学的調査 —余市川改修事業に伴う 1995・1997 年
　　　　度入舟遺跡発掘調査報告書』余市町教育委員会（1999）

松本和男・乗岡実・氏平昭則ほか：『岡山城二の丸跡 —中国電力内山下変電所建設に伴う調査報告—』
　　　　中国電力内山下変電所建設事業埋蔵文化財調査委員会（1998）

第3章　大覚寺客殿（正寝殿）の蒔絵帳台構

1、諸　言

　本書第Ⅲ部第1章では、伏見城御殿もしくは豊国社の霊廟建造物から移築したとの伝承がある都久夫須麻神社本殿内部部材の蒔絵塗装、同第2章では、興福寺楽屋から移築されたと伝わる醍醐寺三宝院の白書院床框部材の蒔絵塗装など、豊臣家縁の御殿建造物関連の蒔絵資料を調査対象とした。本章では、皇室縁の寺院であるとともに桃山文化期を代表する御殿建造物の一つである大覚寺客殿（正寝殿）建造物内に設けられた蒔絵帳台構を取り上げる。

　この蒔絵資料は、灰野（1987）による漆工史の分野からの先行研究はあるものの、これまで理化学的な調査は実施されてこなかった。本章では、旧嵯峨御所大覚寺門跡の御厚意により、桃山文化期を代表する建造物部材の蒔絵塗装の一事例として本資料の分析調査を実施した。

　なお、本資料の蒔絵技術を理解する上で参考となる大坂城三の丸堀跡出土蒔絵漆器2点も同様の調査を行ったので、併せて考察に加える。

2、大覚寺客殿（正寝殿）の概要

　旧嵯峨御所大覚寺門跡（以下、大覚寺と称す）は、真言宗大本山として京都市右京の嵯峨野に所在する。『日本後紀』によると、この地には弘仁5年（814）頃には嵯峨天皇の離宮である嵯峨院が造営された。その後の貞観18年（876）には淳和天皇の皇后である嵯峨天皇皇女正子内親王が淳和天皇崩御に伴いこの嵯峨院を皇太后御願寺院として大覚寺に改めたとしている。鎌倉期には、後嵯峨・亀山・後宇多上皇が大覚寺内で政務を行うとともに、南北朝期には北朝（持明院統）に対する南朝（大覚寺統）の拠点となるなど、その後も皇室縁の寺院として広く知られている。

　さて大覚寺客殿（正寝殿）は、妻を南北に向けた入母屋造、檜皮葺の建造物であり、玄関の東側に繋がる宸殿の背後に位置している（写真1）。この建造物の母屋内部は、東側奥から後世の増築と考えられる「剣璽の間」、この建造物の主室である上段の間に相当する「御冠の間」、この中段・下段の間に相当する「紅葉の間」と「竹の間」の4室（いずれも8畳）、中央に「雪の間」と「鷹の間」の2室（いずれも12畳）、西側に「山水の間」と「聖人の間」の2室（いずれも9畳）が配置されている。そして南と東の縁に幅1間の廊下（狭屋）が巡り、建物正面（南側）のみに勾欄が付く桃山文化期の御殿建造物の基本的な様式を呈している（図1、写真2）。本章が調査対象とする蒔絵帳台構は、「御冠の間」背面を構成する構造部材である。

　客殿を正寝殿、主室である上段の間を

写真1：大覚寺客殿（正寝殿）の現状

第Ⅲ部　御殿建造物の蒔絵塗装

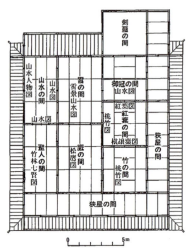

図1：大覚寺客殿（正寝殿）の建物平面

写真2：大覚寺客殿（正寝殿）の各部屋

「御冠の間」と称する由来は、退位後の後宇多院が御所機能を有する大覚寺内のこの建物において、文保2年（1318）～元亨元年（1321）まで常に冠を玉座の上にかけて院政を行ったという寺伝、さらには明徳3年（1392）に室町幕府3代将軍足利義満の斡旋により南朝（大覚寺統）の後亀山天皇が吉野行宮から大覚寺に入り、この部屋において北朝（持明院統）の後小松天皇に譲位する儀式が行われたという寺伝によるところが大きい。

しかしこの建造物の平面構成は、南北朝期の天皇仮御所の形式を踏襲したのではなく、基本的には桃山文化期の御殿建造物の対面所様式である。『御湯殿上日記』の慶長3年（1598）2月23日の条には、「大かく寺御てんたてられ候。御かうりょくとてしろかね百枚まいらせ候。とくぜんいん（徳善院：前田玄以）きもいりにててんそうとりいたして御わたしあり」という記述があり、少なくとも桃山文化期には大覚寺内に御殿建造物が存在したことがわかる。ただしこれが新規造営の建造物か、他の建造物からの移築建造物か、さらには本章が調査対象とする蒔絵帳台構が所在する現存の客殿（正寝殿）のことを述べているのか、などはこの記述のみでは不明である。

一方、客殿（正寝殿）の前面に配置されている大覚寺宸殿は、後水尾天皇の中宮となった東福門院の入内に伴い、元和6年（1620）に造営された京都御所内の女御御殿もしくは宸殿が前身建造物であり、寛永期の内裏造営に伴い、まず明正天皇仮御所常御殿に改造され、その後、貞享3年（1686）頃に後水尾上皇との縁が深い大覚寺に下賜移築されたと伝えられている（写真3-1、3-2）。この宸殿内には客殿（正寝殿）と同様、京狩野派の祖となる狩野山楽筆の障壁画が配されている（写真3-3）。

大覚寺の障壁画を絵画史的に調査した土居次義（1976）や川本佳子（1991）は、これらはいずれも狩野山楽の画風では比較的初期段階の慶長様式期であるとする。一方、狩野博幸（1992）は、同じ狩野山楽の障壁画でも年代の異なる障壁画が存在しており、一見古風な画題を取り上げたものでも復古調絵画である。そのため、これらが存在する宸殿、客殿（正寝殿）の前身建造物は共に東福門院旧殿であり、これらが大覚寺に移築された際、新たに襖絵の新調を伴う大幅な改装があったのであろうと指摘している。このように、双方の意見は分かれるようである。

一方、この狩野山楽筆障壁画の引手金具を調査した久保智康（2010）は、客殿（正寝殿）・宸殿

262

第 3 章　大覚寺客殿（正寝殿）の蒔絵帳台構

双方の引手金具の形態は類似性が高く、後水尾天皇の行幸に伴う二条城二の丸御殿の寛永期造営に伴う狩野探幽ら狩野派一門による金碧障壁画に取り付けられたそれらとも類似している。そのため引手金具の上限は慶長〜元和期とするものの、下限は寛永 3 年（1626）前後ではないかと想定している。

さらに建築史の分野から大覚寺建造物群の調査を行った藤岡通夫（1969、1987）は、大覚寺客殿（正寝殿）の「剣璽の間」は後世の増築であるが、この建造物の造営自体は、帳台構を有する対面所様式が御所内裏常御殿内に成立した慶長 18 年（1613）の慶長度御所内裏造営期以降であるとした。さらに柱の太さなどの検討から、桃山文化期における御殿建造物のなかでは、初期書院造から後期書院造の中間に位置するとした。また寛永 19 年（1642）の徳川家光による寛永期御所内裏造営の常御殿は、上段の間の奥に 1 室あるが、帳台構は見られず、「剣璽の間」は別に配置されている。帳台構が背面に配された上・中・下段 3 室続きの対面所形式が御所の常御殿に固定するのは、承応 2 年（1653）の火災に伴う承応 4 年（1655）の承応期造営以降である。そのため、大覚寺の客殿（正寝殿）の前身建造物の造営年代の上限は、慶長期、下限は寛永期までの間に求めることが適当であると述べている。

写真 3-1：大覚寺宸殿の現状①

写真 3-2：同②

写真 3-3：大覚寺宸殿内部の障壁画

3、調査対象の蒔絵帳台構

帳台構とは、本来貴人の対面所の御座所である帳台の背面に柱と框、長押を一体化して枠組みとし、その内側に襖をはめ込んだ装置である。桃山文化期以降は、御殿建造物の対面所における違い棚を備えた床の間や武者隠しの形態に発展したが、基となる帳台構の構造は、京都御所内裏常御殿の天皇御座所（対面所）などにみられる。このような帳台構は、後述する寛永 3 年（1626）の後水尾天皇の二条城行幸に伴い新規造営された行幸御殿にも存在したようである。

大覚寺客殿（正寝殿）の蒔絵帳台構は、主室である「御冠の間」室内の奥半分に一段高く構えられた御座所の北側正面の鴨居より下、高さ 185.0cm×幅 382.4cm の部分に配置されている

263

第Ⅲ部　御殿建造物の蒔絵塗装

（写真4）。4本の柱と床框、長押、上部枠取、中央の襖の桟部材が枠組みとして構成される。柱部材は、幅13.8cm×高さ137.5cmで両角を唐戸面取、外側の柱部材は、幅10.2cmで柱内角のみを唐戸面取、長押は幅12.6cmの上角のみ面取、框は奥行き17.7cmを測る。この部材の内側には狩野山楽筆の壁貼付襖と障子腰貼襖の山水画襖がはめ込まれている。帳台構の構成部材は、黒色漆の地塗り塗装の上に、柱には3組ずつ、長押・上部枠取には中央を挟んで3組ずつ計6組、床框上面は内柱間に3組の合計27点の桐竹文様蒔絵がそれぞれ規則的に配置されている。それぞれの部材は組み合わされ、各角部分と長押上部枠取、床框の中央箇所には合計13組の桐竹文様を打ち出して地文を魚々子地とした金銅製飾金具が装着されている。これらの枠組み部材を加飾する蒔絵と飾金具の桐竹文様の図様は一貫性が高い。そのため、当初から一括の帳台構装飾具として作製されたと考えられている。その一方で、この帳台構の框の裏側には2本の溝が彫られているが、現状では1本は遊んでいる。また上段の框が取り付く両端の柱には、現存する框のすぐ上に左右対称とする埋木などの改修痕跡も確認されている。そのため、この帳台構は現存建造物の新造ではなく、移築前の前身建造物に由来しているとされている。

　さて、漆工史の分野からこの帳台構の蒔絵を調査した灰野昭郎（1987）は、天皇を象徴する鳳凰のモチーフをあえて描かず、それ以外の桐竹文様で天皇玉座の存在を示している点、規格性が高く精緻な技法で作製された平蒔絵と絵梨子地の加飾と描割・付描の表現を有する典型的な高台寺蒔絵技法で加飾されているものの、桐竹文様の図様自体は室町期以来の伝統的な蒔絵のデザインである点などから、桃山文化期の建造物蒔絵のなかでも初期の遺例であるとしている。そのためこの蒔絵資料は、天正16年（1588）の後陽成天皇の聚楽第行幸に伴い造営された聚楽第御殿の玉座設えとして造られた建造物蒔絵であろうと推察している。その後この蒔絵部材は、文禄4年（1595）年の豊臣秀吉による聚楽第破却に伴い一旦他の部材とともに指月伏見城の御殿に移築され、何らかの縁で大覚寺に再移築されたものと結論付けている。

4、蒔絵の材質・技法に関する現地調査の方法

　①蒔絵粉・梨子地粉の形態や集合状態の観察
　②無機元素の定性分析（写真5）

5、調査結果

　大覚寺客殿（正寝殿）の蒔絵加飾は、いずれも黒色漆の地塗りの上に施され、図様である桐竹文様は少しずつ変化させて同じデザインのものはないが、縦方向、横方向ともに一貫性は極めて高く洗練されている。そして室町期蒔絵や江戸期蒔絵とは異なる、桃山文化期の蒔絵図様で特徴的にみられる桐の葉などの虫喰い表現が採用されていた（写真6-1～6-27：枝番は写真4の各調査箇所番号に該当）。また、蒔絵技法において桃山文化期に特徴的な平蒔絵・付描・描割、さらには幾つかの輪郭線内には絵梨子地が併用されていた（写真7-1～7-4）。また金具の桐竹文様は、繊細な線刻彫りで鏨線と魚々子打ち込みが為されていた（写真8-1～8-4）。

　本資料は、紫外線劣化を受けにくい屋内に存在するため、床框上面を除いて残存状況は良好であるように目視観察された。本調査ではこれら27点すべての桐竹文様の蒔絵技法や蒔絵粉・梨

子地粉の粒子形態、地塗りの黒色漆塗装の状態などについて詳細な拡大観察を行った。

その結果、やや赤味が強い梨子地加飾箇所や、金の発色が良好な蒔絵加飾箇所の残存状態は比較的良好であるが、上塗りの黒色漆塗膜には全体的に細かい亀甲断紋の亀裂が認められた。また床框上面の塗装破断面から下地の調整に関する細部の拡大観察を行った結果、劣化が著しい床框の地塗りの黒色漆塗装の破断面からは、(1) 木胎に直接上塗りの漆塗装が施されるのではなく、粘土鉱物に生漆などを混ぜた堅牢なサビ下地が施されていること、(2) 要所に短冊状に切り取った麻布による布着せ補強が施されていること、などの状況がわかった。その一方で、後世補修の痕跡はほとんど認められなかった。そのため、これらは作製当初のオリジナルの状態をよく残した貴重な桃山文化期の蒔絵資料であると理解した。

写真4：桐竹蒔絵帳台構の現状（数字は調査箇所番号）

写真5：可搬型蛍光X線分析の様子

次に、蒔絵についてみていく（写真9-1〜35-2）。桃山文化期の平蒔絵加飾では、竹節や葉脈表現は針描を多用する場合が多い。本蒔絵資料においても、桐の葉の葉脈表現を針描で表現していると目視では観察された。ところがハンディ型のデジタルマイクロスコープを使用して拡大観察した結果、これら細い線割は針描ではなく、いずれも繊細な描割表現が採用されていた。また高台寺霊屋須弥壇や都久夫須麻神社本殿部

写真6-1：桐竹蒔絵帳台構における個々の蒔絵加飾①

写真6-2：同②

写真6-3：同③

265

第Ⅲ部　御殿建造物の蒔絵塗装

写真 6-4：桐竹蒔絵帳台構における個々の蒔絵加飾④

写真 6-5：同⑤

写真 6-6：同⑥

写真 6-7：同⑦

写真 6-8：同⑧

写真 6-9：同⑨

写真 6-10：同⑩

写真 6-11：同⑪

写真 6-12：同⑫

第 3 章　大覚寺客殿（正寝殿）の蒔絵帳台構

写真 6-13：同⑬

写真 6-14：同⑭

写真 6-15 ①：同⑮

写真 6-15 ②：同⑮の蒔絵加飾の拡大

写真 6-16：同⑯

写真 6-17：同⑰

写真 6-18：同⑱

写真 6-19：同⑲

第Ⅲ部　御殿建造物の蒔絵塗装

写真 6-20：桐竹蒔絵帳台構における
　　　　　個々の蒔絵加飾⑳

写真 6-21：同㉑

写真 6-22：同㉒

写真 6-23：同㉓

写真 6-24：同㉔

写真 6-25：同㉕

写真 6-26：同㉖

写真 6-27：同㉗

第3章　大覚寺客殿（正寝殿）の蒔絵帳台構

写真 7-1：蒔絵加飾の拡大①

写真 7-2：同②

写真 7-3：同③

写真 7-4：同④

写真 8-1：金具の桐竹文様①

写真 8-2：同②

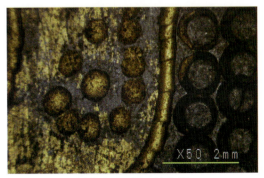

写真 8-3：同　拡大①

写真 8-4：同　拡大②

269

材などの桃山文化期の蒔絵加飾では、あらかじめ基本的なデザイン箇所を割り付けるための下絵を、朱漆もしくはベンガラ漆による細い赤線で置目もしくは肉筆の線描で付けている痕跡が確認される場合が多いが、本資料の場合、数μm～十数μm程度の大小バラツキがある蒔絵粉による金線で下絵を付ける痕跡が確認された。この点は本資料の特徴の一つである。

本資料におけるやや赤味が強い梨子地加飾は、比較的粗い平目粉を均一に蒔き、その上に透明感が強い透漆もしくは梨子地漆を塗って軽く研ぎ出す技法が確認された。また蒔絵箇所や付描により梨子地を括る箇所は、蒔絵粉を蒔き放ちとする平蒔絵技法であった。そしてこれらに用いられていた蒔絵粉は、数μm程度のやや均一性が高い丸い形態を呈していた（写真36-1、36-2）。そして絵柄を縁取る付描の蒔絵粉は平蒔絵のそれとほぼ同じ蒔絵粉であるが、平蒔絵が全体的にやや疎らに蒔かれている点とは異なり、付描の蒔絵粉は極めて密に盛り上げて蒔かれていた。このような平蒔絵、付描の蒔絵粉の蒔き方の違いは加飾表現のアクセントとなっている。梨子地粉は、数十μm程度のやや粗い平目粉形態とそれより細かい鑢粉状粉が、やや疎らで均一に蒔かれていた。これら桐竹文様箇所の蒔絵粉と梨子地粉の材質分析を行った結果、いずれも銀（Ag）や銅（Cu）は検出されず、金（Au）のみの強いピークが検出された（図2）。また梨子地粉の接着漆からは、朱漆由来の水銀（Hg）のピークが極めて微量に検出された（図3）。ただし絵梨子地のやや赤味が強い色相は、意識的に簡便な赤付け表現を行った下塗りの朱漆によるものではなく、疎らに蒔かれた梨子地粉の金色が上塗りの透明漆（梨子地漆）に映えて全体的に赤味がかって印象付けられて見える第Ⅰ部第2章で取り上げた伝徳川家康所用の梨子地葵紋蒔絵長持（徳川記念財団所蔵）と同様の絵梨子地表現であった。

次に年代観が明確な蒔絵資料として、平蒔絵漆器片（大阪府教育委員会所蔵）2点を取り上げる。これらの資料は、徳川家康と豊臣秀頼による慶長19年（1614）の「大坂冬の陣」の講和条約直後の大坂城三の丸堀跡埋め立て土中の底部から出土している（図4）。そのため、資料自体の存続下限は慶長19年（1614）から「大坂夏の陣」が発生した翌年の慶長20年（1615）に年代観が限定されている。このうちの1点は、板物部材にサビ下地を施し、地塗りの黒色漆塗装の上に桐紋が平蒔絵されており、拡大観察の結果10～30μm程度の丸粉状でやや粗い粉と微細粉の金（Au）の蒔絵粉が混在した状態で密に蒔いてあり、葉脈には針描表現が用いられていた（写真37-1、37-2）。もう1点は広葉樹の挽き物部材にサビ下地を施し、地塗りの黒色漆の上に100～

写真9-1：写真6-1の蒔絵加飾の拡大観察

写真9-2：同　描割表現の拡大観察

第3章　大覚寺客殿（正寝殿）の蒔絵帳台構

写真 10-1：写真 6-2 の蒔絵加飾の拡大観察

写真 10-2：同　描割表現の拡大観察

写真 11-1：写真 6-3 の蒔絵加飾の拡大観察

写真 11-2：同　描割表現の拡大観察

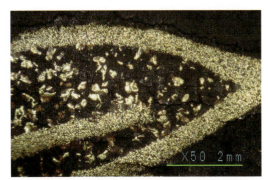
写真 12-1：写真 6-4 の蒔絵加飾の拡大観察

写真 12-2：同　描割表現の拡大観察

写真 13-1：写真 6-5 の蒔絵加飾の拡大観察

写真 13-2：同　描割表現の拡大観察

第Ⅲ部　御殿建造物の蒔絵塗装

写真 14-1：写真 6-6 の蒔絵加飾の拡大観察

写真 14-2：同　描割表現の拡大観察

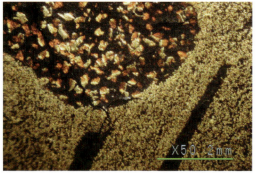

写真 15-1：写真 6-7 の蒔絵加飾の拡大観察

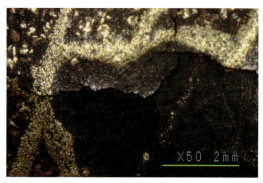

写真 15-2：同　描割表現の拡大観察

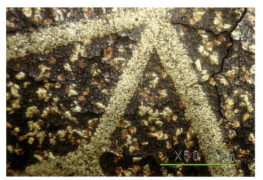

写真 16-1：写真 6-8 の蒔絵加飾の拡大観察

写真 16-2：同　描割表現の拡大観察

写真 17-1：写真 6-9 の蒔絵加飾の拡大観察

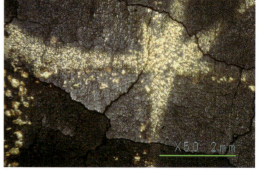

写真 17-2：同　描割表現の拡大観察

第3章　大覚寺客殿（正寝殿）の蒔絵帳台構

写真18-1：写真6-10の蒔絵加飾の拡大観察

写真18-2：同　描割表現の拡大観察

写真19-1：写真6-11の蒔絵加飾の拡大観察

写真19-2：同　描割表現の拡大観察

写真20-1：写真6-12の蒔絵加飾の拡大観察

写真20-2：同　描割表現の拡大観察

写真21-1：写真6-13の蒔絵加飾の拡大観察

写真21-2：同　描割表現の拡大観察

第Ⅲ部　御殿建造物の蒔絵塗装

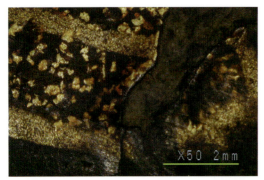
写真 22-1：写真 6-14 の蒔絵加飾の拡大観察

写真 22-2：同　綿布着せ補強の拡大観察

写真 23-1：写真 6-15 の蒔絵加飾の拡大観察

写真 23-2：同　描割表現の拡大観察

写真 24-1：写真 6-16 の蒔絵加飾の拡大観察

写真 24-2：同　描割表現の拡大観察

写真 25-1：写真 6-17 の蒔絵加飾の拡大観察

写真 25-2：同　描割表現の拡大観察

写真26-1：写真6-18の蒔絵加飾の拡大観察

写真26-2：同　描割表現の拡大観察

写真27-1：写真6-19の蒔絵加飾の拡大観察

写真27-2：同　描割表現の拡大観察

写真28-1：写真6-20の蒔絵加飾の拡大観察

写真28-2：同　描割表現の拡大観察

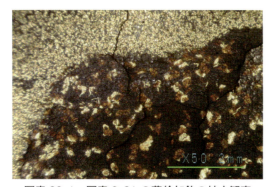
写真29-1：写真6-21の蒔絵加飾の拡大観察

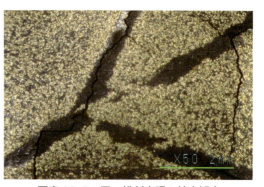
写真29-2：同　描割表現の拡大観察

第Ⅲ部　御殿建造物の蒔絵塗装

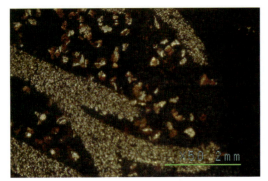
写真 30-1：写真 6-22 の蒔絵加飾の拡大観察

写真 30-2：同　描割表現の拡大観察

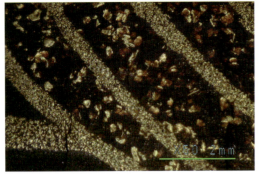
写真 31-1：写真 6-23 の蒔絵加飾の拡大観察

写真 31-2：同　描割表現の拡大観察

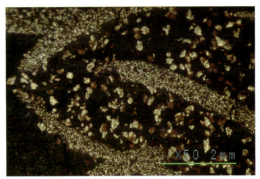
写真 32-1：写真 6-24 の蒔絵加飾の拡大観察

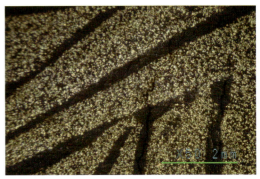
写真 32-2：同　描割表現の拡大観察

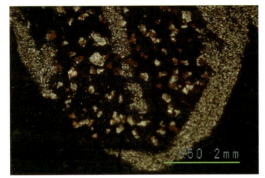
写真 33-1：写真 6-25 の蒔絵加飾の拡大観察

写真 33-2：同　描割表現の拡大観察

第 3 章　大覚寺客殿（正寝殿）の蒔絵帳台構

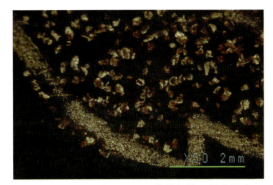
写真 34-1：写真 6-26 の蒔絵加飾の拡大観察

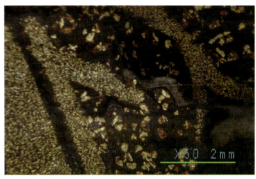
写真 34-2：同　描割表現の拡大観察

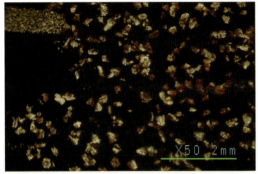
写真 35-1：写真 6-27 の蒔絵加飾の拡大観察

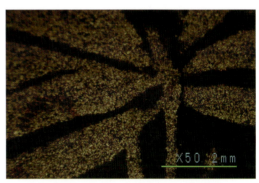
写真 35-2：同　描割表現の拡大観察

写真 36-1：蒔絵粉の拡大観察①

写真 36-2：蒔絵粉の拡大観察②

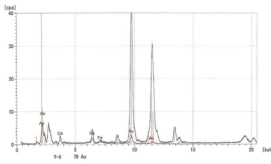
図 2：蒔絵加飾箇所の蛍光X線分析結果

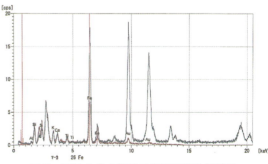
図 3：下地を含む箇所の蛍光X線分析結果

277

第Ⅲ部　御殿建造物の蒔絵塗装

図4：『大坂冬の陣図屏風』に描かれた大坂城の堀の様子［東京国立博物館所蔵/Image: TNM Image Archives］

写真37-1：大坂城三の丸堀跡出土蒔絵資料①
［大阪府教育委員会所蔵］

写真37-2：同　蒔絵粉の拡大

写真38：同　梨子地粉の拡大

500㎛のかなり粗い金（Au）と銀（Ag）による青金の梨子地粉を疎の蒔き散らしで表現し、その上に10〜30㎛程度の丸粉状でやや粗い粉と微細粉の金（Au）の蒔絵粉が混在した状態で密に蒔き、描割技法も用いられていた（写真38）。

6、結　論

　本章が調査対象とする大覚寺客殿（正寝殿）の御冠の間に取りつけられた帳台構の地の黒色漆の塗装には、細かい亀甲断紋が多くみられた。その一方で蒔絵や梨子地加飾の残存状況は、床框の上面に配された蒔絵箇所は長年の摺れによりかなり表面の摩耗がみられるものの、それ以外の柱、長押、上部枠取の蒔絵は極めて良好であり、後世補修の痕跡も観察されなかった。

　これら合計27箇所の桐竹蒔絵の意匠は、竹や桐葉・五七桐紋の配置や蒔絵・梨子地の使い分けなど、僅かに変化（バリエーション）を付けているものの、基本的には同形式である。さらにそれぞれの部材の蒔絵粉や梨子地粉の材質は、都久夫須麻神社本殿内部部材の梨子地粉が銀（Ag）粉である点とは異なり、醍醐寺三宝院白書院の床框の梨子地粉と同様、金（Au）のみが検出された。そして蒔絵粉や梨子粉の粒度や形態もそれぞれ1種類ずつであり、後世補修に由来すると考えられる蒔絵粉も見られなかった。そのため本資料は、桃山文化期当初の作製期の加飾状態をよく残

した貴重な蒔絵資料群であると理解した。とりわけ桐葉に虫喰意匠を伴うとともに、平蒔絵・絵梨子地加飾を併用し、描割と付描で図様にアクセントを付ける技法は、いわゆる高台寺蒔絵と称される桃山文化期の平蒔絵技法の典型的な特徴を有している。

　その一方で、①桃山文化期の平蒔絵技法の特徴の一つである針描表現が用いられていない、②不均一ではなく極めて均一性が高い蒔絵粉や梨子地粉が使用されている、③やや赤味が強い絵梨子地は、比較的粗い平目粉を均一に蒔き、その上に透明感が強い透漆もしくは梨子地漆を塗って軽く研ぎだす丁寧な蒔絵技法が確認される、④蒔絵加飾箇所および付描表現により梨子地加飾を括る箇所は、蒔絵粉を蒔き放ちとする平蒔絵技法であること、などから同じ桃山文化期の蒔絵技法であってもやや年代観が下る洗練された蒔絵技法で作製されていたと理解した。さらに高台寺霊屋の須弥壇階段部分の蒔絵や都久夫須麻神社本殿内部部材の蒔絵は、図様の下図を配置する置目を赤色系漆で施しているが、本資料は、それぞれの箇所で使用されている蒔絵粉よりは若干粒度が粗い金蒔絵粉で下絵線を描いていることも、僅かな図様のずれの部分の観察から確認された。蒔絵図様は、いずれも極めて熟練した技術と吟味された材料で描かれているため、同一の工房内でも限定した一人もしくは少人数の熟練した蒔絵師による作業であると考えられる。いずれにしても、桃山文化期における建造物部材に加飾された蒔絵資料である都久夫須麻神社本殿や、年代観が慶長20年（1615）を下限とすることが明確な豊臣期大坂城三の丸堀跡底から出土した蒔絵漆器片などと比較して、本蒔絵の資料は丁寧で洗練された蒔絵・梨子地技法で作製されていた。この点は、灰野（1987）が本資料の性格を天皇の玉座の背後に対置される帳台構を荘厳するために相応しい蒔絵加飾であり、何らかの経緯で大覚寺客殿（正寝殿）に移築されたとする意見の傍証資料となろう。

　灰野（1987）は、本資料は室町期蒔絵の桐竹図様を踏襲しているため、同じ桃山文化期の建造物蒔絵加飾のなかでは最も初期の資料であると位置づけている。そのため推察の域は出ないとするものの、天正16年（1588）の豊臣秀吉の聚楽第への後陽成天皇行幸御殿帳台構が、大覚寺へ移築された遺構であると結論付けている。ところが前記したように本蒔絵資料が組み込まれた大覚寺客殿（正寝殿）建造物自体の上限は、慶長期頃、下限は寛永3年（1626）前後とする先行研究がある。さらには本蒔絵資料の保存状態の良好さから、指月伏見城御殿に移築された聚楽第遺構が「慶長伏見大地震」や「関ヶ原の戦い」の前哨戦である「伏見城の攻防戦」などを経てもなお良好な塗装状態を保ちえるかという点で疑問が残る。ここではこの点について考察を加えてみたい。

　まず桃山文化期における歴代天皇（正親町天皇、後陽成天皇、後水尾天皇）との関係が想定される大規模建造物の登場は、永禄11年（1568）に織田信長が荒廃した御所の内裏を整備するために行った永禄度造営である。しかし永禄期の御所建造物遺構が良好な状態で残存している可能性は低いと考えられるので、この選択肢は除外する。その後、天正14年（1586）の後陽成天皇即位に伴い、天正16年（1588）に前年に落成した聚楽第への天皇行幸が挙行された。この重大行事に使用する行幸御殿が聚楽第内に造営されたと考えられるが、聚楽第自体は文禄4年（1595）に破却され、多くの部材と建造物が新たに築城された指月伏見城に移築された。ところが、翌年の文禄5年（1596）の「慶長伏見大地震」、さらには慶長5年（1600）の「関ヶ原の戦い」の前哨

第Ⅲ部　御殿建造物の蒔絵塗装

戦の落城でほとんどの建造物は破壊されたため、現在、聚楽第の建造物を移築した指月伏見城の御殿建造物は、近江坂本の西教寺などに一部移築されたとの伝承はあるものの、現存する建造物自体は少ないと考えられる。

一方、天正19年（1591）には豊臣秀吉による御所内裏の天正度造営が行われた。この時に造営された内裏御殿建造物の内、清涼殿もしくは女御御殿対面所は、慶長16年（1611）の後水尾天皇即位に伴い、徳川家康による慶長18年（1613）度の御所内裏の造営が行われた関係で取り壊され、室内に狩野永徳の金碧障壁画が配された南禅寺大方丈として移築されて今日に至っている。同じ慶長16年（1611）には、紫宸殿も泉涌寺の海会堂として移築されたが、この建造物は焼失したため現存しない。

寛永18年～19年（1641～1642）には、徳川家光により小堀遠江守（遠州）を総奉行として明正天皇の新内裏造営である寛永度造営が行われ、それ以前の慶長18年（1613）に造営された建造物は大幅に取り壊されて他に移築された。このうちの紫宸殿は、同年に仁和寺金堂として移築されて今日に至っている（写真39）。また清涼殿の部材も同じ仁和寺の御影堂や近江の正明寺への転用材として使用された。常御殿も仁和寺宸殿として下賜移築されたが、明治期に焼失したため現存していない。

一方、大覚寺宸殿は、元々は東福門院の女御御所の対面所である宸殿を寛永期造営に伴い一旦大改修して明正天皇の仮御所としたが、最終的には大覚寺に下賜移築されて今日に至っている。

さて豊臣秀吉による後陽成天皇の聚楽第行幸を強く意識して寛永3年（1626）に挙行された徳川幕府主導による後水尾天皇の二条城行幸に先立ち、小堀遠江守（遠州）を奉行とした御殿整備が行われた。この時の建造物の多くは、伏見城から部材を移築して造営されたことが中井家文書には記録されている。

この時新たに造営された建造物の一つが行幸御殿である。『二条城行幸御殿御絵付御差図』にはこの御殿の平面図があり、各部屋には狩野派の障壁画が配され、狩野安信筆の帝鑑図を配した行幸御殿中央主室である御帳台の間の背面には天皇玉座を象徴する帳台構も存在していたようである（図5）。

この行幸御殿建造物は、行幸行事終了後、東福門院女御御所とともに仙洞御所に移築された。

写真39：仁和寺金堂（慶長期御所寝殿の移築）

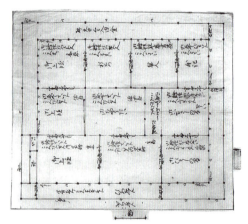

図5：二条城行幸御殿の建物平面図

その後、この女御御殿の一部は東福門院和子および後水尾天皇との縁が深かった大覚寺に下賜移築され、これが現在の宸殿および客殿（正寝殿）の一部であるとされている。

　さて、本章が調査対象とした大覚寺客殿（正寝殿）における帳台構の蒔絵技法は、題材的には古風ではあるものの、桃山文化期の平蒔絵技法としては洗礼された作りであるとともに、保存状態は良好である。そのため、桃山文化期のなかでもやや年代観が下ると想定された。この点は、大覚寺宸殿および客殿（正寝殿）に配された復古調の画題で作製された狩野山楽筆の金碧障壁画とも符合する。

　この点を考慮に入れてこの蒔絵帳台構の来歴を考察すると、天正16年（1588）の後陽成天皇の聚楽第行幸に伴い新規造営された玉座設えの建造物蒔絵と理解するよりは、寛永3年（1626）の後水尾天皇の二条城行幸に伴い新規造営された行幸御殿の玉座設えの建造物蒔絵であり、後水尾天皇の二条城行幸行事終了後に女御御所の建造物部材と同じ経緯で大覚寺に再度下賜移築されて今日に至ったと理解した方が、現段階では現実的であろうと考える。

（参考文献）

狩野博幸：「宸殿　正寝殿の障壁画」『嵯峨御所 大覚寺の名宝』京都国立博物館（1992）

川本佳子：「友松／山楽」『新編名宝日本の美術　第21巻』小学館（1991）

久保智康：「大覚寺襖絵付属の引手金具 ―障壁画群の成立経緯をめぐって―」『学叢』15、京都国立博物館（2010）

土居次義：「大覚寺の桃山障壁画」『障壁画全集　大覚寺』美術出版社（1976）

中村昌生：「大覚寺正寝殿および宸殿について」『障壁画全集　大覚寺』美術出版社、（1976）

灰野昭郎：「大覚寺正寝殿帳台構の桐竹蒔絵装飾」『学叢　第10号』京都国立博物館（1987）

日高薫：「高臺寺霊屋蒔絵考」『國華』第1192號、朝日新聞社（1995）

藤岡通夫：『書院』第1-2 創元社（1969）

藤岡通夫：『京都御所（新訂）』中央公論美術出版、（1987）

山下善也他：『特別展覧会　狩野山楽・山雪』京都国立博物館（2013）

冷泉為人：「公家町の災害と防災 ―内裏（仙洞・大宮）御所をめぐって―」

第4章　豊国神社所蔵の蒔絵唐櫃

1、諸　言

　本章では、作製年代が慶長年間（1596〜1615）頃に限定されるとともに、豊臣秀吉を祀った豊国社に奉納されたことが明確な豊国神社所蔵の蒔絵唐櫃3合のうちの2合について取り上げる。
　これらの蒔絵唐櫃は、本来、第Ⅲ部で調査対象とする建造物の蒔絵塗装ではないが、豊臣秀吉の遺品を納めるために桃山文化期に作製されたことが関連する文献史料からも明確な資料群である。さらに、建造物部材と同じような大型の針葉樹板材を組み合わせて蒔絵加飾が施された漆工品であるとともに、特に桐鳳凰文様や繁桐唐草文様の蒔絵図様は、第Ⅲ部第1章で取り上げた都久夫須麻神社本殿内陣の長押部材に加飾された蒔絵塗装のモチーフとも類似している。この点を考慮に入れて、この豊臣秀吉縁の蒔絵資料も第Ⅲ部の論考の対象に加えることとした。

2、桃山文化期における豊国社の概要

　織田信長の後を受けて名実ともに天下統一を果たした豊臣秀吉は、慶長3年（1598）の8月に木幡山伏見城の御殿内で生涯を閉じた。しかし朝鮮出兵（慶長の役）が継続している段階でもあり、その死は翌年まで公表が控えられた。その間、秀吉の亡骸を葬る地として阿弥陀ヶ峰が選定されるとともに、その山麓でありこれまで豊臣家縁の方広寺大仏殿などが造営された東山七条の地に、彼を神として祭る霊廟建造物である豊国社社殿の造営が進められた。翌年の慶長4年（1599）正月に豊臣秀吉の死が公表され、閏3月、豊臣政権の政務代行者として徳川家康が伏見城の本丸に入城した。4月5日には秀吉の埋葬、4月14日から8日間、仮殿竣工による遷宮の儀が執り行われ、豊国社に対して朝廷から「豊国大明神」の神号と正一位の神位が徳川家康や毛利輝元隣席のもと贈られた。これに伴い同月26日には徳川家康・豊臣秀頼・毛利輝元・加藤清正・前田玄以・高台院・淀君らが黄金58枚、銀190枚を豊国社に奉納した記録がある。
　同年の8月18日には徳川家康が豊国社を参拝して豊国祭が執り行われた。「関ヶ原の戦い」の翌年である慶長6年（1601）には、徳川家康の肝煎りで豊臣秀頼が豊国社に1万石の社領を寄進し、それを受けて豊国社の社僧となった神龍院梵舜が伏見城に徳川家康を訪ねて謝している。また慶長7年（1602）には、徳川家康の進言により豊臣秀頼は豊国社極楽門（創建当初は大坂城極楽橋であった建造物を移築して使用）を琵琶湖竹生島の宝厳寺に寄進している。これが現存する宝厳寺唐門（国宝）に相当する（写真1）。この経緯は神龍院梵舜の『梵舜日記（舜日記）八』の慶長7年（1602）6月11日に「十一日　天晴

写真1：豊国社唐門（現 宝厳寺唐門）の現況

写真2：北野天満宮本殿・拝殿・石の間の現況

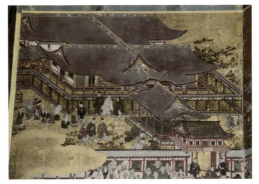
図1：『豊国祭礼図屏風』に描かれた豊国社建造物
［豊国神社宝物館所蔵］

本日ヨリ豊国極楽門内府ヨリ竹生嶋ヘ依寄進壊始新神門大坂ヨリ被仰了」という記録があり、宝厳寺唐門にも同年の紀年銘墨書を有する棟札がある。そのためこの建造物は少なくとも慶長4年（1599）に秀吉の死に伴い数ヶ月で造営された豊国社の一部（豊国社へは豊臣期大坂城から移築された唯一現存する建造物遺構）を移築した桃山文化期の確かな建造物とされている。ちなみに、豊国社にはその後大坂から新たな楼門が移築造営されたようである。

さて豊国社の社殿建造物は、北野天満宮の本殿・拝殿を石の間で繋いで一体化した様式（後に権現様式と呼称される）を踏襲したようである（写真2）。この霊廟建造物の様子は、多くの近世初頭〜江戸時代前期頃に作製された「洛中洛外図屏風」にも描かれているが、その壮麗な姿を今に伝える確実な絵画資料は、豊臣秀吉七回忌にあたる慶長9年（1604）8月14日〜8月16日の3日間にわたる豊国大明神臨時祭礼の様子を描いた狩野内膳筆の「豊国祭礼図屏風」（豊国神社宝物館所蔵）であろう（図1）。これは慶長11年（1606）に豊臣秀頼が片桐且元に命じて作製させたことを『舜旧記』が記録する「臨時祭絵図屏風」に相当するとされる。そのため、極楽門が宝厳寺唐門として移築された以降の姿と考えられる。その後、慶長11年（1606）には3ヶ月かけて豊国社新回廊の造営、慶長12年（1607）には後陽成天皇辰筆の「豊国大明神」勅額作製、慶長15年（1610）には秀吉十三回忌の豊国社臨時祭礼が挙行されるなど、豊臣家の経済的な援助のもと、豊国社社殿の維持管理は続行されたようである。

しかし、慶長20年すなわち元和元年（1615）の「大坂夏の陣」により豊臣家は滅亡する。この政治的な出来事を受けて、同年、即座に徳川政権は豊臣家の権威の象徴であった豊国社を廃絶・破却の処置の方向を示すが、すぐにはこれを破却せずに方広寺大仏の鎮守社としたとされる。豊国社に奉納されていた豊臣秀吉の遺品類は方広寺を管理下に置く妙法院に委譲された。その際の物品リストが元和元年（1615）9月2日付請取状写しの『豊国社納御神物之注文』である。このリストの中に、本章が調査対象とする蒔絵唐櫃も含まれている。この委譲に伴い、豊国社の鐘は智積院へ、豊臣秀吉縁の屏風や什器類の一部は高台院の居住する高台寺へ、神道護摩道具は吉田社などに随時移されたようである。

徳川政権は、豊国社の廃絶・破却方法として豊国社内陣の扉を閉ざすとともに、釘を打ち付けて封印して人々の立ち入りを禁止にしたとされる。それでも翌年の元和2年（1616）11月2日には、イギリス商館長のウイリアム・コックスは封印直後の豊国社を訪れ、このときの状況を「ま

たこれら二つの聖堂（方広寺大仏殿、三十三間堂）から西の方に少し離れて、タイスク（太閤）様、別名クムベコン殿の廟（豊国廟）が建っているが、これが驚嘆すべきもので、私としてはただただ感嘆させられてしまうばかりで言葉では言い表せないのである。それはまことに巨大な建物で、内部も外部も嘆賞すべき見事な細工で、他の孰れよりも遥かに優れていて、その内部には象嵌し黄金で鍍金した黄銅ですべてを覆った多くの柱があり、しかも板敷の床はとても黒くて黒檀のように光っていた。―中略― また位牌が安置されている場所へ行くには、一部は金鍍金した黄金で、一部は黒い木すなわち黒檀でできた非常に大きな階段を八ないし九歩、すなわち八ないし九段登らなくてはならない。また、位牌の傍らには常燈明がひとつ燈っており、ボズ（坊主）すなわち異教徒の聖職者がひとりこれを見守っている。そして、この場所のあたりの細工の見事さについてはそれを記述することは私の記憶の範囲を超えており、私に言えることはただ、これこそが著名な皇帝の入るに相応しかろうということだけである」と記録している。

　このように、豊臣家滅亡直後の豊国社の社殿建造物は壮麗な様子を保っており、ある程度の人の出入りもあったようである。しかし元和5年（1619）の9月には、京都所司代であった板倉勝重により、豊国社および同神宮寺を妙法院に引き渡すことが決定され、これに伴い豊国社の社僧の神龍院梵舜は、豊国社取り壊しを神爾に告げ、以後、この壮麗な豊国社の霊廟建造物は、その後の修理や管理は行われずに朽ちるにまかされたようである。その一方で、豊国社と同じく豊臣家縁の方広寺大仏は、幾度かの被災を蒙りつつも、そのたび造り直され、江戸時代中期までは京都東山の観光名所として存続した。

　そして年月がたち、明治新政府は明治元年（1868）、徳川幕府崩壊のセレモニーとして明治天皇による豊臣秀吉の勲功表彰を行い、同時に豊国社再建を決定する。そして明治13年（1880）には豊国神社社殿が竣工し、現在に至っている。本書の第Ⅰ部第4章で調査対象の一つとした豊国神社唐門が金地院から移築されたのも、この再建事業の一環である。

3、調査対象資料である豊国神社所蔵の蒔絵唐櫃

　唐櫃とは、各種什器や衣装、経典などを収納するための大型の箱である。前記したように、豊臣秀吉の遺品類が豊国社の廃絶に伴い妙法院に委譲された際の物品リストである『豊国社納御神物之注文』には、「桐ニ唐草ノ唐櫃」「桐ニ鳳凰ノ御長櫃」「薄ニ桐菊紋ノ御長櫃」と記された3合の蒔絵唐櫃とともに、これらに収められた手拭掛、刀掛、文台などの遺品名が克明に記録されている。その後の天保3年（1832）には、寛政年間に消失した方広寺大仏と伽藍の再興勧進のため、妙法院所蔵の豊臣秀吉遺品が50日間開帳された。その際の展覧会図録として作成されたものが『豊公遺宝図略』である。ここには、四条派の絵師の呉（松村）景文と岡本豊彦の筆による遺宝約70点の図柄が上下二巻にわけて纏められおり、「桐

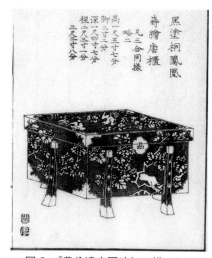

図2：『豊公遺宝図略』に描かれた桐鳳凰蒔絵唐櫃

唐草紋蒔絵唐櫃」、「桐鳳凰蒔絵唐櫃」、「薄桐菊紋蒔絵唐櫃」合計3合の唐櫃が図入りで掲載されている（図2）。これら文献史料の存在が、本資料が桃山文化期における豊臣家および豊国社縁の蒔絵什器であることの明確な証拠となっている。

本章が調査対象とする豊国神社所蔵の蒔絵唐櫃は、この3合のうちの「桐唐草紋蒔絵唐櫃」と「桐鳳凰蒔絵唐櫃」の2合である。いずれも方形六脚の箱型容器に片開きの被蓋が付く。地塗りは黒色漆塗装であり、その上に蒔絵と梨子地加飾が施された蒔絵唐櫃である。

4、蒔絵唐櫃の材質・技法に関する調査

まず本蒔絵唐櫃における蒔絵塗装の様子を記録するため、元興寺文化財研究所・保存科学センターに委託して、同職員の大久保治氏による全体および部分の写真撮影を実施した（写真3）。引き続き、以下の理化学的な調査を実施した。

　①蒔絵塗装の状態や蒔絵粉・梨子地粉の粒子形態の拡大観察
　②蒔絵粉材料の定性分析（写真4）

5、調査結果

5.1 「桐唐草紋蒔絵唐櫃」

豊国神社所蔵の「桐唐草紋蒔絵唐櫃」は、縦62.0cm×横129.0cm×高64.5cmを測る。上塗りの黒色漆が地塗り塗装された、やや山形の甲盛を有する被蓋の表と四方向の身側面には、平蒔絵と絵梨子地で加飾された桐紋と平蒔絵で加飾された唐草が、左右に幾重にも展開しながら繋がった繋ぎ桐唐草文様として全面に配されている（写真5-1～5-5：写真内番号は分析箇所）。この桐紋は、通常の五七桐紋に比較して花弁が重層化した丁寧なタイプの桐紋であるが、葉の描き分けや虫喰い意匠などを梨子地加飾してバリエーションを付けている（写真6）。また唐草の蔦の先端は、内に巻きこむものと南蛮文様にも通じる蛇行を持つものとがある（写真7）。このような繋ぎ桐唐草文様は、第Ⅲ部第1章でも取り上げた都久夫須麻神社本殿内部内陣の四方柱にも類似した図様がみられ、基本的には豊臣家縁のモチーフの一つと考えられる（写真8）。

蒔絵加飾の箇所を拡大観察した結果、径数μm程度の微細な粒子と十数～数十μm程度のやや粗い粒子が混合した蒔絵粉が比較的密に蒔かれていた（写真9-1）。またツタの葉の葉脈は、この時

写真3：現状記録の写真撮影風景

写真4：可搬型蛍光X線分析風景

第Ⅲ部　御殿建造物の蒔絵塗装

写真5-1：桐唐草紋蒔絵唐櫃：蓋上面

写真5-2：同　側面1：正面

写真5-3：同　側面2：背面

写真5-4：同　側面：正面より右側面

写真5-5：同　側面：同　左側面

写真6：蒔絵加飾の桐紋部分の拡大

写真7：本資料の桐唐草紋

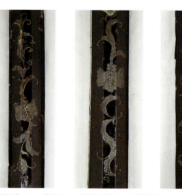

写真8：都久夫須麻神社本殿隅柱の桐唐草紋

代の蒔絵技法の特徴の一つである針描表現がされている。この部分を拡大観察した結果、細く繊細な針描線の端部に筆溜が確認されるとともに、針描線の筆跡は滑らかであった（写真9-2）。このことから、接着材料の下絵漆が固化するより前に作業が行われたと考えられる。桐紋の葉の部分は、平蒔絵に針描表現で葉脈を描いた箇所と、虫喰いや葉の一部は下絵漆の上に梨子地粉で蒔いて縁取りを蒔絵粉で表現した箇所が、アクセントをもって多様に表現されていた。

次に、蒔絵粉の材質分析を実施した（図3-1～3-12）。下絵漆を分析した結果、水銀（Hg）のピークが強く検出された。そのため、朱漆による絵梨子地漆がまず塗られていたと理解した。同様に平蒔絵のツタの葉の部分からも僅かながらも朱漆に由来すると考えられる水銀（Hg）が検出された。そのため本資料の加飾を行うにあたり、地塗りの黒色漆の上の下絵漆には朱漆が用いられていたものと理解した。下絵漆の上には数十μm程度の梨子地粉がやや密な状態で蒔かれた箇所と、わずかに疎に蒔かれた箇所とが蒔き分けられていた（写真9-3～9-6）。

写真9-1：金平蒔絵の拡大観察

写真9-2：金平蒔絵の針描表現の拡大観察

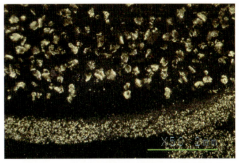
写真9-3：絵梨子地粉と縁取りの蒔絵粉①

写真9-4：同②

写真9-5：同③

写真9-6：金平蒔絵と金梨子地の拡大観察

第Ⅲ部　御殿建造物の蒔絵塗装

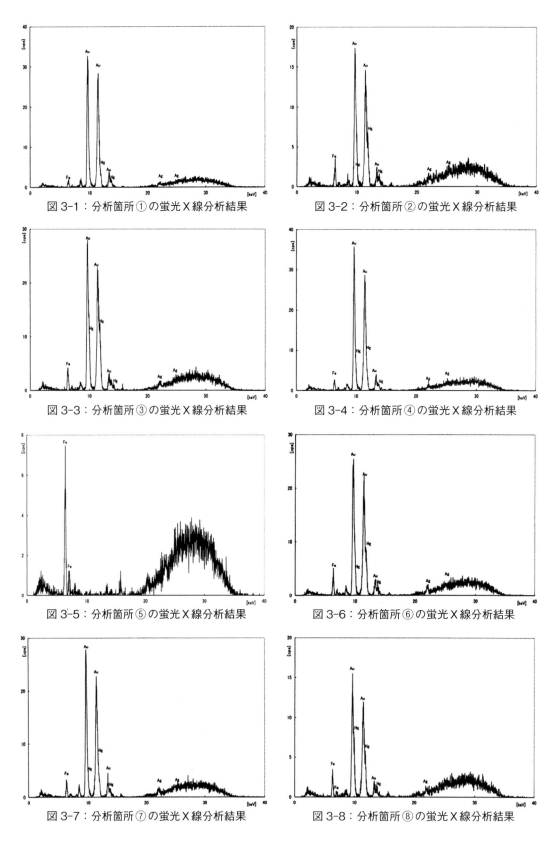

図3-1：分析箇所①の蛍光X線分析結果
図3-2：分析箇所②の蛍光X線分析結果
図3-3：分析箇所③の蛍光X線分析結果
図3-4：分析箇所④の蛍光X線分析結果
図3-5：分析箇所⑤の蛍光X線分析結果
図3-6：分析箇所⑥の蛍光X線分析結果
図3-7：分析箇所⑦の蛍光X線分析結果
図3-8：分析箇所⑧の蛍光X線分析結果

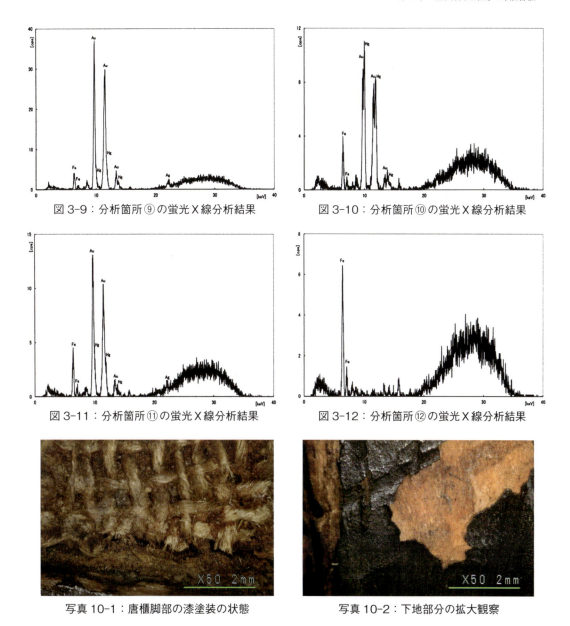

図 3-9：分析箇所⑨の蛍光 X 線分析結果　　図 3-10：分析箇所⑩の蛍光 X 線分析結果

図 3-11：分析箇所⑪の蛍光 X 線分析結果　　図 3-12：分析箇所⑫の蛍光 X 線分析結果

写真 10-1：唐櫃脚部の漆塗装の状態　　　　写真 10-2：下地部分の拡大観察

　蒔絵粉と梨子地粉を分析した結果、いずれも金（Au）の強いピークとともに微量ではあるが銀（Ag）のピークが検出された。これが金（Au）に意識的に銀（Ag）を混ぜた青金（Au+Ag）粉であるのか、当初から原材料である金素材に混入している銀が検出されたものなのか、現時点では判断し得ない。なお本資料の地塗り技法は、まず針葉樹材の木胎の上に極めて薄い下地と布着せ補強を要所に施し、比較的薄い上塗りの黒色漆が塗装してあった（写真 10-1、10-2）。

5.2　「桐鳳凰蒔絵唐櫃」

　「桐鳳凰蒔絵唐櫃」は、縦 70.5cm ×横 100.0cm ×高 57.5cm を測る。被蓋の蓋表には、花が咲いた桐の木の幹にとまる羽を広げた鳳凰と飛翔する鳳凰がそれぞれ 1 羽、計 2 羽が蒔絵加飾されて

第Ⅲ部　御殿建造物の蒔絵塗装

いる。4方向の身側面全面にも花が咲いた桐の枝と幹、葉が大胆な図様で加飾されている（写真11-1～11-5：写真内番号は分析箇所）。この鳳凰と花が咲いた桐の木の幹の図様（写真12-1、12-2）は、本書の第Ⅲ部1章で取り上げた都久夫須麻神社本殿内部内陣の長押にも類似した図様がみられる（写真13-1、13-2）。また、桐の枝や幹の細かい表現や絵柄を縁取る付描の蒔絵粉は、平蒔絵のなかでは細かい蒔絵粉が、密に盛り上げて蒔かれていた。このような平蒔絵、付描の蒔絵粉の蒔き方の違いは加飾表現の重要なアクセントとなっている（写真14-1、14-2）。

　蒔絵加飾の部分を拡大観察した結果、蒔絵粉は径数 μm 程度の微細な粒子、十数～数十 μm 程度のやや粗い粒子、それらが混合した粉などが、金泥状に極めて密に蒔かれた部分、比較的密に蒔かれた部分、疎らに蒔かれた部分など、図様のデザインに併せて比較的細かく蒔き分けられていた（写真15-1～15-4）。梨子地粉は数十 μm 程度の粗い粉形態のものと、それよりは小さい十数 μm 程度の鑢粉状の粉が極めて密に蒔かれている部分、比較的疎らに蒔かれている部分など、これも図様のデザインに併せて蒔き分けられていた（写真15-5～15-8）。

　次に、蒔絵粉の材質分析を実施した（図4-1～4-16）。蒔絵や梨子地加飾の接着材料である下絵漆には、赤い色相の線描が確認され、この箇所からは、水銀（Hg）のピークが検出された。このように蒔絵加飾などの図様デザインの下絵である朱線のはみ出しなどが確認される状況は、都久夫須麻神社本殿の蒔絵塗装のそれにおいても確認されている（写真15-9～15-12）。描割表現も要所にみられるが、肉筆で描割ったことがわかる箇所以外、描割の端部に筆溜りが確認されるとともに、蒔絵粉の盛り上がりが確認される箇所も一部で観察された。また桃山文化期における蒔絵の漆工技術を代表する針描表現も観察されるが、針描線の筆跡は比較的滑らかであり、都久夫須麻神社本殿の外陣柱6、7や入口柱6、7の藤の木の幹や枝の蒔絵加飾部分に見られる針描線と類似している。いずれにしてもこの針描表現は、接着材料の下絵漆が固化するより前に作業が行われたと考えられる（写真15-13～15-16）。

　蒔絵粉・梨子地粉はともに金（Au）の強いピークが検出され、これに僅かな銀（Ag）のピークが同時に検出された。この資料も、金（Au）に意識的に銀（Ag）を混ぜた青金（Au+Ag）粉であるのか、当初から原材料である金素材に混入している銀が検出されたものなのか、現時点では判断し得ないが、ここでは金蒔絵粉と異なる点を示す目的で、便宜上、青金と呼称する。

　本資料における地の漆塗り技法は、まず針葉樹材の木胎の上に堅牢なサビ下地を施し、その上にやや厚めに上塗りの黒漆が塗装されていた（写真16-1）。さらに端部などの要所は、麻布による布着せ補強も確認された（写真16-2）。なおこれは前記の桐唐草紋蒔絵唐櫃よりは丁寧な漆工技術であるといえよう。

　なお、本資料の桐の葉や幹部分の絵梨子地のやや赤味が強い色相は、意識的に簡便な赤付け表現を行った下塗りの朱漆によるものではなく、疎らに蒔かれた梨子地粉の金色が上塗りの透明漆（梨子地漆）に映えて全体的に赤味がかって印象付けられて見える絵梨子地表現であるこは、この箇所の水銀（Hg）のピークが比較的微量である点からも理解された。

第4章　豊国神社所蔵の蒔絵唐櫃

写真 11-1：桐鳳凰蒔絵唐櫃：蓋上面

写真 11-2：桐鳳凰蒔絵唐櫃：側面1：正面

写真 11-3：桐鳳凰蒔絵唐櫃：側面2：背面

写真 11-4：桐鳳凰蒔絵唐櫃：側面3：
　　　　　正面より右面

写真 11-5：桐鳳凰蒔絵唐櫃：側面4：
　　　　　同　左面

写真 12-1：本資料における鳳凰の加飾（図様1）

写真 12-2：本資料における鳳凰の加飾（図様2）

291

第Ⅲ部　御殿建造物の蒔絵塗装

写真13-1：都久夫須麻神社本殿内部内陣の長押における鳳凰の加飾（図様1）

写真13-2：都久夫須麻神社本殿内部内陣の長押における鳳凰の加飾（図様2）

写真14-1：蒔絵加飾の部分拡大：金平蒔絵・
　　　　　青金梨子地・付描・針描・描割の表現

写真14-2：蒔絵加飾の部分拡大：金平蒔絵・
　　　　　青金梨子地・付描・描割の表現

写真15-1：金平蒔絵粉の拡大観察

写真15-2：金平蒔絵粉の蒔き分けの拡大観察

第4章　豊国神社所蔵の蒔絵唐櫃

写真15-3：金平蒔絵粉と付描の拡大観察①

写真15-4：同②

写真15-5：青金梨子地と付描の拡大観察①

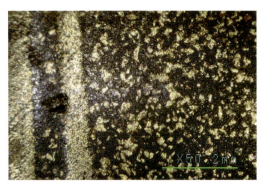
写真15-6：同②

写真15-7：青金梨子地・付描蒔絵粉の拡大観察①

写真15-8：同②

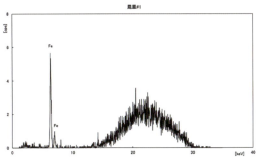
図4-1：分析箇所⑬の蛍光X線分析結果

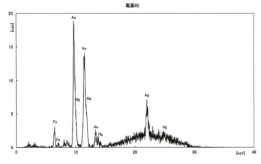
図4-2：分析箇所⑭の蛍光X線分析結果

293

第Ⅲ部　御殿建造物の蒔絵塗装

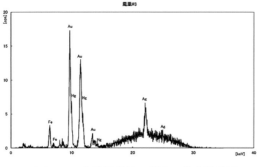

図4-3：分析箇所⑮の蛍光X線分析結果

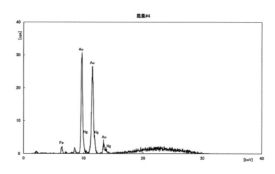

図4-4：分析箇所⑯の蛍光X線分析結果

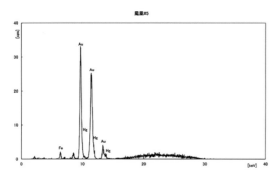

図4-5：分析箇所⑰の蛍光X線分析結果

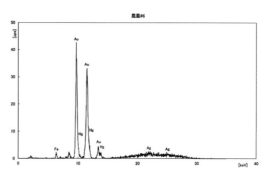

図4-6：分析箇所⑱の蛍光X線分析結果

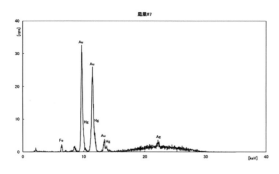

図4-7：分析箇所⑲の蛍光X線分析結果

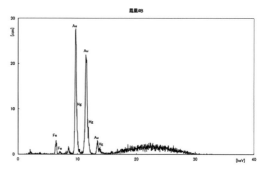

図4-8：分析箇所⑳の蛍光X線分析結果

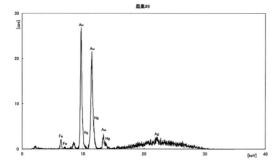

図4-9：分析箇所㉑の蛍光X線分析結果

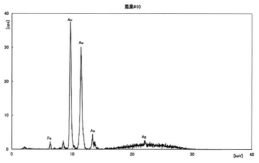

図4-10：分析箇所㉒の蛍光X線分析結果

第 4 章　豊国神社所蔵の蒔絵唐櫃

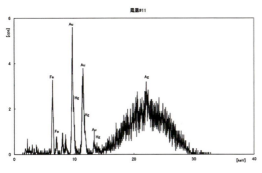

図 4-11：分析箇所㉓の蛍光X線分析結果

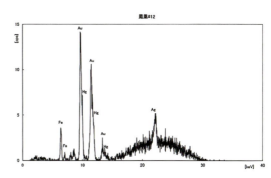

図 4-12：分析箇所㉔の蛍光X線分析結果

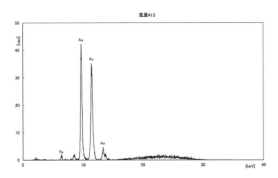

図 4-13：分析箇所㉕の蛍光X線分析結果

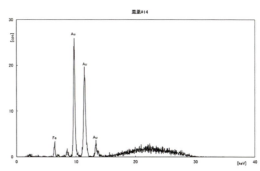

図 4-14：分析箇所㉖の蛍光X線分析結果

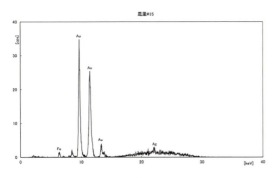

図 4-15：分析箇所㉗の蛍光X線分析結果

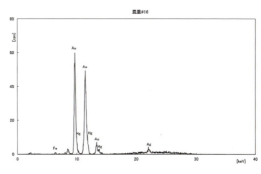

図 4-16：分析箇所㉘の蛍光X線分析結果

写真 15-9：下絵の朱線と金平蒔絵の拡大観察

写真 15-10：鳳凰の目部分の下絵朱線と
　　　　　　付描拡大観察

295

第Ⅲ部　御殿建造物の蒔絵塗装

写真 15-11：下絵の朱線と金平蒔絵の
　　　　　　拡大観察

写真 15-12：下絵の朱線と青金梨子地・
　　　　　　付描拡大観察

写真 15-13：金平蒔絵と針描表現の拡大観察

写真 15-14：金平蒔絵・付描と
　　　　　　描割表現の拡大観察①

写真 15-15：同②

写真 15-16：金平蒔絵・青金梨子地と
　　　　　　針描の拡大観察

写真 16-1：下地部分の拡大観察

写真 16-2：下地と布着せ補強の拡大観察

6、結　論

　本資料群は、いずれも豊臣家滅亡に伴い元和元年（1615）に豊国社から妙法院に委譲された豊臣秀吉縁の物品リストの『豊国社納御神物之注文』に記録がある。これらは、明治期を迎えて豊臣秀吉が復権されたため、妙法院から新たに造営された豊国神社に戻されたという来歴を有している。いずれにしても桃山文化期に作製年代が求められる豊臣秀吉縁の品であることが明確な資料群である。いわゆる「高台寺蒔絵」資料群の特徴の一つである秋草文様は描かれていないが、「桐唐草紋蒔絵唐櫃」の繋ぎ桐唐草文様の蒔絵加飾は、都久夫須麻神社本殿内陣の四方柱と類似した図様である。もう１合の「桐鳳凰蒔絵唐櫃」の桐鳳凰の図様も都久夫須麻神社本殿内陣の長押に類似した図様がみられる。これらの蒔絵加飾における材質・技法を調査した結果、いずれも平蒔絵・付描・描割・針描表現、絵梨子地加飾などが併用されていた。これらは桃山文化期の蒔絵技法である。

　このうちの「桐唐草紋蒔絵唐櫃」は、①微細な粒子とやや粗い粒子が混合した蒔絵粉を比較的密に蒔く部分、②朱漆による絵梨子地漆の上にやや密な状態で蒔く箇所とわずかに疎らに蒔く箇所との蒔き分けが観察される部分、③梨子地粉の加飾が観察される部分など、図様配置による蒔絵・梨子地粉の蒔き方には意識的なバリエーションが観察された。そして、本資料を特徴づける桐紋の葉の部分は、平蒔絵技法に針描表現で葉脈を描いた部分と、虫喰いや葉の一部を下絵漆の上に梨子地粉を蒔き、縁取りを蒔絵粉で表現した部分などの存在が、簡素な中にもアクセントをもって多様に表現されていた。その一方で、地の漆塗り技術は、木胎の上に極めて薄い下地を施し、その上に比較的薄い上塗りの黒色漆を塗装する、一般的な漆工技術よりは良質な作りであった。そして絵梨子地の赤味は、下塗りの朱漆ではなく梨子地粉と透明漆（梨子地漆）によるものであった。

　一方、「桐鳳凰蒔絵唐櫃」は、微細な粒子、やや粗い粒子、それらが混合した蒔絵粉などが金泥状に極めて密に蒔かれた部分、比較的密に蒔かれた部分、疎に蒔かれた部分など、図様のデザインに併せて細かく蒔き分けられていた。そして桐の枝や幹の細かい表現や絵柄を縁取る付描の蒔絵粉は、平蒔絵のなかでは細かい蒔絵粉が密に盛り上げて蒔かれており、このような平蒔絵、付描の蒔絵粉の蒔き方の違いは加飾表現の重要なアクセントとなっている。梨子地粉も、粗い粉形態のものとそれよりは小さい鑢粉状の粉が、極めて密に蒔かれている部分、比較的疎に蒔かれている部分など、これも図様のデザインに併せて蒔き分けられていた。そして絵梨子地も梨子地粉と透明漆（梨子地漆）によるものであった。また地の漆塗り技法は、木胎の上に堅牢なサビ下地を施し、その上にやや厚めに上塗りの黒色漆が塗装されていた。また端部などの要所には麻布による布着せ補強も確認された。この点は「桐唐草紋蒔絵唐櫃」よりは堅牢で丁寧な漆工技術による作りである。

　いずれにしてもこれらの蒔絵唐櫃は、基本的には簡素な蒔絵技法を有しながらも大胆なデザインの図様を配するなど、桃山文化期における蒔絵技法の特徴がそれぞれ認められた。ただし両者の材質・技法には若干の違いがあった。ところで、本資料群において図様デザインの置目である下絵の朱漆のはみ出し線が確認される状況は、都久夫須麻神社本殿の蒔絵塗装のそれとも共通す

第Ⅲ部　御殿建造物の蒔絵塗装

る。しかし、基本的に本資料群の加飾は金（Au）材料であり、都久夫須麻神社の加飾は銀（Ag）材料である点や、桐唐草紋蒔絵唐櫃にみられる桐の葉の文様や桐鳳凰蒔絵唐櫃にみられる鳳凰や桐の幹や枝の文様のように、図様デザインに併せて蒔絵粉や梨子地粉を細かく蒔き分ける状況、その一方で都久夫須麻神社本殿内部内陣の長押の鳳凰胴部は銀平蒔絵に付描表現ではなく肉筆で黒線を描く点などは、本資料群の方が都久夫須麻神社本殿のそれよりは繊細な漆工技術が用いられていることがわかった。この点が、同じ東山七条周辺に工房を構えた大仏衆の蒔絵技術者集団の漆工品であっても、材質・技法には多様性があり、比較的高い品質を有する点が本資料群の特徴の一つといえよう。

（文献史料）

中井家文書には、方広寺大仏殿の作事に関係する『大佛奉行衆之覚』があり、ここには材木、大工、鍛冶、瓦、釣鐘などとともに、漆、塗師、箔などの各分野について、勘定、改、立合などを行った奉行衆の名前を記録している。

「大佛奉行衆のさん用奉行のかきつけ

一、うるし奉行　秀頼様御奉行として伏屋飛騨・松井藤介、片桐市正奉行として安養寺喜兵衛・恒屋五左衛門、右之うるし直之御奉行衆片桐市正奉行衆御うけとり候而則ねたん御きわめ金banks御渡し候事

一、ぬし屋奉行　秀頼様御奉行として水原石見・友松次右衛門、片桐市正奉行として安養寺孫兵衛・恒屋五左衛門・中井大和手代　右之日帳直之御奉行衆う片桐市正奉行衆日々に御改候而御つけ被成、その以日帳作料御定かん定被成米御渡し候事

一、はく奉行　秀頼様御奉行として遠藤十太郎・伊木七郎右衛門、片桐市正奉行として安藤寺孫兵衛・長田久左衛門、右之はくのねたん直の御奉行衆片桐市正奉行御きわめ候て、則はく御請とり金子御渡候事

右金銀八木材木屋いつれも諸職人へ相渡申候事ハ片桐市正殿より被仰付直談に以手形御渡被成候事右之材木ねたんあいきわまり候折ふしハ大坂へ我等も罷下やうすうけたまハり候事そのほかハいつれも御奉行衆大佛にて御きわめ候事　　　中井大和守　　花押　　　」

なお、現在妙法院所蔵となっているが慶長19年（1614）狩野山楽筆の「紳馬図」は、本来豊国社に寄進された絵馬であり、願主として方広寺大仏作事のうるし奉行の1人である安養寺喜兵衛尉氏親の名前がみられる。

（参考文献）

京都文化博物館 編『豊太閤没後400年記念　秀吉と京都　豊国神社社宝展』豊太閤四百年祭奉賛会　豊国会 豊国神社（1998）

久保智康 ほか『金色のかざり　平成15年度特別展図録』京都国立博物館（2003）

第5章　日光東照宮社殿内の梅・牡丹蒔絵扉

1、諸　言

　木造建造物に漆塗料と螺鈿・金粉や金箔などを用いて荘厳した実例は、末法思想を背景にした平安貴族が阿弥陀浄土への憧れから造営した平等院鳳凰堂や中尊寺金色堂などの一部の阿弥陀堂建造物があるものの、これらは仏堂建造物である。建造物の内・外を問わず全体を視覚的にインパクトが強い金箔瓦や蒔絵加飾で荘厳する先駆けは、天正4年（1576）の織田信長による安土城の築城に求められよう。これは織田信長が自らを神格化するために築いたとする説もある。その後、為政者個人を神として祀る霊廟建築物が登場する。

　本書の第Ⅲ部第1章で取り上げた都久夫須麻神社本殿内の蒔絵塗装は、霊廟建造物の先駆けとなった豊国社の一部を移築した可能性がある桃山文化期の漆工資料である。このような漆工技術を駆使した建造物は、その後、歴代の徳川将軍家霊廟、さらには全国に勧進された東照宮建造物などに踏襲されていく。筆者はこれまで日光東照宮をはじめとする霊廟建造物の塗装彩色に関する調査を幾つか行ってきた。これらの漆工技術や加飾技法は、本書の第Ⅲ部が取り扱う「桃山文化期における建造物の蒔絵塗装」のその後を理解する上で参考となる。

　本章では、このような江戸時代における霊廟建造物蒔絵塗装の典型的な実例の一つとして、日光東照宮社殿内の左右両脇に対で取り付けられた「梅蒔絵扉」と「牡丹蒔絵扉」を取り上げる。

2、徳川将軍家霊廟建築物における蒔絵塗装と意匠

　幕府は、徳川将軍家の権門・権威の威光を示す象徴として、初代将軍徳川家康を祀る日光東照宮を筆頭に、7代将軍家継（有章院）までの歴代将軍家の独立した霊廟建造物を日光山輪王寺・芝増上寺・上野寛永寺にそれぞれ造営した。8代将軍吉宗の時代になると、幕府は予算緊縮政策の一環として享保5年（1720）に「御霊屋建立禁止令」を発布し、以降は既存の霊廟に合祀する形となった。なお、2代将軍秀忠の正室達子（於江与方もしくは於江方：崇源院）霊牌所など、一部の将軍近縁者も独立建造物や墓所に祀られた（表1）。

　現在、これらの多くは解体や戦災などで失われ、日光東照宮や大猷院霊廟などの日光社寺の霊廟建造物群以外、往年の様子は、焼失前の記録やわずかに残された建造物から推測するしかない。

　芝増上寺に現存する徳川将軍家関連の霊廟建造物は、台徳院霊廟の惣門、有章院霊廟の二天門、文昭院霊廟の中門、清揚院霊廟の水盤門などである。この他では、移築された建造物として、台徳院霊廟の勅額門・丁字門・御成門（いずれも埼玉県所沢市内に移築）および、崇源院霊牌所の建造物（現在、鎌倉建長寺仏殿および唐門、同　開山塔頭である西来庵の唐門として移築）などである。また、上野寛永寺には、厳有院勅額門および常憲院勅額門のみが現存している。

　その他は、すでに取り外されて別途保管されている部材や精巧な模型資料である。これには明治23年（1890）解体の清揚院霊廟の扉材（現在、ウイーン国立工芸美術館所蔵）や、増上寺保管の文昭院霊廟格天井にはめられた天井絵と伝わる一間分の団龍図（一辺69㎝）と鳳凰図（一辺77㎝）

第Ⅲ部　御殿建造物の蒔絵塗装

表 1：歴代徳川将軍家・関係者霊廟一覧表

	代	将軍名	院号	造営年	形態	現地現存建造物	移築	破却
久能山東照宮	初代	家康	東照大権現	元和3年 (1617)	独立	霊廟全域		
日光東照宮	初代	家康	東照大権現	元和3年(1617)・寛永13年(1636)造替	独立	霊廟全域		
芝増上寺	二代	秀忠	台徳院	寛永9年 (1632)	独立	惣門	勅額門・丁字門・御成門（埼玉県所沢市に移転）	
日光山輪王寺	三代	家光	大猷院	承応4年 (1653)	独立	霊廟全域		
上野寛永寺	四代	家綱	厳有院		独立	勅額門		
上野寛永寺	五代	綱吉	常憲院		独立	勅額門		
芝増上寺	六代	家宣	文昭院	正徳2年 (1712)	独立	中門、霊廟格天井一部団龍図・鳳凰図		
芝増上寺	七代	家継	有章院	享保元年 (1716)	独立	二天門		
上野寛永寺	八代	吉宗	有徳院		墓所			
芝増上寺	九代	家重	惇信院		有章院霊廟に合祀			
上野寛永寺	十代	家治	浚明院		墓所			
上野寛永寺	十一代	家斉	文恭院		墓所			
芝増上寺	十二代	家慶	慎徳院		文昭院霊廟に合祀			
上野寛永寺	十三代	家定	温恭院		墓所			
芝増上寺	十四代十五代	家茂慶喜	昭徳院		文昭院霊廟に合祀			

	将軍家関係者	名	院号	造営年	形態	現地現存建造物	移築	破却
芝増上寺	三代第三子	綱重（甲府宰相）	清揚院	宝永2年 (1705)		水盤門	明治23年(1890)解体扉材他部材（ウィーン国立工芸美術館所蔵）	明治6年(1873)霊廟解体
芝増上寺	二代正室	達子（於江方）	崇源院				現：建長寺仏殿・唐門	
上野寛永寺	十三代正室	篤姫	天璋院		墓所			

2点（港区指定物件）、イギリス・ロイヤルコレクションとなった明治期に作製された幕末期頃の台徳院霊廟建造物（本殿・拝殿・石の間・唐門・透塀）模型（現在：増上寺に寄託）、などがある。

　本章が対象とする桃山文化期よりはやや年代が下がる寛永期頃までの現存建造物には、日光東照宮の本殿・拝殿・唐門・陽明門・上中下の三神庫などの寛永造替期の建造物群、台徳院霊廟の惣門・勅額門・御成門・丁字門、崇源院霊牌所の仏殿・唐門などがある（写真1〜8）。

　これら霊廟建造物の蒔絵塗装などの加飾について田邊泰（1942）は、東京大空襲前の昭和17年（1942）に芝増上寺徳川家霊廟建造物の調査を実施している。当時はカラー図版ではないため細部の色彩は不明であるが、往年の姿を知る上で参考となる。なお清揚院霊廟のみは、田邊が調査を行う以前に解体破却されたため言及されていない。

　この調査報告書は、①各建造物の外観塗装は朱漆もしくは黒色漆による漆塗装、ベンガラや鉛丹などの赤色塗装が建造物の性格によって使い分けられていた、②日光社寺群の霊廟建造物の

第5章　日光東照宮社殿内の梅・牡丹蒔絵扉

写真1：日光東照宮唐門・拝殿の現況

写真2：日光東照宮陽明門の現況

写真3：日光東照宮上神庫の現況

写真4：台徳院霊廟惣門の現況

写真5：移築された台徳院霊廟勅額門の現況

写真6：移築された台徳院霊廟御成門の現況

写真7：移築された崇源院霊牌所仏殿の現況（建長寺仏殿）

写真8：移築された崇源院霊牌所唐門の現況（建長寺唐門）

第Ⅲ部　御殿建造物の蒔絵塗装

写真9-1：台徳院霊廟奥院内の筒型木製宝塔
（港区立港郷土資料館写真提供）

写真9-2：
同　蒔絵壁板部分の拡大

特徴の一つである軸部柱材にみられる白色顔料である胡粉塗（江戸時代後期以降の塗装）は、増上寺の霊廟建造物にはない、③外観、内陣ともに花鳥や天女・獅子・龍波などの多彩な意匠をもつ欄間などの木彫は、漆塗装の上に金箔貼、極彩色で装飾されていた、④拝殿、本殿、相の間（石の間）などの内陣の格天井には花鳥や雲龍・雲凰などの意匠が極彩色で描かれていた、⑤外観や内陣柱は漆塗装の上に金箔貼りに一部金襴巻、組物には一部極彩色、内陣床は黒漆拭などであり、建造物には漆塗料が多用されていた、などの塗装彩色の状況を報告している。このうちの②を除いては、いずれも日光社寺群の霊廟建造物と共通した塗料、顔料、色彩観、意匠である。

ところが各建造物には漆塗装や金箔は多用されるものの、本章が調査対象とする建造物の蒔絵塗装についてはほとんど報告がみられない。わずかに2代将軍秀忠（台徳院）霊廟の奥院内部には、八角三重の台座に上下二重の蓮座を設けた筒型木造宝塔（墓塔）が安置されており、壁板には牡丹絵柄の高蒔絵が施されていたことが古写真で確認されている（写真9-1、9-2）。

3、文献史料の調査

3.1　蒔絵塗装の工人集団

元和2年（1616）、徳川家康は遺言として、遺骸は久能山に葬り、葬礼は菩提所である芝増上寺で行うこと、位牌は徳川家歴代の菩提所の三河・岡崎の大樹寺に建て、一周忌の後に下野・日光山に小堂を建てて勧進し、京都の南禅寺中の金地院にも小堂を営むよう側近に申し渡したとされる（第Ⅰ部第4章：写真5）。この遺言に従い、家康の没後（元和2年：1616）直後に仮殿が造られて葬儀が行われた久能山、遺命に従って翌年の改葬が計画された日光山の社殿ともに、2代将軍徳川秀忠の命令による造営が、大工棟梁の中井正清を中心に幕府直轄事業として行われた。そして翌年の元和3年（1617）には完成をみている。

第Ⅰ部第3、4章でも触れたように、当時の中井家は、伏見城・二条城・江戸城・名古屋城な

どの徳川幕府関連の主要な城閣御殿建造物の造営を一手に引き受けた上方の大工棟梁である。

　その後の幕府の江戸大工頭は、木原・鈴木配下の甲良宗広らが台頭し、寛永13年（1636）の日光東照宮の造替を牽引した。それに先立つ寛永9年（1632）の徳川秀忠（台徳院）霊廟の造営は、造営副奉行として近江守藤原忠次（大工）・大工藤原義久（大工充）、被官大工として片山源左衛門国久・林兵十郎時元・谷田又兵衛尉正次・内藤甚左衛門尉吉久、下棟梁として甲良豊後守宗広・平内越前守正信・甲良左衛門尉宗次・工保刑部小輔信吉・天満和泉守宗次などが関わったことが、霊屋本殿床下石刻銘に記されている。まさに甲良宗広は、日光東照宮造替、増上寺台徳院霊廟造営双方に関わっており、工人集団が共通していたことがわかる。

　台徳院霊廟の石刻銘には、霊廟建造物の漆塗装を担った工人として、塗師：寺本又五郎重次（以下6名）、蒔絵：幸阿弥與兵衛長重（以下4名）の名前がみられる。その後の元禄2年（1689）の台徳院霊廟の修理棟札では、塗師：山本太郎兵衛・小幡吉左衛門・大町武兵衛、黒塗：徳岡利左兵衛などの名前がある。以下、有章院・惇信院霊廟の天明3年（1783）の修理棟札には、塗師棟梁並：鈴木助十郎政方、塗師：堆朱源蔵幸鑑・小幡龍蔵武延・服部清右衛門英近・野村治郎又為邑・小村甚兵衛保執・小林七郎兵衛候廣・山内次郎左衛門申壽・今津茂市郎軌之・田中近江可惇・絵方：川村庄右衛門守勢、箔押方：八木七兵衛宣陣・長谷川十右衛門房在の名前が、文昭院霊廟の寛政7年（1795）修理棟札には、塗師棟梁：鈴木助十郎正方、塗師：平野義右衛門常英・小幡源六高次、箔納：梶川清左衛門元信の名前が、同じく天保15年（1844）の修理棟札には、塗師棟梁：堆朱平十郎長邦、同見習：堆朱平三郎長正、絵方：川村庄右衛門守房・斎藤源左門惟奮の名前がみられる。

　台徳院霊廟建造物の蒔絵塗装を担った幸阿弥與兵衛長重を棟梁とする蒔絵師集団であった幸阿弥家は、室町幕府第8代将軍足利義政の御用蒔絵師として登場する。その後、織田信長や豊臣秀吉とも関係が深く、第Ⅲ部第1章で取り上げた都久夫須麻神社本殿の蒔絵塗装、さらには高台寺御霊屋の建造物蒔絵塗装の作製にも携わった。江戸時代前期には江戸にその拠点を移し、徳川家御抱蒔絵師として「初音調度」をはじめとする華麗な婚礼道具の数々を作製したことでも著名である。

　一方、延宝9年（1681）辛酉5月に造営された厳有院（4代家綱）霊廟建造物については、『厳有院様御造営帳』に詳しい。それによると、「殿御仏殿御宮殿東叡山ニ造営」として、まず勅願門は、「天井板黒地ニ御紋蒔絵仕立ル」としている。さらに、「御仏殿塗蒔絵入札ニテ仕申候儀申立此渡茂願ニ付被為仰付候間御宮殿御扉四枚奉願御扶持人七人仕立上ル、御絵様梨子地ニ織紋色々」と記述している。このことから、厳有院霊廟においても台徳院霊廟の筒型木造宝塔（墓塔）同様、壁板や扉材に梨子地蒔絵が施されていたことがわかる。この宮殿は、「蒔絵一式ハ長好日夜付居仕立」とあり、「御絵様水ニ蓮雲前両脇梅之古木御扉油煙形取色々之絵有柱方々梨子地ニ織紋色々」と記録されている。これらを作製した工人は、「営御仏殿御音拝殿及御廊下唐門御水屋皆以五采漆之就中御内陣乃画工狩野養朴後素之漆工九人潤色之於是記其姓名以垂不巧云」、具体的には菱田源之丞成信・幸阿弥與兵衛長好・榎本又衛門寛継・栗本源左衛門信継・栗本太郎衛門光屋・鈴木弥左衛門正備・奈良八郎左衛門雪勝・菱田甚右衛門房貞・幸阿弥長安の9名であった。ここでも幸阿弥家の蒔絵師工房集団が関わっている。

第Ⅲ部　御殿建造物の蒔絵塗装

このように、桃山文化期における建造物蒔絵塗装の系譜は、その後の徳川家霊廟建造物の造営に引き継がれた。ただし江戸期の霊廟建造物は、都久夫須麻神社本殿が内・外陣すべてに蒔絵塗装が施されている点とは異なり、拝殿扉や内陣に設置された宮殿扉などの一部の主要部材のみに蒔絵塗装が施され、現状の日光社寺建造物群の荘厳にも代表される漆箔極彩色が多用されるようになる。

3.2　日光東照宮の蒔絵塗装

前記したように、元和2年（1616）に没した徳川家康は遺言として、日光や金地院に自らの霊屋の造営を命じているが、「小堂」を希望している。事実、徳川秀忠が元和3年（1617）に造営した創建期の日光東照宮は比較的簡素な荘厳を有する建造物であったが、20年後の寛永13年（1636）、徳川家光によって造替され、その際、徳川将軍家の威光を誇示するために徐々に今日のような華麗な姿にリニューアルしたといわれている。

同じく徳川秀忠が造営した久能山東照宮の外観塗装も、寛文12年（1671）の『久能経営記一』は、「御宮廻リ土朱塗ニ被仰付　御本社御瓦取替故正外遷宮有之」という記録があり、造営当初の社殿は素木であったが、後に土朱塗、さらには現状の黒色漆塗へと変遷した。久能山東照宮の建造物群も元和創建当初は現在に比較して装飾が目立たない質素なものであった可能性が指摘されている。いずれにしても、数十年に一度の塗装修理が施された霊廟建築物の外観塗装は、その都度、痛んだ塗装箇所以外は、塗り重ねの修理が行われたようである。

本章が調査対象とする日光東照宮の蒔絵塗装を示す文献史料の一つに、『寛永十二乙亥年　日光山　東照大権現様御造営御目録』（日光東照宮所蔵）がある。これは徳川家光による寛永期の日光東照宮の造替工事に調達された物資や職人集団、それらに要した価格のリストなどが詳細に記録された文献史料である（史料1）。このなかで、本社と宮殿、幣殿の蒔絵粉材料と技術として、「高蒔絵」「金鑢粉」「金梨子地」「平蒔絵」「切金」「金銀露（金銀の極付か）」があり、この作製に携わった蒔絵職人には、苗字は示されていないが甚六・五助・徳右衛門・惣五郎の名がみえる。宮殿方立の蒔絵は、「高蒔絵」で「上り龍・下り龍」が描かれ、さらに「金鑢粉」「金切金」「金梨子地」の蒔絵粉材料と技術が併用されたようである。作製に携わった蒔絵職人には、又五郎・弥左衛門・小左衛門の名がみえる。さらに拝殿および石の間内唐戸には、「高蒔絵」「金鑢粉」「金銀露（金銀の極付か）」「平蒔絵」で蒔絵が施され、甚六郎・徳右衛門・又助・惣五郎らの蒔絵職人が携わった。唐門の3箇所には、「御絵様は本金」「七宝がらす」「括りは平蒔絵」などが施され、これに携わった蒔絵職人には甚六郎・五郎・徳右衛門・惣五郎の名がみえる。寛永期の日光東照宮本社の造替工事には、幕府御用蒔絵師であった幸阿弥家が関わったと考えられるが、この文献史料に名前が記されている甚六らがどのポジションの蒔絵職人であったかは不明である。

その後の日光東照宮における漆塗装や極彩色工事の様子について、寛政9年（1797）の『寛政九年巳正月改　御宮　御霊屋　塗師方本途直段』は、日光山内の工房（日光方）で全ての作業が賄われていたのではなく、江戸表の幕府作事方の工房（江戸方）であらかじめ各部材の漆箔塗装や彩色を行い、これを日光街道で運搬して現地で組立するという方法での作業も並行して行われた事を伝えている。この点を考慮に入れると、日光・増上寺・寛永寺の各徳川家霊廟建造物の塗

料、顔料、色彩観、意匠にみられる共通性は、ある程度理解されよう。

　ちなみに、後年の徳川将軍家霊廟建造物における塗装彩色材料の調達に関する文献史料として、慶応元年（1865）『増上寺有章院様惇信院様御霊前御取繕御修復御用朱紺青漆差出』（多聞櫓文書：内閣文庫）、同年の『増上寺有章院様惇信院様御霊前御取繕御修復御用箔差出』（多聞櫓文書：内閣文庫）がある。それによると、有章院および惇信院霊廟の修理作業に関連した材料は、2貫973目3分の光明朱、918目8分の岩紺青（壱斤は160目）、14貫目の下地漆、61貫409目の上塗漆（1桶は4貫目）、18,504枚の金箔（3寸5分の惣箔：焦箔）を幕府作事方が調達したことが記録されている。

4、蒔絵扉の材質・技法に関する調査

4.1　調査対象資料

　日光東照宮本社内陣の拝殿・石の間から正面階段を上がった本殿の左右両脇には、梅と牡丹がそれぞれ蒔絵加飾された大きな扉の「梅蒔絵扉」と「牡丹蒔絵扉」が取り付けられている（写真10）。この2枚の蒔絵扉は、いずれも寛永12年（1635）に3代将軍徳川家光によるいわゆる寛永造替期に作製されたものであるとされており、『寛永十二乙亥年　日光山　東照大権現様御造営御目録』に記録された「御拝殿之分　御様石の間内唐戸」に相当しよう。

　この蒔絵扉は、いずれも幅103.3cm×高さ182.0cm×厚さ5.5cmを測る大きな扉である（写真11、12）。大画面をまず黒色漆で地塗りし、その上に高蒔絵・平蒔絵・付描・切金・蒔暈・極付など、多彩な蒔絵技法で加飾されている。これらは本書の第Ⅲ部が調査対象とする「桃山文化期における建造物蒔絵塗装」の系譜を引く江戸時代前期の貴重な建造物部材の蒔絵資料である。

　現在、日光東照宮本殿と石の間の間の左右両脇扉には、昭和期に緻密に復原作製された新規の蒔絵扉がそれぞれ嵌められており、オリジナルの蒔絵扉は日光東照宮宝物館に保管されている。本章では日光東照宮および日光東照宮宝物館、日光社寺文化財保存会の協力を得て、この寛永期に作製されたオリジナルの蒔絵扉の現地調査を行った。調査では、まず写真撮影を写真技師である野久保昌良・野久保雅嗣の両氏に委託して高精細な記録写真の撮影を実施した。その際、資料周辺で蒔絵加飾が確認される数mm角の剥落小破片を1点、床面において発見した。この試料は、検出状況から牡丹蒔絵扉の蒔絵剥落小片であることが明確である。そのため、先方担当者と協議の上、詳細な追加調査を行うために、この剥落小破片を回収し、非破壊の顕微鏡観察と無機元素の定性分析を実施した。

4.2　調査方法

　①蒔絵・梨子地粉の形態や集合状態の拡大観察
　②蒔絵・梨子地粉材料の構成無機元素の定性分析

写真10：日光東照宮本殿・石の間・拝殿外観

第Ⅲ部　御殿建造物の蒔絵塗装

写真11：日光東照宮本殿の梅蒔絵扉
［日光東照宮宝物館所蔵］

写真12：日光東照宮本殿の牡丹蒔絵扉
［日光東照宮宝物館所蔵］

5、調査結果

　日光東照宮宝物館に所蔵されている「梅蒔絵扉」と「牡丹蒔絵扉」の一対の梅・牡丹蒔絵扉は、寛永12年（1635）に日光東照宮本社の寛永期造替に伴い新規作製された建造物部材の蒔絵塗装資料である。昭和期に取り外される前までは、実際に本殿の扉材として機能していた。そのため特に「梅蒔絵扉」の地塗りの黒色漆の塗装表面には、紫外線劣化による漆の欠損および板材の収縮による亀裂が観察される（写真13-1、13-2）。蒔絵加飾された梅の花の花弁や幹、柴垣根などは、高蒔絵で加飾するとともに、繊細な花萼の描割や雄蕊・雌蕊の付描表現など、極めて高度な蒔絵技法が用いられていた（写真14-1～14-4）。蒔絵加飾箇所の拡大観察を行った結果、本書が調査対象としている桃山文化期の蒔絵技法の特徴の一つである蒔き放しの平蒔絵技法も一部でみられるものの、高蒔絵技法や付描表現が多用されていた（写真15-1）。その一方で、針描表現は採用されておらず、描割表現のみであった（写真15-2）。金蒔絵粉は、数μm程度の均一で微細な蒔絵粉を密に蒔いた箇所、それよりやや粗い十数μm程度の蒔絵粉を前者よりはやや疎に蒔いた箇所など、意識的な粉の蒔き分けもみられた（写真15-3）。また、数十μm程度の梨子地粉、50μm×100μm程度のアクセントとなる荒い梨子地粉、さらには1mm角前後の切金を配するなど、多彩な材料が使用されていた（写真15-4～15-6）。そして、明らかに金蒔絵とは異なる銀色を呈する蒔絵や梨子地粉の加飾部分も併用されていることが拡大観察された（写真15-7～15-10）。これらの蒔絵粉や梨子地粉は、特に粗い粉では顕著に鑢でおろした線傷痕跡が表面に確認された。そのため、これらは金塊片や銀塊片を鑢でおろして作製した鑢粉に相当しよう。

　「牡丹蒔絵扉」についても、牡丹花の花弁、葉、土坡などの図様は、高蒔絵と平蒔絵技法が併

写真 13-1：蒔絵扉の劣化状態①

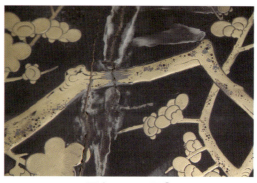
写真 13-2：同②

写真 14-1：蒔絵加飾の様子①

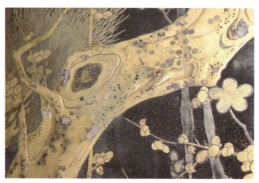
写真 14-2：同②

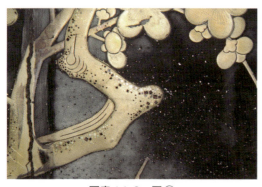
写真 14-3：同③

写真 14-4：同④

写真 15-1：金平蒔絵と付描表現の拡大観察

写真 15-2：金平蒔絵と描割表現の拡大観察

第Ⅲ部　御殿建造物の蒔絵塗装

写真 15-3：金・銀高蒔絵・描割表現の拡大観察

写真 15-4：金高蒔絵・金切金の拡大観察

写真 15-5：金高蒔絵・金切金・金梨子地の拡大観察

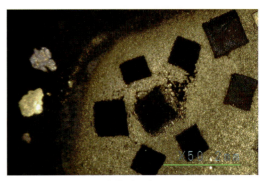

写真 15-6：金高蒔絵・銀梨子地粉・切金の拡大観察

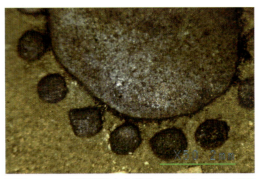

写真 15-7：銀高蒔絵と金蒔絵・金切金の拡大観察

写真 15-8：金・銀高蒔絵と金・銀梨子地の拡大観察①

写真 15-9：同②

写真 15-10：銀高蒔絵と金・銀梨子地粉の拡大観察

用されているとともに、繊細な花弁の描割や花弁・葉脈の付描表現など、極めて高度な蒔絵技法が採用されていた。さらに切金や梨子地、微細な極付など、多彩な蒔絵技法がみられ、この点は「梅蒔絵扉」と同様の観察結果であった（写真 16-1～16-6）。

　この扉の蒔絵加飾の状態についても拡大観察した。その結果、数 μm 程度の極めて微細な蒔絵粉、それよりやや粗い十数 μm 程度の蒔絵粉、数十 μm 程度の梨子地粉、さらには 50 μm×100 μm 程度のアクセントとなる荒い梨子地粉や 1mm 角前後の切金など、多彩な材料が使用されていた（写真 17-1～17-6）。そして、明らかに金蒔絵とは異なる銀色を呈する蒔絵や梨子地粉の加飾部分も併用されていることが拡大観察された（写真 17-7～17-10）。これらの蒔絵粉や梨子地粉についても、特に粗い粉では顕著に鑢でおろした線傷痕跡が表面に確認された。そのため、これらは金塊片や銀塊片を鑢でおろして作製した鑢粉に相当しよう。

　さらに現地調査の際に回収した剝落小破片試料は 3mm×5mm 角を測り、蒔絵加飾が目視観察された。拡大観察の結果、十数 μm 程度の微細な蒔絵粉、それより粗い数 μm 程度の 2 種類の蒔絵粉が確認された（写真 18-1、18-2）。さらに長径 100 μm 以上で短径 50 μm 程度の楕円形の金極付粉や銀極付粉が観察されるとともに、これが高蒔絵であることも同時に理解された（写真 18-3、18-4）。蛍光 X 線分析装置を使用してこの金蒔絵粉と金極付粉の材質分析を行った結果、わずかに銅（Cu）を含む金（Au）のピークが検出される同一材料であることがわかった（図 1、2）。

写真 16-1：蒔絵加飾の様子①

写真 16-2：同②

写真 16-3：同③

写真 16-4：同④

第Ⅲ部　御殿建造物の蒔絵塗装

写真16-5：同⑤

写真16-6：同⑥

写真17-1：金高蒔絵と付描表現の拡大観察①

写真17-2：同②

写真17-3：金高蒔絵と付描・描割表現の拡大観察①

写真17-4：同②

写真17-5：金高蒔絵と金切金の拡大観察①

写真17-6：同②

第5章　日光東照宮社殿内の梅・牡丹蒔絵扉

写真17-7：金・銀高蒔絵と付描表現の拡大観察

写真17-8：銀平蒔絵と金高蒔絵の拡大観察

写真17-9：銀高蒔絵の拡大観察

写真17-10：銀高蒔絵と付描表現の拡大観察

写真18-1：粗い金蒔絵粉の拡大観察

写真18-2：細かい・やや粗い金蒔絵粉の拡大観察

写真18-3：金高蒔絵と金・銀極付粉の拡大観察

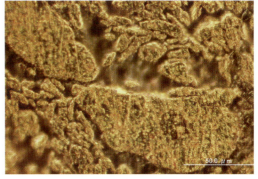

写真18-4：金極付粉の拡大観察

第Ⅲ部　御殿建造物の蒔絵塗装

6、結　論

　本章では、日光東照宮社殿に取り付けられた「梅蒔絵扉」および「牡丹蒔絵扉」における蒔絵塗装の材質・技法について調査を行った。これらは『寛永十二乙亥年　日光山　東照大権現様御造営御目録』に記録された「蒔絵唐戸」に相当すると考えられる。

　蒔絵粉などの拡大観察や材質分析を行った結果、文献史料が記録する「高蒔絵」「金鑢粉」「金銀露（金銀の極付か）」「平蒔絵」とともに、本社宮殿の方立に加飾された「上り龍・下り龍」でも用いられた「金梨子地」「切金」の材料と技法が併用されていた。この点から本蒔絵扉の加飾は、文献史料が示す蒔絵加飾自体の物的証拠であろう。

　本蒔絵扉は、寛永13年（1636）の寛永造替期に作製された蒔絵資料であるため、本書が調査対象とする桃山文化期より一時期年代が下がる資料群である。しかし、これらは本書の第Ⅲ部が取り上げる都久夫須麻神社本殿内部などの桃山文化期の建造物蒔絵塗装の系譜をダイレクトに受け継ぐ蒔絵資料であるため、調査対象資料に加えた。

　調査の結果、都久夫須麻神社本殿の蒔絵加飾や豊国神社所蔵蒔絵唐櫃の材質・技法などに比較して、この蒔絵資料は、極めて多種多様で繊細な図様と蒔絵粉材料や技法が採用されていることがわかった。これは、作製された年代観の違いや技術の進歩もあろうが、この蒔絵扉自体が徳川将軍家の権威を象徴する第一級の工芸品であるとの位置づけが為されたためであろう。

　本蒔絵扉は、漆工史の分野ではこれまで多くの研究者が論考を述べてきた江戸時代初期を代表する桃山気風を受け継ぐ極めて豪華な蒔絵資料であるとの評価が高い著名な資料である。この資料の蒔絵技法に関する調査研究は、すでに昭和期に復元された新規の蒔絵扉作製に関連して手板作製など詳細に行われてきた（写真19-1～19-4）。ところが先行研究におけるこの蒔絵資料の調査はいずれも目視観察のみであり、これまで拡大顕微鏡や分析機器を使用した理化学的な調査は行われてこなかった。その点では、本章において詳細なデジタルデータと分析データを公表することは、今後の当該分野の研究の発展にも貢献できると考えている。

　本書の第Ⅲ部では、桃山文化期の御殿建造物における蒔絵塗装の在り方について第1章から第4章にかけて検討を加えてきた。その結果、大画面の建造物部材を加飾するために桃山文化期漆工の特徴の一つである平蒔絵技法や針描表現などが多用されていたが、どの資料も決して手抜きなどの省力作業は行われておらず、突貫作業的な痕跡は随所に見られるものの、基本的には丁寧な漆工技術で図様が加飾されていた。この点は、当時の蒔絵職人の技量の高さが理解される。

　本章が調査対象とした梅・牡丹蒔絵扉も、大画面である建造物部材を加飾した蒔絵資料である。しかし作製は、寛永13年（1636）の日光東照宮本社の寛永造替期に求められ、都久夫須麻神社本殿内の蒔絵部材、醍醐寺三宝院白書院の蒔絵床框、大覚寺正寝殿（客殿）の蒔絵帳台構、豊国神社所蔵の蒔絵唐櫃などが、いずれも慶長期に作製年代が求められる点に比較して、一時期年代が下る蒔絵資料である。そのため、「桃山文化期における建造物蒔絵塗装の特徴のその後の展開」を理解する上で、示唆的な内容が多い。とりわけ本蒔絵資料は、徳川将軍家の権威の象徴である日光東照宮の中枢建造物を荘厳する部材加飾であることに配慮されたためか、当時の最高の漆工技術が駆使されていたことが改めて再確認された。

第5章　日光東照宮社殿内の梅・牡丹蒔絵扉

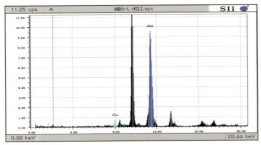

図1：金蒔絵粉の蛍光X線分析結果

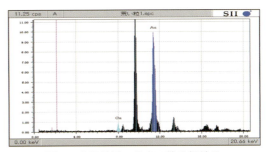

図2：金極付粉の蛍光X線分析結果

写真19-1：梅蒔絵扉の作業工程別の復元手板①

写真19-2：同②

写真19-3：同③

写真19-4：同④

第Ⅲ部　御殿建造物の蒔絵塗装

　その後、江戸時代の霊廟建造物では蒔絵塗装は少なくなり、もっぱら漆箔極彩色が採用されるようになる。そして本資料にみられるような漆工技術は、大名婚礼諸道具などに代表される什器類に集約されていく。その意味でも、本資料は桃山文化期漆工における建造物蒔絵塗装の技術的集大成を示す貴重な蒔絵扉といえよう。

（文献史料）
（史料1）
『寛永十二乙亥年　　　日光山　東照大権現様御造営御目録
　御本社之分　付御宮殿　御幣殿　共ニ
　御蒔絵壱寸四方　御本社ノ門　御から戸　共ニ
　一、四万六千八拾九まい　　　御入札定　　高まきゑ・金やすりこ・金なし地・ひらまきゑ・きりか子・金銀露
　　　　　　　　　　　　　　　　　　　　　　但　壱坪ニ付　銀三朱五文ツヽ
　　　小以銀　百六拾壱貫参百拾朱五分也　　　　　　　　御まきゑや　　　甚六　印
　代金弐千五百二拾匁壱分銀拾五朱五分也　　　　　　　　　　　　五助　　　印
　　　　　　　　　　　　　　　　　　　　　　　　徳右衛門　　　印
　　　　　　　　　　　　　　　　　　　　　　　　惣五郎　　　　印

　御蒔絵壱寸四方　御宮殿　並　御ほうたて　共ニ
　一、四万八千まい　　　　　御入札定　　高まきゑ（上り龍・下り龍）・金やすりこ・金きりか子・金なし地
　　　　　　　　　　　　　　　　　　　　　但　壱寸ニ付　銀四朱七分弐リンツヽ
　　　小以銀　弐百弐拾六貫五百六拾目也　　　　　　　　御塗師や　　又五郎　印
　　　　　　　　　　　　　　　　　　　　　　　同　　　弥左衛門　印
　　　　　　　　　　　　　　　　　　　　　　　　　　　小左衛門　印

　御拝殿之分　　　　　　　　　御蒔絵　壱寸四方　　　御様口ノ門内唐戸共ニ
　一、六万八千百弐拾四まい　　　　　高まきゑ・金やすりこ・金銀露・ひらまきゑ　共ニ
　　　　　　　　　　　　　　　　　　　　但　壱寸ニ付　銀弐朱五分ツヽ
　　　小以銀　百七拾貫参百拾也　　　　　　　　御まきゑや　　甚六郎　印
　代金弐千六百六拾壱匁銀六朱也　　　　　　　　　徳右衛門　　　印
　　　　　　　　　　　　　　　　　　　　　　又助　　　印
　　　　　　　　　　　　　　　　　　　　　　惣五郎　　印

　御唐門　三ケ所之分　　　　　　御蒔絵　　壱寸四方
　一、壱万千五百四拾六まい　　　　御絵様　本きん
　　　　　　　　　　　　　　　　志つほう　がらす
　　　　　　　　　　　　　　　　括くりん　平まきゑ　　但　壱寸ニ付　銀弐朱参分ツヽ
　　　　　　　　　　　　　　　　　　　　　　御まきゑや　　甚六郎　印
　　　小以銀　弐拾六貫五百五拾五朱八　　　　　　　五郎　　　印
　代金弐千六百六拾壱匁銀六朱也　　　　　　　　　徳右衛門　　　印
　　　　　　　　　　　　　　　　　　　　　　惣五郎　　印　　』

（参考文献）
北野信彦：「増上寺徳川家霊廟建造物の塗料・顔料と色彩観について」『増上寺徳川家霊廟　平成21年度港区立港郷土資料館特別展』港区立港郷土資料館（2009）
高山優 編：『増上寺徳川家霊廟　平成21年度港区立港郷土資料館特別展』港区立港郷土資料館（2009）
田邊泰：『徳川家霊廟』彰国社（1942）
日光二社一寺文化財保存委員会：『国宝東照宮本殿拝殿付属蒔絵扉修理工事報告書』（1965）

終章　まとめと今後の課題

　漆工史研究の分野では、桃山文化期にはいわゆる「高台寺蒔絵」や「南蛮漆器」など、大胆な意匠を有する漆工品が登場したため、先行研究の蓄積は多い。この時代は、大規模で豪壮華麗な城郭や御殿建造物の造営、大量の武具作製など、日本の文化史上でも特に漆塗料の需要が高まった時代の一つである。当然、このような社会的な要求に応えるべく、様々な技術革新と材料調達が行われたと考えられる。本書では、このような桃山文化期漆工について、多角的な視点から3部15章にわけて検証した。本章はその終章である。ここでは本論の講成に従い、それぞれの章における結論を改めて簡潔に纏め、最後に今後の課題についても若干触れる。

1、漆工文化の実態と材質・技法

　第Ⅰ部は、第1章から第5章の5つにわけて桃山文化期における漆工文化の実態を、主に材質・技法面から検討を加えた。このうちの第1章は椀・皿などの日常生活什器として漆器の材質・技法、第2章は風呂桶・駕籠・長持などの大型什器の蒔絵加飾について取り上げた。また第3章と第4章は桃山文化期に造営された御殿建造物の金箔瓦や外観部材などの漆箔塗装の様相を、第5章ではこの時代の要請に対応する形で登場した当世具足の塗装材料を調査対象として取り上げた。以下、各章の概要を記す。

　まず、第1章は、主に年代観が明確な漆塗料を用いた出土資料、そのうちでも日常生活什器である漆器椀・皿などの飲食器類を調査対象とした。この時期の漆器椀は、『舟木本 洛中洛外図屏風』（東京国立博物館所蔵）などにも描かれるように、内・外面ともに黒色漆、もしくは内面赤色系漆・外面黒色漆を地塗りし、大振りで高台高が比較的高い椀タイプが特徴的である。これらの内面もしくは外面には、米俵や亀鶴などの吉祥文様や紅葉などの植物文様の図様を豪放な朱漆の肉筆で筆描きし、資料によっては針描（引っ掻き技法）表現もみられる。そして、高台内に所有などを意味する刻印が刻まれる資料も多かった。これらは、木胎・漆塗り技法・使用顔料ともに簡素な素材からなる一般的な日常什器類から、吟味された素材からなる堅牢で複雑な漆工技術を有する優品資料に至るまで、幾つかのランク別グループに分類されたが、基本的には量産規格品タイプの一般的な日常生活什器が中心であった。その一方で、蒔絵粉を蒔き放つ平蒔絵をはじめとする蒔絵技法の簡略化に伴い、それまでごく一部の上流階級のための高級什器であった蒔絵漆器の普及化もみられた。また、根来寺坊院跡出土の朱漆器類には優品資料が多かったが、その一方で一般的な塗技法と材料による資料群も同時に存在していた。漆工史分野の先行研究も述べるように、このような「根来塗」と呼称される堅牢で実用性が高い朱漆器類の材質・技法は、規格性が比較的高いとされている。そのため、これらを作製するための材料調達には、大寺社の本寺・末寺や本社・末社関係などの宗教組織を通じたネットワークが介在した可能性が高いと想定されるが、このシステムは織豊期には一旦解体されたようである。本章の調査ではこの状況を反映するように、椀・皿類の用材選択の多様化がみられた。その後の江戸時代には幕藩体制下の経済圏

315

結 論

が再構築されるに従い、再度技術の集約化が進んだようである。この状況は、特に地域を横断して活動する木地師集団が介在する椀木地などの用材選択性に反映されていた。

　第2章では、桃山文化期の政治・経済・文化を牽引した豊臣秀吉や徳川家康との関連性が指摘される幾つかの蒔絵の什器類に関する理化学的な調査を実施した。いうまでもなく、桃山文化期における漆工技術の特徴の一つは、ごく限定された上流階級の人々の比較的小型な什器の加飾に使用された蒔絵技法が、やや幅広い階層の人々の飲食器や大型家具などの什器、さらには武具などにまで普及したことである。この最大の理由は、蒔絵粉を蒔き放つ平蒔絵技法や絵梨子地、描割や針描表現などの蒔絵技法が採用されたことである。その上で、権威の象徴である桐・菊紋や、直接的でなじみ深く規格性が高い秋草文様などのモチーフを大胆に図様として配する画一的な蒔絵の什器を比較的短時間に作製できる技術が確立されたためといわれる。

　調査の結果、これらの什器には金粉ばかりではなく、青金・銀粉などの蒔絵粉や梨子地粉の材料、粒形の大小や均一度の違い、蒔絵粉の蒔き放ちの粗密さや中塗りの種類（ベンガラ漆や朱漆、透漆など）、描割や針描表現など、の材質・技法の多様性がみられた。そして同じ菊・桐紋のモチーフであっても個々の什器により蒔絵技法は多種多様であることが確認された。このことは、桃山文化期における漆工、とりわけ平蒔絵技法の確立は、単に画一的な量産化を目指した結果ではなく、什器の所有者の違い、使用目的・方法、さらには蒔絵工房の職人の技術力の違いなど、時と場所に応じて、細やかに使い分けられていた一面も併せ持つことが推察された。

　なお、桃山文化期には活発な交易を通じた異文化交流が進んだが、この状況を特徴付ける漆工文化の事例のひとつに、「アイヌ漆器」の存在がある。北海道蝦夷地のアイヌ社会には、上記の什器と類似した大胆なデザインを有する桐紋や唐草文様を蒔絵加飾した耳盤や角盤などの什器が数多く将来され、そのうちの幾つかは今日まで大切に民俗資料として所蔵されてきたことが知られる。ここではこのようなアイヌ社会の伝世漆器である耳盤と角盤の2例と出土什器片1例について、比較資料として同様の理化学的な調査も実施し、上記と同様の結果を得た。

　第3章では、桃山文化期の「桃山」の語源ともなった伏見城および城下の武家屋敷で使用されたと考えられる金箔瓦の材質・技法の分析を行った。調査の結果、同じ瓦溜の廃棄土坑から一括で出土した金箔瓦でも、金箔の素材や金箔と瓦頭部の胎土とを接着するために使用された漆塗料が、朱漆・黒色漆・朱潤漆・黒漆＋朱漆の塗り重ねなど、幾つかの種類に分類された。これは、金箔瓦を使用した建造物群の配置的な格付け、これらを作製した工人集団の違い、さらには発注者側の事情など、さまざまな時と場所の状況が反映されたものであろう。本章で調査を行った資料群はいずれも伏見城の破却に伴う最終段階の木幡山伏見城期（徳川期）の金箔瓦であるが、これらの箔下漆の8割近くに朱顔料の混入がみられる特徴があった。朱顔料は被熱に弱い。そのため、瓦胎部に漆塗料の浸み込みを防ぐための焼付け漆の技法は用いず、直接、漆塗料を金箔貼りに使用したことも、同時に推定された。また、Py-GC/MS分析の結果、いずれの試料からもウルシオール成分が検出されており、日本産の漆塗料が使用された可能性が高いものと理解した。

　第4章では、桃山文化期に造営されたと考えられる御殿建造物の外観部材における漆塗装として、豊国神社唐門と醍醐寺三宝院惣門、さらには建造物部材への漆塗装の年代観な指標基準となる東京都千代田区有楽町一丁目遺跡の出土装飾部材、さらには瑞巌寺本堂屋根破風懸魚飾の六曜

部材や書写山円教寺大講堂四天柱の漆塗装部材も調査対象として取り上げた。調査の結果、これらに共通する特徴は、木彫もしくは唄飾木具、部材の括や縁取り部分に、黒色漆および金箔による漆箔が外観塗装されている点であった。特に五七桐や菊紋の飾り彫刻を含む木彫や唄飾木具は、いずれも別造りされ、扉板などの部材の上に装着されていることもわかった。このような桃山文化期を代表する建造物には、醍醐寺三宝院惣門と並んで配置されている国宝の平唐門がある。平成期修理に伴い実施されたこの建造物の塗装に関する先行研究の調査では、文献史料が「柱扉以下黒漆、菊桐押金箔」と記録するように、軸部の柱部材や正面扉はサビ下地の上に黒漆色塗装、五七桐や菊紋の飾り木彫は丁寧な布着せ補強の上に黒色漆の上塗り塗装した上に荘厳のための金箔が貼られていたことが確認されている。また年代はやや下るが、寛永13年（1636）の寛永造替期に造営された日光東照宮陽明門や透塀の寛永期当初の塗装も黒色漆箔であり、その後はベンガラ漆箔に変更されたことが筆者らの調査でも明らかになっている。これらの結果は、桃山文化期の漆工文化の特徴の一つとして、御殿建造物の外観塗装の一様相を知る上で参考となろう。

　第5章では、桃山文化期の当世具足である一宮市博物館保管の仁王胴具足と、鍋島報效会（徴古館）所蔵の青漆塗萌黄糸縅二枚胴具足を例として取り上げ、塗装技術の特徴に関する調査を行った。通常、甲冑に上塗り塗装される漆塗料の色相は、黒色か赤色、さらには茶色系の朱潤かベンガラ潤が一般的である。ところが調査対象の具足の上塗り塗料は、いずれも漆塗料では獲得しづらい淡肌色や深緑色の上塗り塗装であった。

　調査の結果、仁王胴具足を特徴付ける淡肌色塗料は、基底材料である白い鉛白顔料に赤い朱顔料をブレンドして淡い肉肌色の呈色を獲得する色調整を行っていた。そして、塗膜形成材料である主要脂質成分は、漆塗料ではなく、乾性油系塗料であった。またこの肌色塗料の乾性油と、この下層に塗装された漆塗料や蒔絵加飾を施した地塗りの漆塗料にブレンドされていた乾性油は種類が異なる可能性も指摘された。

　一方、青漆塗萌黄糸縅二枚胴具足の深緑色塗料は、黄色い石黄顔料と青色の植物染料である植物藍（インティゴ）をブレンドして緑色の呈色を獲得するとともに、塗膜形成材料である主要脂質成分も乾性油系塗料であった。以上の結果から、桃山文化期には、東南アジア交易を介してヨーロッパから将来された西洋画の彩色技法を応用した視覚的にも斬新な色相を得られる西洋油彩画技法を、実戦用の当世具足を強く印象づける上塗りの塗装にも意識的に採用したと理解した。すなわち、当時の海外との活発な交流の時代背景を考慮にいれると、本具足群が優品資料である点を証拠づけるとともに、桃山文化期における塗装技術の一側面を端的に示す指標資料であることをも示していよう。

2、輸入漆塗料の調達と使用

　第Ⅱ部は、第1章から第5章の5つにわけて桃山文化期の南蛮交易や御朱印船交易を通じた東南アジア諸国やヨーロッパとの交流を証拠付ける「輸入漆塗料」と「輸出漆器」をテーマの中心に据えて検討を加えた。

　第1章では、京都市中旧柳池中学校構内遺跡、大坂城下町町屋跡、長崎市中炉粕町遺跡の3遺跡から出土した四耳壺の内・外面に付着固化した漆様塗料について、(1)これらが漆（ウルシ科）

結　論

の塗料であるのかどうか。(2) そうであればどのような性質もしくは精製過程を経ているのか。
(3) この漆様塗料が固化付着していた四耳壺の容器はいずれもタイのアユタヤ周辺で生産されて
いたと考えられているが、この壺内に汲み溜められた溶液からは、本当に東南アジア産の漆塗料
特有の脂質成分が検出されるのか。以上の3つの点を明らかにすることを主目的とした理化学的
な分析と文献史料の検討を行った。調査の結果、日本もしくは中国産漆であるウルシの木の樹液
に特徴的なウルシオール成分は検出されず、タイやカンボジア・ミャンマーなどの東南アジア原
産のブラックツリーの漆塗料に特徴的なチチオール成分が検出されるとともに、これらの生漆原
液であることがわかった。このことから、本遺跡から出土したタイ産と推定される四耳壺は、タ
イ・カンボジア・ミャンマー周辺で回収されたブラックツリーの生漆状樹液を汲み溜めた容器で
あることが推定された。いずれにしても、これらは東南アジア地域からの交易を通じて日本国内
に輸入された漆塗料の生漆原液である。そして本章の調査の結果、これらは長崎→大坂→京都
の交易ルート上に存在していた。このことは少なくとも桃山文化期における日本国内、とりわけ
当時の物づくりの中心地であった京都市中では、これら輸入漆塗料を必要とする事情があったの
であろう。本資料群は、このことを示す「物的証拠」であった可能性を強く示唆していよう。

　第2章では、桃山文化並行期における東南アジア地域における漆文化の状況を知るため、タイ・
アユタヤ周辺、カンボジア・アンコールワット周辺の建造物塗装や石造・木造・レンガ＋土塑造
の仏像表面の塗装材料に関する理化学的な方法を用いた分析調査を行った。調査の結果、何れの
試料からもタイ・カンボジア・ミャンマー産のブラックツリー樹液の特徴であるチチオール成分
が検出され、ベトナム産の漆塗料に特徴的なラッコール成分や日本もしくは中国産の漆塗料に特
徴的なウルシオール成分は検出されなかった。この点は、地域的特徴を考慮に入れると納得の
いく結果である。タイ・アユタヤ、カンボジア・アンコールワット周辺のシェムリアップ地域は、
いずれも水上交通の利便性が高いとともに、東アジア・中東・ヨーロッパ諸国のほぼ中間地点に
位置する。この地理的条件の有利性を生かして、桃山文化並行期においては海上交易都市として
栄えたとされる。日本との関係も深く、江戸幕府による対外交易制限政策が確立される以前の
南蛮交易や御朱印船交易が行われた時代には、日本人町も形成されていた。このような地域では、
海外との活発な交流の所産として、さまざまな文化や技術の導入や融合が図られたとされる。本
書が調査対象とする漆塗料を利用した漆工の諸問題についても、当該地域では少なくとも桃山文
化並行期には、建造物塗装や仏像の表面塗装に漆塗料の使用が確認された。とりわけカンボジア
国内では、どのような漆文化の歴史があったのかに関する先行研究は少なく、漆文化の存在すら
一般には認識されていない現状もある。その点では、本調査の結果からは、少なくとも17世紀
前期頃のカンボジアのポストアンコール期には、中国や日本、朝鮮半島、さらにはタイなどの漆
文化と共通する基本的な漆工技術と貝殻螺鈿や箔絵技法、キンマを含む広義の沈金技法など、多
彩な加飾技術が用いられていたことなどがわかった。さらに、下地調整や加飾のレリーフ部の造
り出し成型には、中国起源の技術であるとされる骨粉を混入したサビ下地（骨粉下地）の存在や、
日本の伝統的な接着材料である小麦澱粉などを漆塗料に混入して作製する麦漆の存在なども確認
された。この点は、カンボジア独自の技術というよりは、日本や中国などとの漆工技術の交流の
所産である可能性が高いとともに、東南アジア、とりわけカンボジアの漆文化の特徴の一つであ

ると理解した。

　第3章では、京都市中で四耳壺と同じ遺構から一括で出土した漆工用具類と、同じ御池通沿いの三条町屋跡のゴミ廃棄土坑から一括出土した漆工用具類に付着固化した漆塗料の分析を行った。調査の結果、前者の一括出土資料群からは、タイ産四耳壺に付着固化した漆塗料と同様に、タイ・カンボジア・ミャンマー産の漆塗料に特徴的なチチオール成分が検出された資料群、ベトナム産の漆塗料に特徴的なラッコール成分、日本もしくは中国産の漆塗装に特徴的なウルシオール成分が検出された資料群など、3種類の異なる種類の漆塗料が存在していることが確認された。その一方で、後者の遺構からはいずれもウルシオール成分のみが検出され、東南アジア産の輸入漆塗料の存在は確認されなかった。このことは、同じ京都市中においても、状況や塗装対象によって、輸入漆、日本産漆それぞれの性質を考慮に入れた漆塗料の使い分けやブレンド作業などが行われていた可能性が指摘された。いずれにしても、桃山文化期は、国内で大量の漆塗料が必要とされた時代である。そのため、この一連の調査で明らかとなった東南アジア産の輸入漆塗料の存在は、当時の社会のなかにおいて、重要な意味を占めたものと考える。

　第4章では、第1章で明らかにした東南アジア産の漆塗料が、第3章で明らかにした漆工用具と材料を用いて、桃山文化期の日本国内においてどのような用途で使用されたかを解明する目的で、年代観と出土状況が明らかな出土漆器資料の理化学的な方法を用いた分析を中心に調査を進めた。このような東南アジア産の漆塗料は、あくまでも不足しがちな日本産の漆塗料の補填のために使用された安価な代替漆塗料であったとする意見が根強くあるとともに、そもそも日本の気候風土では東南アジア産の漆塗料は使用に耐えないと認識されていることも多い。さらには、「漆」という固有名詞の翻訳自体を否定する意見なども根強く存在していた。その一方では、海外の研究者からは、輸入漆は南蛮様式の初期輸出漆器の生産に積極的に使用されたとする意見も出されるなど、輸入漆の存在と使用を巡っての議論はやや渾沌とした状況にあった。その意味では、本調査の結果は、少なくとも海外に一旦は将来された伝世品の漆器資料ではなく、たとえ数例とはいえ東南アジア産の輸入漆塗料が桃山文化期の日本国内で確実に使用されたことが確認された最初の事例報告である。そして、これら東南アジア産の漆塗料の成分が検出された出土漆器は、サビ下地を施すなど、出土漆器の中では比較的優品に属していた。そのため、当時の人々は、決して東南アジア産輸入漆は日本産漆の単なる代替塗料と認識していたわけではなく、これらを比較的優品の漆器生産にも使用していた可能性が指摘された。このことは、文献史料からみた日本産漆と輸入漆の価格比較の記録を裏付ける物的証拠となろう。さらに、確かに東南アジア産の漆塗料は日本の気候風土では固化しづらい性質はあるものの、この欠点を補完する目的で日本産漆とブレンドして固化を促進して使用していた可能性も同時に指摘された。すなわちこの状況は、従来の漆工史の考えに従い単純に東南アジア産の輸入漆を日本産漆の増量を目的としてブレンドしたと理解するより、当時の漆器生産職人の経験則に裏付けられた漆工技術の高さを示す物的証拠であると指摘することができよう。

　第5章では、南蛮様式の初期輸出漆器の材質・技法に関する調査を行った。調査の結果、調査事例は決して多くはないが、これらは基本的にはほぼ同じ材質・技法で作製されていることがわかった。すなわち、これらに採用されていた下地材料、貝殻螺鈿の加飾、平蒔絵の加飾は基本

319

結 論

的には汎用性もしくは共通性が高い技法と理解した。その一方で、Py-GC/MS 分析を実施した7
資料のうちの5資料からタイ・カンボジア・ミャンマー産の漆塗料に特徴的なチチオール成分が
検出され、日本産もしくは中国産の漆塗料に特徴的なウルシオールは検出されなかった。このこ
とは、基本的な漆塗り技術や蒔絵・梨子地の加飾技法は日本の伝統的な漆工技術を用いているも
のの、使用された漆塗料には東南アジア産の輸入漆塗料が用いられている資料の存在が確認され
たことを意味する。この点に関連して、オランダやイギリスの『平戸・長崎商館の日記』は、商
館側が京都の蒔絵工房に輸出漆器の生産を纏まった数量発注する際、細かい仕様書を添えて前払
いで注文し、翌年、長崎で受け取ったこと。その際、出来上がった蒔絵漆器の最終の支払い金額
を巡り、値段交渉が難航したことが多かったことを記録している。そのため、双方のトラブルを
最小限に抑えるために、あらかじめ木地や原材料を蒔絵職人に渡し、細工を注文する場合もあっ
たようである。本章における調査結果は、商館側が東南アジア産の輸入漆塗料を一括して京都の
蒔絵師工房に現物で支給をして初期輸出漆器の生産にあたらせ、その後、平戸や長崎から東南ア
ジアやヨーロッパ諸国に輸出した可能性を示唆しているかもしれない。さらに、調査した資料群
の製法がほぼ類似している点は、注文主側の記録である平戸の『オランダ商館の日記』は、輸出
漆器の生産を行っていた京都市中の蒔絵師工房集団は、多くの職人を抱える分業体制でシステマ
ティックに数多くの漆器を生産していたとの記録もあり、何らかの関連性が想定される。

　以上、第Ⅱ部では5章に分けて桃山文化期における輸入漆塗料と輸出漆器の実態把握に関する
調査を実施し、その成果を纏めた。今後の課題は、桃山文化期の日本国内における東南アジア産
の漆塗料が主にどこで使用されたのか、この使用状況に関するさらなる追加調査を実施すること
である。さらには、これら輸入漆塗料の供給地である東南アジア諸国では、16 世紀末〜17 世紀
前期頃において、どのような漆塗料の生産と流通が為されていたのかも今後さらに情報の蓄積を
図る必要がある。そのための調査の指針と注意点はいうまでもなく、(1) 調査対象資料の性格が
明確であること、(2) 調査対象資料の来歴が明確であること、(3) 調査対象資料の塗装年代が明
らかであること、(4) できれば調査対象資料から分析用試料の回収が可能であること、などであ
る。この点を考慮に入れた調査の充実を今後も継続していきたい。

3、御殿建造物の蒔絵塗装

　本書の第Ⅲ部では、第1章から第5章に分けて、桃山文化期に造営された御殿建造物内の部材
に加飾された蒔絵塗装の材質・技法を取り上げた。第1章では滋賀県竹生島に所在する都久夫須
麻神社本殿内部の蒔絵塗装部材、第2章では醍醐寺三宝院白書院の蒔絵床框および岡山城二の丸
跡出土蒔絵漆耳盥と入舟遺跡出土蒔絵椀、第3章では大覚寺客殿（正寝殿）の蒔絵帳台構、第4
章では豊国神社所蔵蒔絵唐櫃をそれぞれ取り上げて検討を加えた。また先行研究では、これらの
作製には室町足利将軍家、豊臣秀吉、さらには徳川将軍家の御用蒔絵師であった幸阿弥家を棟梁
とした蒔絵師集団が関係したとされている。そこで第5章では、桃山文化期における蒔絵技法の
集大成として、幸阿弥家蒔絵師集団が関わって作製されたと推測される日光東照宮社殿内の蒔絵
扉を調査対象とした。

　第1章で取り上げた都久夫須麻神社本殿内部の蒔絵塗装部材は、少なくとも2〜3回の異なる

終章　まとめと今後の課題

時期に作製された蒔絵加飾が共存していると理解した。この理由は、東・西面の金碧障壁画がはまっている柱1, 5, 6, 12は三面（内陣側・障子が当たる入口側・外陣側）にそれぞれ蒔絵加飾が存在し、それらはほぼ類似した図様である。そのため一見、同時期に作製された蒔絵であるように思われるが、このうちの内陣側のみが面取りしてある。このことから、この柱部材は創建期からそれほど年代が経っていない時期に一端取り外されて内陣側の面取り作業を新たに行い、その後蒔絵加飾し直された可能性があると推測した。また、長押の蒔絵加飾は柱材のそれとは若干図様や劣化状態が異なる。そのため、この蒔絵加飾自体は、やや年代が下る可能性が考えられる。通常、建造物の部材に本資料のような繊細な蒔絵加飾を施すには、建造物自体が建ったままでは技術的に極めて困難である。そのため、蒔絵加飾の作業を行うには、一端取り外した部材を工房内に搬入して、蒔絵師集団が作業を行うことが必要であると考える。外陣側の長押部材の金具には付け替えが少なくとも2回は行われた痕跡が確認されており、何らかの関連性が指摘されよう。さて、この蒔絵加飾の図様は、下描きであるフリーハンドの朱線のみで、蒔絵加飾がない部分も所々でみられた。そして蒔絵粉や梨子地粉は、仕上がりの色味や質感を意識した粗・中・細・微細などの粉粒度や材質を使い分けた平蒔絵技法で表現されており、桃山文化期の漆工技術の特徴である針描や描割表現も多用されていた。絵梨子地加飾は、銀（Ag）梨子地粉を朱漆の下絵漆の上に蒔き、その上に透明感強い梨子地漆を付けることで金色の色相を獲得していた。さらに金蒔絵粉の付描表現により梨子地加飾を括る方法で図様を描いていた。

　この都久夫須麻神社本殿内部の蒔絵塗装を調査対象としたそもそものきっかけは、台風被害に伴う屋根破損修理と並行して現状の劣化が著しい蒔絵塗装部材の修理を実施することが決定され、この修理の施行方法を決めるための事前調査を行うためであった。調査の結果、この蒔絵部材の劣化は銀梨子地粉の錆化が原因であること、比較的高湿度環境下に常時所在するために今後の保存を考慮に入れると進行形のサビ除去が必要であることなどがわかった。

　第2章で取り上げた醍醐寺三宝院白書院の蒔絵床框は、地塗りの黒色漆塗装に平蒔絵技法、付描・描割・針描表現、さらには輪郭線内には粒度が不均一で粗い金（Au）自体を使用した梨子地粉が疎に蒔かれた加飾も併用されていた。都久夫須麻神社本殿の蒔絵塗装では下絵の朱描線などの痕跡が確認されており、当時の突貫作業的な状況が反映されたもの考えられるが、本資料ではそのような造作は認められなかった。そのためこの蒔絵床框は、ある程度の特注品的に丁寧な作業が行われたと理解した。なお、この床框の両端には切り縮められたような痕跡が認められた。これらは、同一部材を切り縮めたような痕跡を有する右端部、オリジナルの中央箇所とは蒔絵粉や梨子地粉の形態、下絵漆である絵梨子地の材質、針描表現の線描の仕方など、明らかに材質・技法が異なる床柱と接する左端部の部材に分類された。このことからは、左端部の蒔絵加飾の作製は、慶長年間よりは年代が下る江戸時代以降の後補の可能性が指摘さよう。

　また、岡山城二の丸跡出土の蒔絵漆耳盥と入舟遺跡のアイヌ墓副葬品である蒔絵椀は、いずれも朱漆を用いた絵梨子地が用いられていた。この点は、三宝院白書院の蒔絵床框のそれとは異なる点であるが、3者ともに加飾作業自体は繊細で丁寧であった。

　第3章で取り上げた大覚寺正寝殿（客殿）の蒔絵帳台構は、調査の結果、①桃山文化期における蒔絵技法の特徴の一つである針描表現が用いられていないこと、②極めて均一性が高い蒔

321

結　論

絵粉や梨子地粉が使用されていること、③やや赤味が強い梨子地加飾は、比較的粗い平目粉を均一に蒔き、その上に透明感が強い透漆もしくは梨子地漆を塗って軽く研ぎだす技法が確認されること、④蒔絵加飾箇所および付描により梨子地加飾を括る箇所は、蒔絵粉を蒔き放ちとする平蒔絵技法であること、⑤蒔絵粉や梨子地粉はいずれも青金粉ではなく金（Au）粉であること、⑥基本的なデザイン箇所を割り付けるための下絵は、朱漆もしくはベンガラ漆ではなく、数μm〜十数μm程度の大小バラツキがある蒔絵粉による金線で付けている痕跡が確認されたこと、⑥全体的に劣化が少なく保存状態が極めて良好であること、などが確認された。この結果から、本資料は、都久夫須麻神社本殿内部の蒔絵部材、醍醐寺三宝院白書院床框などと比較して、規格性が高い図様と技法からなる手の込んだ造りであることがわかった。桃山文化期の蒔絵技法であっても、やや年代観が下る可能性が想定される。そのため本蒔絵帳台構の来歴は、先行研究が結論付けるように、後陽成天皇の聚楽第行幸に伴い造営された聚楽第御殿の玉座設えとして造られた建造物蒔絵部材が、聚楽第破却に伴い他の部材とともに指月伏見城の御殿に移築され、「慶長伏見地震」や「関ヶ原の戦い」の前哨戦である「伏見城の攻防戦」の戦火を無傷で免れて、やがて何らかの縁で大覚寺に再移築されたと考えるよりは、『二条城行幸御殿御絵付御差図』に後水尾天皇縁の帳台構としてその存在が明記されている帳台構部材であり、二条城行幸行事終了後、女御御所建造物の部材と同じ経緯でまずは仙洞御所、さらに大覚寺に再下賜・移築されて今日に至ったのではないかと本章では推察した。

　第4章で取り上げた豊国神社所蔵の蒔絵唐櫃は、御殿建造物の蒔絵塗装ではないものの、比較的面積が大きい板材に蒔絵塗装が加飾されている。さらに、現存する室内に蒔絵塗装を有する御殿建造物部材の多くは、豊臣家との縁があるものが多いため、ここでは参考資料として取り上げた。調査の結果、本資料はいずれも平蒔技法、付描・描割・針描表現、梨子地加飾など、桃山文化期における蒔絵技法の特徴が良く観察された。このうちの「桐鳳凰蒔絵唐櫃」の梨子地粉は、金と銀の合金の青金粉であった。また本資料群において図様デザインの下絵である朱漆のはみ出し線が確認される状況は、都久夫須麻神社本殿内部の蒔絵塗装のそれとも共通するものの、基本的に本資料群の加飾は金粉であり、都久夫須麻神社の加飾の基本が銀粉である点や、「桐唐草紋蒔絵唐櫃」にみられる桐の葉の文様や「桐鳳凰蒔絵唐櫃」にみられる鳳凰や桐の幹や枝の文様のように、図様デザインに併せて蒔絵粉や梨子地粉を細かく蒔き分ける状況は、本資料群の方が都久夫須麻神社本殿のそれよりは繊細な技術が用いられていた。この点が、おそらく同じ東山七条周辺に工房を構えていた幸阿弥家大仏衆の技術者集団の蒔絵資料であっても、建造物部材とは異なる什器としての本資料の特徴の一つであろう。

　第5章で取り上げた日光東照宮社殿内の「梅蒔絵扉」と「牡丹蒔絵扉」は、本書が調査対象とする桃山文化期より一時期年代が下がる資料である。しかし、これらは本書が調査対象とする都久夫須麻神社本殿内部などの桃山文化期における建造物蒔絵塗装の系譜をダイレクトに受け継ぐ蒔絵資料である。そのため、調査対象資料に加えた。調査の結果、都久夫須麻神社本殿内部の蒔絵加飾や豊国神社所蔵蒔絵唐櫃の材質・技法などと比較して、極めて多種多様で繊細な図様と蒔絵粉材料や技法が採用されていた。これはやはり作製された年代観の違いや、技術の進歩もあろうが、蒔絵扉自体が徳川将軍家の権威を象徴する第一級の工芸品であるという、資料価値の位置

終章　まとめと今後の課題

付けが反映されたためであろう。

　いずれにしても、桃山文化期における建造物部材の蒔絵塗装は、それぞれ若干異なる材質・技法であった。そして、第5章の日光東照宮社殿内の蒔絵扉以外は、基本的には画一化した図様を共同作業の分業体制でも作製可能となる、比較的簡便な平蒔絵や絵梨子地の技術が採用されていることが理解された。

今後の課題 —主に劣化が著しい建造物部材の漆箔および蒔絵塗装を対象として—

　本書の本論である第Ⅰ部第4章および第Ⅲ部第1、2、3、5章は、桃山文化期に造営された貴重な文化財建造物の漆箔塗装や蒔絵塗装を取り上げた。これらは他の漆工品に比較して劣化が著しく、どのように保存していくかは極めて重要な課題である。現在行われている文化財建造物の塗装修理の施工方法は、①なるべく現在の状態に手を加えない現状維持の方法を採用する、もしくは、②旧塗装を掻き落として新規の塗り直しを行う、の二者択一で作業が進められることが通常である。もちろん本書が取り上げる蒔絵塗装は、現状維持修理が基本であるが、ここではそれ以外にも幾つかの保存対処法があることも理解された。

　まず、都久夫須麻神社本殿内部の蒔絵塗装部材は、調査の結果、基本的に銀（Ag）梨子地粉の使用比率が高く、この錆化に伴う蒔絵加飾の劣化現象が著しかった。これは、この建造物自体が高湿度条件下の琵琶湖の島に立地すること、さらにはある時期（おそらく昭和期修理の際）に、この蒔絵の図様部分の強化を目的とした礬水（ドーサ）による塗装修理が行われ、明礬に含まれる硫黄（S）が銀梨子地粉の錆化（金属としての銀粉の硫化銀への変質）を促進したことが推察された。この硫黄（S）を含んだ進行性の錆を除去しないと将来的に蒔絵自体が消滅する危険性が懸念された。そのため関係各位と協議した結果、この蒔絵塗装の修理の施工方法は、従来の建造物の塗装修理の方法ではなく、伝統的な漆塗料を使用した漆工品の修理方法を援用した。これは、建造物の蒔絵塗装部材自体を美術工芸品として捉えたためである。この際の作業工程は、①塗装修理前の写真撮影→②蒔絵加飾部分および漆塗膜のクリーニング作業→③一部の脆弱な蒔絵部分の蒔絵固め→④一部の脆弱な漆塗膜の剥落止め→⑤漆固めもしくは紫外線劣化の著しい箇所は摺漆作業→⑥塗装修理作業終了後の写真撮影→⑦修理施工記録報告書の作成、である。修理施工作業の結果、この蒔絵塗装部材自体は、長年、本殿内部の人の出入りがほとんどない温・湿度の変化が少ない暗い室内環境にあったため、基本的には蒔絵加飾表面の錆化以外は残存状況が良好であった。そのため、修理後の仕上がり状態も良好であり、作業の実施により一定の成果が上がったものと考えている。

　一方、醍醐寺三宝院白書院の蒔絵床框と日光東照宮社拝内の蒔絵扉は、いずれも精緻な金（Au）粉を多用した蒔絵加飾が施されていたが、室内において紫外線に曝露された期間が比較的長かったためか、地の黒色漆層の一部に紫外線劣化に伴う白化（チョーキング）現象が確認された。この点を鑑み、すでにそれぞれの所有者によりこれら貴重な蒔絵部材資料の紫外線劣化を防止するための保存対策が講じられていた。醍醐寺白書院の蒔絵床框の場合は、床框の上面と正面を覆うＬ字型の木製春慶漆塗りの保護カバー（直接、蒔絵塗装部と接する内面には柔らかいクッション用のフェルト布を貼りつけている）を作製し、通常、この蒔絵床框に被せて保護している。また、日光

323

結　論

東照宮社殿内の蒔絵扉の場合は、昭和期に専門の蒔絵技術者により精緻に復原作製された復原扉と入れ替え、現在、実物は宝物館内で収蔵・展示されている。いうまでもなく、蒔絵塗装の基本材料である漆塗料は紫外線に弱いという欠点がある。この劣化を防止する上で最良の方法は、漆塗膜表面を紫外線からカバーする方法である。この点からも、それぞれの保存対処法は、他の漆工品の保存を考える上でも参考となる。

　また、実際の文化財をそのまま建造物内に設置して紫外線に曝露させるよりは、文化財保護の目的で実物をなるべく忠実に復原作製した復原作品を現地では展示し、実物は収蔵庫内で保管する方法もある。この方法は、二条城二の丸御殿の金碧障壁画などでも実例があり、現在、各方面での需要が高まっている。ただし、収蔵庫内で保管している文化財であっても、絶えず保管環境や文化財の劣化促進の度合い、カビ発生のチェックなどの保守点検は大切である。その点では、本書第Ⅲ部第4章で取り上げた豊国神社所蔵の蒔絵唐櫃の白カビクリーニング処置などは、第Ⅲ部第1章の塗装修理の方法を応用した事例であり、一つのモデルケースとなろう。

　以上、本書では、これまで漆工史の分野では先行研究の蓄積が多いにもかかわらず、理化学的な調査や、劣化防止に向けた取り組みについての検討が少なかった桃山文化期における建造物部材の蒔絵塗装資料の保存も視野に入れてみてきた。今後の課題は、さらに幾つかの基礎的な調査事例を増やし、これら貴重な漆工文化財をより良好な状態で後世に引き継げるような地道な基礎研究を進めていくことが大切であると考える。

附章　都久夫須麻神社本殿（国宝）蒔絵塗装：関連図版一覧

　本附章では、平成22年（2010）4月1日から平成23年（2011）9月30日の間に行われた都久夫須麻神社本殿における修理のうち、内陣・外陣に施されている蒔絵塗装の修理施工に関連する写真図版の取り纏めを行った。
　掲載内容については、以下の項目順に記している。

　　●凡例
　　●内陣風景
　　●外陣風景
　　●内陣 修理前・修理後
　　●外陣 修理前・修理後
　　●蒔絵 ―菊― ―海松貝（みる）―
　　●宮殿

　都久夫須麻神社本殿は、内陣・外陣の柱及び長押の全面に桃山文化期に作製されたと考えられる蒔絵加飾が施されている極めて珍しい例と言える。今回の修理にあたり、本来であれば宮殿（くうでん）によって隠れてしまっている内陣北面の蒔絵に関しても調査が可能となった。現状では宮殿が内陣に戻されており、内陣北面を見ることはできなくなっている。
　なお、今回の修理記録の写真撮影は、元興寺文化財研究所の大久保治氏に委託し、本章における関連図版についても大久保氏の写真を使用した。また、一連の写真及び関連図版の整理は北野の指導の下、東京文化財研究所 保存修復科学センターの山口加奈子氏（当時）が中心に行ない、これに同 久世めぐみ氏（当時）が補佐した。

【凡例】

　内陣・外陣の各部名称については以下に示す通りである。
　　①本殿平面図にて内陣を赤、外陣を青で示した。（図1）
　　②柱の各部名称については内陣・外陣を区別し、柱面ごとに番号を付けた。（図2）
　　③長押の各部名称については内陣・外陣を区別し、柱間ごとにいろは記号を付けた。（図3）

　関連図版（327～399頁）に示す内陣・外陣の修理前後及び蒔絵の各部名称については、本文の表記に準ずるものとする。

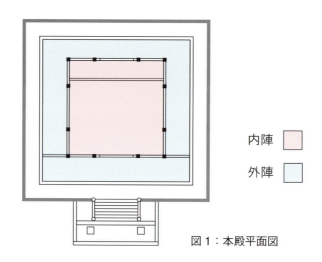

図1：本殿平面図

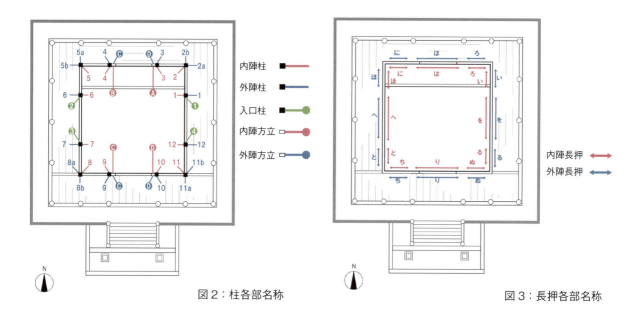

図2：柱各部名称　　　　　　　　　　　　図3：長押各部名称

内陣風景

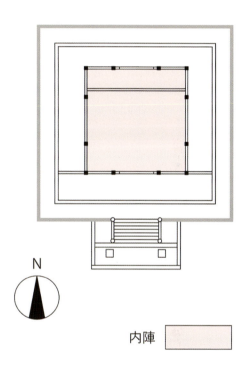

内陣

附章　都久夫須麻神社本殿（国宝）蒔絵塗装：関連図版一覧

北

北東

内陣風景

東

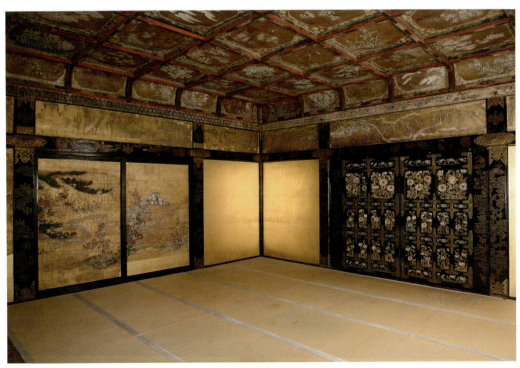

南東

附章　都久夫須麻神社本殿（国宝）蒔絵塗装：関連図版一覧

南

南西

内陣風景

西

北西

外陣風景

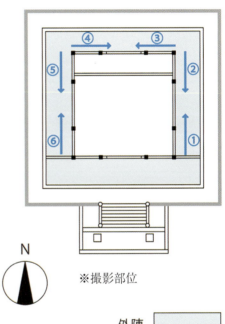

※撮影部位

外陣

附章　都久夫須麻神社本殿（国宝）蒔絵塗装：関連図版一覧

東面①

東面②

北面③

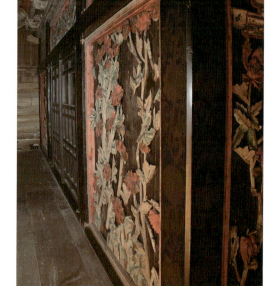

北面④

334

外陣風景

西面⑤

西面⑥

内陣修理前

附章　都久夫須麻神社本殿（国宝）蒔絵塗装：関連図版一覧

内陣北面

―柱―

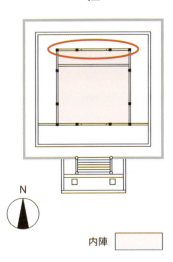

内陣柱4　　内陣方立B　　内陣方立A　　内陣柱3

内陣修理前

― 長押 ―

内陣長押　に-1

内陣長押　に-2

内陣長押　は-1

内陣長押　は-2

内陣長押　は-3

内陣長押　は-4

内陣長押　は-5

内陣長押　ろ-1

内陣長押　ろ-2

内陣長押　ろ-3

附章　都久夫須麻神社本殿（国宝）蒔絵塗装：関連図版一覧

内陣東面

―柱―

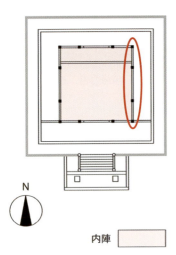

内陣

内陣柱2　　内陣柱1　　内陣柱12　　内陣柱11

340

内陣修理前

―長押―

内陣長押　い-1

内陣長押　い-2

内陣長押　を-1

内陣長押　を-2

内陣長押　を-3

内陣長押　を-4

内陣長押　を-5

内陣長押　る-1

内陣長押　る-2

内陣長押　る-3

附章　都久夫須麻神社本殿（国宝）蒔絵塗装：関連図版一覧

内陣南面

― 柱 ―

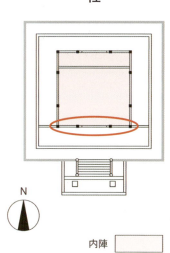

内陣

内陣柱10　　内陣方立C　　内陣方立D　　内陣柱9

―長押―

内陣長押　ぬ-1

内陣長押　ぬ-2

内陣長押　り-1

内陣長押　り-2

内陣長押　り-3

内陣長押　り-4

内陣長押　り-5

内陣長押　ち-1

内陣長押　ち-2

附章　都久夫須麻神社本殿（国宝）蒔絵塗装：関連図版一覧

内陣西面

― 柱 ―

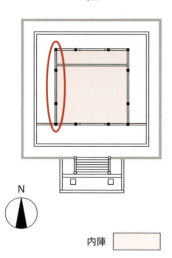

内陣 ☐

内陣柱8　　内陣柱7　　内陣柱6　　内陣柱5

344

―長押―

内陣長押　と-1

内陣長押　と-2

内陣長押　へ-1

内陣長押　へ-2

内陣長押　へ-3

内陣長押　へ-4

内陣長押　へ-5

内陣長押　ほ-1

内陣長押　ほ-2

内陣長押　ほ-3

内陣修理後

附章　都久夫須麻神社本殿（国宝）蒔絵塗装：関連図版一覧

内陣北面

―柱―

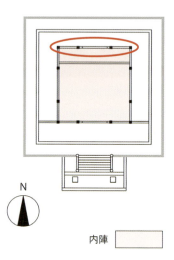

内陣

内陣柱4　　内陣方立B　　内陣方立A　　内陣柱3

内陣修理後

―長押―

内陣長押　に-1

内陣長押　に-2

内陣長押　は-1

内陣長押　は-2

内陣長押　は-3

内陣長押　は-4

内陣長押　は-5

内陣長押　ろ-1〜ろ-2

内陣長押　ろ-3

附章　都久夫須麻神社本殿（国宝）蒔絵塗装：関連図版一覧

内陣東面

―柱―

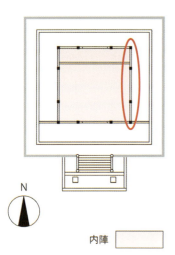

内陣

内陣柱2　　内陣柱1　　内陣柱12　　内陣柱11

―長押―

内陣長押　い-1

内陣長押　い-2

内陣長押　を-1

内陣長押　を-2

内陣長押　を-3

内陣長押　を-4

内陣長押　を-5

内陣長押　る-1

内陣長押　る-2

内陣長押　る-3

附章　都久夫須麻神社本殿（国宝）蒔絵塗装：関連図版一覧

内陣南面

― 柱 ―

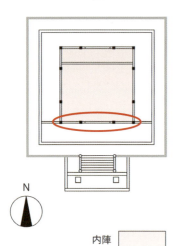

内陣 □

内陣柱 10　　内陣方立 C　　内陣方立 D　　内陣柱 9

―長押―

内陣長押　ぬ-1

内陣長押　ぬ-2

内陣長押　り-1

内陣長押　り-2

内陣長押　り-3

内陣長押　り-4

内陣長押　り-5

内陣長押　ち-1

内陣長押　ち-2

附章　都久夫須麻神社本殿（国宝）蒔絵塗装：関連図版一覧

内陣西面

― 柱 ―

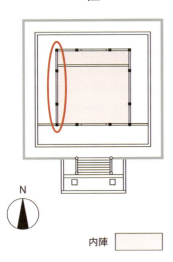

内陣 ▭

内陣柱8　　内陣柱7　　内陣柱6　　内陣柱5

354

内陣修理後

―長押―

内陣長押　と-1

内陣長押　と-2

内陣長押　ヘ-1

内陣長押　ヘ-2

内陣長押　ヘ-3

内陣長押　ヘ-4

内陣長押　ヘ-5

内陣長押　ほ-1

内陣長押　ほ-2

内陣長押　ほ-3

外陣修理前

附章　都久夫須麻神社本殿（国宝）蒔絵塗装：関連図版一覧

外陣北面

一柱一

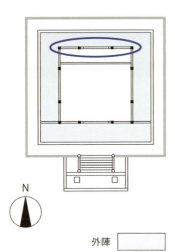

外陣

外陣柱2b　　　外陣柱3　　　外陣方立A

外陣修理前

外陣方立 A　　外陣方立 B　　外陣方立 B　　外陣柱 4　　外陣方立 5b

附章　都久夫須麻神社本殿（国宝）蒔絵塗装：関連図版一覧

―長押―

外陣長押　ろ-1

外陣長押　ろ-2～ろ-3

外陣長押　は-1

外陣長押　は-2

外陣長押　は-3

外陣長押　は-4

外陣長押　は-5

外陣長押　に-1

外陣長押　に-2

外陣長押　に-3

外陣修理前

外陣長押　は下-1

外陣長押　は下-2

外陣長押　は下-3

外陣長押　は下-4

外陣長押　は下-5

附章　都久夫須麻神社本殿（国宝）蒔絵塗装：関連図版一覧

外陣東面

―柱―

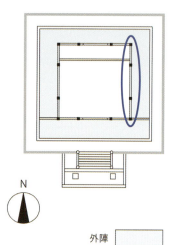

外陣

外陣柱11b　　外陣柱12　　入口柱4

362

外陣修理前

入口柱1　　　外陣柱1　　　外陣柱2a

363

附章　都久夫須麻神社本殿（国宝）蒔絵塗装：関連図版一覧

―長押―

外陣長押　る-1

外陣長押　る-2

外陣長押　る-3

外陣長押　を-1

外陣長押　を-2

外陣長押　を-3

外陣長押　を-4

外陣長押　を-5

外陣長押　い-1

外陣長押　い-2

外陣修理前

外陣長押　い-3

外陣長押　を下-1

外陣長押　を下-2

外陣長押　を下-3

外陣長押　を下-4

長押　を下

附章　都久夫須麻神社本殿（国宝）蒔絵塗装：関連図版一覧

外陣南面

―長押―

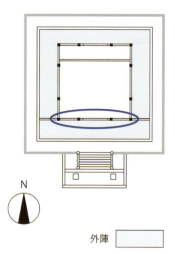

外陣

外陣長押　ち-1

外陣長押　ち-2

外陣長押　り-1

外陣長押　り-2

外陣長押　り-3

外陣長押　り-4

外陣長押　り-5

外陣長押　ぬ-1

外陣修理前

外陣長押 ぬ-2

外陣長押 ぬ-3

外陣長押 り下

附章　都久夫須麻神社本殿（国宝）蒔絵塗装：関連図版一覧

外陣西面

―柱―

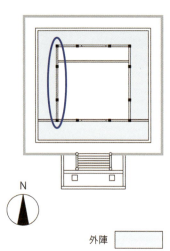

外陣

外陣柱 5b　　　外陣柱 6　　　入口柱 2

外陣修理前

入口柱 3　　　外陣柱 7　　　外陣柱 8a

附章　都久夫須麻神社本殿（国宝）蒔絵塗装：関連図版一覧

―長押―

外陣長押　ほ-1

外陣長押　ほ-2

外陣長押　ほ-3

外陣長押　へ-1

外陣長押　へ-2

外陣長押　へ-3

外陣長押　へ-4

外陣長押　へ-5

外陣長押　と-1

外陣長押　と-2

外陣修理前

外陣長押　と-3

外陣長押　ヘ下-1

外陣長押　ヘ下-2

外陣長押　ヘ下-3

外陣長押　ヘ下-4

長押ヘ下

外陣修理後

附章　都久夫須麻神社本殿（国宝）蒔絵塗装：関連図版一覧

外陣北面

―柱―

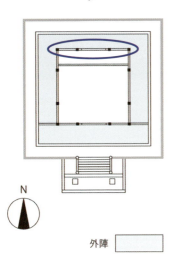

外陣柱 2b　　外陣柱 3　　外陣方立 A

374

外陣修理後

外陣方立 A　　外陣方立 B　　外陣方立 B　　外陣柱 4　　外陣柱 5a

附章　都久夫須麻神社本殿（国宝）蒔絵塗装：関連図版一覧

―長押―

外陣長押　ろ-1

外陣長押　ろ-2

外陣長押　ろ-3

外陣長押　は-1

外陣長押　は-2

外陣長押　は-3

外陣長押　は-4

外陣長押　は-5

外陣長押　に-1

外陣長押　に-2

外陣修理後

外陣長押　に-3

外陣長押　は下-1

外陣長押　は下-2

外陣長押　は下-3

外陣長押　は下-4〜は下-5

附章　都久夫須麻神社本殿（国宝）蒔絵塗装：関連図版一覧

外陣東面

― 柱 ―

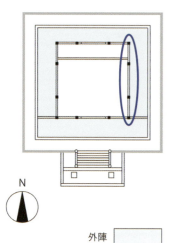

外陣　▭

外陣柱 11b　　外陣柱 12　　入口柱 4

外陣修理後

入口柱1　　　外陣柱1　　　外陣柱2a

附章　都久夫須麻神社本殿（国宝）蒔絵塗装：関連図版一覧

― 長押 ―

外陣長押　る-1

外陣長押　る-2

外陣長押　る-3

外陣長押　を-1

外陣長押　を-2

外陣長押　を-3

外陣長押　を-4

外陣長押　を-5

外陣長押　い-1

外陣長押　い-2

外陣修理後

外陣長押　い-3

外陣長押　を下-1

外陣長押　を下-2

外陣長押　を下-3

外陣長押　を下-4

附章　都久夫須麻神社本殿（国宝）蒔絵塗装：関連図版一覧

外陣南面

―長押―

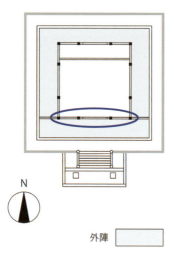

外陣長押　ち-1

外陣長押　ち-2

外陣長押　り-1

外陣長押　り-2

外陣長押　り-3

外陣長押　り-4

外陣長押　り-5

外陣長押　ぬ-1

外陣修理後

外陣長押　ぬ-2

外陣長押　ぬ-3

外陣長押　り下

附章　都久夫須麻神社本殿（国宝）蒔絵塗装：関連図版一覧

外陣西面

―柱―

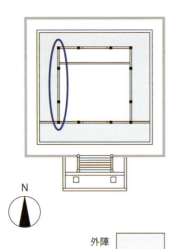

N

外陣

外陣柱 5b　　　外陣柱 6　　　入口柱 2

384

外陣修理後

入口柱3　　　外陣柱7　　　外陣柱8a

附章　都久夫須麻神社本殿（国宝）蒔絵塗装：関連図版一覧

―長押―

外陣長押　ほ-1

外陣長押　ほ-2

外陣長押　ほ-3

外陣長押　へ-1

外陣長押　へ-2

外陣長押　へ-3

外陣長押　へ-4

外陣長押　へ-5

外陣長押　と-1

外陣長押　と-2

外陣修理後

外陣長押　と-3

外陣長押　ヘ下-1

外陣長押　ヘ下-2

外陣長押　ヘ下-3

外陣長押　ヘ下-4

蒔絵

附章　都久夫須麻神社本殿（国宝）蒔絵塗装：関連図版一覧

内陣蒔絵 —菊—

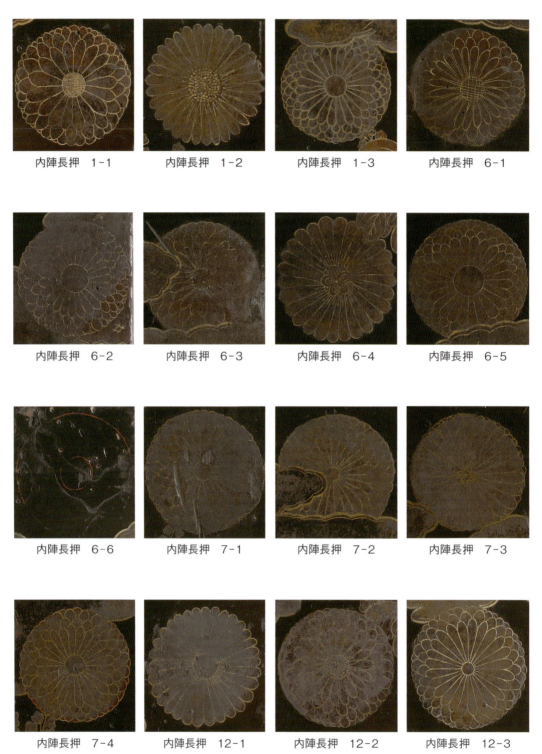

蒔絵

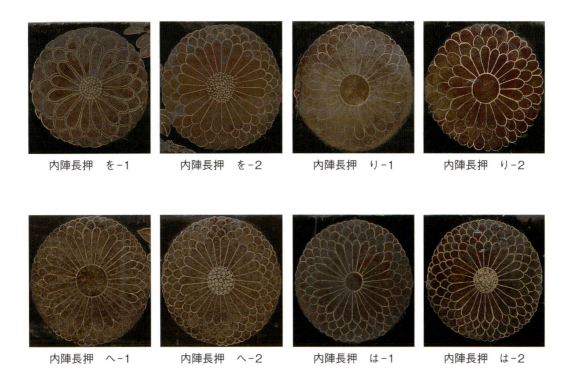

内陣長押　を-1　　内陣長押　を-2　　内陣長押　り-1　　内陣長押　り-2

内陣長押　へ-1　　内陣長押　へ-2　　内陣長押　は-1　　内陣長押　は-2

附章　都久夫須麻神社本殿（国宝）蒔絵塗装：関連図版一覧

外陣蒔絵 —菊—

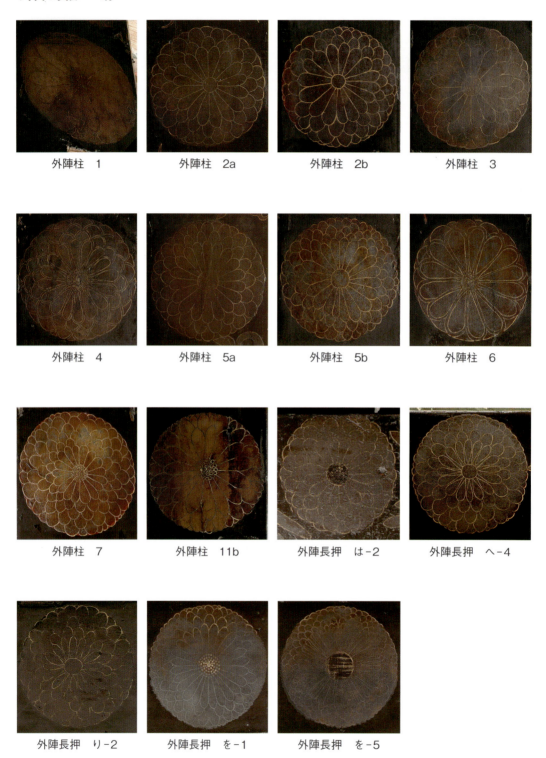

外陣蒔絵 ―海松貝―

外陣長押　い-1-1

外陣長押　い-2-1

外陣長押　い-2-2

外陣長押　い-3

外陣長押　ろ-1-1

外陣長押　ろ-1-2

外陣長押　ろ-1-3

外陣長押　ろ-2

外陣長押　ろ-3

外陣長押　は-1-1

外陣長押　は-1-2

外陣長押　は-2

外陣長押　は-3-1

外陣長押　は-3-2

外陣長押　は-4

外陣長押　は-5

外陣長押　ほ-1

外陣長押　ほ-2-1

外陣長押　ほ-2-2

外陣長押　ほ-3

附章　都久夫須麻神社本殿（国宝）蒔絵塗装：関連図版一覧

蒔絵

宮殿

附章　都久夫須麻神社本殿（国宝）蒔絵塗装：関連図版一覧

北西

北東

宮殿

正面

おわりに

　本書は、タイトルにも掲げるように「桃山文化期」の特徴を的確に理解するための代弁者として漆工を取り上げた出版物である。桃山文化期は、日本史上で最も豪壮華麗でポジティブな文化期の一つとされる。これは、戦国乱世を智慧と才覚で乗り切った武将や海外交易に乗り出した豪商らの気風をダイレクトに反映しているためであり、彼らの活躍を取り上げた歴史小説やテレビドラマ・映画は日本史のジャンルの中でも常に人気が高い。私事ではあるが、筆者は父の仕事の関係で織田信長・豊臣秀吉・徳川家康を「郷土三大英傑」として親しむ名古屋市生まれ。一方、母方の里が姫路であるため姫路城も大変身近な存在である。そのため、「天と地と」「国盗り物語」「黄金の日々」などの戦国〜桃山絵巻を描いた NHK 大河ドラマを通して日本史好きとなり、結局は現在の職業に繋がったことも何かの縁であろう。

　確かにこの時代の文化的特徴は、豪壮で華麗、かつ大規模な城郭御殿建造物の造営と、これらを荘厳する狩野派や長谷川派による数々の金碧障壁画や極彩色で彩られた欄間などの木彫装飾、千利休らにより創設された「わび・さび」の茶の湯文化の登場、辻が花染などの華やかな染織品の数々や斬新な意匠の当世具足、さらにはキリスト教の布教や東南アジア交易を通じてヨーロッパ文化や東南アジア文化からの刺激など、枚挙にいとまがない。

　この時代は、日本の文化史上でも特に漆塗料の需要が高まった時代の一つでもあった。そのため美術史・漆工史研究の分野でも、桃山文化期を代表する漆工品である「高台寺蒔絵」と「南蛮漆器」に関する優れた先行研究の蓄積は多い。そのなかで、あえて本書がこの時代の「漆工」を正面から取り上げた理由は、これらの理化学的な調査は比較的少なく、文化財保存修復科学的な目線で漆の文化と技術の実態をみると、筆者には桃山文化期漆工のイメージがより具体的で生き生きと見えてきたことである。

　さて、本調査を始める直接的なきっかけの一つは、第Ⅱ部で取り上げた平成 15 年〜16 年（2003〜2004）度の京都市埋蔵文化財研究所による旧柳池中学校の発掘調査である。ある日、筆者が漆に関心があることを知っていた調査担当者であった小檜山一良氏から「現場で漆らしい塗料が付着した壺片が多数出土した。一度見てほしい」と連絡を頂き、すぐに現場に駆け付けた。暑い夏の日であったが、この資料群を一目見て、すぐに明治大学理工学部の宮腰哲雄先生の顔が浮かんだ。当時、宮腰先生は有機分析による日本もしくは中国産漆、東南アジア産漆などの各種漆の分類と、それぞれの性格に関する基礎研究を行っておられた。日本国内の出土漆であれば当然日本産漆であろうが、このタイ産壺片に付着していた漆塗料は、筆者には普段見慣れた漆とは雰囲気が異なると思われた。そのため、分析で輸入漆かどうか証明できたら面白いだろう。誠に単純なきっかけであったが、ご多忙な宮腰先生に現場に足を運んで頂いた。調査の後、現場近くの河原町の老舗蕎麦屋で昼食を御一緒した際、たまたま坪庭に面した奥の座敷では稽古帰りであろうか、舞妓さんと芸妓さんが浴衣姿で食事を取っておられた。今になるとちょっとした京都らしい思い出である。宮腰先生とその弟子の本多貴之先生には、今でも多くの調査で御一緒させて頂いている。

おわりに

　一方、もう一つのきっかけは、平成20年（2008）から伊達政宗により造営された松島の瑞巌
寺本堂の半解体修理が文化財建造物保存技術協会によって行われ、筆者がこの桃山文化期を代表
する極彩色の欄間彩色の保存修復科学的な調査を担当したことである。この調査結果を的確に理
解するには、類例を知る必要がある。たまたま文化庁・文化財部・参事官（建造物担当）修理指
導部門担当（当時）であった西和彦氏（現：東京文化財研究所・室長）に相談したところ、ちょう
ど滋賀県の琵琶湖の竹生島に所在する都久夫須麻神社本殿の修理が開始されるから一度見学した
ら良いとのアドバイスと調査許可の労を取って頂いた。平成22年～23年（2010～2011）度の修
理期間中のこれも暑い夏の日。初めて竹生島の都久夫須麻神社の修理現場を訪れた際、木彫彩色
の調査よりも、劣化が著しい本殿内部内・外陣の蒔絵部材の劣化メカニズムの把握と塗装修理の
施工方法の確定が急務であり、その相談に乗ってほしいと先方から依頼された。このことが本書
の第Ⅲ部と附章で纏めた一連の調査の発端である。その後、本格的な現地調査と作業が開始され
た。この間、東京文化財研究所や元興寺文化財研究所のメンバーも巻きこみ、台風接近の荒波や
一寸先も見えない吹雪の中でもその都度、生嶋厳雄宮司が操縦される神社の船で琵琶湖を渡って
現場作業に向かったことは、厳しかった夏の暑さと冬の寒さ、昼休みを告げる12時に流れる一
斉放送の音楽にほっとした瞬間とともに、今では楽しい思い出の一つである。

　いずれにしても、本書はこのような多くの偶然と人との出会いによって成り立っている。とり
わけ本書の調査でお世話になった京都市埋蔵文化財研究所・元興寺文化財研究所・奈良文化財研
究所・東京文化財研究所・文化庁文化財部参事官（建造物担当）・文化財建造物保存技術協会・日
光社寺文化財保存会・京都府教育庁指導部文化財保護課・滋賀県教育委員会・兵庫県教育委員会・
長崎県教育委員会・愛知県埋蔵文化財センター・大阪府文化財センター・和歌山県文化財センター・
岡山県古代吉備文化財センター・余市町教育委員会・余市水産博物館・松前町教育委員会・二戸
市教育委員会・二戸市浄法寺民俗資料館・仙台市教育委員会・港区立港郷土資料館・千代田区教
育委員会・一宮市博物館・大阪文化財研究所・堺市立埋蔵文化財センター（現 堺市文化財課）・
松江市文化振興事業団・姫路城管理事務所・彦根城管理事務所・平戸市教育委員会・萱野茂二
風谷アイヌ民俗資料館・徳川記念財団・南蛮文化館・鍋島報效会（徴古館）・明治大学理工学部・
早稲田大学理工学部・タイ王国文化省芸術総局考古部・カンボジア王国アンコール保存事務所・
アシュモリアン美術館・ケルン東洋美術館をはじめとする多くの機関の方々には改めて謝意を
表する。さらに、都久夫須麻神社・宝厳寺・大覚寺・醍醐寺・金地院・高臺寺・瑞巌寺・書写山
円教寺・豊国神社・日光東照宮をはじめとする各寺社の皆様にも改めて調査の労を取って頂いた
ことに感謝申し上げる　（なお、あまりにも多くの方にお世話になったため、個人名は割愛させて頂き
ます）。さらにはこのような筆者の調査に対して、暖かい励ましを下さった山崎一雄先生(故)と、
元職場の上司であったくらしき作陽大学食文化学部・元学部長の馬淵久夫先生、東京文化財研究
所・亀井伸雄所長には改めて本書の刊行を報告してお礼を述べたい。

　このようなすべての出来事と人との出会いに心から感謝しつつ、今、京都の伏見桃山の地で本
書の「おわりに」を纏めている。

最後に、本書を纏めるにあたり、前著の『ベンガラ塗装史の研究』に引き続き編集の労を取っていただいた雄山閣編集部の羽佐田真一氏には心からのお礼を申し上げたい。

平成30年1月　　　　　　　　　　　　　　　　　　　　　　　　　　　北野　信彦

■著者紹介

北野 信彦 (きたの のぶひこ)

1959 年　名古屋市生まれ。
1982 年　愛知大学文学部史学科卒業。
(財)元興寺文化財研究所保存科学センター 主任研究員、くらしき作陽大学食文化学部准教授、(独)国立文化財機構 東京文化財研究所保存修復科学センター伝統技術研究室室長および東京藝術大学大学院文化財保存学 連携教授などを経て、現在、龍谷大学文学部 教授。
博士 (学術：京都工芸繊維大学・史学：東京都立大学)

〈主要著書等〉

単著：『近世出土漆器の研究』(吉川弘文館)、『近世漆器の産業技術と構造』(雄山閣)、『漆器の考古学―出土漆器からみた近世という社会―』愛知大学綜合郷土研究所ブックレット 10 (あるむ)、『ベンガラ塗装史の研究』(雄山閣)、『建造物塗装彩色史の研究』(雄山閣)
共著：『もの・モノ・物の世界―新たな日本文化論―』(雄山閣)
分担執筆：『日本民俗大辞典 (下)』(吉川弘文館)、『遺物の保存と調査』(クバプロ)、『文化財科学の事典』(朝倉書店)、『環境考古学ハンドブック』(朝倉書店)
　　　　　など

2018 年 2 月 28 日　初版発行
2023 年 8 月 25 日　普及版発行　　　　　　　　　　　　　　《検印省略》

桃山文化期漆工の研究【普及版】

著　者	北野信彦
発行者	宮田哲男
発行所	株式会社 雄山閣
	東京都千代田区富士見 2-6-9
	ＴＥＬ　03-3262-3231 / ＦＡＸ　03-3262-6938
	ＵＲＬ　https://www.yuzankaku.co.jp
	e-mail　info@yuzankaku.co.jp
	振　替：00130-5-1685

印刷・製本　株式会社 ティーケー出版印刷

©Nobuhiko Kitano 2023　　　　　　　　ISBN978-4-639-02938-0 C3021
Printed in Japan　　　　　　　　　　　N.D.C.210　405p　27cm